BÜCHMANN
GEFLÜGELTE WORTE

BÜCHMANN

GEFLÜGELTE WORTE

Copyright © Droemersche Verlagsanstalt
Th. Knaur Nachf. GmbH & Co., München

Lizenzausgabe für KOMET MA-Service und
Verlagsgesellschaft mbH, Frechen

Einbandgestaltung: Rolli ARTS, Essen
Gesamtherstellung: KOMET MA-Service und
Verlagsgesellschaft mbH, Frechen
ISBN 3-89836-161-6

VORWORT

Zitieren heißt, einen Ausdruck wiederholen, den ein anderer geprägt hat. Wir dürfen annehmen, daß der Mensch bereits zitierte, als er kaum sprechen gelernt hatte; Zitate finden wir schon in Schriften, die zum Ältesten gehören, was uns überliefert ist. So heißt es im 1. Buch Samuel, das um 800 v. Chr. entstand, dort, wo von der Berufung Sauls erzählt wird: »Da ihn aber sahen alle, die ihn vormals gekannt hatten, daß er mit den Propheten weissagte, sprachen sie alle untereinander: Was ist dem Sohn des Kis geschehen? Ist Saul auch unter den Propheten? ... Daher ist das Sprichwort gekommen: Ist Saul unter den Propheten?«
Was Luther hier Sprichwort nennt, bezeichnen wir heute als geflügeltes Wort; als Sprichwort gilt uns nur ein Ausspruch, der eine Lebenserfahrung enthält. Die alte Bedeutung ist aber immer noch gegenwärtig, wenn einer »nicht zum Sprichwort werden« will oder wir uns über die »sprichwörtliche Dummheit« eines Esels aufhalten.
Sprichwörter sind schon früh gesammelt worden, in der Bibel zum Beispiel im *Buch der Sprüche Salomos* und unter dem Namen *Jesus Sirach*. Auch bei den Griechen und Römern hat es Sammlungen dieser Art gegeben. Im Mittelalter und in der Zeit des Humanismus waren sie sehr beliebt; so erreichte z. B. die Sprichwortsammlung des Erasmus von Rotterdam, aus der griechischen und lateinischen Literatur geschöpft und mit Erklärungen versehen, bereits zu Lebzeiten des Herausgebers etwa dreißig Auflagen.
Die Sprüche Salomos stammen durchaus nicht alle von Salomo. In den Zeiten, als es noch keine historische Kritik gab, zog ein großer Name vieles an sich, was ihm nicht zugehörte, Anekdoten so gut wie Aussprüche. Ein Wort, das ein großer Mann gesagt hatte, erschien gewichtiger, ja, im Mittelalter diente das Zitat einer Autorität (der Bibel oder eines Kirchenvaters oder auch des Aristoteles) geradezu als Beweis. Davon abgesehen aber war es den Sammlern mehr um den Gehalt der Zitate zu tun als um deren Urheber.
Der Berliner Schulmann und Sprachforscher Georg Büchmann (1822–84) hatte also eine stattliche Reihe von Vorgängern, als er 1864 seinen Zitatenschatz veröffentlichte. Aber er war der erste, der sich auf den historischen Standpunkt stellte, der erste, dem es

vor allem anderen darum ging, festzustellen, wer der Urheber eines Zitates war. Deshalb zeigte seine Sammlung auch einen besonderen Charakter, den es vordem nicht gegeben hatte.

Büchmann nannte – ziemlich willkürlich und nur dem gut klingenden Namen zuliebe – sein Buch *Geflügelte Worte,* ohne zu wissen, daß schon Heinrich von Meißen (um 1250–1318) das Sprichwort ein »flügges« Wort genannt hatte, also ein Wort, dem Flügel gewachsen sind. Büchmanns Bezeichnung war einer stehenden Redensart Homers entnommen: »... und sprach die geflügelten Worte«, heißt es dort und kann von jeder beliebigen Rede gesagt werden – es bedeutet weiter nichts als Worte, die vom Mund des Redners zum Ohr des Hörers fliegen. Büchmann war noch lange im Zweifel, ob sein Titel der richtige sei; aber der Ausdruck setzte sich rasch ein und wurde sogar ins Holländische, Französische, Dänische und Schwedische übernommen.

Erst als seine *Geflügelten Worte* schon zum festen Begriff geworden waren, bemühte sich Büchmann auch um eine genauere Definition. In den letzten Auflagen, die er selbst noch besorgte, schrieb er: »›Geflügelte Worte‹ nenne ich solche Worte, welche, von nachweisbaren Verfassern ausgegangen, allgemein bekannt geworden sind und allgemein wie Sprichwörter angewendet werden.« Diese Definition traf aber nun nicht auf alles zu, was Büchmann in seinem Buch gebracht hatte, und befriedigte auch sonst nicht, so daß nach ihm noch mancher Versuch einer Begriffsbestimmung erfolgt ist. Drei Forderungen wurden vor allem an ein geflügeltes Wort gestellt: Erstens sollte es ein Zitat sein – die Tatsache, daß eine Formel gebraucht wurde, die ein anderer bereits geprägt hatte, sollte im Sprachbewußtsein noch gegenwärtig sein. Zweitens sollte das geflügelte Wort landläufig sein – »ein in weiteren Kreisen des Vaterlandes dauernd angeführter Ausspruch«, wie Walter Robert Tornow, der erste Fortsetzer Büchmanns, schrieb. Und drittens mußte sich dafür auch ein Urheber oder wenigstens ein Ursprung angeben lassen.

Diese Forderungen enthalten nun freilich immer noch so viel Unbestimmtes, daß sich aus ihnen nicht ein eindeutiger Begriff herstellen läßt. Ist das Wort Meister Antons in Hebbels *Maria Magdalene* »Ich verstehe die Welt nicht mehr« für uns wirklich ein Zitat? Ist es nicht vielmehr eine naheliegende Redensart, die im gegebenen Augenblick jedesmal neu geschaffen wird? – Oder was heißt »landläufig«? Kann man ein Wort wie »summum ius, summa iniuria« als landläufig bezeichnen? Ist nicht ein großer Teil der geflügelten

Worte höchstens den Gebildeten und Belesenen bekannt? Aber gerade solche Fragen führen darauf, daß der Inhalt des »Büchmann« nicht zugeschnitten werden kann nach einer Definition, was ein geflügeltes Wort nun eigentlich sei. Dies hat denn auch keine der bisherigen Auflagen und Ausgaben getan, sondern sie haben sich – mit vollem Recht – nach den vermuteten Erwartungen der Benutzer gerichtet und sich an das Faustzitat gehalten: »Wer vieles bringt, wird manchem etwas bringen.«

In einer Richtung freilich ging man zu weit. Verleitet von der Freude am Entdecken, führte man auch Einzelworte auf, deren Urheber ausfindig gemacht waren, wie etwa Nihilist, Grobian, sentimental, Sekt oder Gas. Solche Worte aber empfinden wir nicht mehr als Zitate; sie gehören in ein etymologisches Wörterbuch. Allenfalls läßt sich noch die Aufnahme von Eigennamen rechtfertigen, die »zum Sprichwort geworden« sind, wie Nimrod, Don Quijote oder das Damoklesschwert.

Eine weitere Frage erhebt sich, wenn wir die Landläufigkeit geschichtlich betrachten. Zwar ist der größte Teil der geflügelten Worte sozusagen ewiger Bestand. Aber es gibt doch auch manches, das zu Büchmanns Zeiten landläufig war und heute völlig vergessen ist. Dafür hat anderes seitdem Flügel bekommen, was damals noch »zu Fuß ging« oder überhaupt noch nicht auf der Welt war. Die *Neue Ausgabe* hat natürlich den »ewigen Bestand« unangetastet gelassen. Ausgeschieden wurde nur wirklich Veraltetes; dafür aber kam eine ganze Reihe von neuen Worten hinzu. Auf gängige Ausdrücke aus der unmittelbaren Gegenwart wurde allerdings verzichtet, da erst die Zukunft zeigen wird, welche zu »geflügelten Worten« werden.

Büchmann hatte seine Zitate in einen verbindenden Text eingereiht. Am liebsten wäre ihm wohl gewesen, sein ganzes Buch in der Weise schreiben zu können wie die Einleitung des Kapitels »Aus der Bibel«, die zu lesen bis heute reizvoll geblieben ist. Aber schon ihm selbst verwehrte die Menge und Unterschiedlichkeit des Stoffes, einen durchgehenden Zusammenhang herzustellen, der über die äußerliche Anknüpfung hinausging. Dies steigerte sich noch mit dem wachsenden Umfang der späteren Ausgaben, so daß es gelegentlich sogar zu Verknüpfungen kam, die unfreiwillig komisch wirkten.

Die *Neue Ausgabe* hat die verbindenden Worte zugunsten der Übersichtlichkeit aufgegeben. Ihre Anordnung erlaubt es nun auch, unmittelbar bei jedem Zitat die genaue Quelle anzugeben, während bisher bei solchen Schriftstellern, von denen viele Zitate angeführt sind, einiges Suchen nötig war. In den Erklärungen wurde vieles berichtigt und ergänzt oder auch mit den Worten unserer Zeit gesagt, was Büchmann in der Sprache seiner uns vielfach schon fremd gewordenen Zeit ausgedrückt hatte. Für den, der Zitate sucht, die ein bestimmtes Thema behandeln, wurde in das Register eine Anzahl von Stichwörtern eingefügt und durch *schrägen Druck* hervorgehoben.

So darf die *Neue Ausgabe* hoffen, allen Benutzern gerecht zu werden: dem, der die Herkunft oder den richtigen Wortlaut eines geflügelten Wortes feststellen will, dem, der nach einem treffenden Wort für einen Gedanken sucht, und endlich auch allen denen, die einfach in den Schätzen überlieferten Geistesgutes wühlen wollen.

AUS DER BIBEL

Die Sprachen aller Völker, die das Christentum angenommen haben, sind mit volkstümlichen Ausdrücken aus der Bibel getränkt, und viele Personen und Orte der biblischen Geschichten sind aus Eigennamen zu Gattungsnamen geworden. So heißt es im Deutschen:
Der Mensch wird nackt geboren wie Adam; er ist keusch wie Joseph, weise wie Salomo, stark wie Simson, ein gewaltiger Nimrod, der wahre Jakob, ein ungläubiger Thomas; er ist ein langer Laban, ein Riese Goliath, ein Enakskind; er lebt wie im Paradiese, dient dem Mammon und hat Mose und die Propheten, oder er stimmt – arm wie Lazarus oder ein blinder Tobias – Jeremiaden an, er sehnt sich zurück nach den Fleischtöpfen Ägyptens, bekommt eine Hiobspost über die andere und muß von Pontius zu Pilatus laufen. Vielleicht ist er ein Saul unter den Propheten, ein barmherziger Samariter oder ein Pharisäer, der Judasküsse gibt; noch schlimmer, wenn er ein Kainszeichen an der Stirn trägt, dann muß man ihn zur Rotte Korah zählen. Aber möglicherweise gehört er zu dem harmloseren Geschlechte der Krethi und Plethi, oder er ist nichts als ein gewöhnlicher Philister. Jedenfalls müssen ihm der Text, die Epistel und die Leviten gelesen werden, damit er den alten Adam ausziehe und er nicht länger wie in Sodom und Gomorrha lebe, in ägyptischer Finsternis und babylonischer Verwirrung. Doch wie dem auch sei, er sehnt sich danach, alt zu werden wie Methusalem, und wenn es mit ihm Matthäi am letzten ist, wird er aufgenommen in Abrahams Schoß.
Es braucht wohl kaum erwähnt zu werden, daß »wahrer Jakob«, »langer Laban«, »von Pontius zu Pilatus« (statt: »von Herodes zu Pontius Pilatus«) Anlehnungen oder Entstellungen sind. Neben solchen der Bibel entnommenen Worten, Namen und Redensarten ist eine Menge biblischer Sprüche, freilich oft zu bequemerem Gebrauch umgestaltet, Gemeingut geworden. Vieles ist davon schon im Laufe des Mittelalters in die deutsche Sprache gekommen, die meisten Ausdrücke freilich gehen auf Luthers Bibelübersetzung zurück.
Wir zitieren nach den heutigen Lutherausgaben. In katholischen Bibelausgaben sind manche Bezeichnungen anders; wir führen die be-

deutendsten Unterschiede auf: Die fünf Bücher Moses heißen Genesis, Exodus, Leviticus, Numeri, Deuteronomium; Esra heißt: Esdras, der Prediger Salomo: Ekklesiastes, Jesus Sirach auch: Ekklesiastikus, Hesekiel: Ezechiel, Obadja auch: Abdias, Zephanja auch: Sophonias, Sacharja: Zacharias, Maleachi: Malachias.

Tohuwabohu, hebräischer Ausdruck für »wüst und wirr«, aus *1. Mose* 1,2.

Es werde Licht spricht Gott. *1. Mose* 1,3.

Und Gott sah, daß es gut war, heißt es jeweils am Abschluß der Schöpfungstage, *1. Mose* 1,10 ff., mit Ausnahme des zweiten Schöpfungstages, was manche Rabbiner auf die Vermutung brachte, Gott habe am zweiten Tag auch die Hölle erschaffen.

Vom Baum der Erkenntnis essen und **Die verbotene Frucht** gehen auf *1. Mose* 2,9 und 17 zurück; dort ist von dem »Baum der Erkenntnis von Gut und Böse« die Rede, dessen Früchte der Herr dem ersten Menschenpaar verbietet.

Adamsapfel. – Die verbotene Frucht wird in der Bibel nicht mit Namen genannt, ist aber seit der altchristlichen Kunst ein Apfel. Als Adam davon aß (*1. Mose* 3,6), blieb ihm nach einem alten Volksglauben ein Stück im Halse stecken; danach heißt der vorstehende Kehlkopf des Mannes Adamsapfel.

Es ist nicht gut, daß der Mensch allein sei zitieren wir nach *1. Mose* 2,18.

Mann und Frau sind eins sagt man nach *1. Mose* 2,24: »Darum wird ein Mann seinen Vater und seine Mutter verlassen und an seinem Weibe hangen, und sie werden sein ein Fleisch«; vgl. *Matth.* 19,5.

Eritis sicut Deus, scientes bonum et malum pflegen wir mit Goethe in der Schülerszene des *Faust* (2048) lateinisch *1. Mose* 3,5 zu zitieren: Die Schlange verspricht den Menschen, wenn sie vom Baum der Erkenntnis essen: »... und werdet sein wie Gott und wissen, was gut und böse ist«.

Feigenblatt als bildlicher Ausdruck für schamhafte Verhüllung stammt aus *1. Mose* 3,7: Adam und Eva wurden nach dem Sündenfall gewahr, »daß sie nackt waren; und flochten Feigenblätter zusammen und machten sich Schürzen«.

Er soll dein Herr sein. – Luther übersetzte Gottes Worte zu Eva, *1. Mose* 3,16: »Dein Wille soll deinem Manne unterworfen sein, und er soll dein Herr sein.«

Im Schweiße deines Angesichts sollst du dein Brot essen
und
Denn du bist Erde und sollst zu Erde werden spricht Gott zum Menschen *1. Mose* 3,19.

Wo ist dein Bruder Abel? fragt Gott den Kain *1. Mose* 4,9.

Soll ich meines Bruders Hüter sein? ist Kains trotzige Antwort auf die Frage Gottes nach Abel, *1. Mose* 4,9.

Das schreit zum Himmel, himmelschreiend, himmelschreiende Sünde gehen zurück auf *1. Mose* 4,10, wo Gott zu Kain spricht: »Die Stimme des Bluts deines Bruders schreit zu mir von der Erde.«

Kainszeichen und **Von Gott gezeichnet** nach *1. Mose* 4,15: »Der Herr machte ein Zeichen an Kain, daß ihn niemand erschlüge.« Das Kainszeichen verrät einen Schuldigen; gelegentlich wird darin aber auch die Strafe Gottes gesehen, oder das Zeichen soll andeuten, daß sich Gott selbst die Bestrafung des Schuldigen vorbehält.

Und ward nicht mehr gesehen. *1. Mose* 5,24 heißt es von Henoch: »Dieweil er ein göttliches Leben führte, nahm ihn Gott hinweg, und er ward nicht mehr gesehen.« Wir finden diese Wendung auch am Schluß von Goethes Ballade »Der Fischer« und in Schillers *Braut von Messina* (1,7).

Methusalem starb nach *1. Mose* 5,27 im Alter von 969 Jahren. Er gab damit den Namen ab für solche, die ein hohes Alter erreichen.

Den Weg alles Fleisches gehen für »sterben« kann aus *1. Mose* 6,12–13 hergeleitet werden, wo Gott spricht: »Alles Fleisches Ende ist vor mich gekommen«, d. h. von ihm beschlossen worden, wozu noch die Worte des sterbenden David, *1. Könige* 2,2, zu nehmen wären: »Ich gehe hin den Weg aller Welt.«

Ölzweig
und
Friedenstaube gelten uns als Sinnbilder von Frieden oder friedlicher Gesinnung nach *1. Mose* 8,11; dort bringt die zweite von Noah

ausgesandte Taube ein Ölblatt zur Arche zurück, und Noah erkennt daran, daß die Sintflut vorüber ist und wieder Friede zwischen Gott und den Menschen herrscht.

Das Dichten des menschlichen Herzens ist böse von Jugend auf heißt es *1. Mose* 8,21 wie schon ähnlich 6,5.

Nimrod nennt man gern einen leidenschaftlichen Jäger nach *1. Mose* 10,8.

Ein gewaltiger Jäger vor dem Herrn wird Nimrod *1. Mose* 10,9 genannt; schon an dieser Stelle wird der Ausdruck als Sprichwort bezeichnet.

Sich einen Namen machen wollten die Erbauer des Turms von Babel, heißt es *1. Mose* 11,4.

Babylonische Verwirrung stammt aus *1. Mose* 11,7–9, wonach Gott die Erbauer des Turms von Babel verwirrte, »daß keiner des anderen Sprache verstehe«.

(Sünden-)Babel nennt man große Städte, wenn man ihre Sittenlosigkeit betonen will (seit M. Constantins Buch über Paris, Leipzig 1855, heißt Paris gelegentlich »Seinebabel«). Der Ausdruck geht weniger auf die Erzählung vom Turmbau zu Babel zurück als auf die »große Hure Babylon« im 17. Kapitel der *Offenbarung Johannis*.

Das gelobte Land bedeutet eigentlich das von Gott versprochene Land (»gelobt« also nicht von »loben«, sondern von »geloben«). *1. Mose* 12,7 verkündete Gott dem Abraham: »Deinem Samen will ich dies Land (d. h. Kanaan) geben«, worauf sich *5. Mose* 34,4: »Dies ist das Land, das ich Abraham, Isaak und Jakob geschworen habe«, und *Josua* 21,43 beziehen.

Gnade finden vor seinen Augen. *1. Mose* 18,3 spricht Abraham zu Gott: »Herr, habe ich Gnade gefunden vor deinen Augen, so gehe nicht an deinem Knecht vorüber.« Der Ausdruck erscheint auch *1. Mose* 19,19 und *2. Mose* 33,12–17.

Bei Gott ist kein Ding unmöglich heißt es *Lukas* 1,37; ähnlich auch bei *Jeremias* 32,17 und 27, *Matthäus* 19,26, *Markus* 10,27 und *Lukas* 18,27. Aber schon *1. Mose* 18,14 steht, als Sara daran zweifelt, in ihrem Alter noch einen Sohn zu bekommen: »Sollte dem Herrn etwas unmöglich sein?«

Sodom und Gomorrha als Bezeichnung für lasterhafte Stätten geht auf *1. Mose* 19 zurück.

Zur Salzsäule werden oder erstarren sagen wir für »vor Entsetzen oder Staunen erstarren« nach *1. Mose* 19,26, wo sich Lots Weib noch einmal nach dem untergehenden Sodom umsieht und dabei zur Salzsäule wird.

Für ein Linsengericht verkaufte Esau seinem jüngeren Bruder Jakob das Erstgeburtsrecht nach *1. Mose* 25,29–34. Wir benutzen den Ausdruck für Fälle, in denen Wertvolles gegen beinahe Wertloses hingegeben wird.

Behalt, was du hast: *1. Mose* 33,9, wiederholt in der *Offenbarung Johannis* 3,11 in der Form: »Halt, was du hast«, und ebenda 2,25: »Was ihr habt, das haltet.«

Ausgehen, die Töchter des Landes zu sehen sagt man jetzt von Männern auf Freiersfüßen. *1. Mose* 34,1 ging Jakobs Tochter Dina aus, »die Töchter des Landes zu sehen«.

Benjamin nennen wir nach *1. Mose* 35,18.24 und *1. Mose* 42 und 43 den jüngsten Sohn oder überhaupt den Jüngsten in einer Gemeinschaft.

Unser Fleisch und Blut sind unsere nächsten Anverwandten nach *1. Mose* 37,27.

In die Grube fahren für »sterben« sagt man nach *1. Mose* 37,35. Der Ausdruck kehrt in der Bibel oft wieder. »Grube« hatte früher bei uns ohne weiteres auch die Bedeutung »Grab«; die Stelle in einem zur Formel gewordenen Ausdruck hat dem Wort hier die alte Bedeutung gewahrt.

Keusch wie Joseph stammt aus *1. Mose* 39, wo Joseph den Verlockungen von Potiphars Weib – der Frau seines ägyptischen Herrn – standhaft widersteht.

Fette Jahre und magere Jahre, aus *1. Mose* 41. Dort deutet Joseph den Traum des Pharao von »sieben schönen fetten Kühen«, die von »sieben häßlichen und mageren Kühen« gefressen werden, auf »sieben reiche Jahre« und »sieben Jahre teure Zeit«, die Ägypten bevorstehen.

Wie Sand am Meer kommt *1. Mose* 41,49, *Jesaja* 10,22 und noch an vielen weiteren Stellen der Bibel vor.

Einem das Leben sauer machen: nach *2. Mose* 1,14.

Wo Milch und Honig fließt, ist ein gesegnetes Land nach *2. Mose* 3,8; der Ausdruck kommt in der Bibel noch oft vor.

Sein Herz verhärten: *2. Mose* 7,3.

Zeichen und Wunder: *2. Mose* 7,3 und danach noch oft.

Ein verstocktes Herz: nach *2. Mose* 7,13, wo vom »Herzen Pharaos, das verstockt ward«, gesprochen wird.

Das ist Gottes Finger heißt es *2. Mose* 8,15. *Lukas* 11,20 spricht Jesus vom Teufelaustreiben »durch Gottes Finger«.

Ägyptische Finsternis geht auf *2. Mose* 10,22 zurück. Dort »ward eine dicke Finsternis« als neunte von den zehn Plagen, durch die Gott den Pharao zwang, Moses und die Kinder Israel aus Ägypten fortziehen zu lassen.

Ehre einlegen: *2. Mose* 14,17 und 18 sowie *Psalm* 46,11.

Seinen Mut, sein Mütchen an jemand kühlen: nach *2. Mose* 15,9; der Ausdruck findet sich auch im *Nibelungenlied* (Strophe 1327).

Die Fleischtöpfe Ägyptens, nach denen man sich zurücksehnt, werden in *2. Mose* 16,3 und *4. Mose* 11,4–6 erwähnt: die Kinder Israel murren, daß Moses und Aaron sie aus Ägypten, »da wir bei den Fleischtöpfen saßen«, in die Wüste geführt hätten.

Manna in der Wüste beruht auf *2. Mose* 16,15.33.35 und kommt auch in *Psalm* 78,24 und *Johannes* 6,31.49.58 vor.

Du sollst keine anderen Götter haben neben mir lautet das erste der zehn Gebote Gottes, *2. Mose* 20,3.

Auge um Auge, Zahn um Zahn wird als Vergeltung gefordert *2. Mose* 21,24; *3. Mose* 24,20; *5. Mose* 19,21, vgl. *Matthäus* 5,38.

Anbetung des goldenen Kalbes
oder
Tanz ums goldene Kalb drücken Verehrung von Reichtum und hemmungsloses Streben danach aus, nach *2. Mose* 32, wo die Israeliten ein aus Gold gegossenes Kalb verehren (allerdings nicht als Sinnbild des Reichtums).

Seine Lenden mit dem Schwert gürten, nach *2. Mose* 32,27: »Gürte ein jeglicher sein Schwert auf seine Lenden.«

Von Angesicht zu Angesicht redete der Herr mit Mose nach *2. Mose* 33,11.

Sündenbock – der Ausdruck beruht auf *3. Mose* 16,20–22: Aaron soll seine Hände einem Bock auf das Haupt legen »und bekennen auf ihn alle Missetat der Kinder Israel ... und ihn ... in die Wüste laufen lassen, daß also der Bock alle ihre Missetat auf sich in eine Wildnis trage«.

Moloch und **einem Moloch opfern** geht auf den Gott der Kanaaniter Moloch zurück, von dem *3. Mose* 18,21 und andere Stellen sprechen.

Liebe deinen Nächsten wie dich selbst, nach *3. Mose* 19,18: »Du sollst deinen Nächsten lieben wie dich selbst.«

Durch die Finger sehen für »nachsichtig sein«: *3. Mose* 20,4.

Alle Jubeljahre einmal ist genaugenommen jedes fünfzigste Jahr nach *3. Mose* 25,8 ff.; dieses Jahr sollte mit dem Schall der Posaune (hebräisch: Jobel) als heiliges Jahr angekündigt werden.

Die Rotte Korah lehnte sich gegen Mose auf und wurde deshalb von der Erde verschlungen, *4. Mose* 16.

Sein Angesicht leuchten lassen über jemandem, aus *4. Mose* 6, 25: »Der Herr lasse sein Angesicht leuchten über dir und sei dir gnädig.«

Ein Dorn im Auge, nach *4. Mose* 33,55: »Werdet ihr aber die Einwohner des Landes nicht vertreiben vor eurem Angesicht, so werden euch die, so ihr überbleiben laßt, zu Dornen werden in euren Augen.«

Ohne Ansehen der Person geht auf *5. Mose* 1,17 zurück: »Keine Person sollt ihr im Gericht ansehen, sondern sollt den Kleinen hören wie den Großen.« Dieser Gedanke kommt im Alten und im Neuen Testament oft zum Ausdruck; *1. Petrus* 1,17 heißt es wörtlich, Gott richte »ohne Ansehen der Person«.

Himmel und Erde zu Zeugen anrufen sagen wir nach *5. Mose* 4,26.

Der Mensch lebt nicht vom Brot allein, das Wort, das Jesus dem Versucher in der Wüste entgegenhält (*Matthäus* 4,4; *Lukas* 4,4), stammt aus *5. Mose* 8,3.

Seine milde Hand auftun sagen wir nach *5. Mose* 15,11 (vgl. *Psalm*

104,28; 145,16): »Es werden allezeit Arme sein im Lande; darum gebiete ich dir und sage, daß du deine Hand auftust deinem Bruder, der bedrängt und arm ist in deinem Lande.«

Du sollst dem Ochsen, der da drischt, nicht das Maul verbinden steht *5. Mose* 25,4. Paulus (*1. Korinther* 9,9; *1. Timotheus* 5,18) wendet es auf jeden an, der arbeitet.

Ja und Amen sagen entstand aus dem hebräischen »Amen«, d. h. »Ja, es geschehe so«, womit die Gemeinde eine feierliche Zustimmung zu geben pflegte, z. B. *5. Mose* 27,15–26 zwölfmal »Alles Volk soll sagen: Amen«.

Das Recht verdrehen, Rechtsverdreher: nach dem Vulgatatext von *5. Mose* 27,19: »maledictus, qui pervertit iudicium – verflucht, wer das Recht verdreht«.

Im Dunkeln tappen, nach *5. Mose* 28,29, wo dem, der nicht auf des Herrn Stimme hört, prophezeit wird: »Und wirst tappen im Mittage, wie ein Blinder tappet im Dunkeln.«

Vom Scheitel bis zur Sohle: nach *5. Mose* 28,35; *2. Samuel* 14,25 und *Hiob* 2,7: »Von der Fußsohle an bis auf den Scheitel.«

Zum Sprichwort, zur Fabel werden: *5. Mose* 28,37 und an mehreren anderen Stellen.

Wie seinen Augapfel (be)hüten ist aus *5. Mose* 32,10 und *Psalm* 17,18.

Die Rache ist mein steht *5. Mose* 32,35 (vgl. *Psalm* 94,1) und wird von Paulus im *Römerbrief* 12,19 mit dem Zusatz »spricht der Herr« und im Brief an die *Hebräer* 10,30 zitiert.

Einen mit Füßen treten: *Josua* 10,24.

Den Raub unter sich teilen: nach *Josua* 22,8: »So teilt nun den Raub eurer Feinde mit euren Brüdern.«

Ich aber und mein Haus wollen dem Herrn dienen: *Josua* 24,15.

Zu seinen Vätern versammelt werden sagt das *Buch der Richter* 2,10 vom Sterben, »zu seinem Volk« heißt es schon *1. Mose* 25,8.

Krumme Wege gehen: *Richter* 5,6 und *Psalm* 125,5.

Schiboleth als Bezeichnung des Losungswortes einer Partei gebrauchen wir nach dem *Buch der Richter* 12,5.6. Danach hatten sich die

Gileaditer, die mit den Ephraimitern in Streit geraten waren, an einer Furt des Jordan aufgestellt und richteten an jeden, der über den Fluß wollte, die Frage: »Bist du ein Ephraimiter?« Wenn er mit Nein antwortete, ließen sie ihn das Wort »Schiboleth« aussprechen. Ein Ephraimiter war daran zu erkennen, daß er das »Sch« nicht sprechen konnte, sondern »Siboleth« sagte; er wurde erschlagen.

Mit fremdem Kalbe pflügen, d. h. eine Aufgabe mit fremder Hilfe lösen, ist aus *Richter* 14,8.

Wie ein Mann erhebt sich ein Volk nach *Richter* 20,1.8.11; *Esra* 2,64; 3,1.9; 6,20 und *Nehemia* 7,66; 8,1.

Philister. Zur Zeit der Richter, Sauls und Davids wird als der ärgste Feind des »auserwählten Volkes« das Volk der Philister genannt. Schon Origenes übertrug den Namen auf Menschen, die nur für Irdisches Verständnis haben, und ähnlich Abaelard im 8. Brief an Heloise. Zum geflügelten Wort wurde der Ausdruck aber erst im 17. Jahrhundert, als es in Universitätsstädten viele Händel zwischen Studenten und Bürgern gab. Die Studenten fühlten sich als »auserwähltes Volk« und nannten also ihre »Feinde« – das waren zunächst die Stadtsoldaten – »Philister«. Das ist zuerst 1687 aus Jena bezeugt; der Begriff wurde dann auf alle Nichtstudenten ausgedehnt. Bei Goethe finden wir damit verbunden den Begriff eines amusischen und überhaupt beschränkten Menschen; seit Nietzsches erster *Unzeitgemäßer Betrachtung* ist der von dem Historiker Heinrich Leo geprägte Ausdruck »Bildungsphilister« geflügelt geworden.

Sein Herz ausschütten entstammt *1. Samuel* 1,15; *Psalm* 42,5 und 62,9.

Einen großen Rumor machen: nach *1. Samuel* 5,9 und 11.

Du kommst mir vor wie Saul, der Sohn Kis', der ausging, seines Vaters Eselinnen zu suchen, und ein Königreich fand. So läßt Goethe am Ende von *Wilhelm Meisters Lehrjahren* Lothario zu Wilhelm sagen. Den Satz erklärt *1. Samuel* 9–10, wo erzählt wird, wie Saul zu Samuel kam, der ihn zum König über Israel salbte.

Gehe nach Jericho und laß dir den Bart wachsen: Als nach *1. Samuel* 10,5 und *1. Chronik* 20,5 der Ammoniterkönig Hanon den abgesandten Dienern des Königs David hatte die Haare scheren lassen, ließ David ihnen sagen: »Bleibet zu Jericho, bis euer Bart gewachsen.«

Wie kommt Saul unter die Propheten? war schon bei den Israeliten ein Sprichwort. Es wird in der Form »Ist Saul auch unter den Propheten?« *1. Samuel* 10,11–12 erwähnt und erklärt.

Ein Mann nach dem Herzen Gottes – der Ausdruck beruht auf *1. Samuel* 13,14 und *Apostelgeschichte* 13,22.

Das sei ferne (von mir): *1. Samuel* 14,45; *2. Samuel* 20,20; *Römer* 3,4.6 und öfter in den Paulinischen Briefen.

Gott sieht aufs Herz geht auf *1. Samuel* 16,7 zurück: »Ein Mensch sieht, was vor Augen ist, der Herr aber sieht das Herz an.«

Goliath, Riese Goliath, ein hochgewachsener Mann nach *1. Samuel* 17.

Ein heilloser Mensch: *1. Samuel* 25,17 und *2. Samuel* 20,1 sprechen von einem »heillosen Mann«.

Es ist mir leid um dich, mein Bruder Jonathan klagt David *2. Samuel* 1,26 nach Jonathans Tod in der Schlacht. David und Jonathan gelten überhaupt als Beispiel inniger Freundschaft (*1. Samuel* 18,1).

Krethi und Plethi nennen wir allerlei »gemischtes Volk«. Nach *2. Samuel* 8,18 bildeten Söldner die Leibwache des Königs David; es waren Kreter (also aus Kreta) und Plether (d. h. Philister).

Uriasbrief: nach *2. Samuel* 11,15 ein Brief, der dem Überbringer Unheil bringen soll.

Die Tat gefiel dem Herrn übel: *2. Samuel* 11,27.

Ein Kind des Todes, der das getan hat! ruft David *2. Samuel* 12,5 aus. Ähnlich wird schon *1. Samuel* 26,16 gedroht.

Das Herz stehlen und **Herzensdieb** gehen auf *2. Samuel* 15,6 zurück.

Zwischen Himmel und Erde schweben. *2. Samuel* 18,9 berichtet von Absalom, der im Kampf mit »den Knechten Davids« auf einem Maultier ritt: »Und da das Maultier unter eine große Eiche mit dichten Zweigen kam, blieb sein Haupt an der Eiche hangen, und er schwebte zwischen Himmel und Erde; aber sein Maultier lief unter ihm weg.«

O mein Sohn Absalom! klagt David (*2. Samuel* 19,1–4) um seinen

Sohn, der sich gegen ihn erhoben hatte und dabei getötet worden war.

Sei ein Mann sagt der sterbende David zu seinem Sohn Salomo, *1. Könige* 2,2.

Salomonisches Urteil beruht auf *1. Könige* 3,16–28. Salomo entscheidet dort den Streit zweier Frauen um ein Kind zunächst, indem er das Kind zu teilen befiehlt, spricht es aber dann derjenigen als der wahren Mutter zu, die das Kind statt dessen lieber der anderen überlassen wollte.

Weise wie Salomo, Weisheit Salomos oder **Salomonis, salomonische Weisheit:** An vielen Stellen in *1. Könige* (Kapitel 5,10,11) und *2. Chronik* (Kapitel 1 und 9), auch in *Lukas* 11,31 ist von der Weisheit Salomos die Rede, die auch der Überlieferung des Orients bis hin zu »1001 Nacht« vertraut blieb.

Mit Skorpionen züchtigen. »Skorpion« bedeutet hier Stachelpeitsche; *1. Könige* 12,11 sprechen »die Jungen, die mit ihm aufgewachsen waren«, zu Rehabeam, Salomos Sohn, er möge dem Erleichterung fordernden Volk antworten: »Mein Vater hat euch mit Peitschen gezüchtigt, ich aber will euch mit Skorpionen züchtigen.«

Auf beiden Seiten hinken: *1. Könige* 18,21.

Falsche Propheten, Lügenpropheten – vor ihnen warnen die echten Propheten Jesaja, Jeremia und Hesekiel, vor ihnen warnt auch Jesus (*Matthäus* 7,15). Schon *1. Könige* 22,22 und 23 ist die Rede von einem »falschen Geist in seiner (d. h. hier: König Ahabs) Prophetenmunde«.

Es kostet den Hals stammt aus *1. Chronik* 12,19: »Wenn er zu seinem Herrn Saul fiele, so möchte es uns unsern Hals kosten.«

Friede sei mit dir! Friede sei mit euch! Lateinisch: »Pax tecum! Pax vobiscum!« *1. Chronik* 12,18, vor allem aber *Lukas* 24,36 und *Johannes* 20,19.21.26. In der katholischen Kirche zum liturgischen Gruß geworden.

Danket dem Herrn; denn er ist freundlich, und seine Güte währet ewiglich: *1. Chronik* 16,34; *Psalm* 106,1 und öfter; ähnlich auch in *2. Chronik* 7,3 und *Esra* 3,11.

In Sack und Asche (trauern oder Buße tun) finden wir zuerst in *Esther* 4,1 und 3, dann auch *Jesaja* 58,5, *Jeremia* 6,26, *Jona* 3,6, *Matthäus* 11,21, *Lukas* 10,13.

Hiobspost, Hiobsbotschaft nennen wir eine Unglücksbotschaft nach *Hiob* 1,14–18.

Arm wie Hiob: Der Ausdruck stützt sich auf das ganze *Buch Hiob*. 17,6 sagt Hiob sogar: »Er hat mich zum Sprichwort unter den Leuten gemacht.«

Der Herr hat's gegeben, der Herr hat's genommen, der Name des Herrn sei gelobt! steht *Hiob* 1,21.

Von den Würmern gefressen werden findet sich *Hiob* 4,19 und *Apostelgeschichte* 12,23.

Das Leben ein Kampf. *Hiob* 7,1 heißt es nach der Vulgata: »Militia est vita hominis – Kriegsdienst ist das Leben des Menschen«; Luther übersetzt: »Muß nicht der Mensch immer im Streit sein auf Erden?« Euripides sagt in den *Schutzflehenden* (550): »Unser Leben ist ein Kampf«, und der Philosoph Seneca schreibt im 96. Brief: »Vivere militare est – Leben heißt kämpfen.« Gegen Ende seines Lebens schreibt Paulus an Timotheus (*2. Tim.* 4,7) über sein Leben: »Ich habe einen guten Kampf gekämpft.« In seinem Drama *Mahomet* (2,4) läßt Voltaire Mahomet sprechen: »Ma vie est un combat – Mein Leben ist ein Kampf«, und Goethe schließlich den Dichter im »Buch des Paradieses« des *West-östlichen Divans* (1819): »... denn ich bin ein Mensch gewesen, / und das heißt ein Kämpfer sein.«

Von gestern – *Hiob* 8,9 heißt es: »Denn wir sind von gestern her und wissen nichts.« Daher stammen die Ausdrücke »Du bist wohl von gestern?« und »Der ist nicht von gestern«.

Den Weg gehen, den man nicht wiederkommt für »sterben« stammt aus *Hiob* 16,22, vgl. »Den Weg alles Fleisches gehen« S. 11 und »Das unentdeckte Land ...« S. 218.

Wie Spreu im Winde sagen wir von etwas Haltlosem, Vergänglichem nach *Hiob* 21,18: »Sie (die Gottlosen) werden sein ... wie Spreu, die der Sturmwind wegführt.« Das gleiche Bild findet sich *Psalm* 1,4 und 35,5; auch Homer (*Odyssee* 5,368f.) kennt es.

Es geht mir ein Licht auf: *Hiob* 25,3; *Psalm* 97,11; 112,4; *Matthäus* 4,16.

So wahr Gott lebt: *Hiob* 27,2.

Der große Unbekannte geht auf *Hiob* 36,26: »Siehe, Gott ist groß und unbekannt« zurück. Ein Kritiker gebrauchte den Ausdruck für den anonymen Verfasser des Romans *Waverly* (Walter Scott, 1814). Jetzt bezeichnet man damit ironisch eine unbekannte, meist nicht existierende Person, auf die ein Übeltäter zu seiner Entlastung verweisen will.

Bis hierher und nicht weiter! Nach *Hiob* 38,11 richtete Gott bei der Schöpfung an das Meer die Worte: »Bis hierher sollst du kommen und nicht weiter!« Vgl. das folgende Zitat.

Non plus ultra: Das »und nicht weiter« des vorhergehenden Zitats ist in Frankreich und England in der lateinischen Form »nec plus ultra« gebräuchlich. Wir setzen dafür »Non plus ultra«.

Das ist mir zu hoch. *Hiob* 42,3 heißt es: »Darum bekenne ich, daß ich habe unweislich geredet, was mir zu hoch ist und ich nicht verstehe.« *Psalm* 139,6 (vgl. 131,1): »Solche Erkenntnis ist mir zu wunderbar und zu hoch; ich kann sie nicht begreifen.« *Sprüche Salomos* 24,7: »Weisheit ist dem Narren zu hoch.«

Auf der Bank der Spötter sitzen sagt man gewöhnlich; in *Psalm* 1,1 heißt es: »Wohl dem, der nicht wandelt im Rat der Gottlosen ... noch sitzt, da die Spötter sitzen.«

Heidenlärm geht auf die Frage in *Psalm* 2,1 zurück: »Warum toben die Heiden?« Nach »Heidenlärm« wurden dann auch »Heidengeld« und »heidenmäßig viel Geld« gebildet.

Wunderlicher Heiliger stammt aus *Psalm* 4,4: »Erkennet doch, daß der Herr seine Heiligen wunderlich führt«; »wunderlich« hat bei Luther noch die Bedeutung »wunderbar«. Gern sagt man auch: »Gott führt seine Heiligen wunderlich(e Wege).«

Requiescat in pace, Er ruhe in Frieden! geht zurück auf den Vulgatatext von *Psalm* 4,9.

Herzen und Nieren prüfen: *Psalm* 7,10, vgl. *Psalm* 26,2; *Jeremia* 11,20; 17,10; 20,12; *Offenbarung* 2,23.

Von Gott verlassen ist aus der Frage *Psalm* 22,2 entstanden: »Mein Gott, mein Gott, warum hast du mich verlassen?«, die auch Jesus am Kreuz ausspricht, *Matthäus* 27,46, *Markus* 15,34.

Zum Spott (Gespött) der Leute werden sagen wir nach *Psalm* 22,7: »Ich aber bin ein Wurm und kein Mensch, ein Spott der Leute und Verachtung des Volkes.«

Jugendsünden entstand aus *Psalm* 25,7: »Gedenke nicht der Sünden meiner Jugend.«

Seine Hände in Unschuld waschen: Der Ausdruck, bei dem wir an Pilatus zu denken pflegen, der damit die Verantwortung am Tode Jesu von sich schob (*Matthäus* 27,24), findet sich in *Psalm* 26,6 und 73,13 und beruht auf *5. Mose* 21,1–9.

Der Gerechte muß viel leiden heißt es *Psalm* 34,20.

Die Stillen im Lande werden *Psalm* 35,20 genannt; der Name war im 18. Jahrhundert für Pietisten, Herrnhuter und andere fromme Gemeinschaften üblich.

Bleibe im Lande und nähre dich redlich heißt es *Psalm* 37,3.

Sein Leid in sich fressen: *Psalm* 39,3.

Mehr Schulden als Haare auf dem Kopfe: nach *Psalm* 40,13, wo in dem Vergleich freilich von Sünden die Rede ist.

Wie der Hirsch schreit nach frischem Wasser: *Psalm* 42,2.

Ein Ende mit Schrecken nehmen: *Psalm* 73,19.

Der Rest ist für die Gottlosen – die Scherzworte sind abgeleitet aus *Psalm* 75,9: »Die Gottlosen müssen ... die Hefen aussaufen.«

Unser Leben währet siebzig Jahre, und wenn's hoch kommt, so sind's achtzig Jahre, und wenn's köstlich gewesen ist, so ist es Mühe und Arbeit gewesen. *Psalm* 90,10.

Psalmistenalter, das Alter des Psalmisten erreichen sagt man in bezug auf das vorhergehende Zitat.

Auf den Händen tragen nach *Psalm* 91,12 die Engel den, dessen Zuversicht der Herr ist. In *Matthäus* 4,6 beruft sich darauf der Versucher Jesu in der Wüste.

Recht muß Recht bleiben steht *Psalm* 94,15.

Der Wein erfreut des Menschen Herz. So beginnt ein Trinklied von Gleim (1719–1803), und in Goethes *Götz* spricht den Satz Bruder Martin aus (1. Akt, Herberge im Wald). Der Ausspruch ist nach *Psalm* 104,15 gebildet.

Das auserwählte Volk werden die Juden in *Psalm* 105,43 genannt.

Augen haben und nicht sehen, und Ohren haben und nicht hören – der Ausdruck beruht auf *Psalm* 115,5.6; 135,16.17; *Jeremia* 5,21; *Hesekiel* 12,2.

Alle Menschen sind Lügner steht *Psalm* 116,11. Oft wird lateinisch zitiert: »Omnis homo mendax.«

Den Seinen gibt's der Herr im Schlaf beruht auf *Psalm* 127,2: »Denn seinen Freunden gibt er's schlafend.«

Mit einem ins Gericht gehen, aus *Psalm* 143,2: »Gehe nicht ins Gericht mit deinem Knechte; denn vor dir ist kein Lebendiger gerecht.«

Aller Augen warten auf dich, und du gibst ihnen ihre Speise zu seiner Zeit: Die Stelle im *Psalm* 145,15 ist zum Tischgebet geworden. »Aller Augen warten auf dich« wird aber auch gern zu einem gesagt, der zu spät kommt, oder zu einem, von dem man ungeduldig irgend etwas erwartet.

Wenn dich die bösen Buben locken, so folge nicht! heißt es in *Sprüche Salomos* 1,10.

Weisheit auf der Gasse nach *Sprüche Salomos* 1,20: »Die Weisheit klaget draußen und läßt sich hören auf den Gassen.«

Glatte Worte. Die *Sprüche Salomos* warnen 2,16, »daß du nicht geratest an eines andern Weib, an eine Fremde, die glatte Worte gibt«.

Wen der Herr lieb hat, den züchtigt er, so heißt es im *Hebräerbrief* 12,6 (vgl. auch *Offenbarung* 3,19); wir finden den Gedanken zuerst *Sprüche* 3,12: »Welchen der Herr liebt, den straft er.«

Ein zweischneidiges Schwert wird *Sprüche* 5,4 in schlimmem, *Hebräer* 4,12 und *Offenbarung* 1,16 und 2,12 in gutem Sinne eine scharfe Rede genannt. Wir gebrauchen das Wort heute von allen möglichen Handlungen, bei denen man auch unerwünschte Folgen gewärtigen muß.

Unrecht Gut gedeiht nicht sagen wir nach *Sprüche* 10,2: »Unrecht Gut hilft nicht.« Ähnlich drückt sich auch Sophokles im *Ödipus auf Kolonos* (Vers 1026–27) aus: »Was der Ungerechte mit List erworben, bleibt nicht.«

Der Gerechte erbarmt sich seines Viehs heißt es *Sprüche* 12,10.

Der Mensch denkt, Gott lenkt, lateinisch: »Homo proponit, sed Deus disponit.« Der Vulgatatext von *Sprüche* 16,9 lautet: »Cor hominis disponit viam suam, sed Domini est dirigere gressus eius.« Luther übersetzte: »Des Menschen Herz erdenkt sich seinen Weg; aber der Herr allein gibt, daß er fortgehe.«

Hochmut kommt vor dem Fall lesen wir *Sprüche* 16,18.

Wer sich des Armen erbarmt, der leiht dem Herrn heißt es *Sprüche* 19,17.

Der Schlaf des Gerechten kann aus *Sprüche* 24,15 »Laure nicht ... auf das Haus des Gerechten, verstöre seine Ruhe nicht!« abgeleitet werden, vielleicht aber auch aus *3. Mose* 26,6, aus *Psalm* 3,6, vor allem *Psalm* 4,9: »Ich liege und schlafe ganz mit Frieden; denn allein du, Herr, hilfst mir, daß ich sicher wohne.«

Wie du mir, so ich dir, verkürzt aus *Sprüche* 24,29: »Wie man mir tut, so will ich wieder tun.«

Goldene Äpfel auf silbernen Schalen erwähnt *Sprüche* 25.11.

Feurige Kohlen auf sein Haupt häufen ist aus *Sprüche* 25,22; »sammeln« heißt es in der Übersetzung des *Römerbriefs* 12,20.

Wer andern eine Grube gräbt, fällt selbst hinein lautet das Sprichwort nach *Sprüche* 26,27: »Wer eine Grube macht, der wird hineinfallen.« Vgl. *Psalm* 7,16; 9,16; 57,7; *Prediger* 10,8.

Jahrmarkt des Lebens stammt aus dem Buch *Die Weisheit Salomos an die Tyrannen* 15,12: »Sie halten auch das menschliche Leben für einen Scherz und menschlichen Wandel für einen Jahrmarkt.«

Es ist alles ganz eitel heißt es *Prediger* 1,2 und 12,8. Gern wird der lateinische Text der Vulgata zitiert: »Vanitas vanitatum, et omnia vanitas«, d. h. »Eitelkeit der Eitelkeit, und alles ist Eitelkeit.«

Alle Wasser laufen ins Meer steht *Prediger* 1,7.

Und geschieht nichts Neues unter der Sonne stammt aus *Prediger* 1,9.

Alles zu seiner Zeit sagen wir nach *Prediger* 3,1: »Ein jegliches hat seine Zeit«, und 3,11: »Er aber tut alles fein zu seiner Zeit.«

Ein lebendiger Hund ist besser als ein toter Löwe sagt *Prediger* 9,4.

Wehe dir, Land, dessen König ein Kind ist heißt es *Prediger* 10,16.

Tage, von denen wir sagen, sie gefallen uns nicht, entnommen aus *Prediger* 12,1: »Gedenke an deinen Schöpfer in deiner Jugend, ehe denn die bösen Tage kommen und die Jahre herzutreten, da du wirst sagen: sie gefallen mir nicht.«

Viel Büchermachens ist kein Ende steht *Prediger* 12,12.

Liebe ist stark wie der Tod sagt das *Hohelied Salomos* 8,6.

Tauben Ohren predigen geht wohl auf *Jesaja* 6,10 und *Matthäus* 13,13 ff. zurück. Aber auch im Lateinischen ist sprichwörtlich: »Ad surdas aures canere – tauben Ohren singen« (Ovid) und: »Surdo asello narrare fabulam – einem tauben Esel eine Geschichte erzählen« (Horaz).

Der Stein des Anstoßes stammt aus *Jesaja* 8,14; *Römer* 9,32.33; *1. Petrus* 2,8.

Vom Himmel fallen geht auf *Jesaja* 14,12 zurück: »Wie bist du vom Himmel gefallen, du schöner Morgenstern!« (»Lucifer« sagt die lateinische Bibel für den Morgenstern.) »Wie aus allen Himmeln gefallen« enthält die altjüdische Vorstellung von vielen Himmeln.

Der Tag der Rache: *Jesaja* 34,8 und an anderen Stellen.

Sein Haus bestellen für »sein Testament machen« sagen wir nach *Jesaja* 38,1: »Bestelle dein Haus, denn du wirst sterben.«

Prediger in der Wüste nennen wir einen Mahner, der kein Gehör findet, nach *Jesaja* 40,3: »Es ist eine Stimme eines Predigers in der Wüste«, lateinisch »vox clamantis in deserto«, was Johannes der Täufer (*Matthäus* 3,3) auf Jesus bezieht.

Ein Himmel wie ein Sack, nach *Jesaja* 50,3: »Ich kleide den Himmel mit Dunkel und mache seine Decke gleich einem Sack.«

Wie ein Lamm, das zur Schlachtbank geführt wird: *Jesaja* 53,7. »Du machst ein Gesicht wie ein Lamm, das zur Schlachtbank geführt wird«, heißt es oft.

Geduldig wie ein Lamm, Lammsgeduld geht auf die beim vorhergehenden Zitat erwähnte Stelle *Jesaja* 53,7 zurück.

Mohrenwäsche und **Einen Mohren weiß waschen wollen** beruht vielleicht auf *Jeremia* 13,23: »Kann auch ein Mohr seine Haut wandeln?« Aber schon die Griechen sagten »einen Äthiopier abreiben« (z. B. Äsop, Fabel 13).

Versiegelt und verbrieft: *Jeremia* 32,34.

Jeremiade kommt von den *Klageliedern Jeremias* her.

Sich die Augen ausweinen: aus den *Klageliedern Jeremias* 2,11.

Den Geist aufgeben: *Klagelieder Jeremias* 2,12; vgl. *Apostelgeschichte* 5,5 und 10; 12,23.

Dixi et salvavi animan meam, »Ich habe gesprochen (d. h. gewarnt) und meine Seele gerettet (d. h. mein Gewissen beruhigt).« *Hesekiel* 3,19: »Wo du aber den Gottlosen warnst und er sich nicht bekehret von seinem gottlosen Wesen und Wege, so wird er um seiner Sünde willen sterben; aber du hast deine Seele errettet.«

In alle Winde zerstreut: *Hesekiel* 17,21.

Tun, was recht und gut ist: *Hesekiel* 33,14.16.19; 45,9.

Der Koloß auf tönernen Füßen kommt in Nebukadnezars Traum im 2. Kapitel des *Buches Daniel* vor.

Menetekel als Warnungszeichen, eigentlich zwei Worte: Mene Tekel, hatte eine geheimnisvolle Hand an die eine Wand des königlichen Saales geschrieben; keiner der Weisen des Königs Belsazer hatte sie lesen können, aber Daniel las und deutete sie: »Mene, das ist: Gott hat dein Königreich gezählt und vollendet ... Tekel, das ist: man hat dich in einer Waage gewogen und zu leicht gefunden«, *Daniel* 5,25–27.

Gewogen und zu leicht gefunden (meist sagt man »befunden«), siehe das vorhergehende Zitat.

Wer Wind sät, wird Sturm ernten beruht auf *Hosea* 8,7: »Sie säen Wind und werden Ungewitter einernten.«

Gewalt geht vor Recht: nach *Habakuk* 1,3. Luther übersetzte: »Es gehet Gewalt über Recht.«

Himmel und Erde in Bewegung setzen: nach *Haggai* 2,6.21 und *Hebräer* 12,26. Meist sagt man freilich: »Himmel und Hölle in Bewegung setzen.«

Was du nicht willst, das man dir tut, / das füg auch keinem andern zu; seit dem 18. Jahrhundert als »Goldene Regel« bekannt. Bei *Tobias* 4,16 heißt es: »Was du nicht willst, das man dir tue, das tue einem andern auch nicht.« Jesus spricht von diesem Gedanken (*Matthäus* 7,12), er sei »das Gesetz und die Propheten«. Dasselbe soll bereits der Rabbi Hillel (70 vor bis 10 nach Chr.) gesagt haben. Vom Kaiser Alexander Severus, der 235 n. Chr. starb, berichtet Lampridius (51): »Er rief öfter aus, was er von einigen Juden oder Christen gehört und behalten hatte: »Quod tibi fieri non vis, alteri non feceris, und liebte diesen Spruch so, daß er ihn sowohl an seinen Palast wie auch an öffentliche Gebäude anschreiben ließ.« Schon im 4. Jahrhundert v. Chr. sagte der griechische Redner Isokrates ganz ähnliches: »Worüber ihr zürnt, wenn ihr es von andern erleidet, das tut den andern nicht.«

Der gute Engel, Schutzengel, als guter Engel zur Seite stehen stammt aus dem 5. und den folgenden Kapiteln des *Buches Tobias* (vgl. *2. Makkabäer* 15,23). In der Kunst erscheint ein solcher Engel zuerst im 15. Jahrhundert in Italien: Raphael als Begleiter des Tobias, mit Stab und Tasche.

O Herr, er will mich fressen! ruft man aus, wenn einer offen gähnt. Es stammt aus *Tobias* 6,3.

Des Vaters Segen bauet den Kindern Häuser übersetzte Luther *Jesus Sirach* 3,11.

Was deines Amtes nicht ist, da laß deinen Vorwitz: *Jesus Sirach* 3,24.

Wer sich in Gefahr begibt, kommt darin um. *Sirach* 3,27: »Denn wer sich in Gefahr begibt, der verdirbt darin.«

Was du tust, bedenke das Ende steht *Sirach* 7,40, wobei unter Ende der Tod verstanden wird. So mag auch der lateinische Spruch »Quidquid agis, prudenter agas et respice finem – Was du auch tust, handle klug und denke an das Ende« in der mittelalterlichen Legendensammlung *Gesta Romanorum* gemeint sein. Das Ende kann aber auch nur als Ausgang einer Handlung aufgefaßt werden, wie in der 45. Fabel des Äsop: »Kluge Leute müssen zuerst den Ausgang eines Unternehmens ins Auge fassen und erst dann danach handeln.« Hans Sachs erzählt in dem 1557 geschriebenen »Mensch, was du tust, bedenk das End, / Das wird die größte Weisheit genennt«, daß ein Philosoph aus Athen diese Weisheit dem Kaiser Domitianus zu Rom für tausend Goldstücke verkauft habe.

Das Werk lobt den Meister heißt es *Sirach* 9,17. Wir finden den Ausspruch in Schillers »Lied von der Glocke« wieder: »... soll das Werk den Meister loben.«

Man soll keinen vor seinem Ende rühmen. *Sirach* 11,28: »Niemanden preise vor dem Tode glücklich«, lautet bei *Herodot* 1,32 fast ebenso.

Wer Pech angreift, besudelt sich. *Sirach* 13,1.

Seine Worte auf der Goldwaage wägen stammt aus *Sirach* 21,25 und 28,25. Der Ausdruck findet sich aber auch schon bei dem römischen Schriftsteller Varro (116–27 v. Chr.).

Alles, was aus der Erde kommt, muß wieder zur Erde werden steht *Sirach* 40,11. Der griechische Philosoph Anaximander im 6. Jahrhundert v. Chr. sagte allgemeiner: »Woraus aber das Werden ist den seienden Dingen, in das hinein geschieht auch ihr Vergehen.«

Gut machet Mut. *Sirach* 40,26.

Nichts Besseres zu hoffen noch zu erwarten haben zitieren wir aus *Jesus Sirach* 41,3: »O Tod, wie wohl tust du dem Dürftigen, der da schwach und alt ist, der in allen Sorgen steckt und nichts Besseres zu hoffen noch zu erwarten hat.«

Nun danket alle Gott, der Anfang eines 1644 verfaßten Kirchenliedes von Martin Rinckart (1586–1649), stammt aus *Jesus Sirach* 50,24.

Die Axt an die Wurzel legen geht auf *Matthäus* 3,10 zurück: »Es ist schon die Axt den Bäumen an die Wurzel gelegt. Darum, welcher Baum nicht gute Frucht bringt, wird abgehauen ...«

Feuertaufe, nach *Matthäus* 3,11: »Der wird euch mit Feuer taufen.«

Die Spreu vom Weizen sondern, nach *Matthäus* 3,12: »Und er hat seine Wurfschaufel in der Hand: er wird seine Tenne fegen und den Weizen in seine Scheune sammeln; aber die Spreu wird er verbrennen mit ewigem Feuer.«

Dies ist mein lieber Sohn, an welchem ich Wohlgefallen habe: *Matthäus* 3,17; vgl. *Jesaja* 42,1; *Matthäus* 17,5; *Markus* 1,11; *Lukas* 3,22; *2. Petrus* 1,17.

Apage, Satana! Hebe dich weg von mir, Satan! ruft Jesus dem Versucher zu, *Matthäus* 4,10.

Selig sind die Armen im Geiste ist eine der Seligpreisungen der Bergpredigt, *Matthäus* 5,3; gemeint ist, wer seine innere Hilfsbedürftigkeit fühlt. Als Zitat freilich wird das Wort nur ironisch bei »Geistesarmut« gebraucht.

Ihr seid das Salz der Erde spricht Jesus zu seinen Jüngern, *Matthäus* 5,13.

Licht der Welt. »Ihr seid das Licht der Welt« sagt Jesus zu den Jüngern, *Matthäus* 5,14. Auch im Lateinischen heißt ein ausgezeichneter Mann ein »Licht«, ein »Lumen«. Wir sprechen von einer »Leuchte«, einer »Leuchte der Weisheit« oder »Leuchte der Wissenschaft«. Die Wittenberger Theologen wurden »Kirchenlichter« genannt, und wir sagen jetzt von einem beschränkten Verstand: »Er ist kein großes Kirchenlicht.«

Sein Licht unter den Scheffel stellen: *Matthäus* 5,15, *Markus* 4,21, *Lukas* 8,16; 11,33.

Sein Licht vor den Leuten leuchten lassen: *Matthäus* 5,16.

Kein Jota oder **Nicht ein Jota** beruht auf *Matthäus* 5,18: »Bis daß Himmel und Erde zergehe, wird nicht zergehen der kleinste Buchstabe (so übersetzt Luther das griechische ›ein Jota‹) vom Gesetz.« »Um ein Jota« ging es zur Zeit Konstantins d. Gr. in dem durch Arius veranlaßten Dogmenstreit über das Wesen Christi: Das Konzil von Nicäa erhob die Wesensgleichheit (griechisch: Homo-usia) des Sohnes mit dem Vater zum Dogma, dem das Abendland folgte, während im Morgenland eine Richtung vorherrschte, die dem Sohn nur eine Wesensähnlichkeit (griechisch: Homoi-usia) mit dem Vater zuschrieb. Den Wendungen »Nicht ein Jota zuviel« und »Nicht ein Jota nachgeben« liegt vielleicht die Erinnerung an diesen Streit zugrunde.

Ärgert dich aber dein rechtes Auge, so reiß es aus: *Matthäus* 5,29.

Eure Rede aber sei: Ja, ja; nein, nein. Was darüber ist, das ist vom Übel: *Matthäus* 5,37.

Schlägt dich einer auf die rechte Wange, so halte ihm auch die andere hin: *Matthäus* 5,39. Luther übersetzt: »So dir jemand einen Streich gibt auf deinen rechten Backen, dem biete den andern auch dar.«

Gott läßt seine Sonne scheinen über Gerechte und Ungerechte ist entstanden aus *Matthäus* 5,45: »Er läßt seine Sonne aufgehen über die Bösen und über die Guten und läßt regnen über Gerechte und Ungerechte.«

Laß deine linke Hand nicht wissen, was die rechte tut heißt es *Matthäus* 6,3, »wenn du Almosen gibst«.

Seinen Lohn dahin haben nach *Matthäus* 6,5: »Wahrlich, ich sage euch: Sie haben ihren Lohn dahin.«

Schätze sammeln, die weder Motten noch Rost fressen stammt aus *Matthäus* 6,20: »Sammelt euch aber Schätze im Himmel, da sie weder Motten noch Rost fressen.«

Denn wo euer Schatz ist, da ist auch euer Herz: *Matthäus* 6,21; vgl. *Lukas* 12,34.

Niemand kann zwei Herren dienen steht *Matthäus* 6,24 mit der Folgerung: »Ihr könnt nicht Gott dienen und dem Mammon.«

Mammon und Mammonsdiener erscheinen bei *Matthäus* 6,24. Bei *Lukas* 16,9.11.13 ist von »ungerechtem Mammon« die Rede. Die Deutung des späthebräischen Wortes »mamon« ist unsicher, es soll »irdischer Gewinn« oder »Hinterlegtes« bedeuten.

Sie säen nicht, sie ernten nicht: *Matthäus* 6,26.

Seiner Länge eine Elle zusetzen, *Matthäus* 6,27 (vgl. *Lukas* 12,25): »Wer ist unter euch, der seiner Länge eine Elle zusetzen möge, ob er gleich darum sorget?«

Die Lilien auf dem Felde: *Matthäus* 6,28.

Auch Salomo in aller seiner Herrlichkeit: *Matthäus* 6,29 heißt es, daß er nicht besser gekleidet gewesen sei als die Lilien auf dem Felde.

Sorget nicht für den andern Morgen, *Matthäus* 6,34; »denn der morgende Tag wird für das Seine sorgen«.

Jeder Tag hat seine Plage: *Matthäus* 6,34. »Ein jeder Tag hat seine Plag« führt Lessing als alten deutschen Reimspruch an.

Richtet nicht, auf daß ihr nicht gerichtet werdet. *Matthäus* 7,1.

Perlen vor die Säue werfen, *Matthäus* 7,6: »Eure Perlen sollt ihr nicht vor die Säue werfen, auf daß sie dieselben nicht zertreten mit ihren Füßen.«

Splitterrichter ist entstanden aus *Matthäus* 7,1: »Richtet nicht, auf daß ihr nicht gerichtet werdet« und der Stelle 7,3, die zum folgenden Zitat angeführt ist.

Der Balken im eigenen Auge, aus *Matthäus* 7,3: »Was siehest du aber den Splitter in deines Bruders Auge und wirst nicht gewahr des Balkens in deinem Auge?«

Suchet, so werdet ihr finden: *Matthäus* 7,7 und *Lukas* 11,9.

Steine statt Brot geben, nach *Matthäus* 7,9: »Welcher ist unter euch Menschen, so ihn sein Sohn bittet ums Brot, der ihm einen Stein bietet?«

Wölfe in Schafskleidern, *Matthäus* 7,15: »Sehet euch vor vor den falschen Propheten, die in Schafskleidern zu euch kommen, inwendig aber sind sie reißende Wölfe.«

An ihren Früchten sollt ihr sie erkennen: *Matthäus* 7,16 und 20.

Sein Haus auf Sand bauen, nach Jesu Gleichnis von dem »törichten Manne«, *Matthäus* 7,26.

Heulen und Zähneklappe(r)n wird »in der Finsternis« (in der Hölle) sein nach *Matthäus* 8,12; 13,42.50; 22,13; 24,51; 25,30 und *Lukas* 13,28.

Nicht haben, wo man sein Haupt hinlege. *Matthäus* 8,20 und *Lukas* 9,58 spricht Jesus von sich: »Die Füchse haben Gruben, und die Vögel unter dem Himmel haben Nester, aber des Menschen Sohn hat nicht, da er sein Haupt hinlege.«

Laß die Toten ihre Toten begraben: *Matthäus* 8,22 und *Lukas* 9,60.

Die Starken bedürfen des Arztes nicht, sondern die Kranken: *Matthäus* 9,12 und fast genauso *Markus* 2,17 und *Lukas* 5,31. Mit den »Starken« sind die Gesunden gemeint.

Den Staub von den Füßen schütteln: *Matthäus* 10,14; *Markus* 6,11; *Lukas* 9,5; *Apostelgeschichte* 13,51.

Seid klug wie die Schlangen und ohne Falsch wie die Tauben: *Matthäus* 10,16.

Von den Dächern predigen, nach *Matthäus* 10,27 und *Lukas* 12,3: »Was ihr hört in das Ohr, das predigt auf den Dächern«, und *Lukas* 12,3: »Was ihr redet ins Ohr in den Kammern, das wird man auf den Dächern predigen.«

Sein Kreuz auf sich nehmen, nach *Matthäus* 10,38; 16,24; *Markus* 8,34; 10,21; *Lukas* 9,23; 14,27; *Johannes* 19,17.

Wer Ohren hat zu hören, der höre: *Matthäus* 11,15.

Mühselig und beladen, nach *Matthäus* 11,28: »Kommet her zu mir alle, die ihr mühselig und beladen seid.«

Ein sanftes Joch, nach *Matthäus* 11,30: »Mein Joch ist sanft und meine Last ist leicht.«

Den Teufel durch Beelzebub austreiben sagt man nach *Matthäus* 12,24.27 und *Lukas* 11,15–19 (vgl. auch *Matthäus* 9,34 und *Markus* 3,22). »Beelzebub« heißt der oberste der Teufel.

Wer nicht mit mir ist, der ist wider mich: *Matthäus* 12,30 und *Lukas* 11,23. *Lukas* 9,50 heißt es aber auch: »Wer nicht wider uns ist, der ist für uns.«

Sünde wider den heiligen Geist, *Matthäus* 12,31: »Alle Sünde und Lästerung wird den Menschen vergeben; aber die Lästerung wider den Geist wird den Menschen nicht vergeben«, *Markus* 3,29: »Wer aber den Heiligen Geist lästert, der hat keine Vergebung ewiglich«; ähnlich *Lukas* 12,10.

Wes das Herz voll ist, des geht der Mund über: *Matthäus* 12,34.

Wer da hat, dem wird gegeben: *Matthäus* 13,12; 25,29; *Markus* 4,25; *Lukas* 8,18; 19,26. Französisches Sprichwort: »On ne prête qu'aux riches.«

Unkraut zwischen den Weizen säen sagen wir nach *Matthäus* 13,25.

Der Prophet gilt nichts in seinem Vaterlande, nach *Matthäus* 13,57, *Markus* 6,4, *Lukas* 4,24.

Was zum Munde eingeht, das verunreinigt den Menschen nicht: *Matthäus* 15,11; vgl. *Markus* 7,15.

Brosamen, die von des Herrn Tisch fallen: *Matthäus* 15,27; *Lukas* 16,21 heißt es »von des Reichen Tisch«.

Zeichen der Zeit, nach *Matthäus* 16,3: »Könnt ihr denn nicht auch über die Zeichen dieser Zeit urteilen?«

Sich selbst verleugnen und **Selbstverleugnung** aus *Matthäus* 16,24: »Will mir jemand nachfolgen, der verleugne sich selbst.«

Hier ist gut sein, hier laßt uns Hütten bauen entstand aus *Matthäus* 17,4: »Herr, hier ist gut sein; willst du, so wollen wir hier drei

Hütten machen«, und den ähnlichen Stellen *Markus* 9,5 und *Lukas* 9,33.

Was Gott zusammengefügt hat, soll der Mensch nicht scheiden steht *Matthäus* 19,6 und *Markus* 10,9.

Die Ersten werden die Letzten und die Letzten werden die Ersten sein: *Matthäus* 19,30; *Markus* 10,31; *Lukas* 13,30.

Arbeiter oder arbeiten im Weinberg des Herrn meint Priester und ihr Wirken nach dem Gleichnis in *Matthäus* 20; der Ausdruck »Weinberg des Herrn« findet sich schon bei *Jesaja* 5,7.

Des Tages Last und Hitze getragen haben, nach *Matthäus* 20,12.

Viele sind berufen, aber wenige sind auserwählt: *Matthäus* 20,16 und 22,14.

Zum Tempel hinaustreiben: Die Redensart entstand aus den Berichten bei *Matthäus* 21,12, *Markus* 11,15, *Lukas* 19,45 und *Johannes* 2,15, wonach Jesus die Händler und Geldwechsler aus dem Tempel hinaustrieb.

Kein hochzeitlich Kleid anhaben: *Matthäus* 22,11.

Gebt dem Kaiser, was des Kaisers ist, und Gott, was Gottes ist: *Matthäus* 22,21, *Markus* 12,17 und *Lukas* 20,25.

Haltet euch an meine Worte und nicht an meine Werke! geht auf *Matthäus* 23,3 zurück: »Alles nun, was sie euch sagen, das ihr halten sollet, das haltet und tut's; aber nach ihren Werken sollt ihr nicht tun; sie sagen's wohl, und tun's nicht.« Nach Livius, *Römische Geschichte* 7,32, benutzte der Konsul Valerius (343 v. Chr.) ein ähnliches Wort in entgegengesetztem Sinne: »Facta mea, non dicta vos, milites, sequi volo – Soldaten, ich will, daß ihr meinen Taten, nicht meinen Worten folgt.«

Wer sich selbst erhöht, der wird erniedrigt; und wer sich selbst erniedrigt, wird erhöht: *Matthäus* 23,12; der Gedanke ist schon von *Hesekiel* 17,24 und 21,31 ausgesprochen.

Eines tun und das andere nicht lassen beruht auf *Matthäus* 23,23 und *Lukas* 11,42: »Dies sollte man tun und jenes nicht lassen.«

Mücken seihen und Kamele verschlucken. Nach *Matthäus* 23,24 sagte Jesus zu den Schriftgelehrten und Pharisäern: »Ihr verblendeten Leiter, die ihr Mücken seihet und Kamele verschluckt!« Luther erklärte die Stelle: »Sie haben ein enges Gewissen in kleinen Stükken und ein weites in großen.«

Übertünchte Gräber, »welche auswendig hübsch scheinen, aber inwendig sind sie voller Totengebeine«, werden die Schriftgelehrten und Pharisäer *Matthäus* 23,27 genannt.

Es wird kein Stein auf dem andern bleiben: *Matthäus* 24,2.

Wo aber ein Aas ist, da sammeln sich die Adler lesen wir *Matthäus* 24,28 und *Lukas* 17,37 (vgl. *Hiob* 39,30 und *Habakuk* 1,8). Wir pflegen aber statt »Adler« zu sagen »Geier«.

Sein Pfund vergraben beruht auf *Matthäus* 25,18 und 25 sowie auf dem Gleichnis in *Lukas* 19,12 ff.

Schafe zur Rechten, Böcke zur Linken; die Schafe von den Böcken trennen, nach *Matthäus* 25,32 und 33.

Sie hat ein gutes Werk an mir getan heißt es *Matthäus* 26,10. Wir sprechen das Wort oft als Aufforderung aus: »Du kannst mal ein gutes Werk (an mir) tun.«

Der Verräter schläft nicht. Der Ausdruck entstand aus *Matthäus* 26,14–16, wo Judas den Herrn verrät, und 26,36–40, wo die Jünger auf dem Ölberg schlafen.

Judas, Judaskuß, Judaslohn. Aus der Erzählung vom Verrat des Judas, *Matthäus* 26,14–16.46–49, *Markus* 14,43–45, *Lukas* 22,3–6.47–48, *Johannes* 18,2–3. Das erste Wort wird für »Verräter« gebraucht, das zweite für eine heuchlerische Gunstbezeigung, das dritte für Verräterlohn, wobei meist der Gedanke mitspielt, dieser Lohn sei gering (»dreißig Silberlinge«).

Möge dieser Kelch an mir vorübergehen! Diesen Wunsch, von Leid verschont zu werden, sprechen wir in Anlehnung an *Matthäus* 26,39.42, *Markus* 14,36 und *Lukas* 22,42 aus.

Der Geist ist willig, aber das Fleisch ist schwach; *Matthäus* 26,41 und *Markus* 14,38.

Auch einer von denen ... *Matthäus* 26,73 wird Petrus im Palast des Hohenpriesters angesprochen: »Wahrlich, du bist auch einer von denen«, nämlich ein Jünger Jesu. Daraus entnahm Fr. Th. Vischer den Titel für seinen Roman *Auch Einer* (1879).

Matthäi am letzten sagen wir für »am Ende« oder für »Schluß!« Luther verweist im *Katechismus* (4. Hauptst., 1. B.) mit diesen Worten auf den letzten Vers des Matthäusevangliums.

Nicht wert sein, einem die Schuhriemen aufzulösen sagt man nach *Markus* 1,7, *Lukas* 3,16, *Johannes* 1,27 und *Apostelgeschichte* 13,25.

Der Glaube macht selig sagt man nach *Markus* 16,16: »Wer da glaubet ..., der wird selig werden.« Bei einer wenig glaubwürdigen Erzählung: »Wer's glaubt, wird selig.«

Ihre Zahl ist Legion nach *Markus* 5,9, wo ein Teufel spricht: »Legion heiße ich; denn wir sind unser viele.« Ähnlich *Lukas* 8,30.

Das Scherflein der Witwe, *Markus* 12,42 und *Lukas* 21,2. Scherf (verwandt mit Scherbe) scheint der germanische Ausdruck für die römische Münze mit gezahntem Rand gewesen zu sein.

Was wird aus dem Kindlein werden? *Lukas* 1,66.

Die himmlischen Heerscharen: *Lukas* 2,13.

Ehre sei Gott in der Höhe und Friede auf Erden und den Menschen ein Wohlgefallen: *Lukas* 2,14.

Zunehmen an Alter und Weisheit, nach *Lukas* 2,52.

Arzt, hilf dir selber wird *Lukas* 4,23 ein »Sprichwort« genannt. *Sirach* 18,20 heißt es: »Hilf dir zuvor selber, ehe du andere arzneiest.«

Gebet, so wird euch gegeben: *Lukas* 6,38.

Mit dem Maß, mit dem ihr messet, wird man euch wieder messen heißt es *Lukas* 6,38; vgl. *Matthäus* 7,2 und *Markus* 4,24.

Wes Geistes Kind: *Lukas* 9,55 erzählt, daß Jesus in einem samaritanischen Ort nicht aufgenommen wurde und Jakobus und Johannes deshalb Feuer vom Himmel darauf herabrufen wollten. Aber Jesus bedrohte sie und sprach: »Wisset ihr nicht, wes Geistes Kinder ihr seid?«

Ein Arbeiter ist seines Lohnes wert: *Lukas* 10,7 und *1. Timotheus* 5,18.

Der barmherzige Samariter dient Jesu als Gleichnis, *Lukas* 10,30–37. Danach auch das Wort »Samariterdienst«.

Öl in die Wunden gießen: *Lukas* 10,34.

Gehe hin und tue desgleichen sind die Abschlußworte Jesu zum Gleichnis vom barmherzigen Samariter, *Lukas* 10,37.

Eins aber ist not sagt Jesus zu Martha, *Lukas* 10,42, als diese sich beschwert, daß Maria ihr nicht hilft, sondern zu den Füßen des Herrn sitzt und ihm zuhört.

Den besseren Teil erwählt haben, nach Jesu Wort »Maria hat das gute Teil erwählt« aus dem gleichen Vers wie das vorhergehende Zitat.

Nun hat die liebe Seele Ruh, abgeleitet aus *Lukas* 12,19: »Liebe Seele ..., habe nun Ruhe.«

Auf daß mein Haus voll werde, lädt der Hausvater auch Arme und Krüppel ein, nach *Lukas* 14,23.

Der verlorene Sohn: das Gleichnis steht *Lukas* 15,11–32.

Pater, peccavi (lateinisch): »Vater, ich habe gesündigt« sagt der verlorene Sohn reuig bei seiner Rückkehr, *Lukas* 15,21.

Ein fettes Kalb schlachten läßt der Vater für den verlorenen Sohn bei dessen Rückkehr, *Lukas* 15,23.

Die Kinder dieser Welt, aus *Lukas* 16,8: »Die Kinder dieser Welt sind klüger als die Kinder des Lichtes«; danach auch die Ausdrücke »Weltkinder« und »Weltklugheit«.

Herrlich und in Freuden leben, aus *Lukas* 16,19.

Arm wie Lazarus, nach *Lukas* 16,20.

In Abrahams Schoß, meist »sicher wie in Abrahams Schoß« nach *Lukas* 16,22: Der verstorbene Lazarus wird von den Engeln in Abrahams Schoß getragen, wo ihn der Reiche erblickt, der in der Hölle sitzt.

Moses und die Propheten hat, scherzhaft gesagt, wer Geld besitzt. »Moos« sagten die Studenten für Geld (das Wort kommt über das Rotwelsch aus dem Jiddischen) und erweiterten die Wendung »Moos haben« in Anlehnung an *Lukas* 16,29; dort bittet nämlich der Reiche in der Hölle darum, seine Brüder auf der Erde warnen zu lassen – Abraham aber antwortet ihm: »Sie haben Mose und die Propheten; laß sie dieselben hören.«

Pharisäer als Typ der Selbstgerechtigkeit stammt vor allem aus der Stelle *Lukas* 18,10–11, wo der Pharisäer betet: »Ich danke dir, Gott, daß ich nicht bin wie die andern Leute.«

An seine Brust schlagen: *Lukas* 18,13.

Zachäus auf allen Kirchweihen nennt man einen Menschen, der überall dabei sein muß, nach dem Zöllner Zachäus, der klein war und, um Jesus sehen zu können, auf einen Maulbeerbaum stieg, *Lukas* 19,1–10; die Stelle wird als Evangelium am Kirchweihfest gelesen.

Das anvertraute Pfund als Ausdruck für geistige Anlagen ist dem Gleichnis *Lukas* 19,12–23 entnommen.

Mit seinem Pfunde wuchern, nach *Lukas* 19,12–13.

Wo diese schweigen, werden die Steine schreien – diese, damit meint Jesus seine Jünger, *Lukas* 19,40. Von Steinen, die schreien werden, spricht schon *Habakuk* 2,11. Die *Legenda aurea* des Jakobus a Voragine (um 1230–1298) erzählt von Beda Venerabilis, er sei, im hohen Alter erblindet, von seinem Führer veranlaßt worden, vor einem steinigen Tal zu predigen, als sei da eine große Menschenmenge; am Schluß der Predigt aber hätten die Steine »Amen« gerufen. Kosegarten erzählt diese Geschichte in einer seiner *Legenden* (1804) unter dem Titel »Das Amen der Steine«, wo es heißt: »Wenn Menschen schweigen, werden Steine schrei'n.«

Warten der Dinge, die da kommen sollen, nach *Lukas* 21,26.

Der Teufel ist in ihn gefahren sagt man nach *Lukas* 22,3 und *Johannes* 13,27.

Von Pontius zu Pilatus schicken oder **laufen** – natürlich hieße es richtig »Von Herodes zu Pontius Pilatus« nach *Lukas* 23,6–12.

Wenn das schon am grünen Holz geschieht! sagt man in Anlehnung an *Lukas* 23,31: »Denn so man das tut am grünen Holz, was will am dürren werden?«

Vater, vergib ihnen, denn sie wissen nicht, was sie tun! sind Jesu Worte am Kreuz, *Lukas* 23,34.

Bleibe bei uns; denn es will Abend werden, und der Tag hat sich geneigt: *Lukas* 24,29.

Was kann von Nazareth Gutes kommen? fragt Nathanael (d. i. der Apostel Bartholomäus), als er zum erstenmal von Jesus hört, *Johannes* 1,46.

Den Himmel offen sehen: *Johannes* 1,51; vgl. *Hesekiel* 1,1; *Apostelgeschichte* 7,55 und 10,11.

Herr, sie haben keinen Wein mehr: nach *Johannes* 2,3 (Erzählung von der Hochzeit zu Kana).

Spiritus flat, ubi vult, auch »Spiritus, ubi vult, spirat«, »Der Geist weht, wo er will«, sagt man nach *Johannes* 3,8, wo Luther übersetzt: »Der Wind bläst, wo er will.« Das Hebräische und Griechische haben für »Wind« und »Geist« dasselbe Wort.

Bist du ein Meister in Israel und weißt das nicht? fragt Jesus den Pharisäer Nikodemus in *Johannes* 3,10.

Wer unter euch ohne Sünde ist, der werfe den ersten Stein auf sie spricht Jesus, *Johannes* 8,7, zu denen, die eine Ehebrecherin verurteilt sehen wollen.

Nicht von dieser Welt: *Johannes* 8,23.

Es kommt die Nacht, da niemand wirken kann heißt es *Johannes* 9,4; vgl. bei Goethe »Noch ist es Tag...« S. 145.

In Sünden geboren: *Johannes* 9,34.

Der Fürst dieser Welt: *Johannes* 12,31 und 14,30.

Was du tust, das tue bald, spricht Jesus zu Judas beim letzten Abendmahl, *Johannes* 13,27.

Was ist Wahrheit? fragt Pilatus zweifelnd *Johannes* 18,38. Man führt diese Frage auch als »Pilatusfrage« an.

Ecce homo, »Sehet, welch ein Mensch!« ruft Pilatus aus, *Johannes* 19,5. *Ecce homo* ist zu einer Bezeichnung für Darstellungen von Christus mit der Dornenkrone geworden.

Was ich geschrieben habe, das habe ich geschrieben sagt Pilatus, *Johannes* 19,22, zu den Juden, als sie die Inschrift auf dem Kreuz Jesu geändert sehen wollen.

Es ist vollbracht sind Jesu letzte Worte am Kreuz, *Johannes* 19,3.

Noli me tangere, »Rühr mich nicht an!« sagt der auferstandene Jesus zu Maria, *Johannes* 20,17.

Ungläubiger Thomas (nicht für einen Ungläubigen, sondern für einen Zweifler) sagt man nach *Johannes* 20,24–29, wo Thomas erst an den auferstandenen Jesus glaubt, nachdem er dessen Wunden betastet hat.

Voll süßen Weines stammt aus *Apostelgeschichte* 2,13.

Ein Herz und eine Seele: *Apostelgeschichte* 4,32.

Man muß Gott mehr gehorchen als den Menschen heißt es *Apostelgeschichte* 5,29.

Wider den Stachel löcken steht *Apostelgeschichte* 9,5 und 26,14. »Löcken« oder »lecken« ist ein altes Wort für »mit den Beinen ausschlagen«. Das Bild eines Tieres, das gegen den Stachelstock des Treibers ausschlägt, findet sich schon bei Äschylus und Euripides, Plautus und Terenz.

Seinen Tag von Damaskus erleben erklärt sich aus dem Anfang des 9. Kapitels der *Apostelgeschichte*, der die Bekehrung des Christenverfolgers Saulus schildert.

Aus einem Saulus ein Paulus werden bezeichnet eine Bekehrung, obwohl der Apostel seinen Namen weder zum Zeitpunkt seiner Bekehrung noch aus diesem Grunde änderte, sondern wahrscheinlich von Anfang an einen Doppelnamen besaß und den zweiten Namen auf seinen Missionsreisen in griechisch und lateinisch sprechenden Ländern benutzte.

Wie Schuppen von den Augen fallen stammt aus *Apostelgeschichte* 9,18.

Geben ist seliger denn nehmen sagt man mit *Apostelgeschichte* 20, 35; nach Plutarch soll schon Artaxerxes gesagt haben: »Geben ist königlicher als nehmen.«

Paulus, du rasest und **Die große Kunst macht dich rasen(d)**, d. h. deine Gelehrsamkeit und Redekunst bringt dich um den Verstand, ruft der Landpfleger Festus nach einer Rede des Paulus aus, *Apostelgeschichte* 26,24.

Wir sind allzumal Sünder sagt man in Anlehnung an *Römerbrief* 3,23.

Hoffnung läßt nicht zuschanden werden, nach *Römer* 5,5.

Der inwendige Mensch: *Römer* 7,22 und *Epheser* 3,16.

Ist Gott für uns, wer mag wider uns sein? *Römer* 8,31. Der Gedanke findet sich schon in den *Psalmen* (56,5; 118,6).

Eifern mit Unverstand, nach *Römer* 10,2: »Ich gebe ihnen das Zeugnis, daß sie eifern um Gott, aber mit Unverstand.«

Schicket euch in die Zeit: *Römer* 12,11.

Freuet euch mit den Fröhlichen und weinet mit den Weinenden: *Römer* 12,15.

Ehre, dem Ehre gebührt heißt es *Römer* 13,7.

Sich kein Gewissen aus etwas machen, *Römer* 14,22.

Der Verstand der Verständigen – ihn will Gott verwerfen; *1. Korinther* 1,19 führt das Wort *Jesaja* 29,14 an. Schiller gebraucht den Ausdruck in dem Gedicht »Die Worte des Glaubens«.

Den Juden ein Ärgernis und den Griechen eine Torheit nennt Paulus, *1. Korinther* 1,23, die Tatsache seiner Verkündung des Evangeliums.

Heiraten ist gut, nicht heiraten ist besser sagt man nach *1. Korinther* 7,38: »Welcher verheiratet, der tut wohl; welcher aber nicht verheiratet, der tut besser.«

Der Mann ist des Weibes Haupt: *1. Korinther* 11,3 und *Epheser* 5,23.

Mit Engelszungen reden: *1. Korinther* 13,1.

Ein tönend Erz oder eine klingende Schelle, Paulus schreibt *1. Korinther* 13,1: »Wenn ich mit Menschen- und mit Engelzungen redete, und hätte der Liebe nicht, so wäre ich ein tönend Erz und eine klingende Schelle.«

Der Glaube versetzt Berge sagt man nach *1. Korinther* 13,2; vgl. *Matthäus* 17,20; 21,21 und *Markus* 11,23.

Unser Wissen ist Stückwerk schreibt Paulus *1. Korinther* 13,9.

Sunt pueri pueri, pueri puerilia tractant, »Kinder sind Kinder, als Kinder treiben sie Kindisches«, ein Schulvers nach *1. Korinther* 13,11: »Da ich ein Kind war, da redete ich wie ein Kind und hatte kindische Anschläge.«

Nun aber bleibt Glaube, Hoffnung, Liebe, diese drei; aber die Liebe ist die größte unter ihnen: *1. Korinther* 13,13; vgl. *Thessalonicher* 1,3.

In den Wind reden: nach *1. Korinther* 14,9.

Mulier taceat in ecclesia, »das Weib soll schweigen in der Gemeinde (Kirche)« sagt man nach *1. Korinther* 14,34. In einem Fragment des griechischen Komödiendichters Menander (342 bis 290 v. Chr.) heißt es schon: »Webstühle sind Frauensache, Gemeindeversammlungen nicht.«

Von Gottes Gnaden. In *1. Korinther* 15,10 schreibt Paulus: »Von Gottes Gnade bin ich, was ich bin.« Es ist ein Ausdruck der Bescheidenheit, und so meinten ihn auch die Geistlichen, die ihn seit dem frühen Mittelalter ihren Titeln beifügten (lateinisch: »Dei gratia«). Schon in der Karolingerzeit übernahmen ihn die weltlichen Herrscher; in der Zeit des Absolutismus wurde die Formel zum Ausdruck der Unabhängigkeit fürstlicher Macht von jeder irdischen Gewalt.

Böse Beispiele verderben gute Sitten. *1. Korinther* 15,33 übersetzt Luther mit »Böse Geschwätze verderben gute Sitten«, Bunsen (1791–1860) mit »Schlechter Umgang verdirbt gute Sitten«. Der Gedanke findet sich schon bei Menander (*Thais*), und in der *Weisheit Salomos* lesen wir: »Denn die bösen Exempel verführen und verderben einem das Gute.«

Tod, wo ist dein Stachel? Hölle, wo ist dein Sieg? lesen wir *1. Korinther* 15,55.

Anathema sit, lateinisch nach der Vulgata, wo *1. Korinther* 16,22 steht »sit anathema«, und Luther übersetzt: »der sei anathema«. Das griechische Wort bedeutet etwas, das einem Gott geweiht ist; dazu gehören auch Frevler (vgl. Kain), und so kam das Wort auch zu der Bedeutung »Fluch« oder »Verfluchter«. Vielgebraucht ist auch der Ausdruck »das Anathema sprechen über ...«

Der Buchstabe tötet, aber der Geist macht lebendig, *2. Korinther* 3,6. Danach sprechen wir auch, mit Bedeutungsumstellung, vom »toten Buchstaben«.

Mit Furcht und Zittern: *2. Korinther* 7,15.

Einen fröhlichen Geber hat Gott lieb: *2. Korinther* 9,7.

Gott weiß es: *2. Korinther* 11,11; 12,2.3. »Gott weiß, ich lüge nicht«, heißt es *Galater* 1,20. Oft umgedreht: »Weiß Gott!«

Falsche Brüder: *2. Korinther* 11,26 zählt Paulus unter den vielen Gefahren, die ihm auf seinen Missionsreisen begegneten, an letzter Stelle auch »falsche Brüder« auf.

Pfahl im Fleisch, nach *2. Korinther* 12,7: »Mir ist gegeben ein Pfahl ins Fleisch«, womit Paulus vermutlich ein körperliches Leiden meinte.

Gott läßt seiner nicht spotten, *Galater* 6,7.

Nicht müde werden, Gutes zu tun, nach *Galater 6,9:* »Lasset uns aber Gutes tun und nicht müde werden.« Vgl. *2. Thessalonicher* 3,13.

Der Lauf dieser Welt: *Epheser* 2,2.

Der alte Adam. *Epheser* 4,22 und *Kolosser* 3,9 spricht Paulus vom »alten Menschen«, den wir »ablegen« oder »ausziehen« sollen. Das hebräische Wort Adam heißt auf deutsch Mensch; Paulus stellte dem »ersten Adam«, durch den die Sünde in die Welt kam, Christus als »zweiten Adam« gegenüber, der die Welt von dieser Sünde erlöste. Nach all dem wohl kam Luther zu seinem Wort vom »alten Adam«, das er im 4. Hauptstück des *Katechismus* und öfter in seinen Predigten benutzt.

Einen neuen Menschen anziehen: *Epheser* 4,24; vgl. zum vorhergehenden Zitat.

Kaufet die Zeit aus: *Epheser* 5,16 und *Kolosser* 4,5.

Schild des Glaubens: *Epheser* 6,16.

Schwert des Geistes: *Epheser* 6,17.

Buch des Lebens. *Philipper* 4,3 schreibt Paulus von seinen Gehilfen: »Welcher Namen sind in dem Buch des Lebens.« Damit ist das *2. Mose* 32,32 erwähnte »Buch« gemeint, in das der Herr die Gerechten einschreibt und aus dem er die Sünder tilgt (vgl. *Psalm* *69,29; Daniel 12,1; Lukas 10,20; Offenbarung 3,5; 13,8; 17,8; 20,12 und 15; 21,27). Hebräer* 12,23 spricht mit Bezug auf dieses »Buch« von der »Gemeinde der Erstgeborenen, die im Himmel angeschrieben sind«.

Wie ein Dieb in der Nacht kommen. Nach *1. Thessalonicher* 5,2 und *2. Petrus* 3,10 (vgl. *Lukas* 12,39) wird »der Tag des Herrn (d. i. das Weltgericht) kommen wie ein Dieb in der Nacht«.

Prüfet alles und behaltet das Beste geht aus von *1. Thessalonicher* 5,21: »Prüfet aber alles, und das Gute behaltet.«

Wer nicht arbeiten will, der soll auch nicht essen, nach *2. Thessalonicher* 3,10.

Geiz ist eine Wurzel alles Übels, *1. Timotheus* 6,10.

Einen guten Kampf kämpfen oder **gekämpft haben,** nach *1. Timotheus* 6,12: »Kämpfe den guten Kampf des Glaubens«, und *2. Timotheus* 4,7: »Ich habe einen guten Kampf gekämpft.«

Betrogene Betrüger, in Lessings *Nathan der Weise* 3,7, finden sich im *Don Quijote* des Cervantes und im *Heptameron* der Margarete von Navarra, in den *Bekenntnissen* Augustins und in der *Lebensbeschreibung Plotins* von Porphyrius. Der Ausdruck geht letzten Endes wohl auf die Stelle im *2. Brief an Timotheus* 3,13 zurück, wo es heißt: »Mit den bösen Menschen aber und verführerischen wird's je länger je ärger: sie verführen und werden verführt.«

Den Reinen ist alles rein. *Titus* 1,15.

Bis ans Ende aller Dinge. *1. Petrus* 4,7: »Das Ende aller Dinge.« *Jesus Sirach* 40,25: »Bis ans Ende der Welt«; *Apostelgeschichte* 13,47: »Bis ans Ende der Erde.«

Mit dem Mantel der (christlichen Nächsten-)Liebe zudecken. *1. Petrus* 4,8 heißt es: »Die Liebe deckt auch der Sünden Menge.« *Sprüche Salomos* 10,12: »Liebe deckt zu alle Übertretungen.« In Logaus (1604–55) *Sinngedichten* finden wir: »Nenne mir den weiten Mantel, / drunter alles sich verstecket; / Liebe tut's, die alle Mängel / gerne hüllt und fleißig decket.«

Der Teufel geht umher wie ein brüllender Löwe »und sucht, welchen er verschlinge«, *1. Petrus* 5,8.

Es ist nichts dahinter. *2. Petrus* 2,18: »Sie reden stolze Worte, da nichts hinter ist.«

Die Welt vergeht mit ihrer Lust: *1. Johannes* 2,17.

Sie sind von uns ausgegangen, aber sie waren nicht von uns: *1. Johannes* 2,19.

Die Welt liegt im argen. *1. Johannes* 5,19 heißt es: »Wir wissen, daß wir von Gott sind und die ganze Welt im argen liegt.« *Galater* 1,4 ist von der »gegenwärtigen argen Welt« die Rede.

Dienstbare Geister kennen wir aus *Hebräer* 1,14.

Mark und Bein durchdringen geht auf *Hebräer* 4,12 zurück: »Das Wort Gottes ... dringt durch, bis daß es scheidet Seele und Geist, auch Mark und Bein.« Die scherzhafte Verdrehung: »Es geht mir durch Mark und Pfennige« ist wohl von Berlin ausgegangen.

Tote Werke werden *Hebräer* 6,1 und 9,14 solche Werke genannt, von denen »das Blut Christi ... unser Gewissen reinigen« wird.

Keine bleibende Stätte haben, nach *Hebräer* 13,14: »Denn wir haben hier keine bleibende Stadt.«

Wohlzutun und mitzuteilen vergesset nicht: *Hebräer* 13,16.

Täter des Worts, aus *Jakobus* 1,22: »Seid aber Täter des Worts und nicht Hörer allein.«

Sub reservatione Jacobea, »unter dem Vorbehalt, wie ihn Jacobus macht«, beruht auf *Jakobus* 4,15: »So der Herr will und wir leben, wollen wir dies oder das tun.« In *Apostelgeschichte* 18,21 heißt es: »Will's Gott«, in *1. Korinther* 4,19: »So der Herr will.«

Sei getreu bis an den Tod, so will ich dir die Krone des Lebens geben: *Offenbarung* 2,10.

Weder kalt noch warm: *Offenbarung* 3,15: »Ich weiß deine Werke, daß du weder kalt noch warm bist. Ach, daß du kalt oder warm wärest!«

Die Lauen werden ausgespien geht zurück auf *Offenbarung* 3,15–16: »Ich weiß deine Werke, daß du weder kalt noch warm bist ... Weil du aber lau bist ... werde ich dich ausspeien aus meinem Munde.«

Ein Buch mit sieben Siegeln ist ein schwer verständliches Buch und etwas Unverständliches überhaupt, nach *Offenbarung* 5,1: »ein Buch, beschrieben inwendig und auswendig, versiegelt mit sieben Siegeln«.

Die Schale des Zorns ausgießen, aus *Offenbarung* 15,7: »sieben güldene Schalen voll Zorns Gottes«, und 16,1: »gießet aus die Schalen des Zorns Gottes«.

Der Teufel ist los. In *Offenbarung* 20,2–3 wird der Teufel für tausend Jahre gebunden, »und darnach muß er los werden eine kleine Zeit«; 20,7 heißt es: »wird der Satanas los werden aus seinem Gefängnis«.

Das A und O, die Hauptsache, das Wesentliche. Wie Gott von sich sagt, er sei »der Erste und der Letzte«, *Jesaja* 41,4; 44,6 und 48,12, so spricht er in der *Offenbarung* 1,8 und 11; 12,6 und am deutlichsten 22,13: »Ich bin das A und O, der Anfang und das Ende, der Erste und der Letzte.« A(lpha) und O(mega) sind der erste und der letzte Buchstabe des griechischen Alphabets.

AUS DEM GRIECHISCHEN

Geflügelte Worte. Homer gebraucht den Ausdruck als formelhafte Einführung einer Rede: »... und sprach die geflügelten Worte«, d. h. Worte, die wie auf Flügeln vom Mund des Sprechers zum Ohr des Hörers eilen. Georg Büchmann, dessen Buch zum erstenmal 1864 erschien, gab dem Ausdruck seine heutige Bedeutung: landläufige Zitate und Redewendungen. Nach ihm gelangte die Bezeichnung auch ins Holländische, Dänische, Schwedische und Französische. Übrigens nannte schon Heinrich von Meißen genannt Frauenlob (um 1250–78) das Sprichwort ein »flügges«, d. h. fliegendes Wort.

Myrmidonen heißen die Angehörigen des Volkes, dessen Krieger die Gefolgschaft des Achilleus im Trojanischen Krieg bilden (*Ilias* 1,180 und öfter). Der Gebrauch des Namens für eine jede mit dem Schwert, der Feder oder Zunge kämpfende Gefolgschaft ist freilich selten geworden.

Nestor ist eine der eindrucksvollsten Gestalten der *Ilias* und der *Odyssee*. Der Greis hat schon zwei Menschenalter gesehen (*Ilias* 1,250) und zeichnet sich durch Erfahrung, Weisheit und Beredsamkeit aus. Er ist freilich auch der erste, von dem wir hören, daß die gute alte Zeit besser gewesen sei (*Ilias* 1,262 ff.)

Homerisches Gelächter. »Unauslöschliches Gelächter« heißt es *Ilias* 1,599, *Odyssee* 8,326 und 20,346. Als »rire homerique« ist es im Französischen aus dem Ende des 18. Jahrhunderts bezeugt.

Ins Gras beißen für »im Kampf fallen« und dann auch für »sterben« überhaupt wird mit der Beobachtung erklärt, daß der sterbende Krieger in die Erde beißt, um »die Schmerzen zu verbeißen«. Schon in der *Ilias* 2,416 ff. heißt es von Gefallenen, daß sie »mit Geknirsch in die Erde gebissen«, und *Ilias* 19,61, daß »so viel Achäer den Staub mit den Zähnen gebissen«. Ähnlich auch Vergil, *Äneis* 11,118 und Ovid, *Metamorphosen* 9,60. Übrigens hat das Französische fast die gleiche Redensart: »mordre la poussière – den Staub beißen«.

Einer sei Herrscher! *Ilias* 2,204 und 205 heißt es: »Niemals frommt Vielherrschaft im Volk; nur einer sei Herrscher.«

Thersites ist das Urbild eines boshaften, ewig scheltenden Nörglers nach *Ilias* 2,212–24.

Rufer im Streit, so übersetzt J. H. Voß das in der *Ilias* oft (z. B. 2,408) vorkommende Beiwort eines Helden, er sei »tüchtig im Schlachtruf«.

Und sie erhoben die Hände zum lecker bereiteten Mahle ist eine stehende Redewendung in den homerischen Gedichten, wenn es ans Essen geht (z. B. *Ilias* 9,91), nach der Übersetzung von J. H. Voß.

Hebe nennt man gelegentlich eine Kellnerin: nach *Ilias* 4,2 schenkt die Göttin Hebe den Göttern Nektar ein.

Ganymed, der nach *Ilias* 20,232 wegen seiner Schönheit in den Olymp erhoben wurde, um Zeus dort täglich den Becher zu füllen, wird als Bezeichnung für einen Kellner gebraucht.

Einst wird kommen der Tag, »da die heilige Ilios (= Troja) hinsinkt« übersetzt Voß *Ilias* 4,164 und 6,448.

Gehege der Zähne ist die wörtliche Übersetzung des homerischen ἕρκος ὀδόντων z. B. in *Ilias* 4,350 und *Odyssee* 1,64.

Stentorstimme nennen wir ein mächtiges männliches Organ. *Ilias* 5,785 berichtet, daß der Grieche Stentor eine »eherne Stimme« besaß, so laut, wie die Stimmen von fünfzig anderen Männern zusammen.

Olymp, der bei Homer an vielen Stellen erwähnte, *Odyssee* 6,42–46 beschriebene Berg, liegt in Thessalien und ist der Sitz der Götter. Später wurde auch der Himmel als »Olymp« bezeichnet. Die obersten Ränge im Theater nennt man so, nicht nur, weil sie zuhöchst, sondern auch oft nahe einer mit Wolken und Göttern bemalten Decke liegen und man von ihnen, wie einstmals die Götter vom Olymp (vgl. *Ilias* 20,22), auf die »Kämpfe der andern« hintersieht.

Unter Tränen lächelnd (*Ilias* 6,484) nimmt Andromache ihr Söhnchen dem scheidenden Hektor vom Arm.

Olympische Ruhe herrscht auf dem Olymp nach *Odyssee* 6,42–46, womit wir allerdings nicht den Zustand eines Ortes, sondern den eines Gemütes zu bezeichnen pflegen.

Das liegt im Schoße der Götter heißt es *Ilias* 17,514; 20,435; *Odyssee* 1,267; 1,400 und 16,129 von Ereignissen, die noch in der Zukunft liegen. Meist sagen wir: »Das mögen die Götter wissen« oder: »Das wissen (allein) die Götter«.

Auch Patroklus ist gestorben, und war mehr als du: diese Formulierung Schillers im *Fiesco* (3,5) geht auf *Ilias* 21,106 und 107 zurück, wo Achill einem um sein Leben flehenden Gegner zuruft: »Stirb denn, Lieber, auch du! Warum wehklagst du vergebens? Starb doch auch Patroklos, der weit an Kraft dir voranging.«

Urteil des Paris. *Ilias* 24,28 f. spricht nur andeutend davon. Eris, die Göttin der Zwietracht, warf bei der Hochzeit des Peleus und der Thetis einen Apfel mit der Aufschrift »Der Schönsten« unter die Gäste, um dessen Besitz sich die Göttinnen Hera, Athene und Aphrodite zankten. Das Urteil, wem der Apfel zustehe, wurde schließlich Paris übertragen, der ihn der Liebesgöttin Aphrodite zusprach (Lukian, *Göttergespräche* 20,7).

Apfel der Eris, Erisapfel, Apfel der Zwietracht, Zankapfel ist sprichwörtlich geworden durch die zum vorhergehenden Zitat angeführte Erzählung und zum erstenmal als »malum Discordiae« beim Geschichtsschreiber Justinus (12,15,11) im 3. Jahrhundert n. Chr. belegt. Das Wort Zankapfel gibt es im Deutschen seit 1570.

Penelope, die Gattin des Odysseus, ist das Muster einer Gattin, die in unerschütterlicher Treue auf die Heimkehr ihres in den Krieg gezogenen Mannes wartet, *Odyssee* 11,181–183 und an anderen Stellen.

Mentor heißt ein alter Freund des Odysseus (*Odyssee* 2,226–28), dessen Gestalt die Göttin Athene gern annimmt, um Odysseus oder seinem Sohn Telemach mit Rat und Tat beizustehen, z. B. 2,268 ff.; 24,502 ff. Fénélons Erziehungsroman *Les aventures de Télémaque* (erschienen 1699) trug viel dazu bei, aus Mentor die Gestalt eines weisen Erziehers und Beraters zu machen.

Proteus ist ein Meergreis, ein ägyptischer Gott, von dem *Odyssee* 4,384 ff. erzählt, daß er sich in alles verwandeln kann, »was auf der Erde lebt«, auch »in Wasser und loderndes Feuer«.

Elysium; elysische, elysäische Gefilde, nach *Odyssee* 4,563 ff. eine Ebene am Westrand der Erde, ein »Gefilde der Seligen«.

Nektar und Ambrosia sind die Nahrung der Götter; sie bedeuten beide das gleiche (Nektar: »Sieg über den Tod«, Ambrosia: »Unsterblichkeit«) und wurden ursprünglich nicht voneinander unterschieden (z. B. *Ilias* 19,347). Später (z. B. *Odyssee* 5,93) galt Nektar als Göttertrank, Ambrosia als Götterspeise. Das Hauptmerkmal von Ambrosia ist der gute Duft (Ambrosia wird gelegentlich auch eine Salbe genannt, z. B. *Ilias* 16,670, und auch Futter für die göttlichen Pferde, wie *Ilias* 5,369), daher »ambrosisch« für »wohlriechend«.

Kirke (Circe), die Zauberin, kennen wir aus dem 10. Gesang der *Odyssee*. Sie lockt des Odysseus Gefährten zu sich (daher das Wort »bezirzen«) und verwandelt sie in Schweine (10,233 ff.).

Sirenen, Sirenengesang, -stimme geht auf *Odyssee* 12,39–54 und 153–200 zurück. Durch ihren Gesang locken die Sirenen unwiderstehlich jeden vorüberfahrenden Schiffer auf ihre Insel, von der es keine Rückkehr gibt.

Zwischen Scylla und Charybdis. Zu den gefährlichsten Seeabenteuern des Odysseus gehört die Durchfahrt zwischen zwei Klippen, auf deren einer ein sechsköpfiges Ungeheuer sitzt, Scylla, das mit jedem Kopf sich einen Mann vom Schiff holt und ihn auffrißt, an deren anderer aber Charybdis das Wasser einschlürft und damit alles verschlingt (*Odyssee* 12,74–110 und 201–259). Wer sich zwischen zwei Gefahren befindet und, indem er die eine meidet, der anderen erliegt oder höchstens unter Opfern entgeht, befindet sich demnach zwischen Scylla und Charybdis.

Den Pelion auf den Ossa türmen wollen, d. h. etwas Großes noch überbieten wollen, stammt aus *Odyssee* 11,315; dort türmen zwei Riesen die Berge Pelion und Ossa übereinander, um den Himmel zu stürmen. Kleist sagt in der *Penthesilea* 9: »Den Ida will ich auf den Ossa wälzen.«

Tantalusqual(en), die Qual, etwas Unerreichbares beständig nahe vor sich zu sehen; *Odyssee* 11,582–92 erzählt, daß Tantalus, der gegen die Götter gefrevelt hatte, zur Strafe von Hunger und Durst gequält bis ans Kinn in einem Wasser stehen mußte, während über ihm die herrlichsten Früchte hingen. Wollte er trinken, wich das Wasser vor ihm zurück; griff er nach den Früchten, wehte ein Wind diese außer Reichweite.

Sisyphusarbeit nennen wir wie schon Properz (3,8) eine mühevolle und doch ergebnislose Arbeit. *Odyssee* 11,593–600 schildert die Strafe des Sisyphos in der Unterwelt: Sisyphos muß ewig einen Felsblock bergauf wälzen, der jedesmal kurz vor der Höhe wieder hinabrollt. Das Hinabrollen des Felsblocks wollte Voß in seiner Übersetzung besonders anschaulich darstellen: »Hurtig mit Donnergepolter entrollte der tückische Marmor«; dem griechischen Text freilich fehlt das »hurtige Donnergepolter«.

Gleich und gleich gesellt sich gern. *Odyssee* 17,218 spricht als Regel aus, daß die Gottheit den Gleichen mit dem Gleichen zusammenführe. Im *Gastmahl* (195 B) überliefert Platon, was er im *Staat* (329 A) ein altes Sprichwort nennt: »Dem Gleichen nähert sich stets der Gleiche«, und Cicero sagt im *Cato maior* 3,7: »Pares cum paribus vetere proverbio facillime congregantur, Nach einem alten Sprichwort tun sich Gleiche mit Gleichen sehr gern zusammen.«

Schon Schlimmeres hast du erduldet. Damit mahnt sich in *Odyssee* 20,18 Odysseus zur Geduld. Der griechische Text (vgl. auch 5,223) sagt sogar »Schlimmeres als ein Hund«. Aus einer solchen Erinnerung Mut zu schöpfen, lieben auch die lateinischen Dichter (Horaz *Oden* 1,7,30; *Satiren* 2,4,21; Vergil *Äneis* 1,195; Ovid *Tristia* 5,11,17).

Sardonisches Lachen, als Bezeichnung für ein verkrampftes höhnisches Lachen stammt aus *Odyssee* 20,301. Dort lacht der Bettler Odysseus »sozusagen sardonisch« in sich hinein, nachdem er dem Kuhfuß ausgewichen ist, den ein übermütiger Freier nach ihm geworfen hat. Sardo ist Sardinien; dort sollte ein Kraut wachsen, dessen Genuß den Mund zum Lachen verzerre (Vergil *Äneis* 7,41) oder sogar zum Tode führe (*Pausanias* 10,17,7). Den Ausdruck »risus Sardonicus« finden wir in einem Brief von Cicero (*An die Freunde* 7,25).

Parnaß, das Gebirge in Mittelgriechenland, war den Göttern Apollon und Dionysos sowie den Musen heilig. Nach dem Homerischen *Hymnus auf Apollon* baute sich Apollon an seinem Fuß einen Tempel; die Dichter bezeichneten den Parnaß als »Nabel der Erde« (Pindar, *Pythische Oden* 4,74; 6,3). »Les Parnassiens« nannte sich im 19. Jahrhundert ein Dichterkreis um Théophile Gautier, zu dem Baudelaire und Leconte de Lisle gehörten.

Das Goldene Zeitalter. Dem Dichter Hesiod (um 700 v. Chr.) verdanken wir die Überlieferung von den verschiedenen Zeit- oder Weltaltern, die einander, immer schlechter werdend, ablösen (*Werke und Tage* 109 ff.). Das erste, glücklichste, ist das Goldene Zeitalter, ihm folgen das silberne, eherne, das heroische und endlich das eiserne, in dem leben zu müssen sich Hesiod beklagt; denn es ist, wie es am kürzesten Fichte kennzeichnet, das »Zeitalter der vollendeten Sündhaftigkeit«.

Die Hälfte ist mehr als das Ganze sagt Hesiod in der Dichtung *Werke und Tage* (Vers 40). Er hatte in einem Erbstreit seinem Bruder noch die Hälfte seines eigenen Anteils abtreten müssen, den ihm verbleibenden Rest aber so gut verwaltet, daß er nichts eingebüßt zu haben schien, während der Bruder durch Trägheit sein Vermögen mehr und mehr verringerte.

Büchse der Pandora. In *Werke und Tage* erzählt Hesiod (47 ff.), wie das Übel in die Welt gekommen sei: durch ein Weib, das alle Götter mit ihren Gaben ausgestattet hätten, das aber den Deckel von einer Büchse hob, aus der alle Übel herausgeflogen seien.

Vor die Tugend haben die Götter den Schweiß gesetzt. Hesiod, *Werke und Tage* 289.

Der steile Pfad der Tugend, nach Hesiod, *Werke und Tage* 290: »Lang und steil ist der Pfad zu ihr (der Tugend).«

Arbeit schändet nicht. Hesiod sagt, *Werke und Tage* 309: »Arbeit ist keine Schande.«

Vox populi, vox Dei, Volkes Stimme, Gottes Stimme. Die Verse 763–64 in Hesiods *Werke und Tage:* »Nie wird ganz ein Gerücht sich verlieren, das vielerlei Volkes / häufig im Munde geführt; denn ein Gott ist auch das Gerücht selbst« wurde schon im Altertum häufig zitiert. Der Gelehrte Alkuin (735–804 n. Chr.) am Hof Karls d. Gr. schrieb in einer Ermahnung an den Kaiser: »Auf diejenigen muß man nicht hören, die zu sagen pflegen ›Volkes Stimme, Gottes Stimme‹, da die Lärmsucht des Pöbels immer dem Wahnsinn sehr nahe kommt.«

Die drei Grazien, griechisch: »Chariten« (Einzahl: »Charis«), waren nach der griechischen Sage Töchter des Zeus oder des Helios, Göttinnen der Anmut, eines heiteren, geselligen Lebens. Hesiod nennt in der *Theogonie* (907) drei Chariten: Euphrosyne (»festliche Freude«), Aglaia (»festlicher Glanz«) und Thália (»blühendes Glück«). Bei Homer (*Ilias* 18,382) ist Charis die Gemahlin des Künstlers Hephaistos: die Werke der Kunst dürfen nicht ohne Anmut sein.

Hippokrene (wörtlich: Pferdequelle) finden wir zuerst in der *Theogonie* erwähnt (1 ff.), dem Werk, in dem Hesiod versucht, die mannigfaltigen Sagen von den Göttern und der Entstehung der Welt zu einem System zusammenzufassen. Die Quelle befindet sich im Helikongebirge in Böotien (*Pausanias* 9,29–31) und entstand aus einem Hufschlag des Pegasus; in ihr badeten die Musen, und wer aus ihr trank, wurde ein Dichter.

Pegasus, ursprünglich das geflügelte Roß des Zeus, dem es Blitz und Donner trug (Hesiod, *Theogonie* 278 ff.; Ovid, *Metamorphosen* 4,784), hemmte den Berg Helikon, der sich beim Gesang der Musen vor Entzücken himmelan hob, durch einen Hufschlag am Emporsteigen, schlug dabei aber auch den Musenquell Hippokrene auf. Das gab in neuerer Zeit den Anlaß, es zum Dichterroß zu machen, auf dem sich die Dichter in Begeisterung emporschwingen, so daß man heute, allerdings etwas spöttisch, für »dichten« auch sagt: »den Pegasus besteigen«.

Lethe (»Vergessenheit«) wird in Hesiods *Theogonie* (227) eine Tochter der Göttin Eris genannt. Nach dieser heißt ein Fluß in der Unterwelt Lethe, und aus ihm trinken die abgeschiedenen Seelen Vergessen (Vergil, *Äneis* 6,714–15). Daher unsere Redewendung »aus dem Strom der Vergessenheit trinken«.

Cerberus (Zerberus), »der Höllenhund mit der ehernen Stimme, der fünfzigköpfige, freche und starke« (Hesiod, *Theogonie* 311). Sein Wächteramt vor den Toren des Hades schildert Vergil in der *Äneis* 6,417 ff. Für uns ist er zum »grimmigen Türhüter« überhaupt geworden.

Hydra, die vielköpfige Schlange aus dem Sumpf von Lerna, zuerst in der *Theogonie* Hesiods 313 erwähnt. Es war die zweite dem Herakles von Eurystheus aufgetragene Arbeit, diese »lernäische Schlange« zu töten; die Aufgabe war besonders deshalb schwierig, weil aus jedem der abgeschlagenen Köpfe zwei neue wuchsen. Mit Hydra bezeichnete man demnach schon im Altertum ein wucherndes Übel, das kaum auszurotten ist.

Sphinx, ein Wesen, das uns zu raten gibt, in der griechischen Sage ein geflügelter Löwe mit dem Oberkörper einer Frau. Die Sphinx hauste auf einem Felsen vor Theben und stellte jedem Vorübergehenden die Rätselfrage: »Wer ist morgens vierbeinig, mittags zweibeinig, abends dreibeinig?« Keiner konnte das Rätsel lösen, und die Sphinx tötete alle, bis Ödipus die Antwort fand: »Der Mensch« (in der Kindheit, als Erwachsener, im Alter). Daraufhin stürzte sich die Sphinx vom Felsen.

Ex ungue leonem, »aus der Klaue den Löwen«, an einem Pinselstrich die Hand des Meisters erkennen; Plutarch schreibt den Ausdruck dem griechischen Dichter Alkaios (7. Jahrhundert v. Chr.) zu, Lukian führt ihn auf den Bildhauer Phidias zurück.

In vino veritas, Im Wein ist Wahrheit. Schon der Lyriker Alkaios (7. Jahrhundert v. Chr.) führt diesen Ausspruch als Sprichwort an. Wir finden ihn auch bei anderen antiken Autoren: Theognis, Äschylus, Platon, Theokrit, Plinius, Plutarch.

Ab Jove principium, »Mit Jupiter laßt uns beginnen« (Vergil, *Eklogen* 3,60) geht auf den Lyriker Alkman (7. Jahrhundert v. Chr.) zurück, der ein Lied mit den Worten einleitet: »Ich werde singen, mit Zeus beginnend.« Danach die Anfänge der *17. Idylle* des Theokrit (um 300 v. Chr.) und des Lehrgedichts *Sternerscheinungen und Wetterzeichen* des Aratus (um 270 v. Chr.): »Mit Zeus laßt uns beginnen.«

Erkenne dich selbst, Γνῶθι σεαυτόν war in der Vorhalle des Apollontempels zu Delphi zu lesen. Das Wort soll von einem der im 6. Jahrhundert vor Chr. lebenden »Sieben Weisen« stammen (Chilon oder Solon) und hat Goethe zu dem Rat veranlaßt: »Wie kann man sich selbst kennen lernen? Durch Betrachten niemals, wohl aber durch Handeln. Versuche deine Pflicht zu tun, und du weißt gleich, was an dir ist.«

Ne quid nimis, Nichts zu viel, zu sehr«, griechisch: Μηδὲν ἄγαν, wie der vorhergehende Ausspruch eine Inschrift im Apollontempel zu Delphi. Auch dieser Spruch wird einem der »Sieben Weisen« (Solon) zugeschrieben; die lateinische Fassung findet sich bei Terenz, *Andria* 1,1,34.

De mortuis nil nisi bene, »Über die Toten nur Gutes« ist die Übersetzung eines Wortes von Chilon, das Diogenes Laertius überliefert; doch führt Plutarch (*Solon* 21) den Spruch auf Solon zurück. Thukydides sagt 2,45: »Den, der nicht mehr ist, pflegt jeder zu loben.«

Niemand ist vor seinem Tode glücklich zu preisen, lateinisch: Nemo ante mortem beatus, geht nach *Herodot* 1,32 auf Solon zurück.

Omnia mea mecum porto, »all das Meinige trage ich bei mir« soll der Philosoph Bias aus Priene, der zu den »Sieben Weisen« gezählt wird, gesagt haben.

Die Trauben sind ihm zu sauer oder **hängen ihm zu hoch**, aus Äsops Fabel vom Fuchs und den Trauben. Unter dem Namen des Äsop, der ein Zeitgenosse der »Sieben Weisen« gewesen sein soll (7./6. Jahrhundert v. Chr.), ist aus der Spätantike eine Sammlung von Fabeln überliefert, die das ganze Mittelalter und die Neuzeit hindurch als Schulbuch gedient hat.

Nach jemandes Pfeife tanzen. In der Fabel Äsops vom Flöte blasenden Fischer, die sich auch bei *Herodot* (1,141) findet, steht der Satz: »Als ich euch pfiff, wolltet ihr nicht tanzen.« Auch im Evangelium des Matthäus lesen wir 11,17: »Wir haben euch gepfiffen, und ihr wolltet nicht tanzen« (ähnlich *Lukas* 7,32).

Eine Schlange am Busen nähren, aus der Äsopischen Fabel vom Bauern und der Schlange.

Sich mit fremden Federn schmücken, aus Äsops Fabel von der Dohle und der Eule.

Hic Rhodus, hic salta! »Hier ist Rhodos, hier spring!« In Äsops Fabel »Der Prahler« rühmt sich einer, daß er in Rhodos einst einen gewaltigen Sprung getan habe, und beruft sich auf Zeugen, die es mitangesehen hätten. Ein Zuhörer antwortet: »Freund, wenn's wahr ist, brauchst du keine Zeugen. Hier ist Rhodos, hier spring!«

Leiden sind Lehren, παθήματα μαθήματα stammt aus Äsops Fabel vom Hund und vom Koch. Im Neuen Testament heißt es *Hebräerbrief* 5,8, Gottes Sohn habe »an dem, was er litt, Gehorsam gelernt«.

Solamen miseris socios habuisse malorum, »Es ist ein Trost für die Unglücklichen, Leidensgefährten zu haben«. Der Spruch, in dieser Form aus Spinozas *Ethik* (4,57), ähnlich schon im Mittelalter gebräuchlich und in Marlowes *Faust* zitiert, geht auf Äsops Fabel von den Hasen und den Fröschen zurück, aus der die Lehre gezogen wird, »daß die Unglücklichen aus den schlimmeren Leiden anderer Trost schöpfen« (vgl. auch Senecas Brief *über den Trost* 31).

Eins, aber es ist ein Löwe, antwortet in Äsops Fabel von der Löwin und dem Fuchs die Löwin auf den Spott des Fuchses, daß sie nur *ein* Junges geboren habe.

Vestigia terrent, »die Spuren schrecken«. In Äsops Fabel vom Fuchs und dem kranken Löwen fragt der krank in seiner Höhle liegende Löwe den Fuchs, warum er nicht hereinkomme. Der Fuchs antwortet: »Weil ich viele Spuren hineinführen, aber wenige herauskommen sehe.« Schon Platon zitiert diese Stelle (*Alkibiades* I, 123 A), und Horaz überträgt sie (*Epist.* 1,1,74) in die uns vertraute lateinische Form.

Sich in die Höhle des Löwen wagen, nach der zum vorhergehenden Zitat angeführten Fabel Äsops.

Löwenanteil nennt man den weitaus größten Teil. Das Wort ist auf Äsops Fabeln »Der Löwe und der wilde Esel« und »Der Löwe, der Esel und der Fuchs« zurückzuführen. Ebenso der rechtswissenschaftliche Ausdruck »societas leonina« (leoninischer Vertrag); er bezeichnet einen Gesellschaftsvertrag, aus dem nur ein Teilnehmer Nutzen zieht.

Eine Schwalbe macht noch keinen Sommer. In Äsops Fabel vom verschwenderischen Jüngling und der Schwalbe lesen wir von einem Jüngling, der seinen Mantel verkaufte, als er die erste Schwalbe heimkehren sah, aber enttäuscht wurde, als es dann doch noch Frost gab. In der *Nikomachischen Ethik* des Aristoteles steht 1,6: »Eine Schwalbe macht keinen Frühling.«

Dem Tapferen hilft das Glück soll zuerst der Dichter Simonides aus Keos (um 556–468/7 v. Chr.) gesagt haben. Livius (34,37) nennt den Satz ein altes Sprichwort, Terenz (*Phormio* 1,4) und Cicero (*Gespräche in Tusculum* 2,4,11) führen ihn in der Form an: »Fortes fortuna adiuvat.«

Malerei – eine stumme Poesie, Poesie – eine redende Malerei, soll nach Plutarch der Dichter Simonides gesagt haben. Im *Laokoon* (1766) knüpft Lessing in seiner Kunsttheorie an diesen Ausspruch an, den er einen Einfall nannte, »dessen wahrer Teil so einleuchtend ist, daß man das Unbestimmte und Falsche, welches er mit sich führt, übersehen zu müssen glaubt«. Hierzu zitiert man gelegentlich auch die Worte aus der *Dichtkunst* (361) des Horaz: »Ut pictura poesis – Wie ein Gemälde das Gedicht ...«

Wanderer, kommst du nach Sparta, verkündige dorten, du habest / Uns hier liegen sehn, wie das Gesetz es befahl. So übersetzte Schiller das Distichon des Simonides zu Ehren der Spartaner, die unter Leonidas in der Schlacht bei den Thermopylen (480 v. Chr.) gefallen waren: »Ὦ ξεῖν', ἀγγέλλειν Λακεδαιμονίοις, ὅτι τῇδε / κείμεθα, τοῖς κείνων ῥήμασι πειθόμενοι.« Cicero hatte in den *Gesprächen in Tuskulum* das Distichon ins Lateinische übertragen:

»Dic, hospes, Spartae nos te hic vidisse iacentes, / Dum sanctis patriae legibus obsequimur.«

Wasser ist das Beste, ἄριστον μὲν ὕδωρ, steht in den *Olympischen Siegesliedern* Pindars (1,1).

Usus tyrannus, »das Herkommen ist Herrscher«, griechisch: Νόμος πάντων βασιλεύς, »das Herkommen ist König über alles«, ist als Spruch Pindars bei *Herodot* (3,38) und Platon (*Gorgias* 484 B) angeführt.

Eine Hand wäscht die andere. Beim Dichter Epicharm finden wir einen Spruch, den Goethe in dem Gedicht »Wie du mir, so ich dir« übersetzt: »(Mann mit zugeknöpften Taschen / dir tut niemand was zulieb:) / Hand wird nur von Hand gewaschen; / wenn du nehmen willst, so gib!« Gelegentlich zitiert man lateinisch nach Senecas *Verkürbissung des Claudius* oder *Petronius* Kap. 45: »Manus manum lavat.«

Geschehene Dinge lassen sich nicht ungeschehen machen. Geschehenes ungeschehen machen wollen. Ein Vers (583) des Dichters Theognis lautet: »Was nun einmal geschehn, läßt ungeschehn niemals sich machen; / aber für das, was kommt, sorge mit wachsamem Sinn!« Diesem Spruch des von den Alten gern zitierten Dichters mögen die Worte des Plautus (*Aulularia* 4,10,15) nachgebildet sein: »Factum illud: fieri infectum non potest – Geschehen ist's: ungeschehen kann's nicht gemacht werden«, und: »Stultus es, qui facta infecto facere verbis postules – Dumm bist du, weil du Geschehenes durch Worte ungeschehen machen willst.«

Steter Tropfen höhlt den Stein. Das Wort geht auf den Dichter Choirilos von Samos (um 400 v. Chr.) zurück, von dessen epischem Gedicht über die Perserkriege nur Bruchstücke erhalten sind. Wir finden es lateinisch bei Ovid (*Briefe vom Pontus* 4,10,5): »Gutta cavat lapidem«, mit der Fortsetzung: »consumitur annulus usu – abgenützt wird der Ring durch Gebrauch«. Gewöhnlich zitiert man den lateinischen Vers in der Form: »Gutta cavat lapidem non vi sed saepe cadendo.« In Giordano Brunos Lustspiel *Il candelajo (Der Lichtzieher)* heißt es: »Gutta cavat lapidem non bis sed saepe cadendo. / Sic homo fit sapiens bis non sed saepe legendo – Der Tropfen höhlt den Stein, nicht durch zweimaligen, sondern durch häufigen Fall. So wird der Mensch weise, nicht durch zweimaliges, sondern durch häufiges Lesen.«

Nil admirari, »nichts anzustaunen« habe er aus der Philosophie gelernt, soll nach Plutarch der Philosoph Pythagoras (6. Jahrhundert v. Chr.) gesagt haben. Wir zitieren das Wort lateinisch, wie es bei Horaz (*Briefe* 1,6,1) steht.

Sphärenharmonie oder **Sphärenmusik** ist nach der Lehre des Pythagoras das Tönen der sich um das Zentralfeuer bewegenden Planeten.

Ipse dixit, αὐτός ἔφα, »er selbst hat es gesagt«. Mit diesen Worten beriefen sich (nach Cicero, *Vom Wesen der Götter* 1,5,10) die Schüler des Pythagoras auf die Lehren ihres Meisters.

Alles fließt, πάντα ῥεῖ, d. h. alles ist im Fluß, in ewigem Wechsel begriffen, ein Satz des Philosophen Heraklit (um 500 v. Chr.).

Krieg ist der Vater aller Dinge, πόλεμος πάντων πατήρ, sagte Heraklit, »und aller Dinge König. Die einen erweist er als Götter, die andern als Menschen, die einen macht er zu Sklaven, die andern zu Freien.«

Introite, nam et hic dii sunt, »Tretet ein, denn auch hier sind Götter«. Mit diesen Worten, berichtet Aristoteles, habe Heraklit, als er sich einmal in einem Backofen wärmte, seine Besucher getrost einzutreten aufgefordert. Lessing setzte den Ausspruch als Motto vor seinen *Nathan.*

Hippokratische Züge, hippokratisches Gesicht (lateinisch »facies hippocratica«) meinen das vom Tode gezeichnete Antlitz nach dem griechischen Arzt Hippokrates (um 460–377 v. Chr.), der im Anfang seiner Schrift *Prognostikon* die Kennzeichen des herannahenden Todes genau beschrieb.

Vita brevis, ars longa, occasio praeceps, experientia fallax, iudicium difficile, »das Leben ist kurz, die Kunst lang, die Gelegenheit flüchtig, die Erfahrung trügerisch, das Urteil schwierig« heißt es im Anfang der *Aphorismen* des Hippokrates. Goethe im *Faust* (Vers 558 f.): »Die Kunst ist lang, das Leben kurz.« Vgl. auch den »Lehrbrief« in *Wilhelm Meisters Lehrjahren,* 7. Buch, 9. Kapitel.

Quae medicamenta non sanant, ferrum sanat; quae ferrum non sanat, ignis sanat, »Was Arzneien nicht heilen, heilt das Messer; was das Messer nicht heilt, heilt Brennen«, das Motto von Schillers *Räubern,* ist der Schlußsatz der *Aphorismen* des Hippokrates, in dem es dann noch heißt: »was aber Brennen nicht heilt, muß als unheilbar angesehen werden.«

Der Eid des Hippokrates, noch heute für den Arzt als gültig angesehen, lautet: »Meine ärztlichen Verordnungen werde ich zum Nutzen der Kranken geben, soweit ich es vermag und verstehe. Was Verderben und Schaden bringt, will ich von ihnen fernhalten.«

Si parva licet componere magnis, »wenn es erlaubt ist, Kleines mit Großem zu vergleichen«, ein Satz des Herodot (2,10, ähnlich 4,99) in der Fassung Vergils (*Georgica* 4,176).

Relata refero, »Berichtetes berichte ich« – Herodot schreibt in seinem Geschichtswerk 7,152: »Ich bin darauf angewiesen, Berichtetes zu berichten; aber ich brauche es nicht in allem zu glauben.«

Schwanenlied, Schwanengesang für die letzten Worte oder Werke eines Menschen ist ein alter Vergleich. Wir finden ihn schon beim Tragiker Äschylus (525–456 v. Chr.), der im *Agamemnon* (1445) Klytämestra von Kassandra sagen läßt: »Jene, die nach Art des Schwans / zu singen anhub letzten Todesklaggesang.«

Argusaugen. Die Sagengestalt des Argus finden wir zuerst in den *Schutzflehenden* des Äschylus erwähnt (805), als einen »alles sehenden Wächter«. Er soll hundert Augen besessen haben.

Vieles Gewaltige lebt, und nichts ist gewaltiger als der Mensch, zitiert man aus der *Antigone* (331f.) des Sophokles (um 497 bis 405 v. Chr.).

Nicht mitzuhassen, mitzulieben bin ich da. Antigones Worte in der *Antigone* des Sophokles (560).

Quos Deus perdere vult, dementat prius, »die, welche Gott verderben will, verblendet er vorher«. In der Spruchsammlung des Publilius Syrus heißt es (490): »Stultum facit fortuna, quem vult perdere – Dumm macht die Glücksgöttin, wen sie verderben will.« Ähnlich lauten die Verse eines unbekannten griechischen Tragikers, die in dem Scholion zur *Antigone* des Sophokles (620) angeführt sind.

Variatio delectat, »Abwechslung erfreut« finden wir als Ausspruch »Abwechslung ist immer süß« bei Euripides (484–406 v. Chr.) im *Orest* (234). Aristoteles zitiert den Satz in der *Nikomachischen Ethik* (7,15).

Überall und nirgends. In der *Iphigenie in Tauris* des Euripides (568) sagt Orest, er lebe unglücklich »sowohl nirgends als auch überall«. Der Philosoph Seneca schreibt in einem Brief (2,2): »Nusquam est, qui ubique est – Nirgends lebt, wer überall lebt«, ganz ähnlich auch Martial (7,73,6): »Quisquis ubique habitat, ... nusquam habitat – Wer überall haust, haust nirgends.«

Gebratene Tauben, die einem ins Maul fliegen, finden wir schon in den attischen Komödien des 5. Jahrhunderts v. Chr., von denen uns freilich keine vollständig erhalten ist. Aber der Schriftsteller Athenaios (um 200 n. Chr.) zitiert in seinem Werk *Gastmahl der Gelehrten* einen Vers des Telekleides: »Gebratene Krammetsvögel mit kleinen Kuchen flogen einem in den Schlund hinein«, und von Pherekrates: »Gebratene Krammetsvögel, begehrend verschlungen zu werden, flogen den Leuten um den Mund herum.« Ein französisches Sprichwort lautet: »Il attend, que les alouettes lui tombent toutes rôties – Er wartet darauf, daß ihm die Lerchen herunterfallen, fertig gebraten.«

Eulen nach Athen tragen. In der Komödie des Aristophanes (um 444–380 v. Chr.) *Die Vögel* wird die Frage gestellt (301): »Wer hat die Eule nach Athen gebracht?« – wo doch schon so viele sind, muß man dem Zusammenhang nach ergänzen; die Eule war der Göttin Athene heilig, der Schutzgöttin der Stadt Athen. Die Redensart, schon in der Antike öfters belegt (z. B. in den Briefen Ciceros), bedeutet also »etwas ganz und gar Überflüssiges tun«.

Fas est et ab hoste doceri, »man soll auch vom Feinde lernen«, heißt es in den *Metamorphosen* Ovids (4,428). Der Gedanke findet sich in den *Vögeln* des Aristophanes (376): »Kluge Leute lernen auch von ihren Feinden.«

Ein Wolkenkuckucksheim nennen wir eine Traumstadt, ein Phantasiegebilde; so wird die in den *Vögeln* des Aristophanes von den Vögeln in die Luft gebaute Stadt genannt. »Er lebt in einem Wolkenkuckucksheim«, d. h. er ist in seinen (optimistischen) Vorstellungen befangen.

Ubi bene, ibi patria, »wo es einem gut geht, ist Vaterland« geht auf den Vers 1151 im *Plutos* des Aristophanes zurück. Die lateinische Fassung (nach Cicero, *Gespräche in Tusculum* 5,37) »Patria est, ubicunque est bene« bildet den Kehrreim eines Liedes von Friedrich Hückstädt (*Gedichte*, Rostock 1806).

Ein Besitz auf immer sollte nach den eigenen Worten des Thukydides seine *Geschichte des Peloponnesischen Krieges* sein (1,22).

Die beste Frau ist die, von der man am wenigsten spricht sagte nach Thukydides 2,45 Perikles in einer Ansprache an die Witwen der im Krieg gefallenen Athener.

Herakles (Herkules) am Scheidewege. Xenophon in seinen *Erinnerungen an Sokrates* (2,1,21) läßt Sokrates eine Geschichte des Sophisten Prodikos (um 430 v. Chr.) erzählen, wonach Herakles als Jüngling an einem Scheideweg zwei Frauen begegnete, der »Lust« und der »Tugend«, die ihm beide ihre eigenen Vorzüge und die Fehler der anderen schilderten. Herakles entschied sich für den Pfad der Tugend. Die Erzählung ist vielen aus Gustav Schwabs *Sagen des klassischen Altertums* vertraut.

Xanthippe hieß die Frau des Sokrates. Ihre Heftigkeit, von der Xenophon in seinen *Erinnerungen an Sokrates* berichtet, wurde in späteren Anekdoten, um den Gleichmut ihres philosophischen Mannes hervorzuheben, so übertrieben dargestellt, daß sie den Namen für einen weiblichen Zankteufel hergeben mußte.

Panischer Schrecken, ein grundloses plötzliches Erschrecken, geht auf den griechischen Gott Pan zurück, einen Gott der Hirten und Herden, der aber auch nach mehreren antiken Zeugnissen als Urheber des Schreckens galt, der die Heere grundlos zu ergreifen pflegte. Wir erwähnen nur, daß Xenophon in der *Anabasis* (2,2) Mittel angibt, wie nachts im Lager die Manneszucht aufrechtzuerhalten sei, damit der panische Schrecken nicht um sich greife. Auch bei Cicero wird der panische Schrecken, stets in griechischen Worten, erwähnt, teils als Kriegsschrecken (*Briefe an Atticus* 5,20), teils als leere Schreckversuche oder Schreckensgerüchte (*Briefe an Atticus* 14,3; 16,1; *Briefe an die Freunde* 16,23).

Ich weiß, daß ich nichts weiß war die Überzeugung des Sokrates, von der er in seinen philosophischen Gesprächen immer ausging. »Der ist der Weiseste, der wie Sokrates einsieht, daß er wirklich, was Weisheit anbelangt, nichts wert ist« heißt es in Platons *Apologie des Sokrates* (23 A).

Wir leben nicht, um zu essen; wir essen, um zu leben. Eine Reihe antiker Autoren berichtet, daß Sokrates gesagt habe, andere Leute lebten, um zu essen; er aber esse, um zu leben.

Amicus Plato, sed magis amica veritas, »lieb ist mir Platon, aber noch lieber die Wahrheit« lesen wir im *Don Quijote* des Cervantes (2. Teil, 9. B., Kap. 18); Luther schreibt im Anfang von *De servo* *arbitrio:* »Amicus Plato, amicus Socrates, sed praehonoranda (höher zu schätzen) veritas.« Solche Sätze haben ihr Vorbild in Platons *Phaidon* (91 C): »Wenn ihr mir folgt, dann kümmert euch wenig um Sokrates, viel mehr um die Wahrheit.«

Post festum, wörtlich »nach dem Fest«, sagt man für »hinterher«. Der entsprechende griechische Ausdruck ist schon in Platons *Gorgias* (1) sprichwörtlich.

Platonische Liebe geht auf Platons *Gastmahl* zurück, wo Platon das Wesen der Liebe ausführlich erörtern läßt: Er definiert sie schließlich als ein Streben nach Vollkommenheit. Heute versteht man unter platonischer Liebe etwas anderes: die Liebe unter Personen verschiedenen Geschlechts ohne sinnliches Begehren, ja sogar eine Neigung überhaupt zu irgend etwas, auf dessen Besitz man verzichtet oder verzichten muß.

Deus ex machina, »der Gott aus der (Theater-)Maschine«. In der griechischen Tragödie, vor allem bei Euripides, pflegte die Erscheinung eines Gottes die Konflikte zu lösen; sie wurde im Theater durch eine Maschine bewirkt. Den übertragenen Gebrauch dieses Bildes für eine überraschende oder gewaltsame Lösung eines Problems leitet Platon im *Kratylos* (425 D) ein, wo es um die Entstehung der Sprache geht: »Wir müßten uns denn auch unsererseits mit der Sache so abfinden, wie die Tragödiendichter, die ihre Zuflucht zu den Maschinen nehmen, wenn sie in Verlegenheit sind, und die Götter herbeischweben lassen, indem wir sagten, die ursprünglichen Wörter hätten die Götter eingeführt.«

Bellum omnium contra omnes, »Krieg aller gegen alle«, diese Formulierung bei Hobbes im *Leviathan* (Kap. 13) geht auf Platon zurück, in dessen *Gesetzen* (626) es heißt, »daß naturgemäß stets alle Städte mit allen Städten in unversöhnlichem Kriege wären«, und nicht nur diese, sondern daß auch Dorf gegen Dorf, Haus gegen Haus, Mensch gegen Mensch, ein jeder gegen sich selber Krieg führe«, ja, »daß alle mit allen auf Kriegsfuß seien«.

Liebe macht blind. In Platons *Gesetzen* (731 E) heißt es: »Denn der Liebende wird blind in bezug auf den Gegenstand seiner Liebe.«

Von zwei Übeln das kleinere wählen. Platon im *Protagoras* (538 D): »Von zwei Übeln wird niemand das größere wählen, wenn er das kleinere wählen kann.«

Zóon politikón, »ein politisches Lebewesen«, nennt man den Menschen nach Aristoteles, *Politik* 1,2 und 3,6.

Der springende Punkt, punctum saliens, geht auf Aristoteles zurück, der in seiner *Tierkunde* davon spricht, daß sich im Weißen des Eies das Herz des werdenden Vogels »als ein Blutfleck« anzeige, »welcher Punkt wie ein Lebewesen hüpft und springt«. Aus der lateinischen Übersetzung »quod punctum salit iam et movetur ut animal« bildeten naturwissenschaftliche Schriftsteller das »punctum saliens« – Schiller spricht in seinem Gedicht »Der Genius« von dem großen Gesetz, das »verborgen im Ei reget den hüpfenden Punkt«. Der springende Punkt ist also der Lebenspunkt, der Punkt, auf den alles ankommt.

Tabula rasa, wörtlich »abgewischte Schreibtafel«. Ein übertragener Sinn findet sich zuerst bei Aristoteles, *Von der Seele* (3,4): »Wie auf einer Tafel, auf der wirklich nichts geschrieben ist.« Der Ausdruck wird heute in zweierlei Zusammenhängen gebraucht: »Er ist tabula rasa – ein unbeschriebenes Blatt«, d. h., man weiß noch nicht, was von ihm zu halten ist – oder »tabula rasa machen – reinen Tisch machen«.

Zwischen Lipp' und Kelchesrand ... Aristoteles berichtet in der *Verfassung von Samos* von einem König, der Weinstöcke pflanzte und dem ein Knecht prophezeite, er würde sterben, ehe er Wein davon tränke. Als der Wein reifte, meinte der König, er würde es doch noch erleben, aber der Knecht antwortete: »Zwischen dem Rande von Lippe und Becher kann vieles geschehen.« Lateinisch: »Multa cadunt inter calicem supremaque labra«, englisch: »There is many a slip, t'wixt cup and lip«, französisch (in *Reineke Fuchs* 5468): »Entre bouche et cuillier / avient souvent grand encombrier«, deutsch in Friedrich Kinds *Gedichten* (1817): »Zwischen Lipp' und Kelchesrand / schwebt der finstern Mächte Hand.«

Die Laterne des Diogenes. Diogenes (404–323 v. Chr.), der berühmteste der kynischen Philosophen (auf die das Wort »Zynismus« zurückgeht), zündete sich am Tage eine Laterne an, ging umher und sagte: »Ich suche einen Menschen.«

Ein Diogenes in der Tonne ist ein bedürfnisloser Weiser, weil der Philosoph Diogenes in einer Tonne gewohnt haben soll. Von ihm wird auch erzählt, er habe auf Alexanders d. Gr. Aufforderung, sich etwas zu wünschen, geantwortet: »Geh mir aus der Sonne!« –

»Wenn ich nicht Alexander wäre, möchte ich Diogenes sein«, soll der König darauf geantwortet haben.

Alter Ego, »ein zweites Ich« ist die Definition des Freundes nach dem Philosophen Zenon aus Kition (auf Cypern), dem Begründer der stoischen Philosophie (um 300 v. Chr.). »Verus amicus est tanquam alter idem« lesen wir in der Schrift Ciceros *Über die Freundschaft* (21,80).

Nach der Lampe riechen. Von einer literarischen Arbeit, der man die Mühe allzusehr ansieht, die sie gekostet hat, sagt man, sie röche nach der Lampe (womit natürlich eine Öllampe gemeint war). Diesen Vorwurf erhob zum erstenmal wohl der Redner Pytheas (um 340 v. Chr.) gegen die Reden des von ihm unaufhörlich angefeindeten Demosthenes (nach Plutarch, *Staatslehre* 6, Demosthenes 8 und Aelian, *Vermischte Geschichten* 7,7).

Nervus rerum, »Nerv der Dinge«, der Mittelpunkt, die Hauptsache; das Wort geht auf den Redner Demosthenes (385–322 v. Chr.) zurück, der so als erster das Geld bezeichnet hat (Äschines wirft es ihm in seiner *Rede gegen Ktesiphon* neben anderen neugebildeten Wörtern und Redensarten vor).

Schuster, bleib bei deinem Leisten. Das Sprichwort geht auf eine Anekdote zurück, die von Valerius Maximus (8,12) und Athenäus (*Gastmahl der Weisen* 8) erzählt wird. Nach ihnen pflegte Apelles (356–308 v. Chr.), der berühmteste Maler des Altertums, hinter seinen Bildern versteckt auf die Urteile der Beschauer zu hören. Einmal tadelte ein Schuster, daß gemalte Schuhe eine Öse zuwenig hätten. Apelles korrigierte sein Bild; aber als der Schuster nun auch an den Schenkeln etwas auszusetzen hatte, rief ihm der Künstler zu: »Was über dem Schuh ist, kann der Schuster nicht beurteilen.« Das Wort wird auch lateinisch zitiert: »Sutor ne supra crepidam.«

Nulla dies sine linea – »Kein Tag ohne einen Strich« soll nach der *Naturgeschichte* des Plinius (35,10) der Grundsatz des Malers Apelles gewesen sein.

Wen die Götter lieben, der stirbt jung steht in einem Vers des Lustspieldichters Menander (342–290 v. Chr.), den Plautus (*Die Bakchen* 4,7,18) ins Lateinische übersetzte: »Quem di diligunt, adolescens moritur.«

Alea jacta est, »Der Würfel ist gefallen«, meist sagen wir: »Die Würfel sind gefallen.« Der Satz geht auf Menander zurück, »Soll der Würfel fallen!« heißt es in einem Fragment von ihm; so zitierte ihn auch Caesar, als er 49 v. Chr. den Rubikon überschritt (siehe bei »Rubikon«, S. 239). »Jacta est alea« war ein Wahlspruch Ulrichs von Hutten (vgl. »Ich hab's gewagt«, S. 108).

Wer nicht geschunden wird, wird nicht erzogen, Ὁ μὴ δαρεὶς ἄνθρωπος οὐ παιδεύεται, ein Vers des Menander, der uns dadurch vertraut geworden ist, daß ihn Goethe als Motto vor seine Autobiographie *Dichtung und Wahrheit* gesetzt hat.

Des einen Glück, des andern Unglück. Menander sagt in einem Vers: »Den einen gibt, den andern nimmt das Glück.« Ähnlich ein Spruch des Publilius Syrus (49): »Bona nemini hora est, ut non alicui sit mala – Keine Stunde ist für einen gut, die nicht schlecht ist für einen andern.«

Die Zeit heilt alle Wunden. Nach dem *Florilegium* des Stobäus (5. Jahrhundert n. Chr.), einer Sammlung von Auszügen aus griechischen Dichtern und Schriftstellern, stammt der Satz »Der Arzt aller unvermeidlichen Übel ist die Zeit« von Menander. In den *Bekenntnissen* des Augustinus lesen wir 4,5: »Tempore lenitum est vulnus neum, durch die Zeit ist meine Wunde gelindert worden.«

Drachensaat als eine Saat von Zwietracht stammt aus der griechischen Sage. Im Epos von der Argonautenfahrt des Apollonios Rhodios (3. Jahrhundert v. Chr.) wird erzählt, daß Jason das Goldene Vlies bekommen soll, wenn er ein Stück Land pflügt und Drachenzähne sät. Aus diesen Zähnen erwachsen geharnischte Männer, die sich gegenseitig erschlagen, nachdem Jason einen Stein unter sie geworfen hat. Ähnliches erzählt Ovid in den *Metamorphosen* (3) von Kadmos, dem Begründer Thebens.

Adonis nennen wir einen schönen jungen Mann, der zuerst in den Gedichten Theokrits (um 250 v. Chr.) geschildert wird als Liebling der Venus, blühend, rosig, achtzehn- oder neunzehnjährig und so flaumbärtig, daß sein Kuß nicht sticht.

Die Gelegenheit beim Schopf, bei der Stirnlocke fassen. Die Redensart geht auf die griechische Gottheit des günstigen Augenblicks, Kairos, zurück, die in der griechischen Kunst mit Locken über der Stirn und kahlem Hinterkopf geschildert wird, die man also, wenn sie vorüber ist, nicht mehr fassen kann. Der Dichter Posidipp (in der *Griechischen Anthologie*) schildert eine solche Darstellung des Bildhauers Lysipp.

Quod erat demonstrandum, »was zu beweisen war« heißt es am Schluß jeder Beweisführung des Mathematikers Euklid (um 300 v. Chr.).

Heureka, »ich hab's gefunden«, rief Archimedes (um 285–212 v. Chr.) aus, als er das spezifische Gewicht entdeckt hatte.

Gib mir einen festen Punkt, und ich werde die Erde bewegen, Δός μοι ποῦ στῶ, καὶ τὴν γῆν κινήσω, soll Archimedes gesagt haben, der u. a. den zusammengesetzten Flaschenzug und die Wasserschraube erfunden hat.

Störe meine Kreise nicht, »noli turbare circulos meos« soll Archimedes gesagt haben, als die Römer seine Vaterstadt Syrakus eroberten und ein Soldat bei ihm eindrang.

Prokrustesbett. Der Geschichtsschreiber Diodor aus Sizilien, der zur Zeit Caesars und Augustus' lebte, berichtet die griechische Sage von Prokrustes in Attika, der alle des Weges Kommenden auf ein Bett legte; nach dessen Länge reckte er die zu Kleinen und kürzte die zu Großen, eine Operation, die die Betroffenen nicht überlebten. Danach ist ein Prokrustesbett eine Form, auf die etwas Unpassendes gewaltsam zugeschnitten wird.

Herkules, Herkulesarbeit, herkulische Kraft. Herkules ist die lateinische Form von Herakles. Herakles ist der griechische Nationalheros, besitzt gewaltige Kraft und wendet diese an, um die Welt von Ungeheuern und sonstigen Übeln zu befreien. Im Dienste des Eurystheus mußte er »zwölf Arbeiten« verrichten, deren jede als kaum oder gar nicht zu lösende Aufgabe betrachtet wurde. Als »Herkulesarbeit« erscheint uns heute vor allem eine mühsame, umfängliche Arbeit, wie die Reinigung des Augiasstalles (siehe das übernächste Zitat).

Antäus ist eine mythische Gestalt der Griechen, der Beherrscher Libyens, den Herakles nur dadurch besiegen konnte, daß er ihn vom Erdboden hob und in der Luft erwürgte; denn jedesmal, wenn Antäus die Erde berührte, wuchsen ihm aus dieser neue Kräfte zu.

Augiasstall, der seit vielen Jahren nicht gereinigte Rinderstall des Königs Augias von Elis; Herakles säuberte ihn an einem Tag, indem er einen Fluß hindurchleitete; es war eine der Arbeiten, die ihm von König Eurystheus aufgetragen wurden (*Diodor,* Buch 4; *Apollodor,* Bibliothek 2,55).

Nessushemd als etwas höchst Quälendes, das wir nicht loswerden können, geht auf eine in den *Trachinierinnen* des Sophokles überlieferte griechische Sage zurück: Als Herakles den Kentauren Nessos durch einen Giftpfeil tödlich verletzt hatte, gab dieser, um sich zu rächen, Dejanira, der Gattin des Herakles, den falschen Rat, sein Blut als Liebesmittel aufzubewahren; sie werde sich damit die Liebe ihres Gatten erhalten können. Als Dejanira nun von einer Nebenbuhlerin erfuhr, bestrich sie das Hemd, das ihr Gatte zu einem Opferfest anziehen sollte, mit dem giftigen Blut. Bald, nachdem Herakles dieses Hemd übergezogen hatte, wurde er von den qualvollsten Schmerzen ergriffen, die nicht enden wollten, so daß er den Flammentod auf dem Scheiterhaufen wählte.

Achillesferse. Über Achilleus (lateinisch: Achilles) ist außer dem, was wir durch Homer wissen, manches Sagenhafte überliefert. So soll ihn seine Mutter Thetis als Kind in den unterweltlichen Fluß Styx getaucht haben, wodurch er unverwundbar wurde außer an der Ferse, bei der sie ihn gehalten hatte. (Erzählt von Statius, um 45–96 n. Chr., in der *Achilleïs.*)

Sustine et abstine, »Leide und meide«, teilt Aulus Gellius in den *Attischen Nächten* 17,19,6 als Spruch des Epiktet (um 50–138 n. Chr.) mit.

Das Faß der Danaiden, Danaidenfaß, das wir zuerst bei Lukian (geb. um 120 n. Chr.) genannt finden, ist durchlöchert oder hat keinen Boden und wird also nie voll, so viel man auch hineinschöpft. Nach griechischer Sage waren die Danaiden, die Töchter des Danaos, weil sie ihre Gatten ermordet hatten, in der Unterwelt dazu verurteilt, beständig Wasser in ein leckes Faß zu schöpfen.

Rhadamanth als Richter ist eine griechische Sagenfigur. Von ihm heißt es in Apollodors *Bibliothek* (3,1,2), daß er in der Unterwelt zusammen mit Minos Recht spreche. Cicero nennt die beiden, die Brüder waren, »die unerbittlichen Richter« (*Gespräche in Tusculum* 1,5,10).

Labyrinth heißt ursprünglich »Haus der Doppelaxt«; die Doppelaxt war das Symbol einer Gottheit auf Kreta. Nach griechischer Sage, die uns freilich nur durch Vergil (*Äneis* 5,588) und Ovid (*Verwandlungen* 8,159) überliefert ist, baute Dädalus für den König Minos auf Kreta das Labyrinth für den Minotaurus, ein Ungeheuer mit menschlichem Körper und Stierkopf (oder Stierleib und

Menschenkopf), das Menschenopfer forderte, und legte das Gebäude so weitläufig und unübersichtlich an, daß niemand mehr herausfand, der einmal hineingeraten war.

Ariadnefaden. Die griechische Sage, von Ovid in den *Verwandlungen* (8,152 ff.) überliefert, erzählt, daß der athenische Held Theseus den Minotaurus (siehe unter »Labyrinth«) erschlug und aus dem Labyrinth mit Hilfe eines Fadens wieder herausfand; er hatte diesen beim Eindringen ins Labyrinth von einem Knäuel abgespult, das ihm Ariadne, die Tochter des Königs Minos, mitgegeben hatte. Auf den »Ariadnefaden« geht unser Wort »Leitfaden« zurück.

Ikarus, der Sohn des Dädalus, des sagenhaften griechischen Erfinders zahlreicher Werkzeuge und geschickten Baumeisters. Dädalus entfloh mit seinem Sohn der Gefangenschaft des Königs Minos auf Kreta mit Hilfe von Flügeln, die er aus Federn mit Wachs zusammengeklebt hatte. Ikarus flog zu hoch, so daß die Sonne das Wachs seiner Flügel schmolz und er ins Meer stürzte. Wir kennen die Sage aus Ovids *Verwandlungen* (8,183 f.). Ein »Ikarus« ist uns demnach einer, der scheitern muß, weil er zu hoch hinaus will; sein Unternehmen nennen wir einen »Ikarusflug«.

Halkyonische Tage nennen wir glückliche Tage voll Frieden und Ruhe. Eine griechische Sage erzählt, daß sich Halkyone ins Meer stürzte, nachdem ihr Gatte auf einer Seefahrt umgekommen war. Gerührt von dieser Liebe verwandelten die Götter die beiden Gatten in Eisvögel. Während der Brutzeit dieser Vögel um die Wintersonnenwende herrschte auf der See Windstille. In seinem Dialog *Alkyon* schreibt Lukian: »Denn während der Brutzeit dieser Vögel genießt die Welt die sogenannten halkyonischen Tage.« Zuerst finden sie sich bei Aristoteles in der *Tierkunde* (5,8) erwähnt.

Gottes Mühlen mahlen langsam. Der Arzt und skeptische Philosoph Sextus Empiricus (um 200–250 n. Chr.) schreibt in seinem Werk *Gegen die Mathematiker* 287: »Lange zwar mahlen die Mühlen der Götter, doch mahlen sie Feinmehl.« Sebastian Franck führt in seinen 1541 erschienenen *Sprichwörtern* an: »Gottes Mühl stehet oft lang still« und »Der Götter Mühl machen langsam Mehl, aber wohl«. In Logaus *Sinngedichten* (1654) heißt es dann: »Gottes Mühlen mahlen langsam, mahlen aber trefflich klein. / Ob aus Langmut er sich säumet, bringt mit Schärf er alles ein.«

Wär nicht das Auge sonnenhaft, / die Sonne könnt' es nie erblikken. Der Spruch Goethes in den »Zahmen Xenien« ist eine getreue

Übersetzung eines Satzes des Philosophen Plotinos (um 205–270 n. Chr.).

Es führen viele Wege nach Rom. Ein Sprichwort, dessen Ursprung nicht bekannt ist. Wir finden eine solche geographische Bemerkung, in übertragenem Sinne gebraucht, schon in einer Rede des Kaisers Julianus Apostata (331–363 n. Chr.): »Es darf nicht wundernehmen, daß wir zu der gleich der Wahrheit einen und einzigen Philosophie auf den verschiedensten Wegen gelangen. Denn auch wenn einer nach Athen reisen will, so kann er dahin segeln oder gehen, und zwar kann er als Wanderer die Heerstraßen benützen oder die Fußsteige und Richtwege, und als Schiffer kann er die Küsten entlang fahren oder wie Nestor das Meer durchschneiden.«

AUS DEM LATEINISCHEN

Dies ater – »Schwarzer Tag«, bei den Römern teils als »dies religiosus« ein Tag, an dem gewisse Handlungen vorzunehmen bedenklich war (z. B. Eheschließung, Reiseantritt), teils ein Erinnerungstag an verlorene Schlachten (z. B. Schlacht an der Allia 390 v. Chr.).

Jeder ist seines Glückes Schmied. Nach einer zu Unrecht Sallust zugeschriebenen Schrift *Über die zu ordnende Republik* (1,1) soll Appius Claudius Caecus, Konsul der Jahre 307 und 296 v. Chr., der Erbauer der »Via Appia«, in einem Gedicht gesagt haben, »fabrum esse suae quemque fortunae – jeder sei der Schmied seines Glücks«.

Nomen est omen, »der Name ist eine Vorbedeutung«, heute meist in dem Sinne gebraucht: Der Name kennzeichnet ihn (oder die Sache). »Nomen atque omen« heißt es bei dem Lustspieldichter Plautus (um 254–184 v. Chr.) in dem Stück *Der Perser* (4,4,74).

Sapienti sat, »für den Verständigen genug«, d. h. wer etwas davon versteht, weiß Bescheid – finden wir zuerst in dem *Perser* des Plautus (4,7,19), dann auch im *Phormio* des Terenz (3,3,8).

Oleum et operam perdidi, »Öl und Mühe habe ich verschwendet« kommt im *Poenulus (Der Karthager)* des Plautus vor und wird dort von einer Dirne gebraucht, die sich vergebens salben und herausputzen ließ. Cicero spielt dann mit diesem Wort auf das verschwendete Öl der Studierlampe an *(Briefe an Attikus* 13,38).

Miles gloriosus, »der ruhmredige Kriegsmann« ist der Titel einer Komödie des Plautus.

Summa summarum, »alles in allem« erscheint zuerst im *Truculentus (Der Brummbär)* des Plautus.

Das Hemd ist mir näher als der Rock, »tunica propior pallio« steht im *Trinummus (Der Schatz)* des Plautus (5,2).

Homo homini lupus – »Der Mensch ist dem Menschen ein Wolf« heißt es in der *Eselskomödie* des Plautus (2,4,88).

Ohe iam satis! »Oh, schon genug!« erscheint zuerst bei Plautus (*Sti-*

chus 5,4,52; *Casina* 2,3,32), dann auch bei Horaz (*Satiren* 1,5,12) und Martial (4,91,6 und 9).

Amicus certus in re incerta cernitur, »den sicheren Freund erkennt man in unsicherer Lage« – das Wort stammt von dem Dichter Ennius (239–169 v. Chr.).

Rem tene, verba sequentur – »Halte die Sache fest, die Worte werden sich dann schon einstellen«, geht nach der *Redekunst* (Kap. 1) des C. Julius Victor (4. Jahrhundert n. Chr.) auf den älteren Cato (234–149 v. Chr.) zurück.

Hinc illae lacrimae, »daher jene Tränen«, steht in der Komödie *Andria* des Terenz (185–155 v. Chr.), nachdem die wahre Ursache der Tränen offenbar geworden war. Das Wort wird bereits von Cicero in der *Rede für Caelius* (Kap. 25) und von Horaz in den *Episteln* 1,19,41 zitiert.

Amantes amentes, »verliebt, verdreht«, wörtlich: »Verliebte sind von Sinnen«, ist der Titel eines Lustspiels von Gabriel Rollenhagen (1609). Das Wortspiel findet sich bei Terenz, *Andria* 1,3,13: »Inceptio est amentium, haud amantium – ein Beginnen von Unsinnigen ist es, nicht von Verliebten«, aber auch schon bei Plautus im Prolog (81) des *Mercator (Der Kaufmann).*

Tu si hic sis, aliter sentias, »Wärst du an meiner Stelle, du würdest anders denken«: Terenz, *Andria* 2,1,10 und 14.

Interim fit aliquid, »unterdessen geschieht etwas«, aus der *Andria* des Terenz (2,1,14).

Amantium irae amoris integratio, »der Liebenden Streit die Liebe erneut«: Terenz, *Andria* 3,3,23.

Jeder ist sich selbst der Nächste. »Proximus sum egomet mihi, der Nächste bin ich mir selbst« heißt es bei Terenz, *Andria* 4,1,12.

Nullum est iam dictum, quod non sit dictum prius, »Es gibt kein Wort mehr, das nicht schon früher gesagt ist« lesen wir im Prolog (41) des *Eunuch* von Terenz.

Sine Cerere et Libero friget Venus, »Ohne Ceres (die Göttin des Getreides) und Bacchus (den Gott des Weines) bleibt Venus (die Göttin der Liebe) kalt«: Terenz, *Eunuch* 4,5,6. Bereits Euripides sagte (*Bakchen* 773): »Wo's keinen Wein mehr gibt, gibt's keine Liebe.«

Homo sum, humani nihil a me alienum puto, »Mensch bin ich, nichts, was menschlich, acht' ich mir als fremd« steht im *Heautontimorumenos (Selbstquäler)* des Terenz (1,1,25).

Lupus in fabula: Terenz, *Adelphi (Die Brüder)* 4,1,21. »Fabula« heißt zunächst nicht »Fabel«, sondern »Rede, Gespräch«; so bedeutet die Wendung nicht: »Der Wolf in der Fabel«, sondern: »der Wolf im Gespräch«, d. h. der Wolf, von dem man gerade spricht. Also: »Wenn man vom Wolf spricht, ist er nicht weit«, »Wenn man den Wolf nennt, kommt er gerennt«.

Wenn zwei dasselbe tun, ist es noch lange nicht dasselbe, »Duo cum idem faciunt, non est idem« ist nach einer Stelle in den *Adelphi* des Terenz (5,3,37) gebildet, wo es heißt: »Wenn zwei dasselbe tun, so darf der eine es ungestraft tun, der andere nicht.«

Goldene Berge versprechen. Im *Phormio* (1,2) des Terenz heißt es: »Montes auri pollicens – Berge Goldes versprechend.«

Quot homines, tot sententiae, »soviel Menschen, soviel Meinungen«, ist aus Terenz, *Phormio* 2,4,14. Cicero zitiert es in der Schrift *Über das Höchste Gut und Übel* 1,5,15. Man sagt auch: »Quot capita, tot sensus«, dessen Übersetzung unser Sprichwort ergibt: »Soviel Köpfe, soviel Sinne.«

Oderint, dum metuant, »mögen sie hassen, wenn sie nur fürchten«, aus der Tragödie *Atreus* des Accius (170–104 v. Chr.), zitieren bereits Cicero und der Philosoph Seneca. Es war nach der Biographie Suetons ein Lieblingswort des Kaisers Caligula.

Quis leget haec? »Wer wird das (Zeug) lesen?« steht in den *Satiren* des Lucilius (180–103 v. Chr.).

Non omnia possumus omnes, »Wir können nicht alle alles«, stammt nach Macrobius (*Saturnalien* 6,1,35) von Lucilius. Vergil verwendete es in der *Ecloge* 8,63. Schon Homer spricht öfters (z. B. *Ilias* 4,320; 13,729 und *Odyssee* 8,167) davon, daß einem Menschen nicht alle Gaben verliehen seien.

Nescis, quid vesper serus vehat, »Du weißt nicht, was der späte Abend bringt«, wird von Gellius (1,22,4 und 13,11,1) als Titel einer Schrift des römischen Gelehrten Markus Terentius Varro (116–28 v. Chr.) angeführt.

Dies diem docet, »Ein Tag lehrt den andern« stammt aus der Sammlung von Sprüchen, die man im 1. Jahrhundert n. Chr. aus den Theaterstücken des Publilius Syrus (um 50 v. Chr.) zusammenstellte. »Ein Tag ist des andern Lehrmeister.«

Bis dat, qui cito dat, »Doppelt gibt, wer gleich gibt« ist nach einem Satz des Publilius Syrus (»bis dat qui dat celeriter«) gebildet.

Nomina sunt odiosa, »Namen sind verpönt« sagt man nach Cicero in der *Rede für Roscius Amerinus* (16,47): »Angesehene Leute namhaft machen ist eine heikle Sache (odiosum est).«

Non liquet, »es ist nicht klar«, die altrömische Formel des Richters, der nicht entscheiden kann, ob Schuld oder Unschuld vorliegt, kennen wir aus Ciceros *Rede für Cluentius* (28,76).

Curriculum vitae, »Lebenslauf«. Das Wort taucht zuerst bei Cicero (*Rede für C. Rabirius* 30) auf; man bezeichnet damit heute noch gelegentlich den Lebenslauf bei Bewerbungen.

Quousque tandem? »Wie lange noch?« zitiert man nach dem Anfang von Ciceros *1. Rede gegen Catilina*, manchmal ausführlicher: »Quousque tandem, Catilina, abutere patientia nostra?« »Wie lange noch, Catilina, willst Du unsere Geduld mißbrauchen?«

O tempora, o mores! »O Zeiten, o Sitten!« ruft Cicero in der *1. catilinarischen Rede* gleich zu Anfang aus. Mit diesen Worten klagt er auch noch in anderen Reden über seine Zeit.

Cum tacent, clamant, »gerade ihr Schweigen ist laute Anklage«, sagt Cicero in der *1. Rede gegen Catilina* 8,21.

Videant consules! »Mögen die Konsuln sehen!« ist der Anfang des »senatus consultum extremum«, des äußersten Senatsbeschlusses: »Videant consules, ne quid res publica detrimenti capiat! Mögen die Konsuln zusehen, daß die Republik keinen Schaden nimmt!« Durch ihn erhielten die Konsuln in Zeiten der Gefahr den Auftrag, einen Diktator zu ernennen, später wurden sie selbst dadurch mit diktatorischer Vollmacht ausgestattet. (Cicero, *2. Rede gegen Catilina* 1; *Rede für Milo* 26,70; Livius, *Römische Geschichte* 3,4; Sallust, *Catilina* 29; Caesar, *Bürgerkrieg* 1,5,3; 1,74.)

Abiit, excessit, evasit, erupit, »Er ging, er machte sich fort, er entschlüpfte, er entrann«: Cicero, *Reden gegen Catilina* 2,1.

Imperium et libertas, »Herrschaft und Freiheit«, stammt aus Ciceros *4. Rede gegen Catilina* 9,19, in der er dem Senat zuruft: »Bedenkt, wie in einer Nacht die so mühsam befestigte Herrschaft und die so trefflich begründete Freiheit fast zugrunde ging!« Die Rede schließt mit der Forderung, daß der Senat »über die Herrschaft und die Freiheit Italiens« die Entscheidung treffen möge.

Otium cum dignitate, »Muße mit Würde« nennen wir nach Cicero (*Rede für Sestius,* Kap. 45; Anfang der Schrift *Vom Redner* und *Briefe an die Freunde* 1,9) ein behagliches Leben, das mit einer angesehenen Stellung verbunden ist.

Silent leges inter arma, »Im Waffenlärm schweigen die Gesetze« stammt aus Ciceros *Rede für Milo* (4,10). Der Satz ist auch abgewandelt worden zu »Inter arma silent Musae, im Waffenlärm schweigen die Musen«.

Gedanken sind (zoll)frei. In der *Rede für Milo* (29,79) sagt Cicero: »Liberae sunt nostrae cogitationes, Frei sind unsere Gedanken.« »Gedanken sind zollfrei« lesen wir zuerst bei Luther (*Von weltlicher Obrigkeit,* 1523).

Oratio pro domo oder **Pro domo** allein sagt man für »(Rede) in eigener Sache« nach der Rede *De domo sua,* die Cicero nach seiner Rückkehr aus dem Exil (57 v. Chr.) hielt, um seine beschlagnahmten Güter zurückzuerhalten.

Aura popularis, »Hauch der Volksgunst« finden wir zuerst in Ciceros Rede *Über die Antwort der Opferschauer* (20,43) erwähnt.

Hannibal ante portas – »Hannibal (steht) vor den Toren« als Ausdruck für eine den Staat bedrohende Gefahr stammt aus Ciceros *1. (philippischer) Rede gegen Antonius* (5,11) und der Schrift *Über das höchste Gut und Übel* (4,9,22); es heißt an diesen Stellen freilich »Hannibal ad portas!«

Cui bono? Wörtlich »Wem zum Nutzen?«, aber oft im Sinne von »Wozu?« (wie französisch »A quoi bon?«) gebraucht. Cicero, der das Wort mehrmals benutzt, nennt es in der *Rede für Roscius Amerinus* (31,86) einen Ausspruch des Lucius Cassius, der im Jahr 125 Censor war und bei Untersuchungen über Mord den Richtern einschärfte nachzuforschen, »wem zum Nutzen« der Tod des Ermordeten war.

Philippika (d. i. »Philippica oratio – eine philippische Rede«). »Philippische Reden« nannte Cicero seine Reden gegen Antonius (44/43 v. Chr.) im Vergleich mit den gewaltigen Reden des Demosthenes gegen Philipp von Makedonien, es sind »geharnischte Reden«. Im übertragenen Sinn finden wir den Ausdruck zuerst bei dem Kirchenvater Hieronymus (*Briefe* 57,13).

Ut sementem feceris, ita metes, »Wie du gesät hast, so wirst du ernten«, wird von Cicero in der Schrift *Vom Redner* (2,65,261) angeführt. »Was der Mensch sät, das wird er ernten« übersetzt Luther, *Galaterbrief* 6,7.

Salus populi suprema lex, »Das Wohl des Volkes ist oberstes Gesetz« stammt aus Ciceros Schrift *Über die Gesetze* (3,3,8).

Jucundi acti labores, »Angenehm sind die getanen Arbeiten« führt Cicero in seiner Schrift *Über das höchste Gut und Übel* (3,32,105) als Sprichwort an und fügt hinzu, auch Euripides (in der *Andromeda*) sage nicht übel: »Suavis laborum est praeteritorum memoria, Süß ist die Erinnerung an vergangene Mühen.« Deutsches Sprichwort: »Nach getaner Arbeit ist gut ruhn.«

Consuetudo (quasi) altera natura, »Die Gewohnheit ist (gleichsam) eine zweite Natur« (Cicero, *Über das höchste Gut und Übel* 5,25,24) hat ein Vorbild in einem Satz der *Rhetorik* des Aristoteles: »Die Gewohnheit ist der Natur gewissermaßen ähnlich.«

Di minorum gentium, »Götter aus den geringeren Geschlechtern« nennt man die kleineren Götter«, Leute, die nicht so hochgeboren oder so hoch emporgekommen sind wie »maiorum gentium di, die Götter aus den höheren Geschlechtern« (Cicero, *Gespräche in Tuskulum* 1,13,29). Diese Einteilung hängt mit der Unterscheidung der römischen Adelsgeschlechter in »patres maiorum gentium« und »patres minorum gentium« zusammen, die auf den König Tarquinius Priscus (6./5. Jahrhundert v. Chr.) zurückgeht (Cicero, *Vom Staat* 2,20).

Errare malo cum Platone, quam cum istis vera sentire, »Lieber will ich mit Plato irren, als mit denen (Cicero meinte die Pythagoreer) das Wahre denken«: Cicero, *Gespräche in Tuskulum* 1,17,39.

Semper idem, »immer derselbe«. Cicero erzählt in den *Gesprächen in Tuskulum* (3,15,31) von Sokrates, sein Gesichtsausdruck sei immer derselbe gewesen, ob er von zu Hause fortging oder nach Hause kam: »Mit Recht war der Ausdruck immer derselbe, weil der Geist, durch den er entsteht, unverändert blieb.«

Das Glück ist blind. Wir finden die Wendung, die unschwer überall entstehen konnte, bei Cicero in der Schrift *Über die Freundschaft* (15,54): »Fortuna caeca est.«

Summum ius, summa iniuria, »Das höchste (auf die Spitze getriebene) Recht ist höchstes Unrecht«, wird von Cicero in der Schrift *Über die Pflichten* (1,10,33) als »abgedroschenes Sprichwort« bezeichnet. Im *Selbstquäler* des Terenz heißt es (4,5): »Man sagt: Das höchste Recht ist oft die höchste Bosheit.«

Ab igne ignem, »vom Feuer Feuer« zitieren Lateiner, wenn sie um Feuer bitten, aus Ciceros Schrift *Über die Pflichten* (1,16,52), wo von Gefälligkeiten gegen jedermann die Rede ist, z.B. davon, daß wir jedem gestatten müssen, sich an unserem Feuer das seinige anzuzünden.

Cedant arma togae, »Es mögen die Waffen der Toga (d.h. dem Gewand des Friedens) nachstehen«, der Anfang eines Verses von Cicero in der Schrift *Über die Pflichten* 1,22,77. Cicero spricht darüber auch in der *Rede gegen Piso* 29 und 30 und wiederholt das »Cedant arma togae« in der *2. Philippischen Rede* 8.

Hic haeret aqua, »Hier stockt es (wörtlich: das Wasser)« führt Cicero in der Schrift *Über die Pflichten* 3,33,117 als Sprichwort an.

Pro aris et focis (certamen), »(Kampf) um Altar und häuslichen Herd«: Cicero, *Über das Wesen der Götter* 3,40.

Litterae non erubescunt, »Briefe erröten nicht«, auch »Charta non erubescit«, stammt aus einem Brief Ciceros (*An die Freunde* 5,12). Deutsches Sprichwort: »Papier ist geduldig.«

De nihilo nihil, »Aus Nichts wird nichts« zitieren wir aus dem Lehrgedicht *Über die Natur* des Lukrez (98–55 v.Chr.), das der Lehre Epikurs folgt. Aber schon Aristoteles nennt den Gedanken, daß aus dem Nichtseienden nichts entstehe, eine übliche Ansicht der Philosophen (*Physik* 1,4). In den *Selbstbetrachtungen* des Kaisers Mark Aurel (121–180 n.Chr.) heißt es 4,4: »Von Nichts kommt nichts, so wenig als etwas in das Nichts übergeht.«

Tantum religio potuit suadere malorum, »Zu so schrecklicher Tat vermochte der Glaube zu raten«: Lukrez (98–55 v.Chr.), *Über die Natur* 1,102.

Suave, mari magno, turbantibus aequora ventis,
E terra magnum alterius spectare laborem
»Bei der gewaltigsten See, bei Wogen aufwühlenden Winden / anderer großes Bemühn vom Land aus sehn, ist behaglich«: Lukrez, *Über die Natur* 2,1 und 2.

Concordia parvae res crescunt, discordia maximae dilabuntur,
»Durch Eintracht wächst das Kleine, durch Zwietracht zerfällt das
Größte« ist aus dem *Jugurtha* (10) des Historikers Sallust (86–35
v. Chr.).

Quieta non movere – »Was ruhig liegt, nicht stören.« »Das alte
gute politische Sprichwort«, wie es Bismarck gegenüber Besuchern
in Friedrichsruh (1891) nannte, geht auf das »quieta movere« in
Sallusts *Catilina* 21,1 zurück.

Deus nobis haec otia fecit, »Ein Gott hat uns diese Muße geschaffen«: Vergil (70 v. Chr.–19 n. Chr.), *Eclogen* 1,6. Das Wort ist gern
als Hausinschrift verwendet worden.

Trahit sua quemque voluptas, »Jeden reißt seine Leidenschaft hin«
heißt es in Vergils *Eclogen* (2,65).

Latet anguis in herba, »Die Schlange lauert im Gras« warnt Damoetas in Vergils *Eclogen* (3,93) die Knaben, die Blumen und Erdbeeren pflücken.

Non nostrum tantas componere lites, »Nicht unsere Sache ist es, so
großen Streit beizulegen« heißt es in Vergils *Eclogen* (3,108).

Omnia vincit Amor, »Alles besiegt Amor (der Gott der Liebe)«:
Vergil, *Eclogen* 10,69.

Ultima Thule, »die äußerste Thule«, wird in Vergils *Georgica*
(1,30) erwähnt. Der griechische Entdeckungsreisende Pytheas aus
Massilia (4. Jahrhundert v. Chr.) nannte »Thule« eine Insel sechs
Tagesfahrten nördlich von Britannien; ob es wirklich Island war,
wissen wir nicht.

Labor omnia vincit improbus, »Unablässige Arbeit besiegt alles«:
Vergil, *Georgica* 1,145.

Rerum cognoscere causas, »die Ursachen der Dinge zu erkennen«:
Vergil, *Georgica* 2,490. Manchmal zitiert man auch den ganzen
Vers: »Felix qui potuit rerum cognoscere causas, Glücklich, wer die
Ursachen der Dinge zu erkennen vermochte.«

Naturalia non sunt turpia, »Das Natürliche ist nicht schimpflich«:
Vergil, *Georgica* 3,96; der Gedanke ist schon in einem Fragment
der *Hypsipile* des Euripides ausgesprochen: »Ihrer natürlichen Bedürfnisse brauchen sich die Menschen nicht zu schämen.«

Fugit irreparabile tempus, »Dahinflieht unwiederbringlich die Zeit«. Vergil, *Georgica* 3,284: »Sed fugit interea, fugit irreparabile tempus – Aber inzwischen entflieht die Zeit, flieht unwiederbringlich.«

Tantaene animis caelestibus irae! »So heftiger Zorn in der Seele der Götter!« ruft Vergil in der *Äneis* 1,11 aus, und in Shakespeares *Heinrich VI.* (2,2) ruft es Glocester dem Kardinal Beaufort zu.

Manet alta mente repostum, »Es bleibt tief in die Seele gesenkt«: Vergil, *Äneis* 1,26/27.

Tantae molis erat Romanam condere gentem, »Solche Mühe bereitete es, das Römische Volk zu begründen«: Vergil, *Äneis* 1,33.

Quos ego! »Euch werd' ich!« Mit diesem Drohruf beschwichtigt Neptun die Winde in Vergils *Äneis* (1,135).

Rari nantes in gurgite vasto, »wenige in einem riesigen Strudel schwimmend«: Vergil, *Äneis* 1,118.

(Forsan) et haec olim meminisse iuvabit, »(Vielleicht) auch daran sich einst zu erinnern macht Freude«. Die Stelle in Vergils *Äneis* 1,203 klingt an die Worte des Odysseus in der *Odyssee* (12,208–12) an: »Wir sind ja nicht unbekannt mit Gefahren, und ich hoffe, wir werden uns einst auch dieser erinnern.«

(Per) tot discrimina rerum, »(durch) so viele gefährliche Lagen (hindurch)«: Vergil, *Äneis* 1,204.

Infandum, regina, iubes renovare dolorem, »Unsäglichen Schmerz, Königin, läßt du wieder erstehen«. Die Worte aus Vergils *Äneis* (2,3) übersetzte Schiller: »O Königin, du weckst der alten Wunde unnennbar schmerzliches Gefühl.«

(Et) quorum pars magna fui, »(Und) worin ich eine große Rolle spielte« ist aus Vergils *Äneis* (2,6).

Quidquid id est, timeo Danaos et dona ferentes, »Was es auch ist, ich fürchte die Danaer (Griechen) auch dann, wenn sie schenken« warnt der Priester Laokoon die Trojaner, als er das »Trojanische Pferd« (siehe das nächste Zitat) erblickt (Vergil, *Äneis* 2,49).

Das Trojanische Pferd. Vergil läßt im 2. Buch der *Äneis* den Helden Äneas erzählen, wie Troja erobert wurde: Die Griechen hoben die Belagerung auf und zogen scheinbar ab, ließen aber ein riesiges hölzernes Pferd zurück, in dessen Bauch sich ihre tapfersten Helden versteckt hatten. Trotz mancher Warnungen zogen es die Trojaner in ihre Stadt, weil sie glaubten, damit ein schützendes Heiligtum zu gewinnen. In der Nacht verließen die Griechen das Pferd und machten den größten Teil der Bewohner der Stadt nieder.

Danaergeschenk nennt man ein Geschenk, das Unheil nach sich zieht (siehe die beiden vorhergehenden Zitate).

Kassandra, die Tochter des Königs Priamos von Troja, erhielt von Apollon die Gabe der Weissagung. Da sie seine Liebe nicht erwiderte, strafte sie der Gott durch das unglückliche Los, daß niemand ihren Weissagungen glaubte (Vergil, *Äneis* 2,247). So warnte sie auch vergeblich vor dem »Trojanischen Pferd«. Eine Warnung, die nicht beachtet wird, pflegt man danach auch »Kassandraruf« zu nennen.

Quantum mutatus ab illo, »wie sehr verändert gegen jenen«: aus Vergils *Äneis* 2,274, wo der verwundete Hektor mit dem früher sieghaften verglichen wird.

Iam proximus ardet Ucalegon, »Schon brennt's bei dem Nachbarn Ucalegon«: Vergil, *Äneis* 2,311, bei der Schilderung des Brandes von Troja.

Fuimus Troes, »Trojaner sind wir gewesen«, läßt Vergil die Trojaner nach dem Brande von Troja sagen, *Äneis* 2,325.

Una salus victis nullam sperare salutem, »Ein Heil bleibt den Besiegten allein, kein Heil mehr zu hoffen«: Vergil, *Äneis* 2,354.

Obstupui, steteruntque comae, et vox faucibus haesit, »Ich war starr, und mir hob sich das Haar, und die Stimme versagte«: Vergil, *Äneis* 2,774 und 3,48.

Auri sacra fames, »der fluchwürdige Hunger nach Gold«: Vergil, *Äneis* 3,57.

Fama crescit eundo, »Das Gerücht wächst, indem es sich verbreitet«, nach Vergil, *Äneis* 4,175: »Viresque acquirit eundo – Und Kräfte bekommt es (das Gerücht) durch's Gehen.«

Varium et mutabile semper femina, »Etwas Wechselndes und Veränderliches ist immer das Weib«: Vergil, *Äneis* 4,569–570, vgl. »Oh, wie so trügerisch ...«, S. 232.

Exoriare aliquis nostris ex ossibus ultor, »Möchte ein Rächer aus unsern Gebeinen erstehen«: Vergil, *Äneis* 4,625.

Longo sed proximus intervallo, »Nach großem Zwischenraum, doch als der Nächste«, heißt es bei der Schilderung eines Wettlaufs in Vergils *Äneis* 5,320.

Die Schiffe hinter sich verbrennen pflegt man zu sagen, um auszudrücken: sich mit Absicht die Möglichkeit eines Rückzugs abzuschneiden. Vergil erzählt in der *Äneis* (5,605 und 669f.; 793–95), daß die Trojanerinnen nach dem Fall von Troja und der Flucht nach Sizilien die Schiffe verbrannt hätten, um eine Rückkehr unmöglich zu machen. Ähnlich berichtet Plutarch in der Schrift *Über die Tugenden der Frauen,* wie trojanische Flüchtlinge in die Tibergegend verschlagen und dort dadurch seßhaft wurden, daß ihre klugen Weiber die Schiffe verbrannten.

Tu ne cede malis, sed contra audentior ito, »Weiche dem Unheil nicht, noch mutiger geh ihm entgegen«: Vergil, *Äneis* 6,95.

Nunc animis opus, Aenea, nunc pectore firmo! »Jetzt, Äneas, bedarf es des Muts, jetzt kräftigen Herzens«: Vergil, *Äneis* 6,261.

Parcere subiectis et debellare superbos, »die Unterworfenen schonen und die Übermütigen besiegen«: Vergil, *Äneis* 6,583.

Discite iustitiam moniti et non temnere divos, »Lernet, gewarnt, rechttun und nicht mißachten die Götter«: Vergil, *Äneis* 6,620.

Mens agitat molem, »Der Geist bewegt die Materie«: Vergil, *Äneis* 6,727.

Flectere si nequeo superos, Acheronta movebo, »Kann ich die Götter nicht erweichen, so setze ich die Hölle in Bewegung«: Vergil, *Äneis* 7,312.

O mihi praeteritos referat si Jupiter annos! »Oh, wenn Zeus mir gäbe zurück die vergangenen Jahre!« Vergil, *Äneis* 8,560.

Quadrupedante putrem sonitu quatit ungula campum, »Dröhnend erschüttert das lockere Feld vierfüßiger Hufschall«: Vergil, *Äneis* 8,596, ähnlich auch 11,875.

Sic itur ad astra! »So steigt man zu den Sternen!« Apollos Worte an Julus nach dessen glorreicher Waffentat, Vergil, *Äneis* 9,641.

Experto credite, »Glaubt dem, der es selbst erfuhr« steht in Vergils *Äneis* (11,283). »Experto crede Roberto« stammt aus einem seinerzeit weitverbreiteten Buch des provençalischen Schriftstellers Antoine de Arena († 1544) über den Tanz und wurde sprichwörtlich.

Sic vos non vobis – »So (habt) ihr (gearbeitet, aber) nicht für euch.« Im *Leben des Vergil* erzählt der jüngere Donatus (um 400 n. Chr.), Vergil habe einst an das Tor des Augustus einen für den Kaiser schmeichelhaften Vers geschrieben, ohne seinen Namen darunterzusetzen, aber ein anderer habe sich als Verfasser ausgegeben und sei von Augustus geehrt worden. Daraufhin schrieb Vergil den halben Vers »Sic vos non vobis« viermal untereinander an das Tor. Der Kaiser verlangte die Ergänzung dazu, aber keiner konnte sie geben. Endlich kam Vergil, und nachdem er unter seinen ursprünglichen Vers geschrieben hatte: »Hos ego versiculos feci, tulit alter honores – Diese Verschen machte ich, ein anderer trug die Ehren davon«, ergänzte er die Versanfänge jeweils so, daß ein Gedicht entstand mit dem Inhalt: »Ihr Vögel baut die Nester nicht für euch, ihr Schafe tragt die Wolle nicht für euch, ihr Bienen macht den Honig nicht für euch, ihr Rinder zieht die Pflüge nicht für euch.«

Mobilium turba Quiritium, »die Schar der wankelmütigen Quiriten (Bürger)«: Horaz, *Oden* 1,1,7.

Nil mortalibus arduum est, »Nichts ist Sterblichen allzuschwer«: Horaz, *Oden* 1,3,37.

Quid sit futurum cras, fuge quaerere, »Was morgen sein wird, frage nicht«: Horaz, *Oden* 1,9,13.

Carpe diem, »Pflücke den Tag«, d. h. freue dich an der Gegenwart: Horaz, *Oden* 1,11,8. Manchmal auch im Sinn von »Nütze den Tag!« gebraucht.

Integer vitae scelerisque purus, »rein im Leben und frei von Schuld«: Horaz, *Oden* 1,22,1.

Nuda veritas, »die nackte Wahrheit«: Horaz, *Oden* 1,24.7.

Multis ille bonis flebilis occidit, »Von vielen Guten beweint, starb er hin«: Horaz, *Oden* 1,24,9.

Omnes una manet nox, »Auf alle wartet die eine Nacht«: Horaz, *Oden* 1,28,15.

Nunc est bibendum, »Jetzt muß getrunken werden!« Horaz, *Oden* 1,37,1.

Aequam memento in arduis servare mentem, »Denke daran, im Ungemach Gleichmut zu bewahren«: Horaz, *Oden* 2,3,1.

Omnes eodem cogimur, »Alle müssen wir zum selben Ort hin« (d. h. zum Orkus, zur Unterwelt): Horaz, *Oden* 2,3,25.

Ille terrarum mihi praeter omnes angulus ridet, »Jenes Plätzchen lächelt mir vor allen anderen auf der Erde zu«: Horaz, *Oden* 2,6,13.

Aurea mediocritas, »goldenes Mittelmaß« ist von Horaz (*Oden* 2,10,5) als »goldener Mittelweg« gemeint wie Mörikes »Wollest mit Freuden und wollest mit Leiden / mich nicht überschütten; / doch in der Mitten / liegt holdes Bescheiden.« Oft aber gebraucht man den Ausdruck auch ironisch: »goldene Mittelmäßigkeit«.

Eheu fugaces, Postume, Postume, labuntur anni, »O weh, wie flüchtig, Postumus, Postumus, vergehn die Jahre!« Horaz, *Oden* 2,14,1.

Nihil est ab omni parte beatum, »Es gibt kein vollkommenes Glück«: Horaz, *Oden* 2,16,27.

Odi profanum vulgus et arceo, Ich hasse die uneingeweihte Menge und halte sie fern«: Horaz, *Oden* 3,1,1. Aus der (in den Dienst der Musen) »nicht eingeweihten Menge« ist dann auch »gewöhnliches« oder sogar »gemeines« Volk geworden.

Favete linguis, »Hütet die Zungen!« Horaz, *Oden* 3,1,2. Vor der Opferhandlung forderten die Priester zu frommem Schweigen auf.

Post equitem sedet atra cura – »hinter dem Reiter sitzt die schwarze Sorge«: Horaz, *Oden* 3,1,40.

Dulce et decorum est pro patria mori. »Süß und ehrenvoll ist es, fürs Vaterland zu sterben«: Horaz, *Oden* 3,2,13.

Si fractus illabatur orbis, impavidum ferient ruinae. In der *Ode* 3,3 rühmt Horaz den »iustum et tenacem propositi virum, den rechtschaffenen Mann, der sein Ziel unbeirrbar verfolgt« und sagt dann von ihm: »Er erschrickt auch nicht, wenn der Himmel einstürzt und ihn die Trümmer erschlagen.«

Vis consili expers mole ruit sua, »Kraft ohne Weisheit stürzt durch die eigene Wucht«: Horaz, *Oden* 3,4,65.

Crescentem sequitur cura pecuniam, »Dem wachsenden Geld folgt die Sorge«: Horaz, *Oden* 3,16,17.

Dira necessitas, »die furchtbare Notwendigkeit«: Horaz, *Oden* 3,24,6.

Mea virtute me involvo, »Ich hülle mich in meine Tugend ein«: Horaz, *Oden* 3,29,55.

Exegi monumentum aere perennius, »Ein Denkmal hab ich errichtet, dauernder als Erz« sagte Horaz (*Oden* 3,30,1) in bezug auf seine Gedichte.

Non omnis moriar, »Nicht ganz werde ich sterben« sagt Horaz (*Oden* 3,20,6) – als Dichter werde ich weiterleben!

Non sum qualis eram, »Nicht (mehr) bin ich, der ich war«: Horaz, *Oden* 4,1,3.

Pulvis et umbra sumus, »Staub und Schatten sind wir«: Horaz, *Oden* 4,7,16, wobei Staub den Leib und Schatten die Seele meint.

Beati possidentes, »glücklich die Besitzenden«, ein Ausdruck der Juristen, zu dem Horaz die Einschränkung macht: »Non possidentem multa vocaveris recte beatum – Wer nicht viel besitzt, den wirst du mit Recht glücklich nennen« (*Oden* 4,9,45).

Dulce est desipere in loco, »Süß ist es, einmal nicht weise zu sein«, d. h. zu schwärmen: Horaz, *Oden* 4,12,28.

Beatus ille, qui procul negotiis, »glücklich, wer fern den Geschäften«: Horaz, *Epoden* 2,1.

Ridendo dicere verum, »im Lachen die Wahrheit sagen«, nach »Ridentem dicere verum, quid vetat? – Was hindert daran, lächelnd die Wahrheit zu sagen?« bei Horaz (*Satiren* 1,1,24).

De te fabula narratur, »Von dir wird die Geschichte erzählt, von dir ist die Rede«, aus Horaz, *Satiren* 1,1,69–70: »Mutato nomine de te fabula narratur – Unter anderem Namen ist von dir die Rede.«

Est modus in rebus, sunt certi denique fines, »Es ist ein Maß in den Dingen, es gibt schließlich bestimmte Grenzen« heißt es Horaz, *Sa-*

tiren 1,1,106 mit der Fortsetzung: »jenseits und diesseits derer das Rechte nicht bestehen kann«.

Ab ovo usque ad mala, »vom Ei bis zu den Äpfeln«, d. h. vom Anfang des Mahles, wo Eier gereicht wurden, bis zu seinem Ende, an dem man Früchte auftrug, bedeutet: »vom Anfang bis zu Ende, ohne Unterlaß, ohne Unterbrechung«: Horaz, *Satiren* 1,3,6.

Lieber einen Freund verlieren als einen Witz, »Potius amicum quam dictum perdere« führt Quintilian in seinem *Lehrbuch der Redekunst* (6,3,28) als Sprichwort an. Boileau spricht in seinen *Satiren* (9,22) von einem jungen Toren, »qui pour un bon mot va perdre vingt amis – der einem Witz zwanzig Freunde opfert«, und ein französisches Sprichwort lautet: »Il vaut mieux perdre un bon mot qu'un ami.« All dies hat sein Vorbild in der Stelle bei Horaz, *Satiren* 1,4,34: »Wenn er nur Lachen einheimst, wird er keinen Freund verschonen.«

Disiecta membra poetae, »die zerstreuten Glieder des Dichters«. Horaz zitiert in den *Satiren* (1,4,62) einen Vers des Dichters Ennius und fährt fort (wie Wieland übersetzt): »Ihr werdet auch in den zerstückten Gliedern den Dichter wiederfinden«, wobei er wohl auf die Sage von Orpheus anspielt, der von den Mänaden zerrissen wurde.

Hic niger est, hunc tu, Romane, caveto, »Das ist eine schwarze Seele; vor ihm, o Römer, hüte dich«: Horaz, Satiren 1,4,85.

Credat Judaeus Apella, »Das glaube der Jude Apella«, d. h. »glaube, wer es will, ich glaube es nicht«, steht bei Horaz, *Satiren* 1,5,100. In Rom lebten damals, von Caesar und Augustus wohlgelitten, Tausende von Juden; ihre Religion wurde von den Römern als abergläubisch belächelt.

Nil sine magno vita labore dedit mortalibus, »Das Leben gab den Sterblichen nichts ohne große Mühe«: Horaz, *Satiren* 1,9,59.

Unus multorum, »einer von den vielen«, einer vom großen Haufen, ein Dutzendmensch: Horaz, *Satiren* 1,8,71.

Sic me servavit Apollo, »So hat mich Apollo gerettet«: Horaz, *Satiren* 1,9,78 im Anklang an Homer, der in der *Ilias* 20,443 von dem durch Achill bedrängten Hektor berichtet: »Doch schnell entrückte ihn Apollon.«

Saepe stilum vertas, »Oft wende den Griffel«, d. h. feile den Ausdruck, indem du mit dem oberen breiteren Ende des Griffels das verwischst, was du mit dem unteren, spitzen, in die Wachstafel gegraben hast: Horaz, *Satiren* 1,10,72.

Par nobile fratrum, »ein edles Brüderpaar«, aus Horaz, *Satiren* (2,3,243), wo »nobile« freilich nur »bekannt« bedeutet, also noch nicht ironisch gemeint ist.

Hoc erat in votis, »Dies gehörte zu meinen Wünschen«: Horaz, *Satiren* 2,6,1.

Fortunae filius, »Sohn des Glücks«, Glückskind: Horaz, *Satiren* 2,6,49.

Jurare in verba magistri, »auf des Meisters Worte schwören«, aus den *Episteln* des Horaz (1,1,14).

Virtus post nummos, »Tugend nach dem Geld«. In den Episteln des Horaz heißt es 1,1,54: »O cives, cives, quaerenda pecunia primum est; / virtus post nummos – Bürger, o Bürger, ihr müsset zunächst Reichtümer erstreben; / Tugend erst nach dem Geld!«

Belua multorum capitum, »ein vielköpfiges Ungeheuer«, »eine vielköpfige Bestie« nennt Horaz (*Episteln* 1,1,76) das römische Volk.

Quidquid delirant reges, plectuntur Achivi, »Jeden Wahnwitz der Könige büßen die Achiver (die Griechen)«, d. h. »muß das Volk büßen«, aus Horaz, *Episteln* 1,2,14. Goethe am Ende der 19. *Römischen Elegie:* »Denn der Könige Zwist büßten die Griechen wie ich.« Seume, *Mein Leben* (1813): »Wenn sich die Könige raufen, müssen die Bauern Haare lassen.« H. Heine in »Kobes I.« *(Letzte Gedichte):* »Wenn es den Kaiser juckt, so müssen die Völker sich kratzen.«

Intra muros peccatur et extra, »Innerhalb der Mauern wird gesündigt und außerhalb«, d. h. »überall«. Horaz, *Episteln* 1,2,16.

Sapere aude, »Wage es, weise zu sein«. Horaz, *Episteln* 1,2,40.

Dimidium facti, qui coepit, habet, »Wer nur begann, der hat schon halb vollendet«: Horaz, *Episteln* 1,2,40.

Ira furor brevis est, »Der Zorn ist eine kurze Raserei«: Horaz, *Episteln* 1,2,62.

Quo semel est imbuta recens, servabit odorem testa diu, »Lange wird neues Geschirr noch nach dem riechen, womit es zuerst gefüllt wurde«: Horaz, *Episteln* 1,2,69.

Naturam expelles furca, tamen usque recurret, »Die Natur magst du mit aller Gewalt (wörtlich: mit der Gabel) austreiben, dennoch kehrt sie immer zurück«: Horaz, *Episteln* 1,10,24. Französisch: »Chassez le naturel, il revient au galop« (Destouches in seiner Komödie *Le Glorieux* 3,5 aus dem Jahr 1732).

Caelum non animum mutant, qui trans mare currunt, »Den Himmel (das Klima), nicht den Sinn ändern, die über das Meer gehen«: Horaz, *Episteln* 1,11,27. Schon der griechische Redner Äschines sagte in der *Rede gegen Ktesiphon* (78): »Wer daheim ein Feigling ist, war nie in Makedonien ein Held; denn er wechselte nicht den Charakter, sondern den Ort.« Und noch früher der Philosoph Bias (nach dem *Florilegium* des Stobäus): »Ortswechsel belehrt weder den Verstand, noch nimmt er einem den Unverstand.«

Concordia discors, »zwieträchtige Eintracht«. Horaz, *Episteln* 1,12,19: »Rerum concordia discors, der Dinge zwieträchtige Eintracht« meint das Zusammenwirken entgegengesetzter Kräfte in der Natur.

Et semel emissum volat irrevocabile verbum, »Und, einmal entsandt, fliegt unwiderruflich das Wort hin«: Horaz, *Episteln* 1,18,71.

Tua res agitur, »Um dich geht es«, aus Horaz, *Episteln* 1,18,84: »Nam tua res agitur, paries cum proximus ardet, Denn um deine Sache geht es, wenn die Wand des Nachbars brennt.«

O imitatores, servum pecus! »O Nachahmer, sklavisches Geschlecht!« Horaz, *Episteln* 1,19,19.

Genus irritable vatum, »das reizbare Geschlecht der Dichter«: Horaz, *Episteln* 2,2,102. Vgl. Senecas »Nullum magnum ingenium sine mixtura dementiae fuit«, S. 91.

Risum teneatis, amici? »Würdet ihr das Lachen halten, Freunde?« Horaz, *Dichtkunst* 5.

Hanc veniam petimusque damusque vicissim, »Diese Vergünstigung fordern wir selbst und gewähren sie andern«: Horaz bezieht dieses Wort in der *Dichtkunst* 11 auf die dichterischen Freiheiten, die er anderen Dichtern gestatten und sich selbst erlaubt wissen will; jetzt wird es allgemein von gegenseitigen Diensten gebraucht.

Non erat his locus, »Das war hier nicht am Platze«: Horaz, *Dichtkunst* 19.

Brevis esse laboro, »Ich bemühe mich, kurz zu sein«: Horaz, *Dichtkunst* 25.

Adhuc sub iudice lis est, »Noch hängt der Streit beim Richter«: Horaz, *Dichtkunst* 78. Der Vers heißt vollständig: »Grammatici certant, et adhuc sub iudice lis est – Die Grammatiker (Gelehrten) streiten, und noch hängt der Streit beim Richter.« Danach vielleicht sagt man: »Darüber sind sich die Gelehrten noch nicht einig.«

Parturient montes, nascetur ridiculus mus, »Wie die Berge auch kreißen, geboren wird nur eine lächerliche Maus«, schrieb Horaz in der *Dichtkunst* (139) als Spottvers auf Dichter, die mit hochtrabenden Worten beginnen.

Ab ovo, »vom Ei an«, d. h. ganz vom Anfang an, »bei Adam und Eva« anfangen. Horaz rühmt in der *Dichtkunst* (147), daß Homer den Trojanischen Krieg nicht »vom Ei« an zu erzählen beginne, nämlich vom Ei der Leda, aus dem Helena hervorging.

In medias res, »mitten in die Dinge hinein« führt Homer den Zuhörer von Anfang an, rühmt Horaz in seiner *Dichtkunst* (148).

Laudator temporis acti, »Lobredner der Vergangenheit« nennt Horaz in der *Dichtkunst* (173) den Greis.

Aut prodesse volunt, aut delectare poetae, »Nützlich sein wollen die Dichter, oder erfreuen«: Horaz, *Dichtkunst* 333.

Das Angenehme mit dem Nützlichen verbinden, nach dem Vers 343 der *Dichtkunst* von Horaz: »Omne tulit punctum, qui miscuit utile dulci – Jeglichen Beifall errang, wer Lust und Nutzen vereinte.« Polybius (212/20–122 v. Chr.) schrieb in seinem Geschichtswerk, man könne »aus der Geschichte zugleich Nutzen und Vergnügen schöpfen«.

Quandoque bonus dormitat Homerus, »Zuweilen schlummert (selbst) der vortreffliche Homer«, d. h. »ist im Ausdruck nachlässig«: Horaz, *Dichtkunst* 359.

Decies repetita placebit, »Zehnmal wiederholt, wird sie gefallen«, sagt man von einer Schrift, zu deren Lektüre man gern zurückkehrt, nach Horaz, *Dichtkunst* 365.

Nonumque prematur in annum, »Und bis ins neunte Jahr muß es verborgen bleiben«, nämlich das Meisterwerk, an dem der Dichter so lange arbeiten soll: Horaz, *Dichtkunst* 388.

Multa tulit fecitque puer, sudavit et alsit, »Viel hat der Knabe ertragen, getan, hat geschwitzt und gefroren«: Horaz, *Dichtkunst* 413.

Egeria, eine Nymphe, die dem altrömischen König Numa bei nächtlichen Zusammenkünften Ratschläge erteilte (Livius, *Römische Geschichte* 1,19 und 21), gab damit ihren Namen für eine geheime Ratgeberin eines Staatslenkers her.

Wenn zwei sich streiten, freut sich der Dritte. Dem deutschen Sprichwort entspricht genau der lateinische Satz des Livius, *Römische Geschichte* 5,51,8: »Duobus litigantibus tertius gaudet.«

Tertius gaudens, »der lachende Dritte«, aus dem vorhergehenden Zitat abgeleitet.

Potius sero, quam nunquam, »Lieber spät, als niemals«: Livius, *Römische Geschichte* 4,2,11.

Periculum in Mora, »Gefahr im Verzug« sagt man nach Livius, *Römische Geschichte* 38,25,13: »Cum iam plus in mora periculi quam in ordinibus conservandis praesidii esset, omnes passim in fugam effusi sunt – Als schon mehr Gefahr im Verzug lag als Sicherheit im Aufrechterhalten der Ordnung, stoben alle in planloser Flucht auseinander.«

Es ist noch nicht aller Tage Abend geht auf Livius 39,26,9 zurück: »Nondum omnium dierum solem occidisse.«

Roma aeterna, »das ewige Rom«. Wir finden den Ausdruck zuerst bei dem Dichter Tibull (54–19 v. Chr.), der in seinen *Elegien* (2,5,23) Rom »urbs aeterna – die ewige Stadt« nennt.

In magnis et voluisse sat est, »Bei Großem genügt auch das Wollen« aus den *Elegien* des Properz (48–16 v. Chr.) 2,10,5–6: »Quod si deficiant vires, audacia certe / laus erit: in magnis et voluisse sat est – Wenn auch die Kräfte versagen, so wird doch das kühne Beginnen / rühmlich sein: schon genügt's, hat man nur Großes gewollt.« Ähnlich schon bei Tibull (4,1,7): »Est nobis voluisse satis – Uns genügt es, gewollt zu haben.«

Nitimur in vetitum semper cupimusque negata, »Wir neigen zum Verbotenen immer und begehren Versagtes«: Ovid, *Amores* 3,4,17.

Dat census honores, »Einkommen verschafft Ehren«: Ovid, *Amores* 3,8,55 und *Festkalender* 1,217.

Perfer et obdura, »Ertrage und halte aus« sagt Ovid in *Amores* 3,11,7 und *Tristia* 5,11,7; er fährt in den *Amores* fort: »Dolor hic tibi proderit olim – Dieser Schmerz wird dir einst nützen« und in den *Tristia:* »Multa graviora tulisti – Viel Schwereres hast du erduldet.«

Spectatum veniunt, veniunt spectentur ut ipsae, »Zum Sehn kommen sie hin, hin kommen sie, daß man sie sehe«: Ovid, *Kunst zu lieben* 1,99.

Parta tueri, »Erworbenes bewahren«, aus Ovids *Kunst zu lieben* 2,13.

Principiis obsta, »Wehre den Anfängen« empfiehlt Ovid in seinem Buch *Mittel gegen die Liebe* (91).

Rudis indigestaque moles, »eine rohe, ungeordnete Masse«: Ovid, *Verwandlungen* 1,7.

Medio tutissimus ibis, »In der Mitte wirst du am sichersten gehen«: Ovid, *Verwandlungen* 2,137.

Quamvis sint sub aqua, sub aqua maledicere tentant, »Soviel sie auch im Wasser sind, im Wasser versuchen sie noch zu schimpfen« sagt Ovid in den *Verwandlungen* (6,376) von den Fröschen, wobei er die Froschlaute nachahmt.

Video meliora proboque, deteriora sequor, »Ich sehe das Bessere und lobe es: dem Schlechteren folge ich« sagt Medea in Ovids *Verwandlungen* (7,20–21).

Philemon und Baucis sind ein altes, frommes und treuliebendes Ehepaar, von dem Ovid in den *Verwandlungen* (8,620–725) erzählt. Die Götter Jupiter und Merkur, von ihnen, obwohl unerkannt, gastlich aufgenommen, machten aus ihrer bescheidenen Hütte einen Tempel, dessen Diener sie sein durften, und erfüllten ihren Wunsch, sie zur selben Stunde sterben zu lassen. Sie wurden in eine Eiche und eine Linde verwandelt.

Pia fraus, »frommer Betrug« stammt aus Ovids *Verwandlungen* 9,711.

Phönix aus der Asche, sich wie ein Phönix aus der Asche erheben: Der Phönix ist ein sagenhafter Vogel, der den Ägyptern heilig war, das Sinnbild einer Auferstehung, ursprünglich als Bachstelze dargestellt, später als Reiher, auch als Adler mit rotem und goldenem Gefieder. Schon Herodot (2,73) erzählt von ihm: Der Phönix komme alle 500 Jahre, wenn sein Vater gestorben sei, aus seiner Heimat Arabien nach Ägypten, um dort den Leichnam seines Vaters zu begraben. Tacitus (*Annalen* 6,28) berichtet Ähnliches; aber schon bei Ovid (*Verwandlungen* 15,392 ff.) finden wir die Sage in der Form: Nachdem der Phönix (dessen Name nach Ovid von den Assyriern stammt) ein hohes Alter erreicht hat, verbrennt er sich selbst auf einem Scheiterhaufen von Gewürzen und steigt aus seiner Asche verjüngt hervor. Im späten Altertum nannte man als Heimat des Vogels Indien (z. B. der Dichter Claudian, um 400 n. Chr.). Das Christentum sah im Phönix bald ein Symbol für Christus; der *Physiologus,* ein im 3. oder 4. Jahrhundert n. Chr. entstandenes Werk über Tiersymbolik, gab diese Anschauung an das Mittelalter weiter und regte auch die bildende Kunst zu zahlreichen Darstellungen an.

Tempus edax rerum, »die Zeit, die die Dinge zernagt«: Ovid, *Verwandlungen* 15,234.

Pauper ubique iacet, »Der Arme ist immer unten«: Ovid, *Festkalender* 1,218.

Est deus in nobis, agitante calescimus illo, »In uns wohnt ein Gott, wir erglühn durch seine Belebung«: Ovid, *Festkalender* 6,5.

Donec eris felix, multos numerabis amicos: / Tempora si fuerint nubila, solus eris, »Solange du glücklich bist, wirst du viele Freunde zählen: / Werden die Zeiten umwölkt, bist du allein«. Ovid, *Tristia* 1,9,5–6.

Bene qui latuit, bene vixit, »Wer gut verborgen war, hat gut gelebt« heißt es in den *Tristia* 3,4,25 Ovids, machmal auch zitiert: »Bene vixit, qui bene latuit.« »Lebe im Verborgenen« empfahl schon Epikur. Ovids Spruch war der Wahlspruch des Philosophen Descartes.

Est quaedam flere voluptas, »Im Weinen liegt eine gewisse Wonne«: Ovid, *Tristia* 4,3,37.

Barbarus hic ego sum, quia non intelligor ulli, »Ein Barbar bin ich hier, wo mich keiner versteht«: Ovid, *Tristia* 5,10,37.

Besser als sein Ruf. »Ipsa sua melior fama – Sie selbst war besser als ihr Ruf« heißt es in den *Briefen aus dem Pontus* Ovids 1,2,143. Schiller legte die Worte Maria Stuart in den Mund (*Maria Stuart* 3,4): »Ich kann sagen, ich bin besser als mein Ruf.« Trotz dem abweichenden Sinn gehören auch die Worte des Perikles in seiner Rede auf die gefallenen Athener (Thukydides 2,41) hierher, daß die Stadt Athen (noch!) besser als ihr Ruf sei.

Ut desint vires, tamen est laudanda voluntas, »Wenn's auch an Kräften gebricht, so ist doch der Wille zu loben«: Ovid, *Briefe aus dem Pontus* 3,4,79.

Errare humanum est – Irren ist menschlich. Die Formulierung stammt von dem Redner Seneca (etwa 54 v. Chr.–39 n. Chr.), Seneca der Ältere genannt im Gegensatz zu seinem Sohn, Seneca dem Jüngeren, dem Philosophen. Der Gedanke ist schon von griechischen Dichtern ausgesprochen worden (Theognis, Sophokles in *Antigone* 1023–24, Euripides im *Hippolytos* 615). Cicero sagt in den *Philippischen Reden* 12,2: »Cuiusvis hominis est errare, nullius nisi insipientis in errore perseverare – Jeder Mensch kann irren, der Dumme nur verharrt im Irrtum.«

Longum iter est per praecepta, breve et efficax per exempla, »Lang ist der Weg durch Lehren, kurz und wirksam durch Beispiele« heißt es im 6. *Brief* des Philosophen Seneca (4 vor bis 65 n. Chr.)

Docendo discitur oder **Docendo discimus,** »Durch Lehren wird gelernt« oder »Durch Lehren lernen wir« beruht auf einer Stelle im 7. *Brief* des Philosophen Seneca (4 v. Chr.–65 n. Chr.): »Homines cum docent discunt – Die Menschen lernen, indem sie lehren.«

Adel sitzt im Gemüt, nicht im Geblüt. Das deutsche Sprichwort geht auf Seneca zurück, bei dem es in den *Briefen* 44,5 heißt: »Non facit nobilem atrium plenum fumosis imaginibus, animus facit nobilem – Adlig macht nicht ein Haus voll berühmter Ahnenbilder, das Gemüt macht den Edlen.«

Non scholae sed vitae discimus, »Nicht für die Schule, fürs Leben lernen wir« geht auf den genau umgekehrten Satz im 106. *Brief* des Philosophen Seneca zurück, der freilich als Vorwurf ausgesprochen wird und also den gleichen Sinn hat.

Ducunt volentem fata, nolentem trahunt, »Den Willigen führt das Geschick, den Störrischen schleift es mit« heißt es im *107. Brief* des Philosophen Seneca.

Nolens volens, »nichtwollend wollend«, d. h. ob man will oder nicht, nach dem vorhergehenden Zitat gebildet.

Per aspera ad astra hat wohl ein alter Schulmann aus dem Drama des Philosophen Seneca *Der rasende Herkules* geschöpft, wo es (437) heißt: »Non est ad astra mollis e terris via – Nicht glatt ist der Weg von der Erde zu den Sternen.«

Nullum magnum ingenium sine mixtura dementiae fuit, »Kein großer Geist war ohne Beimischung von Wahnsinn« heißt es in Senecas Schrift *Von der Ruhe des Gemüts* (17,10).

Kein Wässerchen trüben (können), d. h. »unschuldig sein, niemand etwas zuleide tun (können)«, geht auf die erste Fabel des Phädrus (um 30 n. Chr.) zurück: Ein Wolf ruft einem Lamm, das unterhalb von ihm aus einem Bach trinkt, zu: »Warum hast du mir, der ich trinke, das Wasser getrübt?«, um es »zur Strafe« auffressen zu können.

Wer einmal lügt, dem glaubt man nicht, und wenn er auch die Wahrheit spricht. Beim Fabeldichter Phädrus heißt es (1,10): »Wer durch Betrug einmal aufgefallen ist, hat, selbst wenn er die Wahrheit spricht, die Glaubwürdigkeit verloren.«

Aufgeblasener Frosch sagt man nach der Fabel des Phädrus (1,24), in der ein Frosch, neidisch auf die Größe des Ochsen, so lange Luft holt, bis er platzt.

Cum grano salis, »Das ist cum grano salis (d. h. mit einem Körnchen Salz) zu verstehen«, das muß man mit ein wenig Humor oder Nachsicht aufnehmen, das darf man nicht so genau nehmen. Daß die Redensart auf ein Rezept in der *Naturgeschichte* des älteren Plinius zurückgehe, wo es 23,8 heißt »addito salis grano – unter Hinzufügung eines Salzkörnchens«, ist cum grano salis zu nehmen.

Basiliskenblick. Er soll für den Menschen tödlich sein, lesen wir in der *Naturgeschichte* des Plinius (29,19); aus ihr (8,33) erfahren wir auch, daß der Name Basilisk (»Königseidechse«) daher stammt, daß man einen weißen Fleck auf dem Kopf der Eidechse als Krone ansah.

In nuce, »in einer Nuß«, d. h. in gedrängter Form. Plinius schreibt in seiner *Naturgeschichte* (7,21,85): »Cicero berichtet von einer Pergamenthandschrift der homerischen Ilias, die in einer Nußschale Platz gehabt hat.«

Nullus est liber tam malus, ut non aliqua parte prosit, »Kein Buch ist so schlecht, daß es nicht in irgendeiner Hinsicht nützen könnte«, ein Satz, den der ältere Plinius gern im Munde führte, wie sein Neffe, der jüngere Plinius (62–um 114 n. Chr.), in seinen *Briefen* (Buch 3, Brief 5) berichtet.

Sit venia verbo, »Wenn das Wort erlaubt ist«, »mit Verlaub zu sagen«. »Venia sit dicto« heißt es in den *Briefen* des jüngeren Plinius (5,6,46).

Non multa, sed multum, »nicht vielerlei, sondern viel« geht auf eine Stelle in den *Briefen* des jüngeren Plinius zurück (7,9,15): »Aiunt multum legendum esse, non multa – Es heißt, man soll viel lesen, nicht vielerlei.« Vielleicht meint Plinius den Satz in Quintilians *Redekunst* (10,1,59): »Multa magis quam multorum lectione formanda mens – Der Geist ist eher durch viele als durch vielerlei Lektüre zu bilden.«

Lucus a non lucendo, »Lucus (Wald) heißt so, weil es dort non lucet (nicht hell ist)«, sagt man zu einer Worterklärung, die sich fälschlich auf ähnlichen Wortklang stützt. Das Beispiel, aus Quintilians *Lehrbuch der Redekunst* (1,6) genommen, ist nicht glücklich gewählt, denn »lucus« (dem das deutsche »Loh« entspricht) bedeutet ursprünglich »Lichtung« und hängt also doch mit »lucere« zusammen. Besser hätte man sich für »canis a non canendo: canis (der Hund) heißt so, weil er non canit (nicht singt)« entschieden, das aus Varros Buch *Über die lateinische Sprache* (7,32) stammt.

Mendacem memorem esse oportet, »Der Lügner muß Gedächtnis haben« steht im *Lehrbuch der Redekunst* (5,2,91) Quintilians und ist die Grundlage des deutschen Sprichworts »Ein Lügner muß ein gutes Gedächtnis haben«.

Victrix causa diis placuit, sed victa Catoni, »Die siegreiche Sache gefiel den Göttern, die unterlegene aber dem Cato«, ein Vers des Dichters Lucanus (39–65 n. Chr.) in der *Pharsalia,* einem Epos, das den Bürgerkrieg zwischen Caesar und Pompeius behandelt. Cato ist hier Cato Uticensis, der sich den Tod gab, nachdem die Sache der römischen Republik durch Caesars Siege hoffnungslos geworden war.

Furor teutonicus, »teutonisches Ungestüm«: zuerst bei Lucanus, *Pharsalia* 1,256.

Mäzen (Mehrzahl: Mäzene oder Mäzenaten; danach Mäzenatentum), die Bezeichnung eines Kunstfreundes und Förderers von Künstlern, geht auf den römischen Staatsmann und Freund des Augustus, Maecenas, zurück, der dem Dichter Horaz ein Landgut schenkte und auch Vergil und Properz unterstützte. Die übertragene Bedeutung seines Namens finden wir zuerst bei Martial (um 42–102 n. Chr.) in dessen *Epigrammen* (8,56): »Sint Maecenates, non deerunt, Flacce, Marones – O Flaccus, wenn es nur Mäzene gibt, werden die Vergile (Dichter wie Vergilius Maro) nicht ausbleiben.«

Bonus vir semper tiro, »Ein guter Mann bleibt immer Anfänger«, nach *Martial* 12,51: »Semper homo bonus tiro est«, d. h. er wird oft getäuscht, weil er unbefangen ist wie ein Kind.

Cedo maiori, »Vor dem Größeren trete ich zurück«. In Martials *Schauspielbüchlein* 31 heißt es: »Cedere maiori virtutis fama secunda est – Dem Größeren weichen, ist der zweite Ruhm der Tugend«, und »maiori cedo« lesen wir in der unter dem Namen *Catonis disticha* aus dem 4. Jahrhundert n. Chr. überlieferten Spruchsammlung, die im Mittelalter hochgeschätzt war.

Ein seltener Vogel, »rara avis« ist in übertragener Bedeutung für »ein seltenes Wesen« zuerst von den Satirikern Persius (1,46) und Juvenal (6,164) gebraucht worden. Vgl. »Ein weißer Rabe«, S. 94.

Difficile est satiram non scribere, »Es ist schwer, (da) keine Satire zu schreiben« stammt aus Juvenals (etwa 47–113 n. Chr.) *Satiren* (1,30).

Probitas laudatur et alget, »Rechtschaffenheit wird gepriesen – und friert«: Juvenal, *Satiren* 1,74.

Facit indignatio versum, »Es macht die Entrüstung den Vers«, aus Juvenals *Satiren* (1,79).

Inde irae et lacrimae, »Daher Zorn und Tränen«: Juvenal, *Satiren* 1,168.

Quis tulerit Gracchos de seditione querentes, »Wer mag die Gracchen ertragen, die Klagen erheben um Aufruhr?« bedeutet: Wer mag auf den hören, der selbst das tut, wogegen er eifert? Juvenal, *Satiren* 2,24.

Vitam impendere vero, »sein Leben dem Wahren weihen«, aus Juvenals *Satiren* (4,91).

Sic volo, sic iubeo: sit pro ratione voluntas, »So will ich's, so befehle ich: statt des Grundes genüge der Wille«: Juvenal, *Satiren* 6,223, wo statt »Sic volo« steht: »Hoc volo, das will ich.«

Displicuit nasus tuus, »Es mißfiel deine Nase«: Juvenal, *Satiren* 6,495.

Non propter vitam vivendi perdere causas, »Nicht um des Lebens willen des Lebens Zwecke aufgeben«: nach Juvenal, *Satiren* 8,84.

Ein weißer Rabe, d.i. »eine große Seltenheit«, kommt bei Juvenal (*Satiren* 7,202) vor. In Hugo von Trimbergs Lehrgedicht *Der Renner* (um 1300) heißt es (8426f.): »Selten wir gesehen haben / schwarze Schwanen und weiße Raben.«

Panem et circenses, »Brot und Zirkusspiele« verlangte das römische Volk zur Zeit Juvenals, in dessen *Satiren* (10,81) sich das Wort findet.

Mens sana in corpore sano, »eine gesunde Seele in einem gesunden Körper« ist aus Juvenals *Satiren* (10,356).

O quantum est in rebus inane, »O wieviel Leeres ist in der Welt«: Persius (34–62 n.Chr.), *Satire* 1,1.

At pulchrum est digito monstrari et diceri: hic est, »Schön ist's doch, wenn man auf dich zeigt und der Ruf tönt: Der ist's!« Persius, *Satire* 1,28.

Wie der Herr, so der Knecht. Wie der Herr, so's Gescherr, nach Petronius (1. Jahrhundert n.Chr.), *Satiricon* 58: »Qualis dominus, talis et servus.«

Sine ira et studio, »ohne Zorn und ohne Vorliebe«, d.h. unparteiisch wollte der Geschichtsschreiber Tacitus (52–117 n.Chr.) seine *Annalen* schreiben (1,1).

Ruere in servitium, »Sie stürzten sich in die Unterwürfigkeit«: Tacitus, *Annalen* 1,7.

Durch Abwesenheit glänzen geht auf einen Satz in den *Annalen* des Tacitus zurück. Tacitus berichtet dort (3,76) von dem Begräbnis Junias, der Frau des Cassius und Schwester des Brutus in der Regierungszeit des Kaisers Tiberius. Nach römischer Sitte wurden dem

Leichenzug die Bilder der verstorbenen Familienangehörigen vorangetragen, »aber Cassius und Brutus leuchteten gerade dadurch hervor, daß man ihre Bildnisse nicht sah«. (Die Bildnisse der Mörder Cäsars durften in der Kaiserzeit natürlich nicht öffentlich gezeigt werden; der Satz des Tacitus soll aber darauf hinweisen, wie stark die Erinnerung an die Republik noch war.) In der Tragödie *Tiberius* (1,1) von Joseph de Chenier (1764–1811) finden wir dann das genaue Vorbild unserer Redensart: »Brutus et Cassius brillaient par leur absence.«

Ein wandelndes Konversationslexikon wird genannt, wer »alles weiß«. E. T. A. Hoffmann bezeichnete in der *Brautwahl* den Sekretär Tusmann als »ein lebendiges Conversations-Lexikon«, und schon im Altertum schrieb Eunapius (um 345 n. Chr.) in seinem *Leben des Porphyrius* von dessen Lehrer Longinus (213 bis 273 n. Chr.), er sei »eine lebende Bibliothek und ein wandelndes Museum« gewesen.

Die sieben Weltwunder waren im Altertum: die ägyptischen Pyramiden, die hängenden Gärten der Semiramis in Babylon, der Tempel der Artemis in Ephesus, die Statue des Zeus von Phidias in Athen, das Mausoleum zu Halikarnassos, der Koloß von Rhodos und der Leuchtturm auf der Insel Pharos.

Quo vadis? »Domine, quo vadis? – Herr, wo gehst du hin?« fragt Petrus im *Johannesevangelium* (13,36) beim letzten Abendmahl. Dann erzählt die Legende, daß Petrus in Rom zunächst vor der Christenverfolgung Neros geflohen sei; auf der Via Appia sei ihm Christus erschienen und habe auf die Frage: »Domine, quo vadis?« geantwortet: »Nach Rom, um mich nochmals kreuzigen zu lassen.« Daraufhin sei Petrus nach Rom zurückgekehrt, wo er den Martertod am Kreuz erlitt. »Quo vadis?« wählte der polnische Schriftsteller Henryk Sienkiewicz (1846–1916) als Titel für seinen bekannten Roman (1895).

Credo quia absurdum, »Ich glaube (gerade deswegen), weil es widersinnig ist« wird auf den Satz des Kirchenschriftstellers Tertullian (um 150–um 225 n. Chr.) zurückgeführt, den dieser in seinem Werk *Über das Fleisch Christi* (5) schrieb: »Gestorben ist Gottes Sohn, es ist ganz glaubwürdig, weil es ungereimt (ineptum) ist.«

Habent sua fata libelli, »Bücher haben ihre Schicksale« stammt aus dem Werk *De litteris, syllabis, metris (Über Buchstaben, Silben, Metren)* des Terentianus Maurus (Ende des 3. Jahrhunderts

n. Chr.). Wie dieser den Ausspruch verstand, zeigen die vorausgehenden Worte »pro captu lectoris, je nach der Fassungskraft des Lesers«.

Unruhig ist unser Herz, bis es ruht in dir, spricht der Kirchenvater Augustinus (354–430 n. Chr.) zu Gott im Anfang seiner *Bekenntnisse,* lateinisch: »Inquietum est cor nostrum, donec requiescat in te.«

Einem geschenkten Gaul sieht man nicht ins Maul geht auf ein lateinisches Sprichwort zurück, das der Kirchenvater Hieronymus (um 347–420) im Vorwort seines *Kommentars zum Epheserbrief* anführt: »Schau dir nicht die Zähne eines geschenkten Pferdes an.« Auch ins Französische und Englische ist das Sprichwort eingegangen.

Wer sich entschuldigt, klagt sich an ist aus dem französischen Sprichwort »Qui s'excuse, s'accuse« herübergenommen. Schon der Kirchenvater Hieronymus schreibt in einem Brief (4,3): »Dum excusare credis, accusas – Indem du zu entschuldigen glaubst, klagst du an.«

Aufgeschoben ist nicht aufgehoben geht zurück auf das »quod differtur, non aufertur« im *Kommentar zu den Psalmen* (36), den der jüngere Arnobius (um 450 n. Chr.) schrieb.

Si vis pacem, para bellum, »Wenn du Frieden willst, bereite den Krieg vor« ist vermutlich aus den Worten des Schriftstellers Vegetius (Ende des 4. Jahrhunderts n. Chr.) in seinem *Auszug aus der Kriegswissenschaft* entstanden: »Qui desiderat pacem, praeparet bellum – Wer den Frieden wünscht, bereite den Krieg vor.«

Si tacuisses, philosophus mansisses, »Wenn du geschwiegen hättest, wärst du ein Philosoph geblieben« geht auf eine Erzählung des Boëthius (um 473–525 n. Chr.) in seinem *Trost der Philosophie* (2,17) zurück: Ein Mann nannte sich aus Eitelkeit einen Philosophen. Ein anderer erklärte, ihn auf die Probe stellen zu wollen, indem er ihn immer von neuem beleidigte, was er als Philosoph ja ertragen müsse. Nach einiger Zeit fragte der angebliche Philosoph: »Merkst du nun, daß ich ein Philosoph bin?« Der Gegner antwortete: »Intellexeram, si tacuisses – Ich hätte es eingesehen, wenn du geschwiegen hättest.«

In flagranti, »auf frischer Tat«, stammt aus dem *Corpus iuris,* das Kaiser Justinian (482–565 n. Chr.) zusammenstellen ließ, und zwar aus dem »Codex Justinianeus«, der Sammlung der kaiserlichen Verordnungen, wo 9,13,1 § 1 »adhuc flagranti crimine comprehensi – bei noch brennendem Verbrechen Ertappte« genannt werden.

Restitutio in integrum, »Wiedereinsetzung in das Unverletzte«, d. h. »Wiederherstellung des ursprünglichen Zustandes« ist ein Ausdruck des römischen Rechts, den wir schon bei Cicero finden (*Rede für Cluentius* 36,98) und dann im »Codex Justinianeus« des *Corpus iuris* (2,49).

Tres faciunt collegium, »(Wenigstens) drei machen ein Kollegium aus« wird in den »Digesten« (einer Sammlung von Aussprüchen römischer Juristen) des *Corpus iuris* als Satz des Neratius Priscus (um 100 n. Chr.) angeführt (87,50,16).

Ultra posse nemo obligatur – »Über sein Können hinaus ist niemand verpflichtet« ist die Umformung eines Rechtssatzes des jüngeren Celsus (um 100 n. Chr.) in den »Digesten« des *Corpus iuris* (50,17,185): »Impossibilium nulla obligatio est – Zu Unmöglichem gibt es keine Verpflichtung.«

Volenti non fit iniuria – »Dem, der es so haben will, geschieht kein Unrecht«, ein Rechtssatz, der auf den römischen Juristen Ulpian (um 170–228 n. Chr.) zurückgeht: »Nulla est iniuria, quae in volentem fiat – Kein Unrecht ist, was einem, der es so will, geschieht« (»Digestae« 47,10,1, § 5 des *Corpus iuris*).

Ora et labora – »Bete und arbeite« ist der Wahlspruch des von Benedikt von Nursia um 529 n. Chr. gegründeten Benediktinerordens.

Tempora mutantur, nos et mutamur in illis – »Die Zeiten ändern sich, und wir uns mit ihnen« soll ein Vers Kaiser Lothars I. (795–855) sein, in dem ein »Omnia« durch »Tempora« ersetzt wurde. (Überliefert in Jan Gruters *Dilitiae Poetarum Germanorum* Bd. 1, Frankfurt 1612.)

Credo ut intelligam, »Ich glaube, um zu erkennen«, ist ein Grundsatz des Scholastikers Anselm von Canterbury (1033/34–1109), dessen Sinn in dem Satz enthalten ist: »Als Nachlässigkeit erscheint es mir, wenn wir, nachdem wir im Glauben befestigt sind, nicht danach streben, das, was wir glauben, auch einzusehen.«

Mea culpa, mea culpa, mea maxima culpa, »meine Schuld, meine Schuld, meine überaus große Schuld« steht im *Confiteor*, dem

Schuldbekenntnis in der katholischen Messe, das wohl auf die Benediktiner des Klosters Cluny zurückgeht; »mea culpa« erscheint dort 1080.

Post nubila Phoebus, »nach Wolken die Sonne« (Phoebus ist der Sonnengott) wird in Sebastian Francks Sprichwörtersammlung (1541) aufgeführt; das Wort geht auf den Vers des Scholastikers und Dichters Alanus ab Insulis (franz. Alain de Lille, um 1120 bis um 1203) zurück: »Gratior est solito post maxima nubila Phoebus – Lieblicher scheint als sonst nach größten Wolken die Sonne«, der in dessen *Liber parabolarum (Buch der Gleichnisse)* zu finden ist.

Meum est propositum
In taberna mori
»Mir ist vorherbestimmt, in der Schenke zu sterben«: der Anfang eines Trinkliedes des Archipoeta (Erzpoeten), das um 1163/64 gedichtet wurde.

Dies irae, dies illa, »Tag des Zornes, jener Tag« ist der Anfang eines Hymnus auf das Weltgericht, der wahrscheinlich von dem Franziskaner Thomas von Celano (um 1200 bis um 1255) gedichtet wurde. Seit dem 14. Jahrhundert bildet der Hymnus einen Teil der Totenmesse. Goethe läßt ihn im *Faust* (1. Teil, »Dom«) singen.

Mater dolorosa, »schmerzensreiche Mutter« für die Mutter Jesu aus der Sequenz *Stabat mater dolorosa,* die dem italienischen Dichter Jacopone da Todi (um 1230–1306) zugeschrieben wird.

Timeo hominem unius libri, »Ich fürchte den Mann eines einzigen Buches« soll ein Ausspruch Thomas von Aquins (1226/7–1274) gewesen sein. Er soll bedeuten, daß in einer Diskussion der ein gefährlicher Gegner ist, der nur ein Buch kennt, aber dieses dafür gründlich. Manchmal wird der Ausspruch auch so verstanden, daß man den fürchten müsse, der nur auf ein einziges Buch, eine einzige Lehre schwört.

Qui tacet, consentire videtur, »Schweigen wird als Zustimmung betrachtet« stammt aus der Sammlung von Decretalen (päpstlichen Entscheidungen), die Papst Bonifazius VIII. (um 1235–1303) als 6. Buch dem *Corpus iuris canonici* hinzufügen ließ (B. 5, Tit. 12, Reg. 43).

In dulci jubilo, »in süßem Jubel« ist der Anfang eines heute wieder oft gesungenen Weihnachtsliedes. Es stammt aus einer Handschrift des 14. Jahrhunderts, die das Leben des Mystikers Suso enthält. Der Ausdruck ist von Studentenliedern aufgegriffen worden und hat dabei die Bedeutung »in Saus und Braus« angenommen.

Sic transit gloria mundi, »So vergeht der Ruhm der Welt«, wird bei der Krönungszeremonie des Papstes während des Zuges zum Hochaltar gesungen (seit 1516 schriftlich niedergelegt). Es stammt vielleicht aus der *Nachfolge Christi* (1,3,6), die meist Thomas von Kempen (1379/80–1471) zugeschrieben wird.

De omnibus rebus et quibusdam aliis, »über alles Wißbare und einiges andere«, wird auf den italienischen Humanisten Pico della Mirandola (1443–1494) zurückgeführt, der 1486 in Rom 900 Thesen bekanntmachte und sich erbot, sie öffentlich zu verteidigen. In der 11. These rühmt er sich, mit Hilfe der Zahlen alles zu entdecken und zu verstehen, was man erfahren könne. Der ironische Zusatz »et quibusdam aliis« stammt vielleicht von Voltaire. Zitiert wird auch: »De omni re scibili et quibusdam aliis.«

Misera (contribuens) plebs, »das arme (steuerzahlende) Volk«, im *Decretum tripartitum* des magyarischen Juristen Verböczi, 1514. Schon in den *Satiren* des Horaz finden wir »miserae plebi, für das arme Volk« (1,8,10).

Audiatur et altera pars, »Man soll auch die andere Partei hören« wird von Johannes Pauli (um 1450–1533) in seiner Schwanksammlung *Schimpf und Ernst* (Nr. 259) angeführt mit dem Zusatz: »Es staht nit umsunst uf allen Richthüsern.« So liest man etwa in der Vorhalle des Römers zu Frankfurt a. M.: »Eyns manns redde eine halbe redde, Man sal sie billich verhören bede.« Die Lehre enthielt schon der Richtereid des alten Athen; sie war dem ganzen Altertum geläufig, vgl. etwa Äschylus, *Eumeniden* 404f., Euripides, *Herakliden* 179f. In der *Medea* Senecas lesen wir (2,2,199f.): »Wer etwas beschließt, ohne die andere Partei gehört zu haben (parte inaudita altera), handelt nicht billig, selbst wenn er Billiges beschlossen hat.«

Horror vacui, »Grauen vor dem Leeren«, ist ein ursprünglich physikalischer Begriff, der die schon von Aristoteles behauptete Anschauung bezeichnet, die Natur vermeide einen leeren Raum, »natura abhorret vacuum«, wie es im *Gargantua und Pantagruel* von Rabelais (1,5) heißt.

Reservatio mentalis (auch »restrictio moralis«), »gedanklicher, innerer Vorbehalt«, vor allem beim Eid, ein Begriff, der aus der jesuitischen Morallehre stammt (Sanchez 1550–1610: *Opus morale*) und in Wirklichkeit einen Meineid darstellt.

Corpus delicti, »Gegenstand des Verbrechens« nennt man einen Gegenstand, an dem oder mit dem ein Verbrechen begangen wurde, und überhaupt jeden Gegenstand, der auf ein Verbrechen hindeutet. Der Ausdruck soll von dem römischen Rechtsgelehrten Prosper Farinacius (1544–1618) stammen, bei dem er die Bedeutung von »Tatbestand« hatte.

Bona fide, »guten Glaubens«, ein Ausdruck aus der Fachsprache der Juristen.

Quod non est in actis, non est in mundo, »Was nicht in den Akten steht, ist nicht in der Welt«, war ein Grundsatz des alten schriftlichen Prozeßverfahrens. Manchmal wird der Satz abgewandelt zu »Quod non est in litteris« – »Was nicht schriftlich aufgezeichnet ist«; man sagt auch: »Was nicht in Büchern steht, ist nicht vorhanden.«

Quaestio facti, »die Frage nach der Tat«, die Tatfrage im Gegensatz zur »quaestio juris«, der Rechtsfrage: Ausdrücke aus der juristischen Fachsprache.

Quod licet Jovi, non licet bovi, »Was dem Jupiter erlaubt ist, ist dem Ochsen noch lange nicht erlaubt«, ist vermutlich im lateinischen Schulunterricht entstanden.

Argumentum ad hominem, wörtlich »ein Beweis gegen den Menschen«, d. h. ein Beweis, der sich nicht auf objektive Gründe stützt, sondern auf solche, die sich der subjektiven Ansicht dessen, der überzeugt werden soll, anpassen.

Gott schütze mich vor meinen Freunden, vor meinen Feinden will ich mich selber schützen. In der Sprichwörtersammlung von Manlius (*Loci communes,* Frankfurt a. M. 1594) wird erzählt (2,246), König Antigonus habe ein Bittopfer gebracht, damit Gott ihn vor seinen Freunden schütze, und erklärt: »Ab inimicis possum mihi ipsi cavere, ab amicis vero non.«

Et in Arcadia ego, »Auch ich (war) in Arkadien«, steht auf einem Bild des italienischen Malers Bartolommeo Schedoni (oder Schidone, um 1570–1615) unter einem Totenkopf, den zwei junge Hirten betrachten. Dann erscheint das Wort auf dem Bild Poussins *Die Hirten in Arkadien,* das im Louvre hängt. Dieses Bild wurde im

MITTELALTER – HUMANISMUS

18. Jahrhundert durch Kupferstiche weithin bekannt, seine Inschrift benutzten viele deutsche Autoren dieser Zeit, z. B. Schiller im Gedicht »Resignation« oder Goethe als Motto der *Italienischen Reise*.

Et ab hoc et ab hac et ab illa, aus dem hübschen Vers des Wittenberger Professors Taubmann (1565–1613): »Quando conveniunt Ancilla, Sibylla, Camilla, / garrire incipiunt et ab hoc et ab hac et ab illa – Wenn Ancilla, Sibylla, Camilla zusammenkommen, / fangen sie an zu schwatzen von dem und von der und von jener.« In Göpels *Kommersbuch* findet sich als Kanon: »Quando conveniunt Catharina, Sibylla, Camilla, / sermones faciunt vel ab hoc vel ab hac vel ab illa.«

Semper aliquid haeret, »Immer bleibt etwas hängen« (Goethe, *Dichtung und Wahrheit* B. 10) finden wir in dem Sprichwort »Calumniare audacter (nur kühn verleumden!), semper aliquid haeret«, das von Francis Bacon (1561–1626) in seinem Werk *De dignitate et augmentis scientiarum* (8,2,34) angeführt wird. Im 24. Kapitel der Schrift *Über den Schmeichler und den Freund* läßt Plutarch einen Schmeichler den Rat geben, »kühn mit Verleumdungen zu packen und zu beißen; wenn auch die Wunde des Gebissenen heilt, so bleibt doch die Narbe der Verleumdung«.

Fortiter in re, suaviter in modo, »Stark in der Sache, milde in der Art« geht zurück auf Aquaviva (1543–1615), den fünften Jesuitengeneral, der in seinem Werk *Industriae ad curandos animae morbos (Bemühungen, die Krankheiten der Seele zu heilen,* Venedig 1606) schrieb: »Fortes in fine assequendo et suaves in modo assequendi simus – Laßt uns stark sein in der Erreichung des Ziels und milde in der Art, es zu erreichen.«

Pia desideria, »Fromme Wünsche«, ist der Titel einer Schrift des belgischen Jesuiten Hermann Hugo (Antwerpen 1627). Den gleichen Titel wählte 1675 Philipp Jakob Spener für seine bedeutsam gewordene Schrift *Pia desideria oder herzliches Verlangen nach gottgefälliger Besserung der wahren evangel. Kirche,* in der er eine Verinnerlichung des Glaubens forderte und dem Pietismus das Programm gab.

In necessariis unitas, in dubiis libertas, in omnibus autem caritas, »in notwendigen Dingen Einheit, in zweifelhaften Freiheit, in allen aber Liebe«. In der 1626 erschienenen Schrift *Paraenesis votiva pro*

Pace Ecclesiae, ad Theologos Augustanae Confessionis (Mahnung zum Frieden der Kirche, an die Theologen der Augsburgischen Konfession), die der Augsburger lutherische Ephorus Peter Meiderlin (oder Meuderlin) unter dem Decknamen Rupertus Meldenius veröffentlichte, lesen wir: »Si nos servaremus in necessariis unitatem, in non necessariis libertatem, in utrisque charitatem, optimo certe loco essent res nostrae – Wenn wir in den notwendigen Dingen die Einheit, in den nicht notwendigen die Freiheit, in beiden die Liebe bewahren würden, stünde es um unsere Angelegenheiten sicherlich zum besten.«

Der Zweck heiligt die Mittel gilt als Hauptsatz jesuitischer Moral, was besonders auf die scharfen Angriffe Pascals gegen den Orden in den *Lettres à un Provincial* (1656/57) zurückgeht. Pascal läßt im 7. Brief einen Jesuiten sagen: »Nous corrigeons le vice du moyen par le pureté de la fin – Wir verbessern die Lasterhaftigkeit des Mittels durch die Reinheit des Zwecks.« Die damalige Praxis der Jesuiten mag diesen Vorwurf vielfach verdient haben; ihre Theorie ging nicht so weit: Zwar heißt es in der *Medulla theologiae moralis (Kern der Moraltheologie)* des Jesuiten Hermann Busenbaum (1650): »Cum finis est licitus, etiam media sunt licita – Wenn der Zweck erlaubt ist, sind auch die Mittel erlaubt«, aber dabei werden verwerfliche Mittel ausdrücklich ausgeschlossen. Vgl. dazu des spanischen Jesuiten Balthasar Gracian »Handorakel und Kunst der Weltklugheit« Nr. 66.

Cogito, ergo sum, »Ich denke, also bin ich.« Diesen Satz prägte der französische Philosoph René Descartes (1596–1650; *Principia philosophiae* I 7); auf ihm als der einzig unbezweifelbaren Erkenntnis baute er seine Philosophie auf.

Non ridere, non lugere neque detestari, sed intelligere, »nicht belachen, nicht beweinen noch verabscheuen, sondern begreifen« wollte Spinoza (1632–77) im *Tractatus politicus* (1,4) die menschlichen Handlungen.

Sub specie aeternitatis, »unter dem Gesichtspunkt der Ewigkeit«. In der *Ethik* stellt Spinoza den Satz auf, der Geist sei ewig, »quatenus res sub aeternitatis specie concipit – insofern er die Dinge unter der Form der Ewigkeit begreift« (5,29–31).

Natura non facit saltus, »Die Natur macht keine Sprünge«, ist ein Wort des Philosophen Leibniz (*Nouveaux Essais* 4,16).

Ad usum Delphini, »zum Gebrauch des Dauphin (Kronprinzen)«, nämlich des Sohnes Ludwigs XIV., wurden ausgezeichnete Ausgaben lateinischer Klassiker gedruckt, in denen allerdings allzu anstößig erscheinende Stellen fehlten.

Roma locuta, causa finita, »Rom (d. h. hier: der Papst) hat gesprochen, die Sache ist erledigt« ist aus dem Französischen ins Lateinische übersetzt. »Rome a parlé, l'affaire est terminée« heißt es Vers 187 in der gegen die Jesuiten gerichteten Satire *Philotanus* (1720) des Abbé Grécourt (1684–1743). Schon Augustinus schrieb, nachdem der Apostolische Stuhl in Rom im Pelagiusstreit auf seine Seite getreten war: »Causa finita est« (*Sermones* 131,10).

Quis? Quid? Ubi? Quibus auxiliis? Cur? Quomodo? Quando? »Wer? Was? Wo? Wodurch? Warum? Wie? Wann?« Der von dem Philosophen Joachim Georg Daries in Frankfurt a. O. († 1791) gedichtete Hexameter zählt die in der damaligen Schulphilosophie üblichen philosophischen Grundbegriffe (Kategorien) auf.

Quid pro quo, »etwas für etwas« bedeutet soviel wie »Verwechslung«, »qui pro quo – einer für einen« die Verwechslung einer Person mit einer andern. Die Herkunft der beiden Ausdrücke ist nicht bekannt.

De gustibus non est disputandum, »Über die Geschmäcker kann man nicht streiten«; das deutsche Sprichwort drückt dasselbe etwas anders aus: »Über den Geschmack läßt sich streiten.«

Conditio sine qua non, »Bedingung, ohne die nicht«, eine Bedingung, von der nicht abgesehen werden kann oder von der man nicht abgehen will.

Modus vivendi, »Art zu leben«, bedeutet eine Verständigung darüber, wie man bei unvereinbaren Gegensätzen nebeneinander bestehen und miteinander auskommen kann.

Mutatis mutandis, »nach Veränderung des zu Verändernden«, d. h. nachdem geändert wurde, was zu ändern war, oft im Sinne von »unter den anderen Verhältnissen« gebraucht.

O quae mutatio rerum! »O welche Wandlung der Dinge!« ist uns aus dem Kehrreim des Liedes »O alte Burschenherrlichkeit« (s. S. 181) bekannt, kommt aber bereits 1763 in dem handschriftlich überlieferten Lied »Was fang ich armer Teufel an?« vor.

Similia similibus curantur, »Gleiches wird mit Gleichem geheilt« ist die Formel des Ähnlichkeitsgesetzes, das Samuel Hahnemann (1755–1843) im Jahre 1797 aufstellte und zum Grundsatz der Homöopathie erklärte.

Unter aller Kanone, d. h. »unter aller Kritik« ist eine wahrscheinlich von Schülern vorgenommene, nicht vor dem 19. Jahrhundert nachweisbare scherzhafte Verdeutschung des lateinischen »sub omni canone – unter jedem Kanon«; »Kanon« bedeutet hier den »Maßstab«, den der Lehrer an die Schülerarbeiten anlegte.

Ignoramus – (et) ignorabimus, »Wir wissen es nicht – (und) werden es nie wissen« geht auf die berühmt gewordene Rede des Berliner Physiologen Emil Du Bois-Reymond (1816–96) über *Die Grenzen des Naturerkennens* (1872) zurück, in der es heißt: »In bezug auf die Rätsel der Körperwelt ist der Naturforscher längst gewöhnt, mit männlicher Entsagung sein ignoramus auszusprechen. In Rücksicht auf die durchlaufene siegreiche Bahn, trägt ihn dabei das stille Bewußtsein, daß, wo er jetzt nicht weiß, er wenigstens unter Umständen wissen könnte und dereinst vielleicht wissen wird. In bezug auf das Rätsel aber, was Materie und Kraft seien und wie sie zu denken vermögen, muß er ein für allemal zu dem viel schwerer abzugebenden Wahlspruch sich entschließen: Ignorabimus.«

AUS DEM DEUTSCHEN

Der treue Eckart oder **der getreue Eckart,** der zuverlässige Wächter oder Warner, erscheint in der deutschen Heldensage zuerst in der Harlungensage als Pflegevater der Neffen Ermanrichs. Im *Nibelungenlied* ist er der Wächter von Rüdigers Mark. Später finden wir ihn vor Frau Holles wilder Jagd als Warner, der Jagd aus dem Wege zu gehen; in der Tannhäusersage sitzt er vor dem Venusberg und warnt alle, die hineingehen wollen. In den *Sprichwörtern* Agricolas (1584) wird von ihm gesagt: »Du bist der treue Eckart, du warnest jedermann.« 1799 veröffentlichte Ludwig Tieck die romantische Erzählung *Der getreue Eckart und Tannenhäuser,* und Goethe schrieb 1813 die Ballade »Der getreue Eckart«.

Der Wunsch ist der Vater des Gedankens. Das deutsche Sprichwort hat ein Vorbild in Caesars *Gallischem Krieg* 3,18: »Libenter homines id, quod volunt, credunt – Gern glauben die Menschen das, was sie wünschen.«

Den Mantel nach dem Winde kehren. In der Spruchsammlung, die unter dem Namen Spervogels überliefert ist (um 1200), heißt es: »Man sol den mantel keren als daz weter gat«, in Gottfried von Straßburgs *Tristan und Isolt* (um 1210): »Man sol den mantel keren als die winde sint gewant.«

Wem nie durch Liebe Leid geschah stammt aus Gottfried von Straßburgs *Tristan und Isolt* (um 1210); es heißt dort weiter: »Dem ward auch Lieb' durch Lieb' nie nah. / Leid kommt wohl ohne Lieb' allein, / Lieb' kann nicht ohne Leiden sein.«

Das fünfte Rad am Wagen findet sich schon im *Lied von Troja* (83) des Herbort von Fritzlar (um 1210), aber auch in Freidanks *Bescheidenheit* (um 1230) im Abschnitt »Von Gut und Übel«.

Neue Besen kehren gut, ein Sprichwort, älteste Form in Freidanks *Bescheidenheit* (um 1230) im Abschnitt »Vom Dienst«.

Hunger ist der beste Koch lesen wir zum ersten Mal in Freidanks *Bescheidenheit* (um 1230) im Abschnitt »Von dem Hunger«. In Ciceros Schrift *Über das höchste Gut und Übel* heißt es (2,28,90): »Cibi condimentum est fames – Der Speise Würze ist der Hunger.«

Nach Xenophons *Erinnerungen* (1,3,5) ist dies ein Wort des Sokrates.

Wer zuerst kommt, mahlt zuerst steht im *Sachsenspiegel* Eike von Repkows (1209–33).

Wer seinen Kindern gibt das Brot
Und leidet nachmals selber Not,
Den soll man schlagen mit der Keule tot
ist in Norddeutschland mancherorts am Stadttor neben einer aufgehängten Keule angeschrieben. Der Spruch ist einer Erzählung Rüdigers von Hünchhover (um 1290) entnommen, *Der Schlägel*, die von einem alten Mann erzählt, der noch zu Lebzeiten seinen Kindern das ganze Vermögen übergeben hat, von ihnen aber schlecht behandelt wird. Schließlich bringt er sie dazu, ihr Betragen gegen ihn zu ändern, indem er sie glauben macht, er habe noch einen Schatz zurückbehalten. Nach seinem Tode aber findet sich in der vermeintlichen Schatzkiste nur ein Schlegel, und dazu geschrieben, man müsse damit jedem das Gehirn einschlagen, der alles seinen Kindern übergebe und infolgedessen Mangel leide.

Landgraf, werde hart! Aus dem Gedicht »Der Edelacker« von Wilhelm Gerhard (1780–1858), das eine Erzählung aus der *Thüringischen Chronik* Johannes Rothes (1421) wiedergibt: Der zweite Landgraf von Thüringen, Ludwig der Eiserne (1140–72), war im Anfang seiner Regierung so nachlässig, daß der Übermut der Mächtigen das Volk schwer bedrücken konnte. Einst verirrte sich der Landgraf auf der Jagd und übernachtete bei dem Schmied von Ruhla, der ihn nicht kannte. Der Schmied arbeitete die Nacht durch, schimpfte dabei auf die Schwäche des Regenten und rief dabei, wenn er auf das Eisen schlug: »Nun werde hart!« Seitdem führte der Landgraf ein strenges Regiment.

Wenn mancher Mann wüßte,
Was mancher Mann wär',
Tät' mancher Mann manchem Mann
Manchmal mehr Ehr'
stammt aus einer Handschrift von 1465 der *Neun Felsen* des Straßburger Mystikers Ruolman Merswin.

Hannemann! Geh du voran!
Du hast die größten Stiefeln an
stammt aus dem Märchen »Von den sieben Schwaben«, dessen älteste Fassung uns in einer lateinischen Handschrift des

15. Jahrhunderts aus Tegernsee erhalten ist. Auch Hans Sachs hat den Schwank bearbeitet, der durch Ludwig Aurbachers *Volksbüchlein* (1827) in unsere Jugendliteratur eingegangen ist.

Die Welt will betrogen sein findet sich zuerst in Sebastian Brants *Narrenschiff* (1494); in Sebastian Francks *Paradoxa* (1533) kommt die lateinische Form hinzu: »Mundus vult decipi«, die oft noch durch »ergo decipiatur – also soll sie betrogen werden« ergänzt wird.

Eine böse Sieben war ursprünglich die Trumpfkarte eines seit dem Ende des 15. Jahrhunderts bezeugten Kartenspiels (»Karnöffelspiel«). Sie zeigte als Bild den Teufel, später aber ein böses Weib. In Johann Sommers *Ethographia mundi* (2. Teil, S. 15) wird die Bezeichnung auf eine Frau übertragen: »Ist denn deine Frau so eine böse Sieben?« Die Zahl 7 war seit alters ausgezeichnet, sie konnte Gutes oder Böses bedeuten; bei der »bösen Sieben« standen wohl auch die sieben Todsünden Pate.

Das Gras wachsen hören begegnet uns zuerst in lateinischer Form in Heinrich Bebels *Proverbia Germanica collecta atque in Latinum traducta* (Deutsche Sprichwörter gesammelt und ins Lateinische übertragen, 1508), wo es heißt, man sage das Wort von denen, »die sich äußerst klug dünken«. In der *jüngeren Edda* (1,27 Simrock) wird von dem Wächter der Götter, Heimdall, erzählt: »Er bedarf weniger Schlaf als ein Vogel und sieht sowohl bei Nacht als bei Tag hundert Rasten weit; er hört auch das Gras in der Erde und die Wolle auf den Schafen wachsen.« In diesem Sinn kennzeichnen wir noch heute damit ein ungewöhnliches Gespür, jedoch meist in ironischem Sinne.

Dunkelmänner geht zurück auf die 1515/17 erschienenen *Epistolae obscurorum virorum* – »Briefe dunkler Männer«, worin das »dunkel« den Sinn von »unberühmt« hatte (1514 hatte Reuchlin *Epistolae clarorum virorum* – »Briefe berühmter Männer« herausgegeben). Die Dunkelmännerbriefe, verfaßt von Humanisten (Crotus Rubianus, Ulrich v. Hutten u. a.), richteten sich gegen scholastische Theologen, der heutige Sinn des Ausdrucks Dunkelmänner: Feinde einer »Aufklärung«, ist erst im 19. Jahrhundert entstanden (vgl. Heines *Deutschland, ein Wintermärchen*, Kap. 4).

Die Katze im Sack kaufen, d. h. etwas kaufen, ohne es gesehen zu haben, ist eine alte Redensart, die es auch im Französischen (»acheter le chat en poche«) und Italienischen (»comprare la gatta in sacco«) gibt. Im *Volksbuch von Till Eulenspiegel,* dessen erster uns bekannter Druck aus dem Jahr 1519 stammt, näht Eulenspiegel eine Katze in ein Hasenfell und verkauft sie in einem Sack an einen Kürschner. Ein holsteinisches Sprichwort lautet: »Man schall dat Farken (Ferkel) nich in' Sack köpen.«

Es ist eine Lust zu leben, nach dem lateinischen Satz Ulrichs von Hutten, mit dem er seinen Brief an Pirckheimer vom 25.10.1518 schloß: »O seculum! O literae! Juvat vivere – O Jahrhundert! O Wissenschaften! Es ist eine Lust zu leben.« Man sagt auch gern: »Die Geister erwachen, es ist eine Lust zu leben.«

Ich hab's gewagt, schrieb Ulrich von Hutten seit 1520, z. B. an das Ende des Vorworts zu seinem *Gesprächbüchlein* (1521) und, ohne Zusammenhang mit dem vorhergehenden Text, an das Ende vieler seiner Gedichte. Im 1521 gedruckten Lied »Ich hab's gewagt mit Sinnen« schließt die sechste Strophe: »Bin unverzagt, / ich hab's gewagt, / und will des Ends erwarten.« Hutten gab mit diesem Wahlspruch das lateinische »Jacta est alea« (s. S. 63), das er in seinen lateinischen Schriften gebrauchte, wieder.

Aus tiefer Not schrei ich zu dir, ein Lied Luthers, 1524 nach Psalm 130 gedichtet.

Die Geister platzen aufeinander. »Man laß die Geister aufeinanderplatzen« steht in Luthers Brief vom 21.8.1524 »an die Fürsten zu Sachsen von dem aufrührerischen Geiste«, der sich gegen Thomas Münzer wendet.

Alles zum Besten kehren: in Luthers *Katechismus* (1529) zum 8. Gebot.

Er will uns damit locken: Im dritten Hauptstück von Luthers *Katechismus* heißt es: »Vater unser, der du bist im Himmel. – Was ist das? Gott will uns damit locken, daß wir glauben sollen, er sei unser rechter Vater.«

Gute Freunde, getreue Nachbarn zählt Luther in der Erklärung der vierten Bitte des Vaterunsers (*Katechismus,* 3. Hauptstück) zu »unserem täglichen Brod«.

Wasser tut's freilich nicht: Luther, *Katechismus* (1529), 4. Hauptstück.

Wo steht das geschrieben?: Luther, *Katechismus* (1529), 4. und 5. Hauptstück.

Wetterwendisch taucht zuerst 1520 bei Luther auf, der von »wetterwendischen Worten« seines Gegners Eck spricht (Weimarer Ausgabe 7,8,16); Luther benutzte es dann zur Übersetzung des griechischen Wortes »próskairos« (*Matthäus* 13,21 und *Markus* 4,17), das andere mit »unstet« wiedergegeben haben.

Ein' feste Burg ist unser Gott, Luthers Trutzlied von 1529.

Mit unsrer Macht ist nichts getan: aus Luthers Lied »Ein feste Burg ist unser Gott« (1529).

Und wenn die Welt voll Teufel wär: aus Luthers Lied »Ein feste Burg ist unser Gott« (1529).

Der Fürst dieser Welt: aus Luthers Lied »Ein feste Burg ist unser Gott« (1529).

Das Wort sie sollen lassen stan: aus Luthers Lied »Ein feste Burg ist unser Gott« (1529).

Laß fahren dahin: aus Luthers Lied »Ein feste Burg ist unser Gott« (1529). G. A. Bürger im Gedicht »Der Bruder Graurock und die Pilgerin« (1777): »Laß fahren! Hin ist hin!« Schiller im »Reiterlied« am Ende von *Wallensteins Lager:* »Laß fahren dahin, laß fahren!«

Die Kunst geht nach Brot steht bei Luther (Erlanger Ausgabe Bd. 64, S. 183), wird in Neanders *Ethice vetus et sapiens* (1590) unter den Sprichwörtern der Deutschen genannt und von Lessing in der *Emilia Galotti* (1,2) zitiert.

**Wer nicht liebt Wein, Weib, Gesang,
Der bleibt ein Narr sein Leben lang**
nannte man im 18. Jahrhundert (z. B. Claudius, J. H. Voß, Herder) einen Spruch Luthers. Es findet sich dafür aber keinerlei Anhalt.

Lehrstand, Nährstand, Wehrstand ist von dem Lutherbiographen Johannes Mathesius geprägt, nachdem Luther schon Adel, Geistlichkeit und Bürgertum »Wehr-, Lehr- und Nähramt« genannt hatte. Erasmus Alberus hatte in seiner *Predigt vom Ehestand* (1546) gesagt: »Der Priester muß lehren, die Oberkeit wehren, die Bauerschaft nähren«, und in seinem *Buch von der Tugend und Weisheit* (1550): »Ein Stand muß lehrn, der ander nährn, der dritt muß bösen Buben wehrn.«

Das ist für die Katz, d. h. »das ist wertlos, zwecklos«. Burkard Waldis (1490–1556) erzählt in seiner Fabelsammlung *Esopus* (1548) von einem Schmied, der die Entlohnung für seine Arbeit den Kunden anheimstellte. Er hatte in seiner Werkstatt eine fette Katze angebunden und sagte jedesmal, wenn ihn die Kunden mit bloßen Dankesworten verließen: »Katz, das geb' ich dir!« Nachdem die Katze verhungert war, beschloß der Schmied, den Lohn selbst zu bestimmen wie die andern Handwerker auch. Eine ähnliche Geschichte erzählt der Prediger Abraham a Sancta Clara: Einer, der von einem Fürsten nur immer Versprechungen hört, sperrt seine Katze ein und gibt ihr nichts zu fressen, bis sie verhungert ist. Als ihn der Fürst wieder einmal seiner Gnade versichert, sagt er, seine Katze sei daran gestorben.

Tu, was du nicht lassen kannst: zuerst bei Erasmus Alberus in *Ein Dialogus oder Gespräch etlicher Personen vom Interim* (1548). Auch in Lessings *Emilia Galotti* (1772) 2,3.

(Das macht) nach Adam Riese erinnert an den Verfasser vielbenutzter Lehrbücher des praktischen Rechnens, geboren etwa 1492, gestorben in Annaberg im Erzgebirge 1559.

Von Mutterleib und Kindesbeinen an stammt aus dem Lied Martin Rinckarts (1586–1649): »Nun danket alle Gott.«

Den gestrigen Tag suchen erklärt sich aus Wolf Büttners *627 Historien von Claus Narren* (1572) 21,51, wonach der Hofnarr Claus († 1515) auf die Klage des Kurfürsten Johann Friedrich: »Den Tag haben wir übel verloren«, tröstend antwortete: »Morgen wollen wir alle fleißig suchen und den Tag, den du verloren hast, wohl wiederfinden.«

Dem Feinde goldene Brücken bauen findet sich zuerst in Johann Fischarts *Geschichtklitterung* (1575): »Tu eh dem Feind Tür und Tor auf, und mach ihm ein gulden Brucken, daß er fort mög rucken.«

Freue dich, liebe Seele, jetzt kommt ein Platzregen, steht unter einer in den vierziger Jahren des vorigen Jahrhunderts zu Berlin erschienenen kolorierten Zeichnung, die einen dicken, schweißtriefenden Herrn darstellt, der die Hand nach einem Glas Berliner Weiße ausstreckt. »Duck dich, Seel, es kommt ein Platzregen«, lesen wir im *Gargantua* (1575, Kap. 8) Johann Fischarts (1547–89).

16. JAHRHUNDERT

**Arbeit und Fleiß, das sind die Flügel,
So führen über Strom und Hügel**
ist aus Johann Fischarts *Das Glückhaft Schiff von Zürich* (1576), 81f.

Schildbürgerstreiche, nach den 1598 erschienenen *Wunderseltsamen, abenteuerlichen, unerhörten und bisher unbeschriebenen Geschichten und Taten der Schildbürger in Misnopotamia* von Hans Kremer (Mercator). Sie spielen in dem meißnischen Städtchen Schildau, von dem aber kaum der Name »Schildbürger« hergeleitet werden kann. So wird »Schildbürger« wie »Spießbürger« gebildet sein und bedeuten: »mit Schild bewaffneter Bürger«. Wielands Roman *Die Abderiten* (1774) machte das Wort »Schildbürgerstreiche« geläufig.

Wo die Welt mit Brettern vernagelt ist, ist das Ende der Welt, wie Johannes Olorinus Variscus (d. i. Johann Sommer, 1559–1622) unter andern Lügengeschichten in seiner *Ethographia Mundi* (1609) erzählt. (Er schreibt »unterschlagen« statt »vernagelt«.)

Kein schönrer Tod auf dieser Welt: der Anfang eines alten Soldatenliedes »Der schönste Tod«, von dem als älteste Fassungen die von Jakob Vogel um 1620 und eine von J. W. Zinkgref aus dem Jahr 1624 bekannt sind.

Verzage nicht, du Häuflein klein: der Anfang eines evangelischen Kirchenliedes (Gustav Adolfs Schlachtgesang bei Lützen), das von Johann Michael Altenburg (1584–1640), Feldprediger im schwedischen Heer und Pfarrer an St. Andreas zu Erfurt, gedichtet (vielleicht auch nur vertont) worden sein soll.

Die Kastanien aus dem Feuer holen finden wir als sprichwörtlich zuerst im *Florilegium politicum oder Politischer Blumengarten* (Lübeck 1639) Christoph Lehmanns angeführt (S. 120): »Herrn stellen offt ein Diener an, wie der Aff die Katz, da sie mit den Pfoten die gebratene Kesten ausm Feuer must scharren.« Die Redensart entsprang aus einer ursprünglich orientalischen Tierfabel, in der ein Affe eine Katze beschwatzt, geröstete Kastanien aus dem Feuer zu holen, die er sofort selbst verspeist. Sie ist zuerst lateinisch erzählt in den *Dies caniculae* des Franzosen Majoli (Mahieu) aus dem 16. Jahrhundert und besonders durch La Fontaines Nacherzählung in seinen *Fabeln* (1668–94, Buch 9, »Der Affe und die Katze«) bekannt geworden.

Gras darüber wachsen lassen, d. h. »eine Sache in Vergessenheit geraten lassen« wird zuerst in Christoph Lehmanns *Florilegium politicum oder Politischer Blumengarten* (1639) erwähnt und zugleich erklärt: »Wer große Stümpfe will auswurzeln, der verdirbt das Geschirr und tut sich selbst weh; es ist besser, man läßt das Gras darüber wachsen.« Der oft angeführte Vers: »Wenn über eine dumme Sache / nun endlich Gras gewachsen ist, / kommt sicher ein Kamel gelaufen, / das alles wieder runterfrißt«, ist erst in unserer Zeit entstanden.

Ein getreues Herze wissen hat des höchsten Schatzes Preis: der Anfang eines Liedes von Paul Fleming (1609–40).

Es kann mir nichts geschehen: aus Paul Flemings (1609–40) geistlichem Lied »In allen meinen Taten« (*Teutsche Poemata* 1642).

Nürnberger Trichter beruht auf dem Titel von Georg Philipp Harsdörfers (1607–58) Buch *Poetischer Trichter, die Teutsche Dicht- und Reimkunst ... in 6 Stunden einzugießen,* das 1648 in Nürnberg erschien.

**Dieser Monat ist ein Kuß, den der Himmel gibt der Erde,
Daß sie jetzund seine Braut, künftig eine Mutter werde**
steht unter der Überschrift »Der Mai« in Friedrich von Logaus (1604–55) *Sinngedichten* (1654).

Kleider machen Leute. Das Sprichwort kommt in Logaus *Sinngedichten* (1654) vor; es bildet den Titel von Gottfried Kellers berühmter Novelle (1874). Ein lateinisches Vorbild findet sich in der *Redekunst* Quintilians (8,5): »Vestis virum reddit – Das Kleid macht den Mann.«

Bewaffneter Friede stammt aus Friedrich v. Logaus (1604–55) *Sinngedichten.*

Ermuntre dich, mein schwacher Geist, der Anfang eines evangelischen Weihnachtsliedes von Johann Rist (1607–67), der als Pfarrer und Kirchenrat zu Wedel (Holstein) starb und 658 geistliche Lieder hinterließ. Meist wird das Wort als Aufforderung an einen andern gebraucht: »Ermuntre (auch: erhebe) dich, du schwacher Geist!«

O Ewigkeit, du Donnerwort: der Anfang eines Kirchenliedes (1642) von Johann Rist (1607–67).

Wer nur den lieben Gott läßt walten: der Anfang eines evangelischen Kirchenliedes von Georg Neumark (1621–81), Bibliothekar und Archivsekretär Herzog Wilhelms II. in Weimar.

**Wer Gott dem Allerhöchsten traut,
der hat auf keinen Sand gebaut**
ist aus dem Lied »Wer nur den lieben Gott läßt walten« von Georg Neumark (1621–81).

**Sing, bet und geh auf Gottes Wegen,
Verricht das Deine nur getreu**
stammt aus dem Lied »Wer nur den lieben Gott läßt walten« von Georg Neumark (1621–81). Der Studentenübermut fügte den Versen an: »Kommt dir ein schönes Kind entgegen, / laß es nicht ungeküßt vorbei.«

Nun ruhen alle Wälder: der Anfang eines Kirchenliedes von Paul Gerhardt (1607–76).

Wo bist du, Sonne, geblieben? »Wo bist du, Sonne, blieben?« heißt es in Paul Gerhardts Kirchenlied »Nun ruhen alle Wälder«.

Wach auf, mein Herz, und singe! Aus Paul Gerhardts »Morgenlied« (1648).

Mach End', o Herr, mach Ende: aus Paul Gerhardts Lied »Befiehl du deine Wege«.

**Alles Ding währt seine Zeit,
Gottes Lieb' in Ewigkeit**
ist aus Paul Gerhardts Lied »Sollt ich meinem Gott nicht singen«.

Reim dich, oder ich freß dich!« »Reime dich oder ich fresse dich« ist der Titel einer zu Nordhausen 1673 erschienenen Satire auf die Unsitten der damaligen Poeterei, unter dem Pseudonym Hartmann Reinhold veröffentlicht von dem damals in Braunschweig lebenden Hofgerichtsadvokaten Georg Wilhelm Sacer (1635–99).

Wo du nicht bist, Herr Organist, da schweigen alle Flöten soll der Strophe: »Herr Jesu Christ! wo du nicht bist, / ist nichts, das mir erfreulich ist« aus dem geistlichen Lied »Herr Jesu Christ, mein Fleisch und Blut« von Erdmann Neumeister (1671–1756), Hauptpastor an St. Jakobi zu Hamburg, nachgebildet sein. Statt »Herr Organist« hört man auch oft »Herr Jesus Christ«; der Ausspruch will die Folgen von Geldmangel schildern.

Mein Gewissen beißt mich nicht: aus einem Kirchenlied von Erdmann Neumeister (1671–1756). Fritz Reuter ließ diesen und die folgenden Verse, leicht abgeändert, im 3. Kapitel seines Romans *Ut* *mine Stromtid* einen preußischen Kandidaten dem Juden Moses als Antwort auf eine Mahnung schreiben: »Mein Gewissen beißt mich nicht, / Moses darf mich nicht verklagen; / der mich frei und ledig spricht, / hat die Schulden abgetragen.«

O du lieber Augustin: der Anfang eines volkstümlichen Wiener Liedes, dessen Text und Melodie (1679) auf den Bänkelsänger Max Augustin zurückgeführt werden.

So leben wir, so leben wir, so leben wir alle Tage: der Anfang des Dessauer Marsches, der vom alten Dessauer (Leopold I., 1693–1747) selbst stammen soll.

Haupt- und Staatsaktion nannten in der ersten Hälfte des 18. Jahrhunderts die wandernden Schauspieltruppen ihre Schauspiele auf Theaterzetteln und in Eingaben an Behörden. »Nicht eine Haupt- und Staatsaktion daraus machen« heißt soviel wie »aus einer Sache nicht mehr machen, als ihrer Bedeutung entspricht«.

Johann, der muntre Seifensieder stammt aus der Anfangs- und der Schlußzeile des Gedichts »Johannes der Seifensieder« von Friedrich v. Hagedorn (1708–54). Man spricht auch kurzweg von einem »muntern Seifensieder«, wie Gleim in seinem Gedicht »An die Freude«: »Alle muntren Seifensieder / sind verschwunden aus der Welt!«

Genießt der Jüngling ein Vergnügen,
So sei er dankbar und verschwiegen
stammt aus dem Vers: »Genoß der Jüngling ein Vergnügen, / so sei er dankbar und verschwiegen« in Friedrich v. Hagedorns (1708–54) Gedicht »Die Alte«.

In's Innre der Natur dringt kein erschaffner Geist steht in Albrecht von Hallers (1708–77) Gedicht »Falschheit menschlicher Tugenden«. Goethe zitiert dies in seinem Spruch »Allerdings« und fährt fort: »Glückselig! wem sie nur die äußre Schale weist«, während Haller schreibt: »Zu glücklich, wann sie noch die äußre Schale weist.« Übrigens zitiert Goethe den Vers nur, um ihm zu widersprechen.

Er lebte, nahm ein Weib und starb. So schließt Christian Fürchtegott Gellerts (1715–69) Erzählung *Der Greis*. Ein Epigramm von Christian Gryphius (1649–1706, dem Sohn von Andreas G.) lautet: »Ein sechzigjähriger Mann ward unlängst beigesetzt; / er kam auf diese Welt, aß, trank, schlief, starb zuletzt.«

**Für Görgen ist mir gar nicht bange,
Der kommt gewiß durch seine Dummheit fort**
sind die Schlußworte aus Christian Fürchtegott Gellerts Erzählung
Der sterbende Vater (1748).

Die Brücke kommt – Fritz, Fritz! wie wird dir's gehen? Aus Christian Fürchtegott Gellerts (1715–69) Fabel »Der Bauer und sein Sohn«, die aus dem *Esopus* des Burkart Waldis stammt. Darin prahlt der von einer Reise zurückgekehrte Sohn, er habe einen Hund so groß wie ein Pferd gesehen. Der Vater freilich hat von einer Brücke erzählt, auf der sich jeder Lügner das Bein breche, und als die beiden dort ankommen, nimmt der Sohn seine Aufschneiderei doch lieber zurück.

**Genieße, was dir Gott beschieden,
Entbehre gern, was du nicht hast,
Ein jeder Stand hat seinen Frieden,
Ein jeder Stand hat seine Last**
ist aus Christian Fürchtegott Gellerts (1715–69) Lied »Zufriedenheit mit seinem Zustande«.

**Lebe, wie du, wenn du stirbst,
Wünschen wirst, gelebt zu haben**
stammt aus Christian Fürchtegott Gellerts (1715–69) Lied »Vom Tode«. Schon Mark Aurel schreibt in seinen *Selbstbetrachtungen* (5,29): »Wie du beim Hinscheiden gelebt zu haben wünschest, so kannst du schon jetzt leben.«

Der Hecht, der war doch blau, sagt man, um eine den Widerspruch liebende Frau zu kennzeichnen. In Gellerts Erzählung *Die Widersprecherin* geht der Streit darum, ob ein Hecht zu blau oder zu wenig blau gesotten sei; dem Hausherrn ist er's zu wenig, der Hausfrau zu sehr. Da der Mann bei seiner Meinung beharrt, fällt die Frau in Ohnmacht, aus der sie nichts zu erwecken vermag. Der tiefbetrübte Mann glaubt sie tot und bricht in die Klage aus: »Wer hieß mich dir doch widerstreben? / Ach der verdammte Fisch! Gott weiß, er war nicht blau!« / Den Augenblick bekam sie wieder Leben. / »Blau war er«, rief sie aus, »willst du dich noch nicht geben?«

Vierzehn Jahr und sieben Wochen sei sie alt, ruft in Gellerts Erzählung *Das junge Mädchen* ein heiratslustiges Mädchen aus, als ihr Vater den Einwand gegen eine Heirat anführt, sie sei erst vierzehn

Jahre alt. Gellerts Erzählung ist die Bearbeitung einer Anekdote im *Kurtzweiligen Zeitvertreiber* von 1666, S. 351.

Ja, ja, Prozesse müssen sein sind die Anfangsworte von Gellerts Erzählung *Der Prozeß*.

Edle Einfalt und stille Größe sei das Wesen der griechischen Kunst und Literatur, schrieb Johann Joachim Winckelmann (1717–68) in seiner Erstlingsschrift *Gedanken über die Nachahmung der griechischen Werke in der Mahlerei und Bildhauer-Kunst* (1755).

Tier und Menschen schliefen feste: in der 22. Fabel (»Die Katzen und der Hausherr«) des 1. Buches der *Vier Bücher Äsopischer Fabeln* (2. Ausgabe 1762) Magnus Gottfried Lichtwers (1719 bis 1783). In der 1. Ausgabe 1748 hatte es geheißen: »Mensch und Tiere schliefen feste.«

So ein Lied, das Stein erweichen,
Menschen rasend machen kann
ist aus Lichtwers Fabel »Die Katzen und der Hausherr«.

Blinder Eifer schadet nur heißt der Schluß von Magnus Gottfried Lichtwers Fabel »Die Katzen und der Hausherr«.

Eines Abends spöte
Gingen Wassermaus und Kröte
Einen steilen Berg hinan
ist eine Parodie des Anfangs von Lichtwers Fabel »Die Kröte und die Wassermaus«, der lautet: »Von dem Ufer einer See / krochen annoch abends späte / eine Wassermaus und Kröte / an den Bergen in die Höh.« Die Parodie hat verschiedene Fortsetzungen und den Schluß: »Dies ist ein Gedicht von Goethe, / das er eines Abends spöte / auf dem Sofa noch ersann.«

Milchmädchenrechnung als allzu einfältige Berechnung von Einnahmen oder Ausgaben geht auf Ludwig Gleims (1719–1803) Fabel »Die Milchfrau« zurück, die auf Lafontaines Fabel »La Laitière et le pot au lait« beruht.

Was von mir ein Esel spricht,
Das acht' ich nicht
stammt aus Ludwig Gleims (1719–1803) Fabel »Der Löwe, der Fuchs« in den 1756 erschienenen *Fabeln*.

Witz auf Witz! Schlag auf Schlag! stammt aus einem Vierzeiler von Ludwig Gleim (1719–1803): »Witz auf Witz! / Blitz auf Blitz! / Schlag auf Schlag! / Ob's auch einschlagen mag?«

Münchhausen für »Aufschneider« geht auf den Freiherrn Karl Friedrich Hieronymus von Münchhausen (1720–81) auf Bodenwerder bei Hannover zurück, der sich durch die Erzählung unglaublicher Abenteuer einen solchen Namen gemacht hatte, daß schon 1781 im Berliner *Vademecum für lustige Leute* sechzehn »M-h-s-nsche Geschichten« erschienen. 1786 veröffentlichte der nach England geflüchtete Professor Raspe eine Sammlung von »Münchhauseniaden« in Englisch, G. A. Bürger übertrug diese ins Deutsche, vermehrte sie und gab dem Ganzen den dichterischen Schwung: *Wunderbare Reisen zu Wasser und zu Lande, Feldzüge und lustige Abenteuer des Freyherrn von Münchhausen* (1786).

Nachtigall, ich hör' dich singen: aus dem Volkslied »Frau Nachtigall« von 1750. Wird gebraucht, um zu erkennen zu geben, daß man die Absicht eines andern erraten hat. Gern sagt man auch, mit Anklang an Berliner Mundart: »Nachtigall, ick hör' dir trapsen!«

Geschäftiger Müßiggang ist im Deutschen wohl seit Joh. Elias Schlegels Lustspiel *Der geschäftige Müßiggänger* (1743) geläufig geworden. Wieland schreibt 1759 in einem Brief: »die verschiedenen Modifikationen eines geschäftigen Müßiggangs«, und Lessing spricht im 18. Stück der *Hamburgischen Dramaturgie* (1767) von »geschäftigen Müßiggängern«. Im 4. Akt von Goethes *Götz von Berlichingen* lehnt es Götz ab, seine Lebensgeschichte zu schreiben, indem er sagt: »Schreiben ist geschäftiger Müßiggang.« Bereits in den *Briefen* des Horaz (1,11,28) findet sich die Zusammenstellung »strenua inertia – emsige Untätigkeit«, und bei Phaedrus (2,5,2) finden wir »occupata in otio – geschäftig auch in der Muße«.

Noble Passionen: aus dem Titel des 1769 erschienenen Lustspiels *Der Postzug oder die noblen Passionen* von Kornelius von Ayrenhoff (1733–1819).

Isegrim, d. h. »Eisenhelm«, ist ursprünglich ein Männername, der im Tierepos zum Namen des Wolfes wurde, zuerst aus dem Jahre 1112 in einem lateinischen Gedicht Guiberts von Nogent bezeugt. Im *Deutschen Wörterbuch* von Christoph Ernst Steinbach (1734) finden wir das Wort zuerst auf einen mürrischen und trotzigen Menschen angewendet.

Des Schweißes der Edlen wert sei Dichterunsterblichkeit, heißt es in Friedrich Gottlob Klopstocks (1724–1803) Ode »Der Zürchersee«.

Saat, von Gott gesäet, dem Tage der Garben zu reifen lautet der 845. Vers des 11. Gesanges des *Messias* (1768) von Friedrich Gottlieb Klopstock (1724–1803). Der Dichter ließ die Worte 1758 auf das Grab seiner Gattin Meta in Ottensen bei Altona setzen, und seine zweite Gattin wählte sie nach seinem Tode zum Grabspruch für ihn. Rückert verfaßte ein Gedicht »Die Gräber zu Ottensen« und ließ es mit diesem Vers enden.

Wenn ein Buch und ein Kopf zusammenstoßen, und es klingt hohl, ist das allemal im Buch? Ein Aphorismus von Georg Christoph Lichtenberg (1742–99).

Wenn ein Affe hineinguckt, kann freilich kein Apostel herausschauen, nämlich aus dem Spiegel, mit dem Georg Christoph Lichtenberg (1742–99) in einem seiner Aphorismen bedeutende Bücher vergleicht, die nicht jedermanns Verständnis zugänglich sind.

Ein Messer ohne Klinge, an welchem der Stiel fehlt ist der erste Artikel in dem »Verzeichnis einer Sammlung von Gerätschaften, welche in dem Hause des Sir H. S. künftige Woche verauktioniert werden sollen«, das Georg Christoph Lichtenberg (1742–99) im *Göttingenschen Taschenkalender* von 1798, angeblich »nach dem Englischen«, veröffentlichte.

Der kategorische Imperativ stammt aus Immanuel Kants *Grundlegung zur Metaphysik der Sitten* (1785). Dort wird im 2. Abschnitt kategorischer Imperativ im Gegensatz zum hypothetischen ein solcher genannt, der eine Handlung »als für sich selbst, ohne Beziehung auf einen andern Zweck, als objektiv notwendig« vorschreibt. In der *Kritik der praktischen Vernunft* § 7 wird der kategorische Imperativ so formuliert: »Handle so, daß die Maxime deines Willens jederzeit zugleich als Prinzip einer allgemeinen Gesetzgebung gelten könne.«

Der bestirnte Himmel über mir und das moralische Gesetz in mir. »Zwei Dinge erfüllen das Gemüt mit immer neuer zunehmender Bewunderung und Ehrfurcht, je öfter und anhaltender sich das Nachdenken damit beschäftigt: Der bestirnte Himmel über mir und das moralische Gesetz in mir«, heißt es im »Beschluß« von Kants *Kritik der praktischen Vernunft* (1788).

Ja, Bauer! das ist ganz was anders stammt aus Karl Wilhelm Ramlers (1725–98) Fabel »Der Junker und der Bauer«, der Bearbeitung eines Gedichtes von Michael Richey (1678–1761), in dem es heißt:

»Ja Bauer, das ist ganz ein anders!« Aber auch schon in Grimmelshausens *Wunderbarlichem Vogelnest* (1672) heißt es 1,6: »Mein Bauer, das wär' ein anders!« Ebenso in seinem *Teutschen Michel* (1673) 8.

Morgen, morgen! nur nicht heute ist der Anfang des Liedes »Der Aufschub« von Christian Felix Weiße (1726–1804). Dort heißt es weiter: »Sprechen immer träge Leute«, während man heute meist sagt: »Sagen alle faulen Leute«. – »Nicht auf morgen das Eilige!« war nach Plutarch *(Pelopidas* 10) im alten Griechenland sprichwörtlich.

**Wer wird nicht einen Klopstock loben?
Doch wird ihn jeder lesen? – Nein.
Wir wollen weniger erhoben
Und fleißiger gelesen sein**
ist aus »Sinngedichte an den Leser«, der Einleitung zu Gotthold Ephraim Lessings *Sinngedichten* (1753). In Martials *Epigrammen* heißt es 4,49: »laudant illa, sed ista legunt – jenes lobt man, aber dieses liest man.«

**Zuviel kann man wohl trinken,
Doch nie trinkt man genug**
stammt aus Lessings Liedern.

Das Neue daran ist nicht gut, und das Gute daran ist nicht neu: In Lessings *Briefen, die neueste Literatur betreffend* heißt es im 111. Brief vom 12.6.1760: »Wenn es erlaubt ist, allen Worten einen andern Verstand zu geben, als sie in der üblichen Sprache der Weltweisen haben, so kann man leicht etwas Neues vorbringen. Nur muß man mir auch erlauben, dieses Neue nicht immer für wahr zu halten.« Danach verfaßte Johann Heinrich Voß (1751–1826, der Homerübersetzer) ein Distichon, das 1792 im *Vossischen Musenalmanach* erschien, »Auf mehrere Bücher, nach Lessing«: »Dein redseliges Buch lehrt mancherlei Neues und Wahres, / wäre das Wahre nur neu, wäre das Neue nur wahr!«

Seines Fleißes darf sich jedermann rühmen: Lessing, *Hamburgische Dramaturgie,* 101.–104. Stück (1769).

Man spricht selten von der Tugend, die man hat; aber desto öfter von der, die uns fehlt: Lessing, *Minna von Barnhelm* 2,1.

Raphael wäre ein großer Maler geworden, selbst wenn er ohne Hände auf die Welt gekommen wäre. In Lessings *Emilia Galotti* heißt es 1,4: »Oder meinen Sie, Prinz, daß Raphael nicht das größte malerische Genie gewesen wäre, wenn er unglücklicherweise ohne Hände wäre geboren worden?«

Perlen bedeuten Tränen heißt es in Lessings *Emilia Galotti* 2,7 und 8. Der Aberglaube findet sich schon in alten Traumbüchern.

Wer über gewisse Dinge den Verstand nicht verliert, der hat keinen zu verlieren: Lessing, *Emilia Galotti* 4,7 und 5,5. Balthasar Gracian (1601–58), *Handorakel* (Übersetzung von Schopenhauer): »Viele verlieren den Verstand deshalb nicht, weil sie keinen haben.«

Hohngelächter der Hölle: Lessing, *Emilia Galotti* 5,2.

Wer lacht da?: »Bei Gott, ich glaub', ich war es selbst«: Lessing, *Emilia Galotti* 5,6.

Eine Rose gebrochen, ehe der Sturm sie entblättert, sagt in Lessings *Emilia Galotti* (1772) Emilia zu ihrem Vater, der sie mit dem Dolch durchstochen hat und dann entsetzt ausruft: »Gott, was hab' ich getan!«

Es ist Arznei, nicht Gift, was ich dir reiche: Lessing, *Nathan der Weise* (1779) 1,2.

Kein Mensch muß müssen: Lessing, *Nathan der Weise* 1,3.

Sagt der Patriarch wird mehrmals in Lessings *Nathan dem Weisen* 1,6 wiederholt.

Die Menschen sind nicht immer, was sie scheinen: Lessing, *Nathan der Weise* 1,6.

**Was hätt' ein Weiberkopf erdacht, das er
nicht zu beschönigen wüßte!**
stammt aus Lessings *Nathan der Weise* 3,4.

Nicht die Kinder bloß speist man mit Märchen ab: Lessing, *Nathan der Weise* 3,6.

Tut nichts, der Jude wird verbrannt: Lessing, *Nathan der Weise* 4,2 (dreimal).

Es sind nicht alle frei, die ihrer Ketten spotten: Lessing, *Nathan der Weise* 4,4.

Sie sehn den Wald vor lauter Bäumen nicht: Christoph Martin Wieland, *Musarion* 2,142 (1768). Alois Blumauer (1755–98) bestätigt in seinen *Abenteuern des frommen Helden Aeneas* 2,9 (1783), daß Wieland den Ausdruck geprägt hat: »Er sieht oft, wie Herr Wieland spricht, / den Wald vor lauter Bäumen nicht.« In den *Contes facétieux du sieur Gaulard* (1582) wird erzählt: »Als er in Paris war und durch die Straßen ging, sprach er: Jeder sagte mir, ich würde eine so große und schöne Stadt sehen; aber man machte sich über mich lustig; denn man kann sie nicht sehen wegen der Menge von Häusern, welche den Anblick verhindern.« Diese französische Geschichte wird zuerst von Samuel Gerlach 1639 und dann von Zinkgref-Weidner in den *Apophthegmata* 1653 und 1655 auf deutsch erzählt.

Ein Wahn, der mich beglückt,
Ist eine Wahrheit wert,
Die mich zu Boden drückt
ist aus Christoph Martin Wielands (1733–1813) *Idris und Zenide* (1768) 3,10.

Ritt in das alte romantische Land: So nannte Wieland im Anfang seines *Oberon* (1780) dieses »Gedicht in 14 Gesängen«, das die Grundlage zu C. M. v. Webers Oper *Oberon* (1816) bildet.

Nichts halb zu tun ist edler Geister Art: aus Wielands *Oberon* (1780) 5,30.

Ein einz'ger Augenblick kann alles umgestalten: Wieland, *Oberon* 7,75.

Weniger wäre mehr: Im Neujahrswunsch seiner Zeitschrift *Merkur* von 1774 schrieb Wieland: »Und minder ist oft mehr, wie Lessings Prinz uns lehrt.« Der Prinz hatte in der *Emilia Galotti* 1,4 gesagt: »Nicht so redlich, wäre redlicher.«

Gott grüß euch, Alter! Schmeckt das Pfeifchen? Der Anfang von Konrad Pfeffels (1736–1809) Gedicht »Die Tobakspfeife«.

Ein junges Lämmchen, weiß wie Schnee: aus Justin Bertuchs (1747–1822) Gedicht »Das Lämmchen« in den *Wiegenliedern* (1772).

Die Freuden, die man übertreibt,
Verwandeln sich in Schmerzen
stammt aus dem Vers »Die Freuden, die man übertreibt, / die Freuden werden Schmerzen« aus Justin Bertuchs Gedicht »Das Lämmchen« in den *Wiegenliedern* (1772).

**Wenn jemand eine Reise tut,
so kann er was erzählen**
stammt aus dem Gedicht von Matthias Claudius (1740–1815)
»Urians Reise um die Welt«; dort steht »verzählen«.

**Ach, sie haben
Einen guten Mann begraben;
Und mir war er mehr**
ist aus Matthias Claudius' Gedicht »Bei dem Grabe meines Vaters«
(*Wandsbecker Bote* 1775).

Am Rhein, am Rhein, da wachsen unsre Reben: aus dem »Rheinweinlied« (1778) von Matthias Claudius.

Nur über meinen Leichnam geht der Weg heißt es in Johann Gottfried Herders (1744–1803) Gedicht »Der Gastfreund«. »Nur über meine Leiche« steht in dem sonst gleichlautenden Vers des Dramas *Hedwig* von Theodor Körner (1791–1813).

Rückwärts, rückwärts, Don Rodrigo: ein Vers aus dem 28. Gesang von Herders *Cid* (1805). Weiter hieß es dort: »Deine Ehre ist verloren! / Rückwärts, rückwärts, stolzer Cid!« Manchmal wird auch der letzte Vers zitiert.

Eine schöne Menschenseele finden ist Gewinn: aus Johann Gottfried Herders Gedicht »Der gerettete Jüngling« (1797).

**Was die Schickung schickt, ertrage!
Wer ausharret, wird gekrönt**
stammt aus Herders Gedicht »Die wiedergefundenen Söhne« (1801).

**Über diese Antwort des Kandidaten Jobses
Geschah allgemeines Schütteln des Kopfes**
ist aus der 1784 erschienenen *Jobsiade* (1,19) von Karl Arnold Kortum (1745–1824).

Arbeit macht das Leben süß: aus Gottlieb Wilhelm Burmanns (1737–1805) *Kleinen Liedern für kleine Jünglinge* (1777); meist wird zur Ergänzung hinzugefügt: »Faulheit stärkt die Glieder.«

Die Toten reiten schnell! In Bürgers Ballade »Lenore«. Nach Bürgers Biographie von Althof (1798) soll Bürger den Vers im Lied eines Bauernmädchens gehört haben; er sei ihm nicht mehr aus dem Sinn gekommen, und aus ihm hätte sich nach und nach die Ballade entwickelt.

Bist untreu, Wilhelm, oder tot? Gottfried August Bürger (1748 bis 1794), »Lenore« (1774).

Des langen Haders müde: aus G. A. Bürgers Ballade »Lenore« (1774) 2,2.

Hin ist hin! Verloren ist verloren! Aus G. A. Bürgers Ballade »Lenore« (1774) 9,1 und 2. »Hin ist hin« findet sich schon bei Luther, und »verloren ist verloren« bei Plautus (»quod periit, periit«, *Das Schmuckkästchen* 4,2,36).

Geduld! Geduld! wenn's Herz auch bricht: aus der Schlußstrophe von Gottfried August Bürgers (1747–94) Ballade »Lenore« (1774).

Drei Männer umspannten den Schmerbauch ihm nicht: aus G. A. Bürgers Ballade »Der Kaiser und der Abt« (1785).

Der Mann, der das Wenn und das Aber erdacht,
Hätt' sicher aus Häckerling Gold schon gemacht
stammt aus Gottfried August Bürgers Gedicht »Der Kaiser und der Abt«.

Die schlechtesten Früchte sind es nicht,
Woran die Wespen nagen
ist aus Gottfried August Bürgers Gedicht »Trost«.

Hoch klingt das Lied vom braven Mann: aus Gottfried August Bürgers »Lied vom braven Manne«.

Ein Leben wie im Paradies: der erste Vers des Rheinweinliedes von Ludwig Hölty (1748–76), das 1775 gedichtet und 1776 im *Vossischen Musenalmanach* gedruckt wurde.

Wer wollte sich mit Grillen plagen? Der Anfang eines Liedes von Ludwig Hölty (1776 gedichtet, 1777 im *Vossischen Musenalmanach* veröffentlicht).

Oh, wunderschön ist Gottes Erde
Und wert, darauf vergnügt zu sein
ist aus Höltys Lied »Wer wollte sich mit Grillen plagen?« (Siehe das vorhergehende Zitat.)

Rosen auf den Weg gestreut
Und des Harms vergessen!
Ein Lied von Ludwig Hölty, 1776 gedichtet, 1778 im *Vossischen Musenalmanach* gedruckt.

Einen Kuß in Ehren kann niemand verwehren – »kann auch niemand wehren« heißt es in Ludwig Höltys »Frühlingslied« (1773).

Üb immer Treu und Redlichkeit: aus dem Lied »Der alte Landmann an seinen Sohn« (1779) von Ludwig Hölty.

Das waren mir selige Tage: der Anfang von Christian Adolf Overbecks (1755–1821) Lied »Die Schiffahrt« (1781).

Komm lieber Mai und mache! wünscht man, wobei das »mache!« den Sinn von »eile dich!« hat. In dem Lied »Fritzchen an den Mai« von Christian Adolf Overbeck heißt es aber: »Komm lieber Mai und mache / die Bäume wieder grün!«

**Warum sind der Tränen
Unterm Mond so viel?**
ist der Anfang von Christian Adolf Overbecks Lied »Trost für mancherlei Tränen«.

**Laßt uns besser werden;
Gleich wird's besser sein**
stammt aus Christian Adolf Overbecks Lied »Trost für mancherlei Tränen«.

Heil dir im Siegerkranz: der Anfang eines Liedes von Balthasar Gerhard Schumacher (geb. 1755, gest. nach 1801), das in der *Spenerschen Zeitung* am 17. 12. 1793 unter dem Titel »Berliner Volksgesang« erschien.

**Tadeln können zwar die Toren,
Aber bessermachen nicht!**
Nach den Versen »Tadeln können zwar die Toren, / aber klüger handeln nicht« in dem Gedicht »Die neue Eva« von August Friedrich Langbein (1757–1835) in den *Gedichten* von 1788.

Namen nennen dich nicht ist der Anfang eines im *Göttinger Musenalmanach* von 1786 erschienenen Liedes Wilhelm Ueltzens (1758–1808).

Stille Wasser sind tief: der Titel eines Lustspiels (1786) von Friedrich Ludwig Schröder (1744–1816).

Nach Kreuz und ausgestandnen Leiden ist der Anfang eines Liedes von Nikolaus Sturm (1760–1819).

Was ist der Mensch? Halb Tier, halb Engel: So beginnt Nr. 369 der 1797 erschienenen *Vierhundert Lieder* des Altonaer Goldschmieds

Joachim Lorenz Evers. In Albrecht von Hallers *Versuch schweizerischer Gedichte* (1732) heißt es vom Menschen: »Unselig Mittelding von Engeln und von Vieh! / Du prahlst mit der Vernunft, und du gebrauchst sie nie.«

Sohn, da hast du meinen Speer,
Meinem Arm wird er zu schwer
ist aus Friedrich Leopold Graf zu Stolbergs (1750–1819) »Lied eines alten schwäbischen Ritters an seinen Sohn«, das zuerst im *Wandsbecker Boten* 1774 stand.

Was frag' ich viel nach Geld und Gut,
Wenn ich zufrieden bin?
ist aus Johann Martin Millers (1750–1814) Lied »Zufriedenheit«, das Mozart vertont hat.

Je mehr er hat, je mehr er will: aus Johann Martin Millers (1750–1814) Lied »Zufriedenheit« (1776), das Mozart vertont hat.

Weiter hast du keine Schmerzen? ist aus Mozarts Oper *Don Giovanni*, deren deutschen Text Johann Friedrich Rochlitz (1769–1842) geschrieben hat. Oft sagt man auch: »Hast du sonst noch Schmerzen?«

Reich mir die Hand, mein Leben! Aus Mozarts Oper *Don Giovanni* (1787), deren italienischer Text von Lorenzo Daponte durch Friedrich Rochlitz ins Deutsche übertragen wurde. Manchmal travestiert zu: »Reich? – Mir die Hand, mein Leben!«

Keine Ruh bei Tag und Nacht: aus Mozarts Oper *Don Giovanni* (1787), deren italienischer Text von Lorenzo Daponte durch Friedrich Rochlitz ins Deutsche übertragen wurde.

Dies Bildnis ist bezaubernd schön: aus Mozarts Oper *Die Zauberflöte* (1791), Text von Emanuel Schikaneder unter Mitwirkung Karl Ludwig Metzlers.

In diesen heil'gen Hallen kennt man die Rache nicht: aus Mozarts Oper *Die Zauberflöte* (1791), Text von Emanuel Schikaneder unter Mitwirkung Karl Ludwig Metzlers.

Zur Liebe will ich dich nicht zwingen: aus Mozarts Oper *Die Zauberflöte* (1791), Text von Emanuel Schikaneder unter Mitwirkung Karl Ludwig Metzlers.

Das höchste der Gefühle: aus Mozarts Oper *Die Zauberflöte* (1791), Text von Emanuel Schikaneder unter Mitwirkung Karl Ludwig Metzlers.

**Freut euch des Lebens,
Weil noch das Lämpchen glüht,
pflücket die Rose,
eh' sie verblüht!**
ist die erste Strophe eines Liedes, das 1793 der Schweizer Dichter Johann Martin Usteri (1763–1827) dichtete.

**Morgen, Kinder, wird's was geben,
Morgen werden wir uns freu'n**
ist der Anfang eines Weihnachtsliedes, das sich zuerst in einer Berliner Liedersammlung (1795) findet.

Europens übertünchte Höflichkeit: aus dem Gedicht »Der Wilde« (1793) von Joh. Gottfried Seume (1763–1810), wo »Ein Kanadier, der noch Europens / übertünchte Höflichkeit nicht kannte«, vorgeführt wird.

Wir Wilden sind doch beßre Menschen: aus dem Gedicht »Der Wilde« (1793) von Joh. Gottfr. Seume (1763–1810).

Und er schlug sich seitwärts in die Büsche: aus dem Gedicht »Der Wilde« (1793) von Joh. Gottfr. Seume (1763–1810).

**Wo man singt, da laß dich ruhig nieder,
Böse Menschen haben keine Lieder**
stammt aus Joh. Gottfr. Seumes (1763–1818) Gedicht »Die Gesänge« (1804); dort heißt es: »Wo man singet, laß dich ruhig nieder / ohne Furcht, was man im Lande glaubt; / wo man singet, wird kein Mensch beraubt; / Bösewichter haben keine Lieder.« Schon Luther sagt in seinem Gedicht »Frau Musica« (1543): »Hie kann nicht sein ein böser Mut, / wo da singen Gesellen gut«, und Cervantes im *Don Quijote II* (1615) 34 gegen Ende: »Wo Musik ist, da kann nichts Böses sein.« David Kalisch parodierte den Vers 1850 im *Humoristisch-satirischen Volkskalender* des *Kladderadatsch:* »Wo man raucht, da kannst du ruhig harren, / böse Menschen haben nie Cigarren.«

Seht den Himmel, wie heiter: aus dem »Mailied eines Mädchens« (1792) von Johann Heinrich Voß (1751–1826).

Auf die Postille gebückt, zur Seite des wärmenden Ofens: der Anfang der Idylle von Johann Heinrich Voß *Der siebzigste Geburtstag* (1781) seit der Ausgabe in Voß' *Gedichten* (1785).

Knigges Umgang mit Menschen ist für den »guten Ton« sprichwörtlich geworden (z. B. »dir fehlt Knigges Umgang mit Menschen«), obwohl das Buch des Freiherrn Adolf von Knigge (1752 bis 1796) *Über den Umgang mit Menschen* (1788) nur allgemeine Lebensregeln enthält.

Sah ein Knab' ein Röslein stehn: der Anfang des Liedes »Heideröslein«, das Goethe (1749–1832) in Straßburg 1771 nach einem Volkslied des 16. Jahrhunderts dichtete.

Wo viel Licht ist, ist starker Schatten: aus Gothes *Götz von Berlichingen* (1773) 1. Akt.

Die Zeiten sind vorbei! Aus Goethes *Götz von Berlichingen* (1773) 1. Akt.

Götzens grober Gruß, in Goethes Schauspiel *Götz von Berlichingen* (3,4) dem kaiserlichen Trompeter zugerufen, der Götz zur Übergabe auffordert, lautet: »Sag deinem Hauptmann: Vor Ihro Kaiserliche Majestät hab' ich, wie immer, schuldigen Respekt. Er aber, sag's ihm, er kann mich am Arsch lecken!« In späteren Ausgaben ersetzte Goethe das derbe Wort durch Striche, und beim Zitieren wurde es dann nur durch Anspielungen ausgedrückt wie: »Du kannst mich mal – Götz von Berlichingen!« oder: »Götz von Berlichingen 3,4!« Die Anspielung erscheint auch in Sprüchen wie: »Laß nie durch einen Fernspruch / dich aus der Ruhe bringen: / Denk immer an den Kernspruch / des Götz von Berlichingen!« Lateinkundige umschreiben die Aufforderung gerne mit »Lex mihi ars!«, was wörtlich etwas ganz anderes bedeutet, nämlich: »Gesetz ist mir die Kunst.« In seinen Lebenserinnerungen (gedruckt 1731), der Quelle von Goethes Götz, berichtet Götz von Berlichingen (1480–1562), er habe die Worte – in anderem Zusammenhang als bei Goethe – einem Amtmann zugerufen: »Da schrie ich wieder zu ihme hinauf, er sollte mich hinten lecken.«

Man lebt nur einmal in der Welt: aus Goethes *Clavigo* (1774) 1,1.

Da macht wieder jemand einmal einen dummen Streich: Carlos in Goethes *Clavigo* (1774) am Ende des 2. Aktes.

Schlagt ihn tot, den Hund! Es ist ein Rezensent! in Goethes Gedicht »Rezensent« (1773).

**Prophete rechts, Prophete links,
Das Weltkind in der Mitten**
stammt aus Goethes Gedicht »Diné zu Coblenz« (1774, gedruckt 1815).

Ein Schauspiel für die Götter: aus Goethes Singspiel *Erwin und Elmire* (1775) 1,1.

Herz! mein Herz! was soll das geben? Aus Goethes Gedicht »Neue Liebe, neues Leben« (1775), das auch im Singspiel *Erwin und Elmire* enthalten ist.

Ach, ich bin des Treibens müde: aus Goethes Gedicht »Wandrers Nachtlied« (1776).

**Selig, wer sich vor der Welt
Ohne Haß verschließt**
stammt aus Goethes Gedicht »An den Mond« (1776/78: 1789).

Kühl bis ans Herz hinan! Aus Goethes Ballade »Der Fischer« (1778).

Da war's um ihn geschehn: aus Goethes Ballade »Der Fischer« (1778).

Halb zog sie ihn, halb sank er hin: aus Goethes Ballade »Der Fischer« (1778).

Über allen Gipfeln ist Ruh: der Anfang des Gedichtes, das Goethe am Abend des 6.9.1780 an die Innenwand des Jagdhäuschens auf dem Gickelhahn bei Ilmenau schrieb, aber erst 1815 zum Druck gab.

**Warte nur, balde
Ruhest du auch**
ist der Schluß von Goethes Gedicht »Über allen Gipfeln ist Ruh« (1780).

Willkürlich leben kann jeder: Goethe in einem Brief an J. J. Krafft vom 31.3.1781. Seine Erklärung, im Satz vorher, lautet: »Das Muß ist hart, aber beim Muß kann der Mensch zeigen, wie's inwendig mit ihm steht.«

Wer reitet so spät durch Nacht und Wind? Aus Goethes Ballade »Erlkönig« (1782).

Mein Sohn, was birgst du so bang dein Gesicht? Aus Goethes Ballade »Erlkönig« (1782).

Sei ruhig, bleibe ruhig, mein Kind: aus Goethes Ballade »Erlkönig« (1782).

Ich liebe dich, mich reizt deine schöne Gestalt: aus Goethes Ballade »Erlkönig« (1782).

Und bist du nicht willig, so brauch' ich Gewalt! Aus Goethes Ballade »Erlkönig« (1782).

Erreicht den Hof mit Müh' und Not: aus Goethes Ballade »Erlkönig« (1782).

Edel sei der Mensch, hilfreich und gut: aus Goethes Gedicht »Das Göttliche« (1783).

Kennst du das Land, wo die Zitronen blühn? Der Anfang des ersten »Mignon-Liedes« in *Wilhelm Meisters Lehrjahren* (1782, gedruckt 1796) 3,1 von Goethe.

Was hat man dir, du armes Kind, getan? Aus dem »Mignon-Lied« des vorhergehenden Zitats.

Nur wer die Sehnsucht kennt,
Weiß, was ich leide
ist der Anfang eines weiteren »Mignon-Liedes« (1786) in *Wilhelm Meisters Lehrjahren* (1796) 4,11 von Goethe.

Wer nie sein Brot mit Tränen aß: der Anfang eines Liedes des Harfenspielers (1782) in *Wilhelm Meisters Lehrjahren* (1796) 2,13 von Goethe.

Ihr laßt den Armen schuldig werden: aus dem obigen Lied des Harfenspielers (1782) in *Wilhelm Meisters Lehrjahren* (1796) 2,13 von Goethe.

Wer sich der Einsamkeit ergibt,
Ach, der ist bald allein
ist der Anfang eines weiteren Liedes des Harfenspielers (1782) in *Wilhelm Meisters Lehrjahren* (1796) 2,13 von Goethe.

So eine Arbeit wird eigentlich nie fertig schrieb Goethe am 16.3.1787 in bezug auf seine *Iphigenie*.

Das Land der Griechen mit der Seele suchend: Goethe, *Iphigenie* (1787) 1,1.

Ein unnütz Leben ist ein früher Tod: Goethe, *Iphigenie* (1787) 1,2.

Du sprichst ein großes Wort gelassen aus: Goethe, *Iphigenie* (1787) 1,3.

Man spricht vergebens viel, um zu versagen;
Der andre hört von allem nur das Nein
stammt aus Goethes *Iphigenie* (1787) 1,3.

Lust und Liebe sind die Fittiche zu großen Taten: Goethe, *Iphigenie* (1787) 2,1.

Zwischen uns sei Wahrheit! spricht Orest zu Iphigenie in Goethes *Iphigenie* (1787) 3,1.

Der ungezogne Liebling der Grazien wird Aristophanes in Goethes Epilog zu seiner Übersetzung der *Vögel* (1787) genannt.

Ich versprach dir, einmal spanisch zu kommen sagt in Goethes *Egmont* (1787) 3,2 Egmont zu Klärchen, indem er sich ihr in einem prächtigen Hofkleid zeigt. Wir gebrauchen das Wort ironisch als Drohung.

Himmelhoch jauchzend, zum Tode betrübt: Goethe, *Egmont* (1787) 3, Lied Klärchens.

Das Beste ist gut genug stammt aus Goethes *Italienischer Reise,* dem Kapitel »Neapel«, wo es am Ende des 2. Briefes vom 3.3. 1787 heißt: »In der Kunst ist das Beste gut genug.«

Geh den Weibern zart entgegen,
Du gewinnst sie, auf mein Wort
steht bei Goethe am Ende des Singspiels *Die ungleichen Hausgenossen* (1789).

Eines schickt sich nicht für alle.
Sehe jeder, wie er's treibe,
Sehe jeder, wo er bleibe,
Und, wer steht, daß er nicht falle
stammt aus Goethes Gedicht »Beherzigung« (1777, gedruckt 1789). Der erste Vers hat lateinische Vorbilder; in Ciceros *Rede für Roscius Amerinus* heißt es 42,122: »Non in omnes, arbitror, omnia convenire – Nicht für alle, glaube ich, schickt sich alles«; der gleiche Gedanke, nur mit andern Worten, findet sich bei Properz (4,9,7), Tacitus (*Annalen* 6,54) und Plinius (*Briefe* 6,27). Der letzte Vers beruht auf der Stelle *1. Korinther* 10,12: »Wer sich läßt dünken, er stehe, mag wohl zusehen, daß er nicht falle.«

Willst du immer weiter schweifen?
Sieh, das Gute liegt so nah
ist aus Goethes Gedicht »Erinnerung« (1777/78, gedruckt 1789). Die Frage wird oft so gestellt: »Warum (Wozu) in die Ferne schweifen?«

Begeisterung ist keine Heringsware,
Die man einpökelt auf einige Jahre
ist aus Goethes Spruchgedicht »Frisches Ei, gutes Ei«.

Du siehst mich lächelnd an, Eleonore: Goethe, *Tasso* (1788/89) 1,1.

Die Stätte, die ein guter Mensch betrat, ist eingeweiht: Goethe, *Tasso* (1788/89) 1,1.

Es bildet ein Talent sich in der Stille,
Sich ein Charakter in dem Strom der Welt
stammt aus Goethe, *Tasso* (1788/89) 1,2.

Welcher Kluge fänd' im Vatikan nicht seinen Meister? Goethe, *Tasso* (1788/89) 1,2.

Die Grazien sind leider ausgeblieben: Goethe, *Tasso* (1788/89) 2,1.

Man merkt die Absicht, und man wird verstimmt, nach: »So fühlt man Absicht, und man ist verstimmt« in Goethes *Tasso* (1788/89) 2,1.

Erlaubt ist, was gefällt: Das Wort in Goethes *Tasso* (1788/89) 2,1 ist die Übersetzung einer Stelle in Torquato Tassos Schäferspiel *Aminta* (1573). »Libito fè licito« – heißt es in Dantes *Göttlicher Komödie* (Hölle 5,55). Goethe wird durch Herder aber auch die Verse Jakob Baldes (1603–68) kennengelernt haben: »Ardente Roma: quod libet, hoc licet / clament Nerones: Quod licet, hoc libet, / Trajane, dices – Neronen singen, während dem Brande Roms: / Erlaubt ist, was beliebet. Mein König singt: / Nur was erlaubt ist, das beliebt mir« (Übersetzung Herders). Nach Spartianus, *Caracalla* 10 (in den *Scriptores historiae Augustae*) sagte Julia zu ihrem Stiefsohn Caracalla, als er sie zur Frau begehrte: »Si libet, licet – Wenn es gefällt, ist es erlaubt.« Goethes Tasso wollte mit diesem Wort das unschuldige Goldene Zeitalter charakterisieren; die Prinzessin hält ihm entgegen, was für unsere Zeit gilt: »Erlaubt ist, was sich ziemt.«

**Willst du genau erfahren, was sich ziemt,
So frage nur bei edlen Frauen an**
sind Worte der Prinzessin in Goethes *Tasso* (1788/89) 2,1.

Nach Freiheit strebt der Mann, das Weib nach Sitte: Worte der Prinzessin in Goethes *Tasso* (1788/89) 2,1.

**Und wenn der Mensch in seiner Qual verstummt,
Gab mir ein Gott, zu sagen, wie ich leide**
sind Worte Tassos in Goethes *Tasso* (1788/89) 5,5; sie stehen als Motto vor dem Gedicht »Elegie« der *Trilogie der Leidenschaft* mit der Änderung: »... zu sagen, was ich leide.«

**Da steh' ich nun, ich armer Tor!
Und bin so klug, als wie zuvor**
sagt Faust in Goethes *Faust I*, »Nacht«, Vers 358. Schon im *Urfaust*. Zuerst gedruckt im *Fragment* (1790).

Es möchte kein Hund so länger leben! Faust in Goethes *Faust I*, »Nacht«, Vers 376. Schon im *Urfaust*. Zuerst gedruckt im *Fragment* (1790).

Welch Schauspiel! aber ach! ein Schauspiel nur! Faust in Goethes *Faust I*, »Nacht«, Vers 454. Schon im *Urfaust*. Zuerst gedruckt im *Fragment* (1790).

Wie anders wirkt dies Zeichen auf mich ein! Faust in Goethes *Faust I*, »Nacht«, Vers 460. Schon im *Urfaust*. Zuerst gedruckt im *Fragment* (1790).

Am sausenden Webstuhl der Zeit: Der Geist in Goethes *Faust I*, »Nacht«, Vers 508. Schon im *Urfaust*. Zuerst gedruckt im *Fragment* (1790).

Du gleichst dem Geist, den du begreifst, nicht mir! Worte des Geistes in Goethes *Faust I*, »Nacht«, Vers 512f. Schon im *Urfaust*. Zuerst gedruckt im *Fragment* (1790).

Wenn ihr's nicht fühlt, ihr werdet's nicht erjagen: Faust in Goethes *Faust I*, »Nacht«, Vers 534. Schon im *Urfaust*. Zuerst gedruckt im *Fragment* (1790).

Wenn es euch nicht von Herzen geht: Goethe, *Faust I*, »Studierzimmer« (Vers 545). Schon im *Fragment* von 1790 und im *Urfaust*.

(Allein) der Vortrag macht des Redners Glück: Wagner in Goethes *Faust I,* »Nacht«, Vers 546. So im *Fragment* (1790). Im *Urfaust* heißt es: »Allein der Vortrag nützt dem Redner viel.«

Es trägt Verstand und rechter Sinn
Mit wenig Kunst sich selber vor
sagt Faust in Goethes *Faust I,* »Nacht«, Vers 550f. Schon im *Fragment* (1790).

Und wie wir's dann zuletzt so herrlich weit gebracht: Wagner in Goethes *Faust I,* »Nacht«, Vers 573. Schon im *Urfaust.* Zuerst gedruckt im *Fragment* (1790).

Mein Freund, die Zeiten der Vergangenheit
Sind uns ein Buch mit sieben Siegeln.
Was ihr den Geist der Zeiten heißt,
Das ist im Grund der Herren eigner Geist,
In dem die Zeiten sich bespiegeln
Faust in Goethes *Faust I,* »Nacht«, Vers 575–79. Schon im *Urfaust.* Zuerst gedruckt im *Fragment* (1790).

Ein Kerl, der spekuliert, ist wie ein Tier auf dürrer Heide: Mephistopheles in Goethes *Faust I,* »Studierzimmer«, Vers 1830f. Schon im *Fragment* (1790).

In spanische Stiefel eingeschnürt: Goethe, *Faust I,* »Studierzimmer« (Vers 1913). Schon im *Fragment* von 1790 und im *Urfaust.*

Fehlt leider! nur das geistige Band: Mephistopheles in Goethes *Faust I,* »Schülerszene«, Vers 1939. Schon im *Urfaust* (dort noch »geistliche« statt »geistige«) und im *Fragment* (1790).

Mir wird von alle dem so dumm,
Als ging mir ein Mühlrad im Kopf herum
sagt der Schüler in Goethes *Faust I,* »Schülerszene«, Vers 1946f. Schon im *Urfaust.* Zuerst gedruckt im *Fragment* (1790).

Denn was man schwarz auf weiß besitzt,
kann man getrost nach Hause tragen
spricht der Schüler in Goethes *Faust I,* »Schülerszene«, Vers 1966f. Schon im *Fragment* (1790).

Es erben sich Gesetz' und Rechte
Wie eine ew'ge Krankheit fort
sagt Mephistopheles in Goethes *Faust I,* »Schülerszene«, Vers 1972f. Schon im *Fragment* (1790).

**Vom Rechte, das mit uns geboren ist,
Von dem ist leider! nie die Frage**
spricht Mephistopheles in Goethes *Faust I,* »Schülerszene«, Vers 1978f. Schon im *Fragment* (1790).

**Denn eben wo Begriffe fehlen,
Da stellt ein Wort zur rechten Zeit sich ein**
sagt Mephistopheles in Goethes *Faust I,* »Schülerszene«, Vers 1995f. Schon im *Fragment* (1790).

Mit Worten läßt sich trefflich streiten: Mephistopheles in Goethes *Faust I,* »Schülerszene«, Vers 1997. Schon im *Fragment* (1790).

Ich bin des trocknen Tons nun satt: Mephistopheles in Goethes *Faust I,* »Studierzimmer« (Vers 2009). Schon im *Fragment* von 1790; im *Urfaust:* »Bin des Professortons nun satt.«

Der Geist der Medizin ist leicht zu fassen: Mephistopheles in Goethes *Faust I,* »Studierzimmer« (Vers 2011). Schon im *Fragment* von 1790 und im *Urfaust.*

Doch der den Augenblick ergreift, das ist der rechte Mann: Mephistopheles in Goethes *Faust I,* »Studierzimmer« (Vers 2017f.). Schon im *Fragment* von 1790 und im *Urfaust.*

Das sieht schon besser aus! Man sieht doch, wo und wie: Der Schüler in Goethes *Faust I,* »Schülerszene«, Vers 2037. Schon im *Fragment* (1790).

**Grau, teurer Freund, ist alle Theorie,
Und grün des Lebens goldner Baum**
sagt Mephistopheles in Goethes *Faust I,* »Schülerszene«, Vers 2038f. Schon im *Urfaust.* Zuerst gedruckt im *Fragment* (1790).

Dir wird gewiß einmal bei deiner Gottähnlichkeit bange! Mephistopheles in Goethes *Faust I,* »Studierzimmer« (Vers 2050). Schon im *Fragment* von 1790 und im *Urfaust.*

Sobald du dir vertraust, sobald weißt du zu leben: Mephistopheles in Goethes *Faust I,* »Studierzimmer« (Vers 2062). Schon im *Fragment* von 1790.

Des Basses Grundgewalt: Goethe, *Faust I,* »Auerbachs Keller« (Vers 2086). Schon im *Fragment* von 1790.

Politisch Lied, ein garstig Lied. »Ein garstig Lied! Pfui! Ein politisch Lied!« sagt der Student Brander in Goethes *Faust I,* »Auerbachs

Keller«, Vers 2092. So im *Fragment* (1790); ähnlich schon im *Urfaust*.

Hatte sich ein Ränzlein angemäst't als wie der Doktor Luther: Goethe, *Faust I,* »Auerbachs Keller« (Vers 2128 f.). Schon im *Fragment* von 1790 und im *Urfaust*.

Mit wenig Witz und viel Behagen: Goethe, *Faust I,* »Auerbachs Keller« (Vers 2162). Schon im *Fragment* von 1790.

Mein Leipzig lob' ich mir! Es ist ein klein Paris und bildet seine Leute: Goethe, *Faust I,* »Auerbachs Keller« (Vers 2171 f.). Schon im *Fragment* von 1790.

Den Teufel spürt das Völkchen nie,
Und wenn er sie beim Kragen hätte
sagt Mephistopheles in Goethes *Faust I,* »Auerbachs Keller«, Vers 2181 f. Schon im *Fragment* (1790).

Denn wenn ich judizieren soll,
Verlang ich auch das Maul recht voll
sagt der Student Frosch in Goethes *Faust I,* »Auerbachs Keller« (Vers 2254). Schon im *Fragment* von 1790.

Ein echter deutscher Mann mag keinen Franzen leiden,
Doch ihre Weine trinkt er gern
spricht der Student Brander in Goethes *Faust I,* »Auerbachs Keller«, Vers 2272 f. So schon im *Fragment* (1790). »Die Franzosen kann ich nicht leiden, so großen Respekt ich vor ihren Wein hab«, heißt es im *Urfaust*.

Uns ist ganz kannibalisch wohl
Als wie fünfhundert Säuen
wird in »Auerbachs Keller« gesungen, Goethe, *Faust I,* Vers 2293 f. Schon im *Urfaust;* zuerst gedruckt im *Fragment* (1790).

Auch die Kultur, die alle Welt beleckt,
Hat auf den Teufel sich erstreckt
sagt Mephistopheles in Goethes *Faust I,* »Hexenküche«, Vers 2495 f. Schon im *Fragment* (1790).

Den Bösen sind sie los, die Bösen sind geblieben: Mephistopheles in Goethes *Faust I,* »Hexenküche«, Vers 2509. Schon im *Fragment* (1790).

Dies ist die Art, mit Hexen umzugehn: Mephistopheles in Goethes *Faust I,* »Hexenküche«, Vers 2517. Schon im *Fragment* (1790).

**Ein willkommner Widerspruch
bleibt gleich geheimnisvoll für Kluge wie für Toren**
sagt Mephistopheles in Goethes *Faust I,* »Hexenküche«, Vers 2557f. Schon im *Fragment* (1790).

**Gewöhnlich glaubt der Mensch, wenn er nur Worte hört,
Es müsse sich dabei doch auch was denken lassen**
spricht Mephistopheles in Goethes *Faust I,* »Hexenküche«, Vers 2565f. Schon im *Fragment* (1790).

**Mein schönes Fräulein, darf ich wagen,
Meinen Arm und Geleit ihr anzutragen?**
fragt Faust in Goethes *Faust I,* »Straße«, Vers 2605f. Schon im *Urfaust.* Zuerst gedruckt im *Fragment* (1790).

Gleich schenken? Das ist brav! Da wird er reüssieren! Mephistopheles in Goethes *Faust I,* »Straße« (Vers 2674). Schon im *Fragment* von 1790.

Nicht jedes Mädchen hält so rein: Mephistopheles in Goethes *Faust I,* »Abend«, Vers 2686. Schon im *Urfaust;* zuerst gedruckt im *Fragment* (1790).

**Nach Golde drängt,
Am Golde hängt
Doch alles!**
sagt Margarete in Goethes *Faust I,* »Abend«, Vers 2802ff. Schon im *Urfaust.* Zuerst gedruckt im *Fragment* (1790).

**'s ist eine der größten Himmelsgaben,
So ein lieb Ding im Arm zu haben**
spricht Mephistopheles in Goethes *Faust I,* »Der Nachbarin Haus«, Vers 2947f. Schon im *Urfaust.* Zuerst gedruckt im *Fragment* (1790).

Das ist des Landes nicht der Brauch: Margarete in Goethes *Faust I,* »Der Nachbarin Haus«, Vers 2949, als Antwort auf die im vorhergehenden Zitat genannten Worte des Mephistopheles. Schon im *Urfaust.* Zuerst gedruckt im *Fragment* (1790).

**Durch zweier Zeugen Mund
Wird allerwegs die Wahrheit kund**
sagt Mephistopheles in Goethes *Faust I,* »Der Nachbarin Haus«, Vers 3013f. Schon im *Fragment* von 1790 und im *Urfaust.*

Wer recht behalten will und hat nur eine Zunge, behält's gewiß: Faust in Goethes *Faust I*, »Straße«, Vers 3069/70. Schon im *Fragment* von 1790 und im *Urfaust*.

So tauml' ich von Begierde zu Genuß,
Und im Genuß verschmacht' ich nach Begierde
sagt Faust in Goethes *Faust I*, »Wald und Höhle«, Vers 3249f. Schon im *Fragment* (1790).

Meine Ruh ist hin, mein Herz ist schwer: Gretchen in Goethes *Faust I*, »Gretchens Stube«, Vers 3374f. Schon im *Urfaust*. Zuerst gedruckt im *Fragment* (1790).

Gefühl ist alles: Faust in Goethes *Faust I*, »Marthens Garten«, Vers 3456. Schon im *Fragment* (1790). Hängt mit dem folgenden Zitat unmittelbar zusammen und wird auch oft mit ihm zusammen zitiert.

Name ist Schall und Rauch: Faust in Goethes *Faust I*, »Marthens Garten«, Vers 3457. Schon im *Fragment* (1790). Wird auch oft mit dem vorhergehenden Zitat zusammen zitiert: »Gefühl ist alles, Name ist Schall und Rauch.«

Es tut mir lang schon weh,
Daß ich dich in der Gesellschaft seh
sagt Margarete in Goethes *Faust I*, »Marthens Garten«, Vers 3469f. Schon im *Urfaust*. Zuerst gedruckt im *Fragment* (1790).

Es muß auch solche Käuze geben: Faust in Goethes *Faust I*, »Marthens Garten«, Vers 3483. So schon im *Fragment* (1790). Im *Urfaust* heißt es noch: »Es ist ein Kauz, wie's mehr noch geben.«

Du ahnungsvoller Engel du! Faust in Goethes *Faust I*, »Marthens Garten«, Vers 3494. Schon im *Urfaust*. Zuerst gedruckt im *Fragment* (1790).

Du hast nun die Antipathie! Faust in Goethes *Faust I*, »Marthens Garten«, Vers 3501. Schon im *Urfaust*. Zuerst gedruckt im *Fragment* (1790).

Ich habe schon so viel für dich getan,
Daß mir zu tun fast nichts mehr übrig bleibt
sagt Margarete in Goethes *Faust I*, »Marthens Garten«, Vers 3519f. Schon im *Fragment* (1790).

Die Mädels sind doch sehr interessiert,
Ob einer fromm und schlicht nach altem Brauch,
Sie denken, duckt er da, folgt er uns eben auch
spricht Mephistopheles in Goethes *Faust I,* »Marthens Garten«, Vers 3525 ff. Schon im *Urfaust.* Zuerst gedruckt im *Fragment* (1790).

Du Spottgeburt von Dreck und Feuer! Faust zu Mephistopheles in Goethes *Faust I,* »Marthens Garten«, Vers 3536. Schon im *Urfaust.* Zuerst gedruckt im *Fragment* (1790).

Hab' ich doch meine Freude dran! Mephistopheles in Goethes *Faust I,* »Marthens Garten«, Vers 3543. Schon im *Urfaust.* Zuerst gedruckt im *Fragment* (1790).

Nachbarin! Euer Fläschchen! Gretchen in Goethes *Faust I,* »Dom«, Vers 3834. Schon im *Urfaust.* Zuerst gedruckt im *Fragment* (1790).

Pfingsten, das liebliche Fest war gekommen: der Anfang von Goethes Epos *Reineke Fuchs* (1794).

O Trank voll süßer Labe! In Goethes Ballade »Der Sänger«, die zuerst in *Wilhelm Meisters Lehrjahren* (1795/96), 2. Buch, am Ende des 11. Kapitels erscheint, wo es freilich noch heißt: »O Trank der süßen Labe!«

Wenn ich dich lieb habe, was geht's dich an! Philines Worte in Goethes *Wilhelm Meisters Lehrjahren* (1796), 4,9. Goethe schreibt darüber in *Dichtung und Wahrheit,* 14. Buch: »Jenes wunderliche Wort: ›Wer Gott recht liebt, muß nicht verlangen, daß Gott ihn wiederliebe‹, ... erfüllte mein ganzes Nachdenken. Uneigennützig zu sein in allem, am uneigennützigsten in Liebe und Freundschaft, war meine höchste Lust, meine Maxime, meine Ausübung, so daß jenes freche spätere Wort ›Wenn ich dich liebe, was geht's dich an‹ mir recht aus dem Herzen gesprochen ist.« – »Jenes wunderliche Wort« steht in Spinozas *Ethik* (5, 19): »Qui Deum amat, conari non potest, ut Deus ipsum contra amet.«

Bekenntnisse einer schönen Seele: die Überschrift des 6. Buchs von Goethes *Wilhelm Meisters Lehrjahre* (1796).

Denn wir können die Kinder nach unserem Sinne nicht formen;
So wie Gott sie uns gab, so muß man sie haben und lieben,
Sie erziehen aufs Beste und jeglichen lassen gewähren
steht in Goethes *Hermann und Dorothea* (1797), 3. Gesang.

Die ich rief, die Geister,
Werd' ich nun nicht los
ist aus Goethes Ballade »Der Zauberlehrling« (1797).

Ich bin heruntergekommen
Und weiß doch selber nicht wie
ist aus Goethes Gedicht »Schäfers Klagelied« vom träumerischen Hinabwandeln des Schäfers vom Berge gesagt, wird aber in ganz anderem Sinn zitiert.

Arm am Beutel, krank am Herzen: der Anfang von Goethes Ballade »Der Schatzgräber« (1797).

Tages Arbeit, abends Gäste!
Saure Wochen, frohe Feste!
steht in Goethes Ballade »Der Schatzgräber« (1797).

Wer Großes will, muß sich zusammenraffen.
In der Beschränkung zeigt sich erst der Meister,
Und das Gesetz nur kann uns Freiheit geben
ist der Schluß von Goethes Sonett »Natur und Kunst, sie scheinen sich zu fliehen« (1800).

Mich ergreift, ich weiß nicht wie, himmlisches Behagen: der Anfang von Goethes »Tischlied« zum 22. 1. 1802.

Die Sterne, die begehrt man nicht: aus Goethes Gedicht »Trost in Tränen« (1804). Manchmal wird auch der folgende Vers noch hinzugesetzt: »Man freut sich ihrer Pracht.«

Denn er war unser! Aus Goethes »Epilog zu Schillers ›Glocke‹« (1805).

Und hinter ihm, in wesenlosem Scheine,
Lag, was uns alle bändigt, das Gemeine
stammt aus Goethes »Epilog zu Schillers ›Glocke‹«.

Der Widerstand der stumpfen Welt. In Goethes »Epilog zu Schillers ›Glocke‹« ist die Rede »von jenem Mut, der früher oder später den Widerstand der stumpfen Welt besiegt«.

Ihr naht euch wieder, schwankende Gestalten: der Anfang des Gedichtes »Zueignung« (1797), das Goethe 1808 vor die Ausgabe des *Faust I* setzte.

Zwar sind sie an das Beste nicht gewöhnt,
Allein sie haben schrecklich viel gelesen
sagt der Direktor im »Vorspiel auf dem Theater« von Goethes *Faust* (1808).

Was glänzt, ist für den Augenblick geboren,
Das Echte bleibt der Nachwelt unverloren
sagt der Dichter im »Vorspiel auf dem Theater« von Goethes *Faust* (1808).

Beseht die Gönner in der Nähe!
Halb sind sie kalt, halb sind sie roh
sagt der Direktor im »Vorspiel auf dem Theater« in Goethes *Faust* (1808).

Wer vieles bringt, wird manchem etwas bringen: der Direktor im »Vorspiel auf dem Theater« von Goethes *Faust* (1808).

Greift nur hinein ins volle Menschenleben! Die Lustige Person im »Vorspiel auf dem Theater« von Goethes *Faust* (1808).

Und wo ihr's packt, da ist's interessant: die Lustige Person im »Vorspiel auf dem Theater« von Goethes *Faust* (1808).

Wer fertig ist, dem ist nichts recht zu machen,
Ein Werdender wird immer dankbar sein
stammt aus Goethes *Faust*, »Vorspiel auf dem Theater« (1808).

Der Worte sind genug gewechselt,
Laßt mich auch endlich Taten sehn
sagt der Direktor im »Vorspiel auf dem Theater« von Goethes *Faust* (1808). Gern verändert in: »Nun laß(t) uns endlich ...«

Es irrt der Mensch so lang er strebt: Worte des Herrn in Goethes *Faust*, »Prolog im Himmel« (1808).

Ein guter Mensch, in seinem dunkeln Drange,
Ist sich des rechten Weges wohl bewußt
sind Worte des Herrn in Goethes *Faust*, »Prolog im Himmel« (1808).

Von Zeit zu Zeit seh' ich den Alten gern: Mephistopheles in Goethes *Faust*, »Prolog im Himmel« (1808).

Zwar weiß ich viel, doch möcht' ich alles wissen: Wagner in Goethes *Faust I* (1808), »Nacht«, Vers 601.

**Was du ererbt von deinen Vätern hast,
Erwirb es, um es zu besitzen**
sagt Faust in Goethes *Faust I* (1808), »Nacht«, Vers 682f.

Die Botschaft hör' ich wohl, allein mir fehlt der Glaube: Faust in Goethes *Faust I* (1808), »Nacht«, Vers 765.

Das Wunder ist des Glaubens liebstes Kind: Faust in Goethes *Faust I* (1808), »Nacht«, Vers 766.

Die Träne quillt, die Erde hat mich wieder! Faust in Goethes *Faust I* (1808), »Nacht« (Vers 784).

**Nichts Bessers weiß ich mir an Sonn- und Feiertagen
Als ein Gespräch von Krieg und Kriegsgeschrei,
Wenn hinten, weit, in der Türkei,
die Völker aufeinanderschlagen**
sagt ein Bürger in Goethes *Faust I* (1808), »Vor dem Tor«, Vers 860ff.

Vom Eise befreit sind Strom und Bäche: Faust in Goethes *Faust I* (1808), »Vor dem Tor«, Vers 903.

Hier bin ich Mensch, hier darf ich's sein: Faust in Goethes *Faust I* (1808), »Vor dem Tor«, Vers 940.

Ein dunkler Ehrenmann: Goethe, *Faust I* (1808), »Vor dem Tor« (Vers 1034).

**Was man nicht weiß, das eben brauchte man,
Und was man weiß, kann man nicht brauchen**
sagt Faust in Goethes *Faust I* (1808), »Vor dem Tor«, Vers 1066f.

Zwei Seelen wohnen, ach, in meiner Brust: Faust in Goethes *Faust I* (1808), »Vor dem Tor«, Vers 1112. In Wielands lyrischem Drama *Die Wahl des Herkules* (1773) heißt es: »Zwei Seelen – ach, ich fühl' es zu gewiß! / bekämpfen sich in meiner Brust.« Racine schrieb im dritten Gesang seiner *Cantiques spirituels:* »Je trouve deux hommes en moi – Ich finde zwei Menschen in mir«, von denen der eine Gott treu ist, der andere sich gegen ihn auflehnt. Die Unterscheidung geht zurück auf die des Apostels Paulus im *Römerbrief*, Kapitel 8, z.B. im Vers 25: »So diene ich nun mit dem Gemüte dem Gesetz Gottes, aber mit dem Fleische dem Gesetz der Sünde.«

**Du hast wohl recht: ich finde nicht die Spur
Von einem Geist, und alles ist Dressur**
sagt Faust in Goethes *Faust I* (1808), »Vor dem Tor«, Vers 1172f. zu Wagner über den Pudel (Mephistopheles).

Wozu der Lärm? Was steht dem Herrn zu Diensten? Dies sagt Mephistoteles in Goethes *Faust I* (1808), »Studierzimmer«, Vers 1322.

Das also war des Pudels Kern! sagt Faust in Goethes *Faust I* (1808), »Vor dem Tor«, Vers 1323, nachdem der Pudel sich in Mephistopheles verwandelt hat.

Der Kasus macht mich lachen: Goethe, *Faust I* (1808), »Studierzimmer«, Vers 1324.

**Ein Teil von jener Kraft,
Die stets das Böse will und stets das Gute schafft**
ist die Antwort des Mephistopheles in Goethes *Faust I* (1808), »Studierzimmer«, Vers 1335f., auf Fausts Frage: »Wer bist du denn?«

Der Geist, der stets verneint: Mephistopheles in Goethes *Faust I* (1808), »Studierzimmer«, Vers 1338.

Das erste steht uns frei, beim zweiten sind wir Knechte: Dies sagt Mephistopheles in Goethes *Faust I* (1808), »Studierzimmer«, Vers 1412.

Beisammen sind wir, fanget an! Mephistopheles in Goethes *Faust I* (1808), »Studierzimmer«, Vers 1446.

Du bist noch nicht der Mann, den Teufel festzuhalten! sagt Mephistopheles zu Faust in Goethes *Faust I* (1808), »Studierzimmer«, Vers 1509.

**Der Herr der Ratten und der Mäuse,
Der Fliegen, Frösche, Wanzen, Läuse**
so nennt sich Mephistopheles selbst in Goethes *Faust I* (1808), »Studierzimmer«, Vers 1516.

Allwissend bin ich nicht; doch viel ist mir bewußt: Mephistopheles in Goethes *Faust I* (1808), »Studierzimmer«, Vers 1582.

Was willst du armer Teufel geben? Faust in Goethes *Faust I* (1808), »Studierzimmer«, Vers 1675.

**Werd' ich zum Augenblicke sagen:
Verweile doch, du bist so schön**
ist die entscheidende Bedingung von Fausts Pakt mit dem Teufel in Goethes *Faust I* (1808), »Studierzimmer«, Vers 1699 ff.

Auch was Geschriebnes forderst du Pedant? Faust zu Mephistopheles in Goethes *Faust I* (1808), »Studierzimmer«, Vers 1716.

Blut ist ein ganz besondrer Saft: Mephistopheles in Goethes *Faust I* (1808), »Studierzimmer«, Vers 1740.

Beim Himmel, dieses Kind ist schön! Faust in Goethes *Faust I* (1808), »Straße«, Vers 2609.

Ein stiller Geist ist Jahre lang geschäftig: Mephistopheles in Goethes *Faust I* (1808), »Hexenküche«, Vers 2372.

Breite Bettelsuppen. In Goethes *Faust I* (1808), Vers 2392 sagen die Tiere in der »Hexenküche«: »Wir kochen breite Bettelsuppen«, worauf Mephistopheles antwortet: »Da habt ihr ein groß Publikum.«

Margretlein zog ein schiefes Maul, erzählt Mephistopheles in Goethes *Faust I* (1808), »Spaziergang«, Vers 2827, als ihre Mutter den von ihm besorgten Schmuck der Muttergottes weihen wollte.

**Die Kirche hat einen guten Magen,
Hat ganze Länder aufgefressen
Und doch noch nie sich übergessen**
sind nach Mephistopheles die Worte des Pfaffen, dem Gretchens Mutter den verdächtigen Schmuck übergibt: Goethe, *Faust I* (1808), »Spaziergang«, Vers 2836 ff.

**So ein verliebter Tor verpufft
Euch Sonne, Mond und alle Sterne
Zum Zeitvertreib dem Liebchen in die Luft**
sagt Mephistopheles in Goethes *Faust I* (1808), »Spaziergang«, Vers 2862 ff.

Platz! süßer Pöbel, Platz! Mephistopheles in Goethes *Faust I* (1808), »Walpurgisnacht«, Vers 4023.

Die Müh' ist klein, der Spaß ist groß: Mephistopheles in Goethes *Faust I* (1808), Walpurgisnacht, Vers 4049.

Du glaubst zu schieben und du wirst geschoben: Mephistopheles in Goethes *Faust I* (1808), »Walpurgisnacht«, Vers 4117. In La

Rochefoucaulds *Maximen* (1782) heißt es: »L'homme croit souvent se conduire lorsqu'il est conduit – Der Mensch glaubt oft zu führen, während er geführt wird.«

Sie ist die Erste nicht sagt Mephistopheles von Gretchen in Goethes *Faust I,* »Trüber Tag, Feld«. Der Ausdruck ist eine alte sprichwörtliche Redensart.

Der Menschheit ganzer Jammer faßt mich an: Faust in Goethes *Faust I* (1808), »Kerker«, Vers 4406.

Heinrich! mir graut's vor dir: Margarete zu Faust in Goethes *Faust I* (1808), »Kerker«, Vers 4610.

Der rote Faden dient so häufig als Gleichnis, daß man oft sagt: »Der berühmte (bekannte) rote Faden.« Er stammt aus Goethes Roman *Die Wahlverwandtschaften* (1809) 2,2. Dort wird berichtet, alles Tauwerk der englischen Flotte sei »dergestalt gesponnen, daß ein roter Faden durch das Ganze durchgeht, den man nicht herauswinden kann, ohne alles aufzulösen ... Ebenso zieht sich durch Ottiliens Tagebuch ein Faden der Neigung und Anhänglichkeit, der alles verbindet ...« Der Brauch in der englischen Flotte (anfänglich mit verschiedenen Farben) besteht seit 1776.

Es wandelt niemand ungestraft unter Palmen, d. h. in der Region der Ideale, steht in Ottiliens Tagebuch in Goethes *Wahlverwandtschaften* (1809) 2,7.

Nur die Lumpe sind bescheiden: aus Goethes Lied »Rechenschaft« (1810 gedruckt).

Hier sind wir versammelt zu löblichem Tun: der erste Vers des 1810 entstandenen Liedes »Ergo bibamus« von Goethe.

Alles in der Welt läßt sich ertragen,
Nur nicht eine Reihe von schönen Tagen
steht in Goethes Gedichten unter »Sprichwörtlich«. Schon Luther sagte: »Gute Tage können wir nicht vertragen« (Erlanger Ausgabe 57, 128).

Dichtung und Wahrheit nannte Goethe seine Autobiographie, deren ersten Teil er 1811 veröffentlichte.

Was man in der Jugend wünscht, hat man im Alter die Fülle setzte Goethe als Motto vor den zweiten Teil (1812) seiner Autobiographie *Dichtung und Wahrheit.*

Er wußte sich nicht zu zähmen, und so zerrann ihm sein Leben wie sein Dichten schrieb Goethe in *Dichtung und Wahrheit* (2,7) von Johann Christian Günther.

Shakespeare und kein Ende: der Titel eines Aufsatzes von Goethe, der 1815 veröffentlicht wurde.

Bilde, Künstler! Rede nicht! Aus dem Vorspruch zur Abteilung »Kunst« in Goethes *Gedichten* (1815).

Ich liebe mir den heitern Mann
Am meisten unter meinen Gästen:
Wer sich nicht selbst zum besten haben kann,
Der ist gewiß nicht von den besten
steht unter dem Titel »Meine Wahl« in Goethes *Gedichten,* Abteilung »Epigrammatisch«.

Der Mensch erfährt, er sei auch, wer er mag,
Ein letztes Glück und einen letzten Tag
heißt es in Goethes *Gedichten* unter »Sprichwörtlich«.

Tu nur das Rechte in deinen Sachen;
Das andre wird sich von selber machen
steht in Goethes *Gedichten* unter »Sprichwörtlich«. In den *Maximen und Reflexionen* heißt es: »Dem tätigen Menschen kommt es darauf an, daß er das Rechte tue; ob das Rechte geschehe, soll ihn nicht kümmern.«

Noch ist es Tag, da rühre sich der Mann!
Die Nacht tritt ein, wo niemand wirken kann
steht in Goethes *Gedichten,* Abschnitt »Sprüche«, auch im »Buch der Sprüche« des *Westöstlichen Divans.* »Es kommt die Nacht, da niemand wirken kann« heißt es im *Johannesevangelium* (9,4).

Man lernt nichts kennen, als was man liebt: Goethe in einem Brief an Friedrich Heinrich Jacobi vom 10. 5. 1812.

Man geht nie weiter, als wenn man nicht weiß, wohin man geht: Goethe in einem Brief an Zelter vom 3. 12. 1812.

Sage mir, mit wem du umgehst, so sage ich dir, wer du bist: Goethe, *Sprüche in Prosa* (jetzt meist unter dem Titel *Maximen und Reflexionen*). Es heißt dort weiter: »Weiß ich, womit du dich beschäftigst, so weiß ich, was aus dir werden kann.«

Alles Gescheite ist schon einmal gedacht worden, man muß nur versuchen, es noch einmal zu denken: Goethe, *Sprüche in Prosa (Maximen und Reflexionen).*

Die Forderung des Tages. »Versuche deine Pflicht zu tun, und du weißt gleich, was an dir ist. Was aber ist deine Pflicht? Die Forderung des Tages.« Goethe, *Sprüche in Prosa* (oft unter dem Titel *Maximen und Reflexionen*).

Problematische Naturen ist eine Bildung von Goethe. In seinen *Maximen und Reflexionen* heißt es: »Es gibt problematische Naturen, die keiner Lage gewachsen sind, in der sie sich befinden, und denen keine genug tut.« Friedrich Spielhagens bedeutendster Roman trägt den Titel *Problematische Naturen* (1861).

Die guten Leute wissen gar nicht, was es für Zeit und Mühe kostet, das Lesen zu lernen und von dem Gelesenen Nutzen zu haben; ich habe achtzig Jahre dazu gebraucht, sagte Goethe zu Frédéric Soret am 25. 1. 1830.

Wer das erste Knopfloch verfehlt, kommt mit dem Zuknöpfen nicht zu Rande: Goethe, *Maximen und Reflexionen.*

Der Umgang mit Frauen ist das Element guter Sitten: Goethe, *Maximen und Reflexionen.*

Gegen große Vorzüge eines andern gibt es kein Rettungsmittel als die Liebe: Goethe, *Maximen und Reflexionen.*

Alles Lebendige bildet eine Atmosphäre um sich her: Goethe, *Maximen und Reflexionen.*

Das schönste Glück des denkenden Menschen ist, das Erforschliche erforscht zu haben und das Unerforschliche ruhig zu verehren: Goethe, *Maximen und Reflexionen.*

Eigentlich lernen wir nur von Büchern, die wir nicht beurteilen können: Goethe, *Maximen und Reflexionen.* Dort heißt es weiter: »Der Autor eines Buches, das wir beurteilen können, müßte von uns lernen.«

**Denn ich bin ein Mensch gewesen,
Und das heißt ein Kämpfer sein**
ist der Schluß von Goethes Gedicht »Einlaß« im *Westöstlichen Divan* (1819).

**Höchstes Glück der Erdenkinder
Sei nur die Persönlichkeit**
sagt Suleika im »Buch Suleika« von Goethes *Westöstlichem Divan* (1819).

Stirb und werde: aus der letzten Strophe von Goethes Gedicht »Selige Sehnsucht« im *Westöstlichen Divan* (1819).

**Übers Niederträchtige
Niemand sich beklage**
steht in Goethes Gedicht »Wanderers Gemütsruhe« im *Westöstlichen Divan* (1819).

Wer den Dichter will verstehen, muß in Dichters Lande gehen: aus dem Motto von Goethes »Noten und Abhandlungen zu besserem Verständnis des Westöstlichen Divans« (1819).

**Im Auslegen seid frisch und munter!
Legt ihr's nicht aus, so legt was unter**
schrieb Goethe, »Zahme Xenien«, 2. Buch.

Amerika, du hast es besser, schrieb Goethe (»Zahme Xenien«, 6. Buch) mit der Begründung: »Dich stört nicht im Innern / zu lebendiger Zeit / unnützes Erinnern / und vergeblicher Streit.«

**Vom Vater hab' ich die Statur,
Des Lebens ernstes Führen,
Vom Mütterchen die Frohnatur
Und Lust zu fabulieren**
ist Goethes Selbstcharakteristik aus dem 6. Buch der *Zahmen Xenien* (1823).

**Wie fruchtbar ist der kleinste Kreis,
Wenn man ihn wohl zu pflegen weiß**
sagt Goethe in *Zahme Xenien* (1823), 6. Buch.

**Ein Hündchen wird gesucht,
Das weder murrt noch beißt,
Zerbrochene Gläser frißt
und Diamanten ...**
heißt es unter der Überschrift »Annonce« in Goethes *Zahmen Xenien* (8. Buch aus dem Nachlaß).

Große Gedanken und ein reines Herz, das ist's, was wir uns von Gott erbitten sollten: Goethe, *Wilhelm Meisters Wanderjahre*.

Am farbigen Abglanz haben wir das Leben: Goethe, *Faust II* (1831), 1. Akt, »Anmutige Gegend«, Vers 4727.

Natur und Geist – so spricht man nicht zu Christen: der Kanzler in Goethes *Faust II* (1831), 1. Akt, »Kaiserliche Pfalz«, Vers 4897.

Daran erkenn' ich den gelehrten Herrn: Mephistopheles in Goethes *Faust II* (1831), 1. Akt, »Kaiserliche Pfalz«, Vers 4917.

**Denn das Naturell der Frauen
Ist so nah mit Kunst verwandt**
stammt aus dem Lied der Gärtnerinnen in Goethes *Faust II* (1831), 1. Akt, »Weitläufiger Saal«, Vers 5106 f.

Du weißt wohl nicht, mein Freund, wie grob du bist: Mephistopheles in Goethes *Faust II* (1831), 2. Akt, »Gotisches Zimmer«, Vers 6770.

Original, fahr hin in deiner Pracht: Mephistopheles in Goethes *Faust II* (1831), 2. Akt, »Gotisches Zimmer«, Vers 6807.

Im Deutschen lügt man, wenn man höflich ist: der Baccalaureus in Goethes *Faust II* (1831), 2. Akt, »Gotisches Zimmer«, Vers 6771.

**Wer kann was Dummes, wer was Kluges denken,
Das nicht die Vorwelt schon gedacht?**
sagt Mephistopheles in Goethes *Faust II* (1831), 2. Akt, »Gotisches Zimmer«, Vers 6809 f. Im *Eunuch* des Terenz heißt es: »Nullum est iam dictum, quod non sit dictum prius«, s. Seite 70.

**Wenn sich der Most auch ganz absurd gebärdet,
Es gibt zuletzt doch noch e' Wein**
sagt Mephistopheles in Goethes *Faust II* (1831), 2. Akt, »Gotisches Zimmer«, Vers 6813 f.

Bewundert viel und viel gescholten, sagt Helena von sich in Goethes *Faust II* (1831), zu Beginn des 3. Aktes, Vers 8488.

**Das ist der Weisheit letzter Schluß:
Nur der verdient sich Freiheit wie das Leben,
Der täglich sie erobern muß**
sagt Faust in Goethes *Faust II* (1831), 5. Akt, »Vorhof des Palastes«, Vers 11574 ff.

**Es kann die Spur von meinen Erdetagen
Nicht in Äonen untergehn**
spricht Faust in Goethes *Faust II* (1831), 5. Akt, »Vorhof des Palastes«, Vers 11583 ff. Meist sagt man jetzt »Erdentagen«.

Ein großer Aufwand, schmählich! ist vertan: Mephistopheles in Goethes *Faust II* (1831), 5. Akt, »Grablegung«, Vers 11837.

Wer immer strebend sich bemüht,
Den können wir erlösen
singen die Engel in Goethes *Faust II* (1831), 5. Akt, »Bergschluchten«, Vers 11936f.

Alles Vergängliche ist nur ein Gleichnis: aus dem Lied des Chorus mysticus, mit dem Goethe den 2. Teil des *Faust* schließen läßt.

Das Unzulängliche,
Hier wird's Ereignis
ist aus dem Lied des Chorus mysticus, mit dem Goethe den 2. Teil des *Faust* schließen läßt.

Das Ewig-Weibliche zieht uns hinan: die Schlußworte von Goethes *Faust II* (1831).

Mehr Licht sollen Goethes letzte Worte gewesen sein, als er am 22. 3. 1832 starb. »Macht doch den zweiten Fensterladen auch auf, damit mehr Licht hereinkomme!« sagte er zu seinem Diener Friedrich.

Mir ekelt vor diesem tintenklecksenden Säkulum! Worte Karl Moors in Schillers (1759–1805) *Räubern* (1781) 1,2.

Ich kenne dich, Spiegelberg: Worte Karl Moors in Schillers *Räubern* (1781), 2,3. Sie werden oft umgestellt: »Spiegelberg, ich kenne dich.«

Aber ich will nächstens unter euch treten und fürchterlich Musterung halten: Worte Karl Moors in Schillers *Räubern* (1781) 2,3.

Ich fühle eine Armee in meiner Faust: Worte Karl Moors am Ende des 2. Aktes von Schillers *Räubern* (1781).

Ein freies Leben führen wir: der Anfang des »Räuberliedes« in Schillers *Räubern* (1781) 4,5.

Hab' mich nie mit Kleinigkeiten abgegeben: Worte Franz Moors in Schillers *Räubern* (1781) 5,1.

Dem Mann kann geholfen werden: Karl Moors Schlußworte in Schillers *Räubern* (1781).

Das wilde eiserne Würfelspiel nannte Schiller den Krieg in dem Gedicht »Die Schlacht« (in seiner *Anthologie auf das Jahr 1782,* »In einer Bataille« überschrieben).

Meine Minna geht vorüber? Meine Minna kennt mich nicht? Aus Schillers »An Minna« in der *Anthologie auf das Jahr 1782*.

Donner und Doria! Gianettino Dorias Fluch in Schillers *Verschwörung des Fiesco* (1783) 1,5.

Der Mohr hat seine Schuldigkeit getan; der Mohr kann gehen: so lautet das »geflügelte Wort«; in Schillers *Verschwörung des Fiesco* (1783) 3,4 steht »Arbeit« anstelle von »Schuldigkeit«.

Verderben, gehe deinen Gang! Schiller, *Verschwörung des Fiesco* 5,1 am Ende.

Wenn der Purpur fällt, muß auch der Herzog nach! In Schillers *Fiesco* 5,16 fragt Fiesco: »Was zerrst du mich so am Mantel? – er fällt!« Verrina antwortet »mit fürchterlichem Hohne«: »Nun, wenn der Purpur fällt, muß auch der Herzog nach!« und stürzt Fiesco ins Meer.

Du bist blaß, Luise? Aus Schillers *Kabale und Liebe* 1,4. Oft in der Form angeführt: »Du bist so blaß, Luise!«

Legt's zu dem Übrigen! Aus Schillers *Kabale und Liebe* (1784) 2,2; auch in *Maria Stuart* 1,1.

Die Limonade ist matt, wie deine Seele: aus Schillers *Kabale und Liebe* (1784) 5,7.

Freude, schöner Götterfunken: der Anfang von Schillers Gedicht »An die Freude« (1786), durch Beethovens 9. Symphonie noch besonders verbreitet.

Seid umschlungen, Millionen! Aus Schillers Gedicht »An die Freude« (1787).

Wem der große Wurf gelungen: aus Schillers Gedicht »An die Freude« (1786).

**Wer ein holdes Weib errungen,
Mische seinen Jubel ein**
stammt aus Schillers Gedicht »An die Freude« (1786).

Unser Schuldbuch sei vernichtet: aus Schillers Gedicht »An die Freude« (1786).

Männerstolz vor Königsthronen: aus Schillers »An die Freude« (1787).

Dem Verdienste seine Krone: aus Schillers Gedicht »An die Freude« (1787); dort heißt es freilich »Kronen«.

Des Lebens Mai blüht einmal und nicht wieder: aus Schillers Gedicht »Resignation« (1784/85).

Mit gleicher Liebe lieb' ich meine Kinder: aus dem Gedicht »Resignation« von Schiller.

Die Weltgeschichte ist das Weltgericht: aus Schillers Gedicht »Resignation«.

**Was man von der Minute ausgeschlagen,
Gibt keine Ewigkeit zurück**
ist der Schluß von Schillers Gedicht »Resignation«.

Die schönen Tage in Aranjuez sind nun zu Ende: aus Schillers *Don Carlos* (1787) 1,1. Oft sagt man: »Die schönen Tage von Aranjuez sind nun vorüber.«

Brechen Sie dies rätselhafte Schweigen: aus Schillers *Don Carlos* (1787) 1,1.

Wer weiß, was in der Zeiten Hintergrunde schlummert: aus Schillers *Don Carlos* (1787) 1,1.

Wo alles liebt, kann Karl allein nicht hassen: aus Schillers *Don Carlos* (1787) 1,1.

Du sprichst von Zeiten, die vergangen sind: aus Schillers *Don Carlos* (1787) 1,2.

Der Einfall war kindisch, aber göttlich schön: aus Schillers *Don Carlos* (1787) 1,2.

Große Seelen dulden still: Schiller, *Don Carlos* (1787) 1,4.

**Ein Augenblick, gelebt im Paradiese,
Wird nicht zu teuer mit dem Tod gebüßt**
stammt aus Schillers *Don Carlos* (1787) 1,5.

Die Sonne geht in meinem Staat nicht unter sagt König Philipp in Schillers *Don Carlos* (1787) 1,6. Bei Herodot (7,8) spricht der Perserkönig Xerxes vor seinem Zug nach Griechenland, er werde alle Länder zu einem Lande vereinigen: »Dann wird die Sonne auf kein Land mehr herabblicken, das an das unsrige grenzt.« 1585 wurde in Turin bei der Vermählung des Herzogs von Savoyen mit Katharina von Österreich das Schäferdrama *Il pastor fido (Der getreue*

Hirt) von Guarini aufgeführt, in dessen Prolog Katharina die Tochter des Monarchen genannt wird, »dem die Sonne auch dann nicht, wenn es nachtet, untergeht«.

Hier ist die Stelle, wo ich sterblich bin: Worte des Königs in Schillers *Don Carlos* (1787) 1,6.

Wenn ich einmal zu fürchten angefangen,
Hab' ich zu fürchten aufgehört
ist aus Schillers *Don Carlos* (1787) 1,6.

Der Knabe Don Karl fängt an, mir fürchterlich zu werden: Worte des Königs in Schillers *Don Carlos* (1787) 1,6.

In des Worts verwegenster Bedeutung: Schiller, *Don Carlos* (1787) 1,9.

Arm in Arm mit dir,
So fordr' ich mein Jahrhundert in die Schranken
sagt Don Carlos zum Marquis Posa in Schillers *Don Carlos* am Schluß des 1. Aktes.

In seines Nichts durchbohrendem Gefühle: aus Schillers *Don Carlos* (1787) 2,1 und 2,5.

Dreiundzwanzig Jahre!
Und nichts für die Unsterblichkeit getan!
ruft Don Carlos in Schillers *Don Carlos* (1787) 2,2 aus.

Mein Gehirn treibt öfters wunderbare Blasen auf: aus Schillers *Don Carlos* (1787) 2,8.

Die Liebe ist der Liebe Preis: Schiller, *Don Carlos* (1787) 2,8.

Beim wunderbaren Gott – das Weib ist schön: Schiller, *Don Carlos* (1787) 2,8.

Unrecht leiden schmeichelt großen Seelen: Schiller, *Don Carlos* (1787) 2,15.

Stolz will ich den Spanier: Schiller, *Don Carlos* (1787) 3,10.

Wenn solche Köpfe feiern: Schiller, *Don Carlos* (1787) 3,10, mit der Fortsetzung »Wie viel Verlust für meinen Staat«.

(Sire,) geben Sie Gedankenfreiheit! Worte des Marquis Posa zum König in Schillers *Don Carlos* (1787) 3,10 (ohne »Sire«, das der Marquis freilich oft als Anrede des Königs gebraucht).

Sonderbarer Schwärmer: Schiller, *Don Carlos* (1787) 3,10.

**Anders als sonst in Menschenköpfen
Malt sich in diesem Kopf die Welt**
sagt der König von dem Marquis Posa in Schillers *Don Carlos* (1787) 3,10. Dort ist nach »Anders« noch eingeschoben »begreif' ich wohl«.

Königin! O Gott, das Leben ist doch schön! ruft der Marquis Posa in Schillers *Don Carlos* (1787) 4,21 aus. Oft wird gesagt: »O Königin! das Leben ist doch schön.«

So sehen wir uns wieder: Schiller, *Don Carlos* (1787), in der letzten Szene des letzten Aktes.

Kardinal, ich habe das Meinige getan. Tun Sie das Ihre sagt in Schillers *Don Carlos* (1787) der König zum Großinquisitor; es sind die Schlußworte des Dramas.

Der Menschheit Würde ist in eure Hand gegeben, ruft Schiller den Künstlern zu in seinem großen Gedicht »Die Künstler« (1788), Vers 443.

Der ruhende Pol in der Erscheinungen Flucht: aus Schillers Gedicht »Der Spaziergang« (1795), Vers 134.

Und die Sonne Homers, siehe! sie lächelt auch uns: der Schlußvers in Schillers Gedicht »Der Spaziergang« (1795).

Was tun? spricht Zeus: aus Schillers Gedicht »Die Teilung der Erde« (1795).

Das verschleierte Bild zu Sais: der Titel eines Gedichtes von Schiller (1795).

**Zwischen Sinnenglück und Seelenfrieden
Bleibt dem Menschen nur die bange Wahl**
ist aus Schillers Gedicht »Das Ideal und das Leben« (1795).

Nur der Starke wird das Schicksal zwingen: aus Schillers Gedicht »Das Ideal und das Leben« (1795).

**Nur dem Ernst, den keine Mühe bleichet,
Rauscht der Wahrheit tief versteckter Born**
stammt aus Schillers Gedicht »Das Ideal und das Leben« (1795).

**Ehret die Frauen! sie flechten und weben
Himmlische Rosen ins irdische Leben**
ist aus Schillers Gedicht »Würde der Frauen« (1795). Oft parodiert: »Ehret die Frauen! Sie stricken und weben / wollene Strümpfe fürs irdische Leben« und anders.

Sei mir gegrüßt, mein Berg, mit dem rötlich strahlenden Gipfel! Der Anfang von Schillers Gedicht »Der Spaziergang« (1795).

**Willst du in meinem Himmel mit mir leben,
So oft du kommst, er soll dir offen sein**
spricht in Schillers Gedicht »Die Teilung der Erde« (1795) Zeus zu dem Dichter, der bei der Verteilung der irdischen Güter nicht dabei war.

So willst du treulos von mir scheiden? So redet in Schillers Gedicht »Die Ideale« (1795) der Dichter die fliehende Zeit an.

**Einem ist sie die hohe, die himmlische Göttin, dem andern
Eine tüchtige Kuh, die ihn mit Butter versorgt**
stammt aus Schillers Distichon »Wissenschaft« aus den »Xenien« (1797).

Wenn die Könige bau'n, haben die Kärrner zu tun: aus Schillers Distichon »Kant und seine Ausleger« in den »Xenien« (1797).

Aber der große Moment findet ein kleines Geschlecht: aus Schillers Distichon »Der Zeitpunkt« in den »Xenien« (1797).

**In den Ozean schifft mit tausend Masten der Jüngling,
Still, auf gerettetem Boot, treibt in den Hafen der Greis**
ist ein Distichon Schillers aus den »Zerstreuten Epigrammen« (1797).

Ach, was haben die Herrn doch für ein kurzes Gedärm! Aus Schillers Epigramm »Die Sonntagskinder« (1797), das sind hier die »Genies«, die heute schon lehren wollen, was sie gestern gelernt haben.

**Das große gigantische Schicksal,
Welches den Menschen erhebt, wenn es den Menschen zermalmt**
stammt aus Schillers Gedicht »Shakespeares Schatten« (1796), Vers 35 f.

**Immer strebe zum Ganzen, und kannst du selber kein Ganzes
Werden, als dienendes Glied schließ an ein Ganzes dich an**
stammt aus Schillers Distichon »Pflicht für jeden« aus den »Votivtafeln« (1796).

Willst du dich selber erkennen, so sieh, wie die andern es treiben;
Willst du die andern verstehn, blick' in dein eigenes Herz
ist aus Schillers Distichon »Der Schlüssel« aus den »Votivtafeln« (1796).

Doch eine Würde, eine Höhe entfernte die Vertraulichkeit: aus Schillers Gedicht »Das Mädchen aus der Fremde« (1797).

Und so saß er, eine Leiche ...: aus Schillers Ballade »Ritter Toggenburg« (1797).

Des Lebens ungemischte Freude ward keinem Irdischen zuteil: aus Schillers Gedicht »Der Ring des Polykrates« (1797).

Hier wendet sich der Gast mit Grausen: aus Schillers Gedicht »Der Ring des Polykrates« (1797).

Den Dank, Dame, begehr' ich nicht: aus Schillers Ballade »Der Handschuh« (1797).

Wer wagt es, Rittersmann oder Knapp,
Zu tauchen in diesen Schlund?
stammt aus Schillers Ballade »Der Taucher« (1797).

Da unten aber ist's fürchterlich: aus Schillers Ballade »Der Taucher« (1797).

Und der Mensch versuche die Götter nicht: aus Schillers Ballade »Der Taucher« (1797).

Unter Larven die einzig fühlende Brust: aus Schillers Ballade »Der Taucher« (1797).

Laßt, Vater, genug sein das grausame Spiel: aus Schillers Ballade »Der Taucher« (1797); meist so zitiert: »Laß, Vater, genug sein des grausamen Spiels.«

Der Mensch ist frei geschaffen, ist frei,
Und würd' er in Ketten geboren
stammt aus Schillers Gedicht »Die Worte des Glaubens« (1797).

Vor dem Sklaven, wenn er die Kette bricht,
Vor dem freien Menschen erzittert nicht
stammt aus Schillers Gedicht »Die Worte des Glaubens« (1797).

Und die Tugend, sie ist kein leerer Schall: aus Schillers Gedicht »Die Worte des Glaubens« (1797). Statt »Schall« sagt man gewöhnlich »Wahn«.

**Und was kein Verstand der Verständigen sieht,
Das übet in Einfalt ein kindlich Gemüt**
ist aus Schillers Gedicht »Die Worte des Glaubens« (1797).

**Und ob alles in ewigem Wechsel kreist,
Es beharret im Wechsel ein ruhiger Geist**
ist aus Schillers Gedicht »Die Worte des Glaubens« (1797).

Und muß ich so dich wiederfinden? Aus Schillers Ballade »Die Kraniche des Ibykus« (1797).

Wer zählt die Völker, nennt die Namen? Aus Schillers Ballade »Die Kraniche des Ibykus« (1797).

**Es steigt das Riesenmaß der Leiber
Hoch über menschliches hinaus**
ist aus Schillers Ballade »Die Kraniche des Ibykus (1797).

**Wohl dem, der frei von Schuld und Fehle
Bewahrt die kindlich reine Seele**
aus Schillers Ballade »Die Kraniche des Ibykus« (1797).

**Sieh da, sieh da, Timotheus,
Die Kraniche des Ibykus!**
stammt aus Schillers Ballade »Die Kraniche des Ibykus« (1797).

**Doch dem war kaum das Wort entfahren,
Möcht' er's im Busen gern bewahren**
stammt aus Schillers Ballade »Die Kraniche des Ibykus« (1797).

Die Szene wird zum Tribunal: aus Schillers Ballade »Die Kraniche des Ibykus« (1797).

Ein frommer Knecht war Fridolin: der Anfang von Schillers Ballade »Der Gang nach dem Eisenhammer« (1797).

Des freut sich das entmenschte Paar: aus Schillers Ballade »Der Gang nach dem Eisenhammer«.

Der ist besorgt und aufgehoben: aus Schillers Ballade »Der Gang nach dem Eisenhammer« (1797); manchmal noch mit dem folgenden Vers zusammen: »Der Graf wird seine Diener loben.«

Herr, dunkel war der Rede Sinn: aus Schillers Ballade »Der Gang nach dem Eisenhammer« (1797).

Dies Kind, kein Engel ist so rein: aus Schillers Ballade »Der Gang nach dem Eisenhammer« (1797).

Die Damen in schönem Kranz: aus Schillers Ballade »Der Handschuh«.

Noch am Grabe pflanzt er die Hoffnung auf: aus Schillers Gedicht »Hoffnung« (1797).

Und was die innere Stimme spricht,
Das täuscht die hoffende Seele nicht
ist aus Schillers Gedicht »Hoffnung« (1797).

Noch keinen sah ich fröhlich enden,
Auf den mit immer vollen Händen
Die Götter ihre Gaben streu'n
stammt aus Schillers Ballade »Der Ring des Polykrates« (1797).

Was rennt das Volk, was wälzt sich dort
Die langen Gassen brausend fort?
ist aus Schillers Ballade »Der Kampf mit dem Drachen« (1798).

Mut zeiget auch der Mameluck,
Gehorsam ist des Christen Schmuck
ist aus Schillers Ballade »Der Kampf mit dem Drachen« (1798).

Dem Mimen flicht die Nachwelt keine Kränze: aus Schillers Prolog zu *Wallensteins Lager* (1798).

Denn wer den Besten seiner Zeit genug getan, der hat gelebt für alle Zeiten: aus Schillers Prolog zu *Wallensteins Lager* (1798). Bei Horaz (*Briefe* 1,17,35) heißt es: »Principibus placuisse viris non ultima laus est – den vorzüglichsten Männern gefallen zu haben ist kein geringes Lob.«

Es wächst der Mensch mit seinen größern Zwecken: aus Schillers Prolog zu *Wallensteins Lager* (1798).

Von der Parteien Gunst und Haß verwirrt,
Schwankt sein Charakterbild in der Geschichte
Schiller über Wallenstein im Prolog zu *Wallensteins Lager* (1798).

Ernst ist das Leben, heiter ist die Kunst: aus Schillers Prolog zu *Wallensteins Lager* (1798).

Ei, das muß immer saufen und fressen: Schiller, *Wallensteins Lager* (1798), 2. Auftritt.

Was? Der Blitz!
Das ist ja die Gustel aus Blasewitz: Schiller, *Wallensteins Lager* (1798), 5. Auftritt.

Der feine Griff und der rechte Ton: Schiller, *Wallensteins Lager* (1798), 6. Auftritt.

**Wie er räuspert und wie er spuckt,
Das habt ihr ihm glücklich abgeguckt**
Schiller, *Wallensteins Lager* (1798), 6. Auftritt. In Molières Stück *Die gelehrten Frauen* heißt es 1,1: »Das heißt gewiß sein Vorbild nicht erreichen, / Im Räuspern nur und Spucken ihm zu gleichen.« »Peter et tousser comme lui« war in Frankreich eine sprichwörtliche Redensart.

Was nicht verboten ist, ist erlaubt: Schiller, *Wallensteins Lager* (1798), 6. Auftritt.

**Und wer's zum Korporal erst hat gebracht,
Der steht auf der Leiter zur höchsten Macht**
stammt aus Schillers *Wallensteins Lager* (1798), 7. Auftritt.

Aber das denkt wie ein Seifensieder: Schiller, *Wallensteins Lager* (1798), 11. Auftritt.

Gevatter Schneider und Handschuhmacher wird in Schillers *Wallensteins Lager* (1798), 10. Auftritt, verächtlich von philiströsen Gesellen gesagt.

**Und setzet ihr nicht das Leben ein,
Nie wird euch das Leben gewonnen sein**
lautet der Schluß des Chorliedes, mit dem Schiller *Wallensteins Lager* (1798) enden läßt.

Möros, den Dolch im Gewande: aus Schillers Ballade »Die Bürgschaft« (1798).

Was wolltest du mit dem Dolche, sprich: aus Schillers Ballade »Die Bürgschaft« (1798).

Das sollst du am Kreuze bereuen: aus Schillers Ballade »Die Bürgschaft« (1798).

Zurück! du rettest den Freund nicht mehr: aus Schillers Ballade »Die Bürgschaft« (1798).

Der fühlt ein menschliches Rühren: aus Schillers Ballade »Die Bürgschaft« (1798).

Die Treue, sie ist doch kein leerer Wahn: aus Schillers Ballade »Die Bürgschaft« (1798).

**Ich sei, gewährt mir die Bitte,
In eurem Bunde der dritte**
ist aus Schillers Ballade »Die Bürgschaft« (1798).

**Ich habe genossen das irdische Glück,
Ich habe gelebt und geliebet**
stammt aus Schillers Gedicht »Des Mädchens Klage« (1799); auch im Lied Theklas in den *Piccolomini* 3,7.

Auch das Schöne muß sterben! Der Beginn von Schillers Gedicht »Nänie« (1799).

Denn das Gemeine geht klanglos zum Orkus hinab: der Schlußvers von Schillers Gedicht »Nänie« (1799).

Will sich Hektor ewig von mir wenden? Aus Schillers Gedicht »Hektors Abschied« (1793), das, wenn auch in manchem einzelnen anders gefaßt, schon in den Räubern (2,2) erscheint.

Teures Weib, gebiete deinen Tränen! Aus Schillers Gedicht »Hektors Abschied« (1793).

Horch! der Wilde tobt schon an den Mauern: aus Schillers Gedicht »Hektors Abschied« (1793); in der Fassung in den *Räubern* (2,2) steht statt »tobt« noch »rast«.

Vivos, voco, mortuos plango, fulgara frango, »die Lebenden rufe ich, die Toten beklage ich, Blitze breche ich«: das Motto von Schillers »Lied von der Glocke« (1800), die Inschrift der größten Glocke im Münster zu Schaffhausen aus dem Jahre 1486.

Fest gemauert in der Erden: Schiller, »Das Lied von der Glocke« (1799), Vers 1.

**Von der Stirne heiß
Rinnen muß der Schweiß,
Soll das Werk den Meister loben**
Schiller, »Das Lied von der Glocke« (1799), Vers 5–7.

Doch der Segen kommt von oben: Schiller, »Das Lied von der Glocke« (1799), Vers 8.

**Zum Werke, das wir ernst bereiten,
Geziemt sich wohl ein ernstes Wort**
Schiller, »Das Lied von der Glocke« (1799), Vers 9f.

Wenn gute Reden sie begleiten,
Dann fließt die Arbeit munter fort
Schiller, »Das Lied von der Glocke« (1799), Vers 11f.

Das ist's ja, was den Menschen zieret,
Und dazu ward ihm der Verstand
Schiller, »Das Lied von der Glocke« (1799), Vers 17f.

Ihm ruhen noch im Zeitenschoße
Die schwarzen und die heitern Lose
Schiller, »Das Lied von der Glocke« (1799), Vers 53f.

Vom Mädchen reißt sich stolz der Knabe: Schiller, »Das Lied von der Glocke« (1799), Vers 58.

Errötend folgt er ihren Spuren
Und ist von ihrem Gruß beglückt
Schiller, »Das Lied von der Glocke« (1799), Vers 70f.

O zarte Sehnsucht, süßes Hoffen,
Der ersten Liebe goldne Zeit!
Das Auge sieht den Himmel offen,
Es schwelgt das Herz in Seligkeit
Schiller, »Das Lied von der Glocke« (1799), Vers 74–77.

O daß sie ewig grünen bliebe,
Die schöne Zeit der jungen Liebe!
Schiller, »Das Lied von der Glocke« (1799), Vers 78f.

Denn wo das Strenge mit dem Zarten,
Wo Starkes sich und Mildes paarten,
Da gibt es einen guten Klang
Schiller, »Das Lied von der Glocke« (1799), Vers 88–90.

Drum prüfe, wer sich ewig bindet,
Ob sich das Herz zum Herzen findet!
Schiller, »Das Lied von der Glocke« (1799), Vers 91f. Oft parodiert: »Ob sich nicht doch was Beßres findet.«

Der Wahn ist kurz, die Reu' ist lang: Schiller, »Das Lied von der Glocke« (1799), Vers 93.

Ach, des Lebens schönste Feier
Endigt auch den Lebensmai,
Mit dem Gürtel, mit dem Schleier
Reißt der schöne Wahn entzwei
Schiller, »Das Lied von der Glocke« (1799), Vers 98–101.

Der Mann muß hinaus ins feindliche Leben: Schiller, »Das Lied von der Glocke« (1799), Vers 106f.

Die Räume wachsen, es dehnt sich das Haus: Schiller, »Das Lied von der Glocke« (1799), Vers 115.

Und drinnen waltet die züchtige Hausfrau: Schiller, »Das Lied von der Glocke« (1799), Vers 116f.

Doch mit des Geschickes Mächten
Ist kein ewiger Bund zu flechten,
Und das Unglück schreitet schnell
Schiller, »Das Lied von der Glocke« (1799), Vers 144ff.

Wohltätig ist des Feuers Macht,
Wenn sie der Mensch bezähmt, bewacht
Schiller, »Das Lied von der Glocke« (1799), Vers 155f.

Wehe, wenn sie losgelassen: Schiller, »Das Lied von der Glocke« (1799), Vers 163.

Denn die Elemente hassen das Gebild der Menschenhand: Schiller, »Das Lied von der Glocke« (1799), Vers 167f.

Alles rennet, rettet, flüchtet: Schiller, »Das Lied von der Glocke« (1799), Vers 191.

Leergebrannt ist die Stätte: Schiller, »Das Lied von der Glocke« (1799), Vers 211f.

In den öden Fensterhöhlen wohnt das Grauen: Schiller, »Das Lied von der Glocke« (1799), Vers 214f.

Er zählt die Häupter seiner Lieben,
Und sieh, ihm fehlt kein teures Haupt
Schiller, »Das Lied von der Glocke« (1799), Vers 225f.; parodiert: »Und sieh, es sind statt sechse sieben.«

Ach! vielleicht, indem wir hoffen,
Hat uns Unheil schon getroffen
Schiller, »Das Lied von der Glocke« (1799), Vers 233f.

Ach! die Gattin ist's, die teure: Schiller, »Das Lied von der Glocke« (1799), Vers 250.

Denn das Auge des Gesetzes wacht: Schiller, »Das Lied von der Glocke« (1799), Vers 299.

Heil'ge Ordnung, segensreiche Himmelstochter: Schiller, »Das Lied von der Glocke« (1799), Vers 300 f.

Arbeit ist des Bürgers Zierde,
Segen ist der Mühe Preis
Schiller, »Das Lied von der Glocke« (1799), Vers 318 f.

Holder Friede, süße Eintracht: Schiller, »Das Lied von der Glocke« (1799), Vers 322 f.

Wenn die Glock' soll auferstehen,
Muß die Form in Stücken gehen
Schiller, »Das Lied von der Glocke« (1799), Vers 340 f.

Wo rohe Kräfte sinnlos walten,
Da kann sich kein Gebild gestalten
Schiller, »Das Lied von der Glocke« (1799), Vers 350 f. Vgl. »Vis consili expers ...« S. 82.

Da werden Weiber zu Hyänen: Schiller, »Das Lied von der Glocke« (1799), Vers 366.

Und treiben mit Entsetzen Scherz: Schiller, »Das Lied von der Glocke« (1799), Vers 367.

Gefährlich ist's, den Leu zu wecken: Schiller, »Das Lied von der Glocke« (1799), Vers 374.

Jedoch der schrecklichste der Schrecken,
Das ist der Mensch in seinem Wahn
Schiller, »Das Lied von der Glocke« (1799), Vers 376 f.

Der Schein soll nie die Wirklichkeit erreichen,
Und siegt Natur, so muß die Kunst entweichen
stammt aus Schillers Gedicht »An Goethe« (1799).

Dem Hundestall soll nie die Bühne gleichen,
Und kommt der Pudel, muß der Dichter weichen
ist eine Umgestaltung des vorhergehenden Zitates, die folgende Geschichte hat: In einem französischen Melodrama wurde die Ermordung eines Ritters Aubry durch das feindselige Betragen des Hundes des Ermordeten gegen den Mörder ans Tageslicht gebracht. Ein dressierter Pudel, der in Paris auf der Bühne die Hauptrolle spielte, versetzte das Publikum in Begeisterung. 1816 ließ die königliche Bühne in Berlin den berühmt gewordenen Pudel auftreten, was nach einem Brief Zelters an Goethe die Berliner zu dem Witz veran-

laßte, daß »den Hund aufs Theater bringen« eigentlich »das Theater auf den Hund bringen« sei. Auch Carl August von Weimar, ein großer Hundeliebhaber, wünschte den vierbeinigen Schauspieler auf seiner Bühne zu sehen, stieß aber auf den Widerstand des Intendanten, Goethes. Der Pudel wurde jedoch heimlich verschrieben. Goethe nahm am Abend der Theaterprobe eigenmächtig Urlaub und ging nach Jena, und der Großherzog schrieb ihm bald darauf folgende Zeilen: »Aus den mir zugegangenen Äußerungen habe ich die Überzeugung gewonnen, daß der Geheimrat von Goethe wünscht, seiner Funktion als Intendant enthoben zu sein, welches ich hiermit genehmige.« Zu diesem Vorfall äußerten sich die Tagesblätter mit der Nachdichtung der Schillerschen Verse und nannten den Pudel den »Schicksalspudel«. Goethe selbst erwähnt in seinen »Annalen« unter dem Jahr 1817 von diesen Vorkommnissen nichts.

Spät kommt Ihr, doch Ihr kommt: Schiller, *Die Piccolomini* (1798) 1,1.

Der Krieg ernährt den Krieg: Schiller, *Die Piccolomini* (1798) 1,2 nach Livius, *Römische Geschichte* 34,9: »Bellum se ipsum alit.« Es gibt auch ein französisches Sprichwort: »La guerre nourrit la guerre.«

Es ist der Krieg ein roh', gewaltsam Handwerk: Schiller, *Die Piccolomini* (1798) 1,2.

Der langen Rede kurzer Sinn: Schiller, *Die Piccolomini* 1,2.

Des Dienstes immer gleichgestellte Uhr: Schiller, *Die Piccolomini* (1798) 1,4.

In deiner Brust sind deines Schicksals Sterne: Schiller, *Die Piccolomini* (1798) 2,6.

Du redst, wie du's verstehst: Schiller, *Die Piccolomini* (1798) 2,6.

Zur Sache, wenn's beliebt: Schiller, *Die Piccolomini* (1798) 2,7.

Anklagen ist mein Amt und meine Sendung: Schiller, *Piccolomini* (1798) 2,7.

**Wär' der Gedank' nicht so verwünscht gescheit,
Man wär' versucht, ihn herzlich dumm zu nennen**
stammt aus Schillers *Die Piccolomini* (1798) 2,7.

Ich weiß den Mann von seinem Amt zu unterscheiden: Schiller, *Die Piccolomini* (1798) 2,7.

Dem Glücklichen schlägt keine Stunde, in Schillers *Piccolomini* (3,3) heißt es: »Die Uhr schlägt keinem Glücklichen.«

Der Zug des Herzens ist des Schicksals Stimme: Schiller, *Die Piccolomini* (1798) 3,8.

Vor Tische las man's anders: Schiller, *Die Piccolomini* (1798) 4,7.

**Das eben ist der Fluch der bösen Tat,
Daß sie fortzeugend immer Böses muß gebären**
ist aus Schillers *Die Piccolomini* (1798) 5,1. Im *Agamemnon* des Äschylus (Vers 758) heißt es: »Die gottlose Tat erzeugt mehr, die ihrem Geschlecht gleichen«, und in der Erzählung des Saxo Grammaticus (1150–1220) von Hamlet in der *Dänischen Geschichte*, der Quelle zu Shakespeares Drama: »Das eben ist der Fluch der Schuld, daß sie immer wieder Reiz und Veranlassung zu neuer Schuld enthalten muß.«

Mars regiert die Stunde: Schiller, *Wallensteins Tod* (1799) 1,1.

Wär's möglich? Könnt' ich nicht mehr, wie ich wollte? Schiller, *Wallensteins Tod* (1799) 1,4.

Ernst ist der Anblick der Notwendigkeit: Schiller, *Wallensteins Tod* (1799) 1,4.

Das ewig Gestrige: Schiller, *Wallensteins Tod* (1799) 1,4.

**Denn aus Gemeinem ist der Mensch gemacht,
Und die Gewohnheit nennt er seine Amme**
stammt aus Schillers *Wallensteins Tod* (1799) 1,4.

Sei im Besitze, und du wohnst im Recht: Schiller, *Wallensteins Tod* (1799) 1,4.

Ich hab' hier bloß ein Amt und keine Meinung: Schiller, *Wallensteins Tod* (1799) 1,5.

Im Krieg gilt jeder Vorteil: Schiller, *Wallensteins Tod* (1800) 1,5.

Schnell fertig ist die Jugend mit dem Wort: Schiller, *Wallensteins Tod* (1799) 2,2.

**Leicht beieinander wohnen die Gedanken,
Doch hart im Raume stoßen sich die Sachen**
stammt aus Schillers *Wallensteins Tod* (1799) 2,2.

Es gibt im Menschenleben Augenblicke: Schiller, *Wallensteins Tod* (1799) 2,3.

Und Roß und Reiter sah ich niemals wieder: Schiller, *Wallensteins Tod* (1799) 2,3.

Dank vom Haus Österreich! ist »Undank« nach Schiller, *Wallensteins Tod* (1799) 2,6.

Das war kein Heldenstück, Octavio! Schiller, *Wallensteins Tod* (1800) 3,9.

Nacht muß es sein, wo Friedlands Sterne strahlen: Schiller, *Wallensteins Tod* (1799) 3,10.

Du hast's erreicht, Oktavio! Schiller, *Wallensteins Tod* 3,13.

Da steh' ich, ein entlaubter Stamm! Schiller, *Wallensteins Tod* (1799) 3,13.

Es ist der Geist, der sich den Körper baut: Schiller, *Wallensteins Tod* (1799) 3,13.

So ist's, mein Feldherr! Schiller, *Wallensteins Tod* (1799) 3,15.

Daran erkenn' ich meine Pappenheimer: Schiller, *Wallensteins Tod* (1799) 3,15.

Max, bleibe bei mir: Schiller, *Wallensteins Tod* (1799) 3,18; manchmal auch noch mit den folgenden Worten: »Geh nicht von mir, Max« zusammen zitiert.

Gekeilt in drangvoll fürchterliche Enge: Schiller, *Wallensteins Tod* (1799) 4,10.

Was ist das Leben ohne Liebesglanz? Schiller, *Wallensteins Tod* (1799) 4,12.

Das ist das Los des Schönen auf der Erde! Schiller, *Wallensteins Tod* (1799) 4,12.

**Ich denke einen langen Schlaf zu tun,
Denn dieser letzten Tage Qual war groß**
ist aus Schillers *Wallensteins Tod* (1799) 5,5.

**Ein tiefer Sinn wohnt in den alten Bräuchen,
Man muß sie ehren**
stammt aus Schillers *Maria Stuart* (1800) 1,7.

Der starb Euch sehr gelegen! Nach Schiller, *Maria Stuart* (1800) 4,6: »Graf! dieser Mortimer starb Euch sehr gelegen.«

Der Lord läßt sich entschuldigen; er ist zu Schiff nach Frankreich; die Schlußverse von Schillers *Maria Stuart* (1800).

Freiheit ist nur in dem Reich der Träume,
Und das Schöne blüht nur im Gesang
ist aus Schillers Gedicht »Der Antritt des neuen Jahrhunderts« (1801).

Es liebt die Welt, das Strahlende zu schwärzen
Und das Erhab'ne in den Staub zu ziehn
ist aus Schillers Gedicht »Das Mädchen von Orleans« (1801).

Wie kommt mir solcher Glanz in meine Hütte? Schiller, *Die Jungfrau von Orleans* (1801), Prolog, 2. Auftritt.

Nichts von Verträgen! Nichts von Übergabe! Schiller, *Die Jungfrau von Orleans* (1801), Prolog, 3. Auftritt.

Ach! es geschehen keine Wunder mehr: Schiller, *Die Jungfrau von Orleans* (1801), Prolog, 3. Auftritt.

Lebt wohl ihr Berge, ihr geliebten Triften: Schiller, *Die Jungfrau von Orleans* (1801), Prolog, 4. Auftritt.

Johanna geht, und nimmer kehrt sie wieder: Schiller, *Die Jungfrau von Orleans* (1801), Prolog, 4. Auftritt.

Drum soll der Sänger mit dem König gehen,
Sie beide wohnen auf der Menschheit Höhen
stammt aus Schillers *Die Jungfrau von Orleans* (1801) 1,2.

Kann ich Armeen aus der Erde stampfen? Schiller, *Die Jungfrau von Orleans* (1801) 1,3. Nach Plutarchs Cäsarbiographie (Kap. 33) rühmte sich Pompejus, er könne Armeen aus der Erde stampfen.

Nichtswürdig ist die Nation, die nicht
Ihr Alles freudig setzt an ihre Ehre
ist aus Schillers *Die Jungfrau von Orleans* (1801) 1,5.

Ein Schlachten war's, nicht eine Schlacht zu nennen: Schiller, *Die Jungfrau von Orleans* (1801) 1,9. Eine solche Gegenüberstellung findet sich schon bei Livius (18,16 »pugna« und »trucidatio velut pecorum«), Tacitus (*Historiae* 3,77 »pugna« und »caedes«; 4,33 »proelium« und »caedes«) u. a.

Von wannen kommt dir diese Wissenschaft? Schiller, *Die Jungfrau von Orleans* (1801) 1,10. Ähnlich auch in der Übersetzung der Stelle in Shakespeares *Macbeth* (1800) 1,3: »Say from whence / You owe this strange intelligence? – Sagt, von wannen kam euch / Die wunderbare Wissenschaft?«

Unsinn, du siegst: Schiller, *Die Jungfrau von Orleans* (1801) 1,10.

Mit der Dummheit kämpfen Götter selbst vergebens: Schiller, *Die Jungfrau von Orleans* (1801) 3,6.

Ach, es war nicht meine Wahl! Schiller, *Die Jungfrau von Orleans* (1801) 4,1.

Kurz ist der Schmerz, und ewig ist die Freude: Johannas Schlußworte in Schillers *Jungfrau von Orleans* (1801).

Lieben Freunde, es gab schönre Zeiten: der Beginn von Schillers Gedicht »An die Freunde« (1802).

Und der Lebende hat recht: aus Schillers Gedicht »An die Freunde« (1802).

Neues – hat die Sonne nie gesehn: aus Schillers Gedicht »An die Freunde« (1802).

Auf den Brettern, die die Welt bedeuten: aus Schillers Gedicht »An die Freunde« (1802).

Was sich nie und nirgends hat begeben, Das allein veraltet nie!
ist der Schluß von Schillers Gedicht »An die Freunde« (1802).

Hoher Sinn liegt oft in kind'schem Spiel: aus Schillers Gedicht »Thekla« (1802).

Der Not gehorchend, nicht dem eignen Trieb: mit diesen Worten beginnt Schillers *Braut von Messina* (1802).

Ein jeder Wechsel schreckt den Glücklichen: Schiller, *Die Braut von Messina* (1803) 1,7.

Die ist es oder keine sonst auf Erden! Schiller, *Die Braut von Messina* (1803) 2,5.

Blendwerk der Hölle: Schiller, *Die Braut von Messina* (1803) 3,4.

Was sind Hoffnungen, was sind Entwürfe! Schiller, *Die Braut von Messina* (1803) 3,5.

Auf den Bergen ist Freiheit: Schiller, *Die Braut von Messina* (1803) 4,7.

**Die Welt ist vollkommen überall,
Wo der Mensch nicht hinkommt mit seiner Qual**
schreibt Schiller in *Die Braut von Messina* (1803) 4,7.

**Das Leben ist der Güter Höchstes nicht,
Der Übel größtes aber ist die Schuld**
stammt aus Schillers *Die Braut von Messina* (1802) 4,7. In einem Brief (*An die Freunde* 6,4,2) schreibt Cicero: »nec esse ullum malum praeter culpam – es gebe kein Übel außer der Schuld.«

An der Quelle saß der Knabe: der erste Vers in Schillers Romanze »Der Jüngling am Bache« (1803).

**Raum ist in der kleinsten Hütte
Für ein glücklich liebend Paar**
ist aus Schillers Gedicht »Der Jüngling am Bache« (1803). »Für eine Freundin hat die kleinste Hütte Raum«, heißt es in Wielands *Musarion* (1768), und in Leisewitz' Drama *Julius von Tarent* (1776; 2,3): »Diese Hütte ist klein; Raum genug zu einer Umarmung.«

**Ausgestritten, ausgerungen
Ist der lange, schwere Streit**
stammt aus Schillers Gedicht »Das Siegesfest« (1803).

Denn nicht alle kehren wieder: aus Schillers Gedicht »Das Siegesfest« (1803).

**Ohne Wahl verteilt die Gaben,
Ohne Billigkeit das Glück,
Denn Patroklus liegt begraben,
Und Thersites kommt zurück!**
ist aus Schillers Gedicht »Das Siegesfest« (1803).

Ja, der Krieg verschlingt die besten: aus Schillers Gedicht »Das Siegesfest« (1803).

**Von des Lebens Gütern allen
Ist der Ruhm das höchste doch;
Wenn der Leib in Staub zerfallen,
Lebt der große Name noch**
ist aus Schillers Gedicht »Das Siegesfest« (1803), Vers 101 ff.

**Trink ihn aus, den Trank der Labe,
Und vergiß den großen Schmerz!
Wundervoll ist Bacchus' Gabe,
Balsam fürs zerrißne Herz**
stammt aus Schillers Gedicht »Das Siegesfest« (1803).

Raum für alle hat die Erde: aus Schillers Gedicht »Der Alpenjäger« (1804).

Die kaiserlose, die schreckliche Zeit: aus Schillers Ballade »Der Graf von Habsburg« (1804).

Es lächelt der See, er ladet zum Bade: Schiller, *Wilhelm Tell* (1804) 1,1, »Lied des Fischerknaben«.

Der brave Mann denkt an sich selbst zuletzt: Schiller, *Wilhelm Tell* (1804) 1,1.

Vom sichern Port läßt sich's gemächlich raten: Schiller, *Wilhelm Tell* (1804) 1,1.

Da rast der See und will sein Opfer haben: Schiller, *Wilhelm Tell* (1804) 1,1.

Ich hab' getan, was ich nicht lassen konnte: Schiller, *Wilhelm Tell* (1804) 1,1.

Wann wird der Retter kommen diesem Lande? Schiller, *Wilhelm Tell* (1804) 1,1.

Der kluge Mann baut vor: Schiller, *Wilhelm Tell* (1804) 1,2.

Dem Mutigen hilft Gott! Schiller, *Wilhelm Tell* (1804) 1,2.

Der Starke ist am mächtigsten allein: Schiller, *Wilhelm Tell* (1804) 1,3.

Ich bin der letzte meines Stamms: Schiller, *Wilhelm Tell* (1804) 2,1. In Leopold Graf zu Stolbergs »Romanze« (1774) hieß es schon: »Er, der letzte seines Stammes ...«

Ans Vaterland, ans teure, schließ dich an: Schiller, *Wilhelm Tell* (1804) 2,1.

Hier sind die starken Wurzeln deiner Kraft (im Vaterland): Schiller, *Wilhelm Tell* (1804) 2,1.

Es lebt ein anders denkendes Geschlecht: Schiller, *Wilhelm Tell* (1804) 2,1.

**Wir wollen sein ein einzig Volk von Brüdern,
In keiner Not uns trennen und Gefahr**
stammt aus dem Rütlischwur in Schillers *Wilhelm Tell* (1804) 2,2.

Was da kreucht und fleucht: Schiller, *Wilhelm Tell* (1804) 3,1. Bei Walther von der Vogelweide heißt es im Gedicht »Wahlstreit« (1198): »Was kriechet oder flieget«, und schon bei Homer (*Ilias* 17,447) finden wir »alles, was auf der Erde fliegt und kriecht«.

Früh übt sich, was ein Meister werden will: Schiller, *Wilhelm Tell* (1804) 3,1.

Die Axt im Haus erspart den Zimmermann: Schiller, *Wilhelm Tell* (1804) 3,1.

Wer gar zu viel bedenkt, wird wenig leisten: Schiller, *Wilhelm Tell* (1804) 3,1.

Platz dem Landvogt! Aus Schillers *Wilhelm Tell* (1804) 3,3.

Hier gilt es, Schütze, deine Kunst zu zeigen: Schiller, *Wilhelm Tell* (1804) 3,3.

Allzu straff gespannt, zerspringt der Bogen: Schiller, *Wilhelm Tell* (1804) 3,3. Grimmelshausen im *Simplizissimus* (1669) 4,1: »Wann man den Bogen überspannet, so muß er endlich zerbrechen.« Daß der Bogen nicht ständig gespannt bleiben darf, wird schon von Herodot in übertragenem Sinne gesagt (2,173).

**Das Alte stürzt, es ändert sich die Zeit,
Und neues Leben blüht aus den Ruinen**
stammt aus Schillers *Wilhelm Tell* (1804) 4,2.

Seid einig – einig – einig: Schiller, *Wilhelm Tell* (1804) 4,2.

**Durch diese hohle Gasse muß er kommen,
Es führt kein andrer Weg nach Küßnacht**
ist aus Schillers *Wilhelm Tell* (1804) 4,3.

Die Gelegenheit ist günstig: Schiller, *Wilhelm Tell* (1804) 4,3.

Mach deine Rechnung mit dem Himmel, Vogt! Fort mußt du, deine Uhr ist abgelaufen: Schiller, *Wilhelm Tell* (1804) 4,3.

Die Milch der frommen Denkart: in Schillers *Wilhelm Tell* (1804) 4,3 heißt es: »In gärend Drachengift hast du / die Milch der frommen Denkart mir verwandelt.«

Es lebt ein Gott, zu strafen und zu rächen: Schiller, *Wilhelm Tell* (1804) 4,3.

Auf dieser Bank von Stein will ich mich setzen: Schiller, *Wilhelm Tell* (1804) 4,3.

**Es kann der Frömmste nicht im Frieden bleiben,
Wenn es dem bösen Nachbar nicht gefällt**
stammt aus Schillers *Wilhelm Tell* (1804) 4,3.

Das ist Tells Geschoß: Schiller, *Wilhelm Tell* (1804) 4,3.

Das Opfer liegt – die Raben steigen nieder: Schiller, *Wilhelm Tell* (1804) 4,3.

Rasch tritt der Tod den Menschen an: Schiller, *Wilhelm Tell* (1804) 4,3.

Man soll die Stimmen wägen und nicht zählen: Schiller, *Demetrius* (1805), 1. Aufzug. Georg Christoph Lichtenberg bedauert (1777), »daß wir so oft die Stimmen nur zählen. Wo man sie wägen kann, soll man es nie versäumen.« Gedanke und Form sind antik: »non enim numero haec iudicantur sed pondere« (Cicero, *Über die Pflichten* 2,22), »numerantur enim sententiae, non ponderantur« (Plinius d. J. 2,12).

**Was ist die Mehrheit? Mehrheit ist der Unsinn,
Verstand ist stets bei wenigen nur gewesen**
ist aus Schillers *Demetrius* (1805) 1.

Ich will dem Schicksal in den Rachen greifen schrieb Ludwig van Beethoven (1770–1827) in einem Brief vom 16.11.1801 an Dr. Franz Wegeler.

In des Waldes tiefsten Gründen. In Schillers Gedicht »Kassandra« (1802) lauten die Verse 21/22: »In des Waldes tiefste Gründe / flüchtete die Seherin.« In den *Romanzen und Liedern über Rinaldini* (1800) von August Vulpius beginnt die zweite Romanze: »In des Waldes düstern Gründen«; sie wurde zu einem Volkslied.

Rinaldo Rinaldini wurde zur stehenden Bezeichnung für einen »Räuberhauptmann« durch den Roman *Rinaldo Rinaldini, der Räuberhauptmann; eine romantische Geschichte unseres Jahrhunderts* (1797 ff.) von Christian August Vulpius (1762–1827).

Die Erinnerung ist das einzige Paradies, woraus wir nicht vertrieben werden können: Jean Paul (1763–1825) im Roman *Die unsichtbare Loge* (1793).

Der Historiker ist ein rückwärts gekehrter Prophet: ein Wort Friedrich Schlegels (1772–1829), das er im 1. Band seiner Zeitschrift *Athenäum* (1798) unter »Fragmente« veröffentlichte.

Göttliche Grobheit stammt aus einer Stelle in dem Roman *Lucinde* (1799) von Friedrich Schlegel, an der es heißt, es liege in der Natur des Mannes »ein gewisser tölpelhafter Enthusiasmus, der gern mit allem Zarten und Heiligen herausplatzt, nicht selten über seinen eigenen treuherzigen Eifer hinstürzt und mit einem Wort leicht bis zur Grobheit göttlich ist«.

Die blaue Blume, das Symbol der Romantik, stammt aus dem Roman *Heinrich von Ofterdingen* (1802) von Novalis (Friedrich v. Hardenberg, 1772–1801).

Wenn ich ihn nur habe, wenn er mein nur ist: der Anfang eines Gedichtes von Novalis (1772–1801).

Mondbeglänzte Zaubernacht, ein Losungswort der deutschen Romantik, geprägt von Ludwig Tieck (1773–1853) im Prolog und am Schluß seines Dramas *Kaiser Oktavianus* (1804).

**Wer niemals einen Rausch gehabt,
Der ist kein braver Mann**
geht auf einen Vers in Wenzel Müllers Singspiel *Das Neu-Sonntagskind* (zuerst erschienen 1794) zurück, dessen Texte der Wiener Schauspieler und Librettist Joachim Perinet (1765–1816) schrieb. In Keils *Deutschen Studentenliedern des 17. und 18. Jahrhunderts* steht ein Vorbild: »Denn wer sich scheut, ein Rausch zu han, / der will nicht, daß man ihn soll kennen, / und ist gewiß kein Biedermann.«

Torheit, du regierst die Welt: aus Heinrich v. Kleists (1777 bis 1811) Erzählung *Michael Kohlhaas* (1808).

Das Leben ist viel wert, wenn man's verachtet: aus Heinrich v. Kleists (1777–1811) Drama *Die Familie Schroffenstein* (1803) 4,5.

Sich freuen wie ein Stint. Stint ist im Niederdeutschen der Name eines kleinen Fisches, der in Mengen in den Haffen gefangen wird; sein Hinundherzappeln gab den Anlaß zu Redensarten wie »besoffen, verliebt wie ein Stint«, und so auch »sich freuen wie ein Stint«, was 1797 in dem Gedicht »Der Mai 1795« des Predigers Schmidt zu Werneuchen (1764–1838) bezeugt ist: »O sieh, wie alles weit und breit /... / vom Storche bis zum Spatz sich freut, / vom Karpfen bis zum Stint!«

Haust du meinen Juden, hau' ich deinen Juden, eine Redensart, deren Ursprung nicht bekannt ist, zu der aber Johann Peter Hebel (1760–1826) im *Schatzkästlein des rheinischen Hausfreundes* (1811) eine Geschichte erzählt, »Die zwei Postillone«: Die zwei Postillone hatten von zwei Handelsleuten stets schlechte Trinkgelder erhalten; um sie freigebiger zu machen, täuschten sie einen Streit vor, in dem sie aber nicht sich, sondern einer den Fahrgast des andern schlugen.

Da bleibt kein Auge trocken: aus dem Gedicht »Paul. Eine Handzeichnung« (1799) von Johann Daniel Falk (1768–1826).

Es kann ja nicht immer so bleiben
Hier unter dem wechselnden Mond
ist der Anfang eines Liedes, »Trost beim Scheiden« (1802), von August von Kotzebue (1761–1819).

Wir sitzen so fröhlich beisammen,
Wir haben einander so lieb
stammt aus dem Lied »Trost beim Scheiden« (1802) von August v. Kotzebue (1761–1819).

Ach, wenn es doch immer so blieb(e): aus dem Lied »Trost beim Scheiden« (1802) von August v. Kotzebue (1761–1819).

Die jüngsten Kinder meiner Laune: als Sammeltitel einiger Schriften (1793–97) von August v. Kotzebue gebraucht. »Das jüngste Kind meiner Laune« nennt in Ferdinand Raimunds *Verschwender* der Tischler Valentin seine Tochter.

Marmorglatt und marmorkalt nannte Ludwig Ferdinand Huber (1764–1804) Goethes Trauerspiel *Die natürliche Tochter* in einer Besprechung in der Berliner Zeitung *Der Freimütige* 1803, S. 678. Aber schon 1776 hatte Herzog Karl August von Weimar die als Hofsängerin nach Weimar berufene Corona Schröter »marmorschön und marmorkalt« genannt.

Noch sind die Tage der Rosen: aus August Mahlmanns (1771 bis 1826) Lied »Aufmunterung zur Freude« (1798). In dem in der 2. Hälfte des 19. Jahrhunderts vielgelesenen lyrisch-epischen Gedicht »Waldmeisters Brautfahrt« (1851) von Otto Roquette werden die Worte als Kehrreim benutzt.

Weg mit den Grillen und Sorgen! Der Anfang von August Mahlmanns (1771–1826) Lied »Aufmunterung zur Freude« (1798).

Ich denk' an euch, ihr himmlisch schönen Tage: der Anfangsvers eines Liedes von August Mahlmann (1771–1826) in Beckers *Taschenbuch zum geselligen Vergnügen* (1802).

Mein Lebenslauf ist Lieb' und Lust: aus August Mahlmanns (1771–1826) »Weinlied« (1808).

Was willst du, Fernando, so trüb und so bleich? Der erste Vers des Gedichtes »Columbus« von Luise Brachmann (1777–1822).

Droben stehet die Kapelle,
Schauet still ins Tal hinab
ist der Anfang von Ludwig Uhlands (1787–1862) Gedicht »Die Kapelle« (1805).

Bei einem Wirte wundermild: aus Ludwig Uhlands *Wanderliedern* (8, »Einkehr«).

Das ist der Tag des Herrn! Aus »Schäfers Sonntagslied« (1807) von Ludwig Uhland (1787–1862).

Ich bin allein auf weiter Flur: aus »Schäfers Sonntagslied« (1807) von Ludwig Uhland.

Von einer aber tut mir's weh: aus Ludwig Uhlands Gedicht »Abreise« (1811).

Die linden Lüfte sind erwacht: aus dem Gedicht »Frühlingsglauben« (1812) von Ludwig Uhland.

Ich hatt' einen Kameraden,
Einen bessern findst du nit
ist der Anfang von Ludwig Uhlands Gedicht »Der gute Kamerad« (1809).

Im gleichen Schritt und Tritt: aus Ludwig Uhlands Gedicht »Der gute Kamerad« (1809).

Nun muß sich alles, alles wenden: aus dem Gedicht »Frühlingsglauben« (1812) von Ludwig Uhland.

Die Welt wird schöner mit jedem Tag,
Man weiß nicht, was noch werden mag
stammt aus dem Gedicht »Frühlingsglauben« (1812) von Ludwig Uhland.

Singe, wem Gesang gegeben: aus dem Gedicht »Freie Kunst« (1812) von Ludwig Uhland.

Denn was er sinnt, ist Schrecken, und was er blickt, ist Wut: aus Ludwig Uhlands Ballade »Des Sängers Fluch« (1814).

Nimm alle Kraft zusammen, die Lust und auch den Schmerz: aus Ludwig Uhlands Ballade »Des Sängers Fluch« (1814).

Noch eine hohe Säule zeugt von verschwundner Pracht: aus Ludwig Uhlands Ballade »Des Sängers Fluch« (1814).

Versunken und vergessen: aus Ludwig Uhlands Gedicht »Des Sängers Fluch« (1814).

Der wackre Schwabe forcht sich nit: aus Ludwig Uhlands Gedicht »Schwäbische Kunde« (1814): »Als Kaiser Rotbart lobesam ...«

Viel Steine gab's und wenig Brot: aus Ludwig Uhlands Gedicht »Schwäbische Kunde« (1814).

Untröstlich ist's noch allerwärts: aus Uhlands Gedicht »Am 18. Oktober 1816«.

Deines Geistes hab' ich einen Hauch verspürt: aus Ludwig Uhlands Ballade »Bertran de Born« (1829).

**Wohlauf noch getrunken
Den funkelnden Wein!**
ist der Anfang von Justinus Kerners (1786–1862) »Wanderlied« (1812).

**Ade nun, ihr Lieben!
Geschieden muß sein**
ist aus dem »Wanderlied« (1812) von Justinus Kerner (1786 bis 1862) mit dem Anfang: »Wohlauf noch getrunken / den funkelnden Wein.«

Preisend mit viel schönen Reden: aus Justinus Kerners Gedicht »Der reichste Fürst« (1818).

»Herrlich«, sprach der Fürst von Sachsen: aus Justinus Kerners Gedicht »Der reichste Fürst« (1818).

**Wo aber Gefahr ist, wächst
Das Rettende auch**
stammt aus Friedrich Hölderlins (1770–1843) Gedicht »Patmos« (1803, gedruckt 1808).

**Morgen muß ich fort von hier
Und muß Abschied nehmen**
ist der Anfang eines Volksliedes in *Des Knaben Wunderhorn* (1808) von Clemens Brentano und Achim v. Arnim, nach einer älteren Fassung aus dem 17. Jahrhundert.

**Sie konnten zusammen nicht kommen,
Das Wasser war viel zu tief**
ist aus dem Volkslied »Es waren zwei Königskinder«, das aus dem späten Mittelalter stammt, zuerst gedruckt in Büschings und von der Hagens *Volksliedern* (1807); ähnlich auch in *Des Knaben Wunderhorn* (1808).

Du, du liegst mir am Herzen: der Anfang eines Volksliedes, das um 1820 in Norddeutschland entstanden ist.

**Kein Feuer, keine Kohle
Tut brennen so heiß,
Als wie heimliche Liebe,
Von der niemand nichts weiß**
ist die erste Strophe eines Volksliedes, das zuerst in Büschings und von der Hagens Liedersammlung von 1807 gedruckt wurde.

Gute Leute und schlechte Musikanten werden in E. T. A. Hoffmanns *Seltsamen Leiden eines Theaterdirektors* (1819) und in seinem *Kater Murr* (1820) sowie in Heinrich Heines *Buch Le Grand* (1826, Kapitel 13) angeführt. Der Ausdruck geht auf Clemens Brentanos Satz im *Ponce de Leon* (1804) 5,2 zurück: »Diese schlechten Musikanten und guten Leute aber werden sich unter Eurer Anführung im Walde versammeln.« Eine ähnliche Wortverbindung findet sich schon im 1. Kapitel der Periklesbiographie von Plutarch.

Eine Mauer um uns baue: aus Clemens v. Brentanos (1778–1842) Gedicht »Die Gottesmauer«.

**Geteilte Freud' ist doppelt Freude,
Geteilter Schmerz ist halber Schmerz**
ist eine Sentenz Christoph August Tiedges (1752–1841), die im Anfang des 19. Jahrhunderts als Stammbucheintragung überaus beliebt war. Der Gedanke ist natürlich alt, so sagt z. B. Cicero in der Schrift *Über die Freundschaft* (6,22): »Et secundas res splendidiores facit amicitia et adversas partiens communicansque leviores – anteilnehmende Freundschaft macht das Glück strahlender und erleichtert das Unglück.«

Als der Großvater die Großmutter nahm: der Anfang eines Liedes (1813) von August Friedrich Langbein (1757–1835), dann der Titel eines »Liederbuchs für altmodische Leute«, das Gustav Wustmann 1886 herausgab.

Da schweigt (Das verschweigt) des Sängers Höflichkeit. August Friedrich Langbeins erzählendes Gedicht »Die Weissagung« (1812) beginnt: »In einem Städtlein, dessen Namen / des Dichters Höflichkeit verschweigt.« Ein in Berlin erschienenes Lied eines unbekannten Verfassers (»Als der liebe Gott die Welt erschaffen«) hat als Kehrreim »Das verschweigt des Sängers Höflichkeit«. Ebenso ein 1808 in der Zeitschrift *Allerhand für Stadt und Land* veröffentlichtes Lied »Des Dichters Höflichkeit«.

Eifersucht ist eine Leidenschaft, die mit Eifer sucht, was Leiden schafft soll ein Wort von Friedrich Schleiermacher (1768–1834) sein; in seinen Schriften findet es sich freilich nicht.

Dort, wo du nicht bist, dort ist das Glück: aus Schuberts Lied »Der Wanderer« (1816) nach »Des Fremdlings Abendlied« (1808) von Georg Schmidt von Lübeck (1766–1849). In den Gedichten Evariste de Parnys (1753–1814) heißt es: »La peine est aux lieux qu'on habite / et le bonheur ou l'on n'est pas – Die Qual ist dort, wo man wohnt, und das Glück, wo man nicht ist.«

**Herrlich! Etwas dunkel zwar –
Aber's klingt recht wunderbar**
ist aus dem Schauspiel *Preciosa* (1810) 1,5 von Pius Alexander Wolff (1782–1828), das sich durch Karl Maria v. Webers Musik dazu (1821) lange auf den Spielplänen hielt.

**Wird man wo gut aufgenommen,
Muß man nicht gleich wiederkommen**
stammt aus dem Schauspiel *Preciosa* (1810) von Pius Alexander Wolff (1782–1828) 2,1. Der zweite Vers heißt im Original freilich: »Muß man ja nicht zweimal kommen.«

Einsam bin ich nicht alleine: aus dem Schauspiel *Preciosa* (1810) 2,2 von Pius Alexander Wolff (1782–1828). »... kann ich nur einmal / recht einsam sein, / dann bin ich nicht allein« heißt es im »Lied des Harfners« in Goethes *Wilhelm Meisters Lehrjahre* (2,13). In Ciceros Schriften *Über den Staat* (1,17,27) und *Über die Pflichten* (3,1,1) wird ein Wort des Publius Scipio überliefert: »nunquam minus solum esse, quam cum solus esset – er sei niemals weniger allein, als wenn er allein sei.«

Donnerwetter Parapluie! Aus P. A. Wolffs Schauspiel *Preciosa* 3,3 und 8. Die Stelle der 3. Szene lautet: »Pedro: Parapluie! – Ambrosio: Flucht nicht so gräßlich! – Pedro: Donnerwetter!« Pedro spricht gern in fremden, von ihm mißverstandenen Wörtern, und so wird das »Parapluie« von ihm aus »parbleu« verzerrt, das seinerseits aus »par Dieu« entstand.

Das Unvermeidliche mit Würde tragen stammt aus dem »Denkspruch« (in den *Gedichten*, 1811) des Dante-Übersetzers Karl Streckfuß (1779–1844).

Herz, mein Herz, warum so traurig? lautet der Anfang eines Liedes von Johann Rudolf Wyss d. J. (1781–1830), das zuerst 1811 in Berner Mundart erschien. Manchmal auch zusammen mit dem folgenden Vers angeführt: »Und was soll das Ach und Weh?«

Wenn alles eben käme,
Wie du gewollt es hast
ist der Anfang von Friedrich de la Motte Fouqués (1777–1843) Gedicht »Trost«, zuerst veröffentlicht im *Frauentaschenbuch für 1816.*

Zahlen beweisen, oft erweitert zu »Zahlen beweisen, sagt Benzenberg«, müßte eigentlich heißen: »Zahlen entscheiden«; denn so heißt es an vielen Stellen der Schriften des rheinischen Physikers und Publizisten Johann Friedrich Benzenberg (1777–1846).

Im kühlen Keller sitz' ich hier: der Anfang eines gern gesungenen Trinkliedes von Karl Müchler (1763–1857), das aus dessen Wechselgesang »Der Kritikaster und der Trinker« stammt und zuerst in der Berliner Zeitschrift *Eunomia* 1801 erschien.

Ach, wie ist's möglich dann,
Daß ich dich lassen kann,
entstammt der Umdichtung des Liedes »Wie ist's möglich dann« einer Straßburger Liederhandschrift von 1769, die Helmina v. Chézy (1783–1856) für eine Aufführung (1812) ihres Schauspiels *Eginhart und Emma* vorgenommen hatte.

Noch einmal, Robert, eh' wir scheiden: aus Friedrich Voigts (1770–1814) Lied »Elisas Abschied«.

Ich war Jüngling noch an Jahren ist aus Méhuls Oper *Joseph in Ägypten,* die 1809 in Deutschland aufgeführt wurde. Der Originaltext stammt von Alexander Duval (1767–1842), der Verfasser des deutschen Textes ist unbekannt.

Aschenbrödel oder **Aschenputtel**, für ein zurückgesetztes, nur zu niedrigen Arbeiten herangezogenes Mädchen gebraucht, ist uns aus dem Märchen vertraut (*Kinder- und Hausmärchen* der Brüder Grimm, 1812–22). Dort darf das Mädchen nicht in einem Bett schlafen, sondern muß sich neben dem Herd in die Asche legen. »Aschenbrödel« nannte man früher (so z. B. schon Luther) die Küchenjungen, der Name bedeutet »der in der Asche wühlt«.

Hans im Glück, die Märchengestalt in den *Kinder- und Hausmärchen* (1812–22) der Brüder Grimm, ist einer, dem trotz seiner Einfalt oder auch, ohne daß er sich darum bemüht, das Glück in den Schoß fällt.

Der Gott, der Eisen wachsen ließ,
Der wollte keine Knechte
so beginnt das »Vaterlandslied« (1812) Ernst Moritz Arndts (1769–1860).

Was ist des Deutschen Vaterland? Der erste Vers des Liedes »Des Deutschen Vaterland« (1813) von Ernst Moritz Arndt (1769 bis 1860).

Soweit die deutsche Zunge klingt ist aus dem Gedicht Ernst Moritz Arndts (1769–1860) »Des Deutschen Vaterland« (1813).

Der Rhein, Deutschlands Strom, nicht Deutschlands Grenze: der Titel einer 1813 erschienenen Schrift Ernst Moritz Arndts (1769–1860); die Worte stehen am Denkmal Arndts in Bonn.

Freiheit, die ich meine – so beginnt Max von Schenkendorfs Lied »Freiheit« (1813), in dem »ich meine« soviel heißen soll wie »ich liebe«, während wir jetzt meist darunter verstehen: »wie ich sie auffasse«.

Muttersprache, Mutterlaut: aus Max von Schenkendorfs Lied »Muttersprache« (1814).

Der König rief, und alle, alle kamen ist der Anfang eines von Karl Gottlieb Samuel Heun (1771–1854, Pseudonym Heinrich Clauren) gedichteten Liedes (1813).

Vergiß die treuen Toten nicht! Aus Theodor Körners Gedicht »Aufruf« (1813).

Das ist Lützows wilde, verwegene Jagd: aus Theodor Körners Gedicht »Lützows wilde Jagd« (1813).

Das Volk steht auf, der Sturm bricht los ist aus dem Gedicht »Männer und Buben« (1813) des »Dichters der Befreiungskriege« Theodor Körner.

Der Freiheit eine Gasse! steht in Theodor Körners Gedicht »Aufruf« von 1813. Der dort vorangehende Vers »Drück dir den Speer ins treue Herz hinein« weist darauf hin, daß Körner die Heldentat Arnold von Winkelrieds in der Schlacht bei Sempach (1386) vor Augen hatte. In Johannes von Müllers damals vielgelesenen *Geschichten schweizerischer Eidgenossenschaft* (1786–1808) hieß es, Winkelried habe zu seinen Kampfgenossen gesagt: »Ich will euch eine Gasse machen«, habe eine Menge der entgegengehaltenen Speere in seiner Brust begraben und so den Eidgenossen den siegbringenden Einbruch in die Reihen des Feindes ermöglicht.

Hinaus in die Ferne: der Anfang eines Jäger-Marschliedes, 1813 von Albert Methfessel (1785–1869) gedichtet.

**Ich hab' mich ergeben
Mit Herz und Hand**
ist aus dem Lied »Gelübde« (1820) von Hans Ferdinand Maßmann (1797–1874).

Im Wald und auf der Heide: der Anfang eines Jägerliedes (1816) von Wilhelm Bornemann. Das Original begann: »In grünbelaubter Heide«.

Frisch auf, zum fröhlichen Jagen: so beginnt Friedrich de la Motte Fouqués (1777–1843) »Kriegslied für die freiwilligen Jäger« von 1813.

**Erkläret mir, Graf Oerindur,
Diesen Zwiespalt der Natur!**
ist umgeformt aus: »Und erklärt mir, Oerindur, / diesen Zwiespalt der Natur« in Adolf Müllners (1774–1829) Schicksalsdrama *Die Schuld* (1813) 2,5.

Die Macht der Verhältnisse: der Titel eines 1819 veröffentlichten Trauerspiels von Ludwig Robert (1778–1832).

Frisch, fromm, fröhlich, frei, der Wahlspruch der deutschen Turner, stammt von Friedrich Ludwig Jahn (1778–1852).

Immer langsam voran, immer langsam voran! aus dem Lied »Der Krähwinkler Landsturm«, das zum Teil bereits 1813 entstand, später vielfach umgeändert und erweitert worden ist. »Krähwinkel« stammt aus August v. Kotzebues Komödie *Die deutschen Kleinstädter* (1803).

Frei ist der Bursch! Der Kehrreim des Studentenliedes »Stoßt an! Eisenach lebe!« (jetzt von jeder Hochschulstadt: »Jena, Göttingen, ... soll leben!«), das August Binzer 1817 dichtete und komponierte.

Wer die Wahrheit kennet und spricht sie nicht,
Der bleibt fürwahr ein erbärmlicher Wicht
stammt aus dem Studentenlied »Stoßt an! Eisenach lebe!« von August Binzer (1817).

Wir hatten gebauet ein stattliches Haus: der Anfang eines Liedes von August Binzer, das 1819 bei der Auflösung der Burschenschaft in Jena gesungen und 1821 ins *Kieler Kommersbuch* aufgenommen wurde.

Ich bin der Doktor Eisenbart, ein scherzhaftes Volkslied, teilweise schon vor 1745 bekannt, später vielfach verändert, zuerst im Kommersbuch von 1818 gedruckt. Johann Andreas Eisenbart (1661–1727) war aber kein Quacksalber, sondern ein hervorragender Chirurg seiner Zeit.

Sauft Wasser wie das liebe Vieh
Und meint, es sei Crambambuli
steht im *Leipziger Kommersbuch* von 1815 als 9. Strophe eines (1745 erschienenen) Liedes von Crescentius Koromandel (d. i. Christof Friedr. Wedekind): »Der Krambambulist, ein Lob-Gedicht über die gebrannten Wasser im Lachß zu Dantzig.« »Krambambuli« ist ein studentensprachliches Lautspiel, angelehnt an »Kranewitt« (Wacholder) und das rotwelsche »Blamp«, »Bembel« oder »Blembel« (geistiges Getränk).

O alte Burschenherrlichkeit: der Anfang eines anonym 1825 in Berlin gedruckten Liedes »Rückblicke eines alten Burschen«, als dessen Verfasser sich 1877 der als Sanitätsrat in Eschwege verstorbene Dr. Eugen Höfling (1808–1880) bekannte.

So streng sind dort die Bräuche ist die Schlußzeile eines der nicht salonfähigen Verse um die »Wirtin an der Lahn«, deren Urheber, besser gesagt Anstifter (denn es wird noch immer daran fortgedichtet) unbekannt ist; er wird wohl in Studentenkreisen zu suchen sein. Entschärft hat die Wirtin-Verse Curt Seibert in dem Bändchen *Das poetische Holzbein*. Hier heißt der betreffende Vers: »Frau Wirtin hat auch einen Inder, / der spielte Spiele wie die Kinder. / Trotz Asthma und Gekeuche / behielt er seinen Turban auf. / So streng sind dort die Bräuche.«

Blühender Unsinn: der Titel eines Gedichtes von Johann Georg Friedrich Messerschmidt (1776–1831).

Das ist die Zeit der schweren Not: ein Vers aus Adalbert v. Chamissos (1781–1831) scherzhaftem »Kanon« (1813), der lautet: »Das ist die schwere Zeit der Not, / das ist die Not der schweren Zeit, / das ist die schwere Not der Zeit, / das ist die Zeit der schweren Not.«

**Ich träum' als Kind mich zurücke
Und schüttle mein greises Haupt**
stammt aus Adalbert v. Chamissos Gedicht »Das Schloß Boncourt«.

Er, der herrlichste von allen: in Adalbert v. Chamissos (1781 bis 1831) Gedichtzyklus »Frauen-Liebe und -Leben«.

Ich kann's nicht fassen, nicht glauben: aus Adalbert v. Chamissos Gedichtzyklus »Frauen-Liebe und -Leben«.

**Nun hast du mir den ersten Schmerz getan,
Der aber traf**
ist aus Adalbert v. Chamissos Gedichtzyklus »Frauen-Liebe und -Leben«.

Der Zopf, der hängt ihm hinten: aus dem Gedicht Adalbert v. Chamissos (1781–1831) »Tragische Geschichte« (1822), in dem es einem »zu Herzen ging, daß ihm der Zopf so hinten hing«, aber alles Drehen nichts nützte.

Der Bauer ist kein Spielzeug! Aus Adalbert v. Chamissos Gedicht »Das Riesen-Spielzeug« (1835).

Die Sonne bringt es an den Tag: der Titel eines Gedichtes von Adalbert v. Chamisso (1781–1838).

**Hört, ihr Herrn, so soll es werden:
Gott im Himmel wie auf Erden,
Und der König absolut,
Wenn er unsern Willen tut**
bildet die dritte Strophe in Adalbert v. Chamissos (1781–1838) Gedicht »Nachtwächterlied« (1827).

Ich schnitt es gern in alle Rinden ein: der Anfang des Liedes »Ungeduld« aus dem Liederzyklus »Die schöne Müllerin« von Wilhelm Müller (1794–1827), den Franz Schubert vertonte.

Das Wandern ist des Müllers Lust: der Anfang des Liedes »*Wanderschaft*« in den *Siebenundsiebzig Gedichten aus den Papieren eines reisenden Waldhornisten* (1821–24) von Wilhelm Müller (1794–1827).

Komm doch näher, liebe Kleine! stammt aus dem Gedicht »Der Christabend« (1810) von Friedrich Kind (1768–1843).

Glaubst du, dieser Adler sei dir geschenkt? Aus Karl Maria v. Webers Oper *Der Freischütz* (1821), deren Text Friedrich Kind (1768–1843) schrieb.

Leise, leise, fromme Weise: aus Karl Maria v. Webers Oper *Der Freischütz* (1821), deren Text Friedrich Kind schrieb.

Stürzt das Scheusal in die Wolfsschlucht! Aus Karl Maria v. Webers Oper *Der Freischütz* (1821), Text von Friedrich Kind.

Was gleicht wohl auf Erden dem Jägervergnügen? Aus Karl Maria v. Webers Oper *Der Freischütz* (1821), Text von Friedrich Kind.

Kommt ein schlanker Bursch gegangen: aus Karl Maria v. Webers Oper *Der Freischütz* (1821), Text von Friedrich Kind.

Er war von je ein Bösewicht,
Ihn traf des Himmels Strafgericht
stammt aus Karl Maria v. Webers Oper *Der Freischütz* (1821), Text von Friedrich Kind.

Durch die Wälder, durch die Auen: aus Friedrich Kinds (1768 bis 1843) Text von Karl Maria v. Webers Oper *Der Freischütz* (1821).

Samiel, hilf! oder **Hilf, Samiel!** ist aus Friedrich Kinds Text von Karl Maria v. Webers Oper *Der Freischütz* (1821).

Was vergangen, kehrt nicht wieder,
Aber ging es leuchtend nieder,
Leuchtet's lange noch zurück!
ist der Anfang des Gedichtes »Erinnerung und Hoffnung« von Karl Förster (1784–1841).

Wem Gott will rechte Gunst erweisen,
Den schickt er in die weite Welt
ist der Anfang von Jos. v. Eichendorffs (1788–1857) Gedicht »Der

frohe Wandersmann« (1822), das der Dichter in seine Erzählung *Aus dem Leben eines Taugenichts* (1826) aufnahm.

**In einem kühlen Grunde,
Da geht ein Mühlenrad**
ist der Anfang von Joseph v. Eichendorffs Gedicht »Das zerbrochene Ringlein«. (Die erste Sammlung von Eichendorffs Gedichten erschien 1837.)

**Wer hat dich, du schöner Wald,
Aufgebaut so hoch da droben?**
ist der Anfang von Eichendorffs Lied »Der Jäger Abschied« (1837), das 1840 von Felix Mendelssohn-Bartholdy vertont wurde.

**Wer in die Fremde will wandern,
Der muß mit der Liebsten gehn**
ist aus Joseph v. Eichendorffs (1788–1857) Gedicht »Heimweh«.

Alles was ist, ist vernünftig pflegt man nach dem Philosophen Georg Wilh. Friedr. Hegel (1770–1831) zu sagen, in dessen *Grundlinien der Philosophie des Rechtes* (1821) es heißt: »Was vernünftig ist, das ist wirklich; und was wirklich ist, das ist vernünftig.«

Der Krieg ist die Fortsetzung der Politik mit anderen Mitteln geht auf den Satz von Karl v. Clausewitz (1780–1831) in dessen Buch *Vom Kriege* (1832 erschienen) zurück: »Der Krieg ist nichts als die Fortsetzung des politischen Verkehrs mit Einmischung anderer Mittel.«

In sieben Sprachen schweigen. Das Wort wurde zuerst auf den klassischen Philologen Immanuel Bekker (1785–1871) gemünzt; Zelter schrieb an Goethe am 15.3.1830: »Nun muß ich schweigen (wie unser Philologus Bekker, den sie den Stummen in sieben Sprachen nennen).« Nach Wilhelm Wackernagel (Deutsches Lesebuch Bd. 4, 1843, S. 54) war Bekkers Lehrer Friedrich August Wolf (1759–1824) der Urheber. In seinem Nekrolog auf Bekker 1872 nannte Karl v. Halm als Urheber Friedrich Schleiermacher.

Gestern noch auf stolzen Rossen: aus »Reiters Morgengesang« (1824) von Wilhelm Hauff (1802–1827).

**Ach, wie bald
Schwindet Schönheit und Gestalt**
stammt aus »Reiters Morgengesang« (1824) von Wilhelm Hauff (1802–1827).

Lieblich war die Maiennacht: der Anfangsvers des Liedes »Der Postillon« von Nikolaus Lenau (1802–1850).

Den Jüngling ziert Bescheidenheit: mit Umstellung der Worte aus Franz Grillparzers (1791–1872) Drama *Die Ahnfrau* (1816), wo es heißt: »Ziert Bescheidenheit den Jüngling ...« Ob danach das vielgebrauchte »Bescheidenheit ist eine Zier, doch weiter kommt man ohne ihr« gebildet wurde, ist fraglich.

Weh dem, der lügt! ist der Titel eines Lustspiels (1838) von Franz Grillparzer (1791–1872).

Capua der Geister wird Wien in Grillparzers »Abschied von Wien« (1843) genannt; Capua war bei den Alten wegen seiner entnervenden Üppigkeit berühmt.

Schier dreißig Jahre bist du alt,
Hast manchen Sturm erlebt
ist der Anfang des »Mantelliedes« aus Karl v. Holteis (1798 bis 1880) Volksstück *Lenore* (1828).

Denkst du daran, mein tapfrer Lagienka? Der Anfang eines Liedes aus dem Singspiel *Der alte Feldherr* (1826) von Karl v. Holtei (1798–1880).

Fordre niemand mein Schicksal zu hören! Der Anfang eines Liedes aus dem Singspiel *Der alte Feldherr* (1826) von Karl v. Holtei.

Nichts ist dauernd als der Wechsel sagte Ludwig Börne (1786 bis 1837) in seiner *Rede auf Jean Paul* (1825). Heine (1797–1856) verwendete das Wort im Motto seiner *Harzreise* (1824).

Aber fragt mich nur nicht wie! Aus Heinrich Heines Vierzeiler: »Anfangs wollt' ich fast verzagen / und ich glaubt', ich trüg' es nie; / und ich hab' es doch getragen, – / aber fragt mich nur nicht: wie?« im *Buch der Lieder* unter den Liedern des Abschnitts »Junge Leiden« (1817–1821).

Was schert mich Weib, was schert mich Kind? Aus Heinrich Heines Romanze »Die Grenadiere« im *Buch der Lieder*, Abschnitt »Junge Leiden« (1817–1821). Oft wird auch noch der übernächste Vers dazu angeführt: »Laß sie betteln gehn, wenn sie hungrig sind.«

Die Mitternacht zog näher schon: der Anfang von Heinrich Heines Gedicht »Belsazer« im *Buch der Lieder,* Abschnitt »Junge Leiden« (1817–21). Oft wird gesagt: »Die Mitternacht rückt näher schon.«

Im wunderschönen Monat Mai: der Anfang eines Gedichtes aus dem »Lyrischen Intermezzo« (1822–1823) in Heinrich Heines *Buch der Lieder*.

Auf Flügeln des Gesanges: der Anfang eines Gedichtes aus dem »Lyrischen Intermezzo« in Heinrich Heines *Buch der Lieder*.

**Die Welt ist dumm, die Welt ist blind,
Wird täglich abgeschmackter!**
ist der Anfang eines Gedichtes von Heinrich Heine im *Buch der Lieder*, »Lyrisches Intermezzo« (1822–23).

Wenn ich in deine Augen seh': der Anfang eines Gedichtes von Heinrich Heine im *Buch der Lieder*, »Lyrisches Intermezzo« (1822–23).

**Die Tränen und die Seufzer,
Die kamen hintennach**
stammt aus dem Gedicht »Wenn zwei voneinander scheiden« im Abschnitt »Lyrisches Intermezzo« (1822–23) von Heinrich Heines *Buch der Lieder*.

Ich grolle nicht, und wenn das Herz auch bricht: der Anfang eines Gedichtes aus dem »Lyrischen Intermezzo« (1822/23) in Heinrich Heines *Buch der Lieder*.

**Es ist eine alte Geschichte
Doch bleibt sie immer neu**
stammt aus Heinrich Heines Gedicht »Ein Jüngling liebt ein Mädchen« im *Buch der Lieder*, »Lyrisches Intermezzo« (1822/23).

Mein Lieb', wir sollen beide elend sein: aus Heinrich Heines Gedicht »Ja, du bist elend« im *Buch der Lieder*, »Lyrisches Intermezzo« (1823–24).

**Ich unglücksel'ger Atlas! eine Welt,
Die ganze Welt der Schmerzen muß ich tragen**
ist der Anfang eines Gedichtes von Heinrich Heine im *Buch der Lieder*, Abschnitt »Die Heimkehr« (1823–24).

**Selten habt ihr mich verstanden,
Selten auch verstand ich euch;
Nur, wo wir im Kot uns fanden,
Da verstanden wir uns gleich**
ist ein Vierzeiler aus dem Abschnitt »Die Heimkehr« (1823–24) in Heinrich Heines *Buch der Lieder*.

**Ich weiß nicht, was soll es bedeuten,
Daß ich so traurig bin**
ist der Anfang eines Gedichtes im Abschnitt »Die Heimkehr« (1823/24) von Heinrich Heines *Buch der Lieder*.

**Und das hat mit ihrem Singen
Die Lorelei getan**
ist der Schluß von Heinrich Heines Lied »Ich weiß nicht, was soll es bedeuten?«

**Ein Tor ist immer willig,
Wenn eine Törin will**
ist aus Heinrich Heines Gedicht »Sei mir gegrüßt, du große, geheimnisvolle Stadt« im *Buch der Lieder*, Abschnitt »Die Heimkehr« (1823/24).

***Mensch, bezahle deine Schulden:** aus Heinrich Heines Gedicht »Mensch, verspotte nicht den Teufel« im *Buch der Lieder*, Abschnitt »Die Heimkehr« (1823/24).

Du bist wie eine Blume: der Anfang eines Gedichtes von Heinrich Heine im *Buch der Lieder*, Abschnitt »Die Heimkehr« (1823/24).

**Mir ist, als ob ich die Hände
Aufs Haupt dir legen sollt'**
stammt aus Heinrich Heines Gedicht »Du bist wie eine Blume« im *Buch der Lieder*, Abschnitt »Die Heimkehr« (1823/24).

Du hast Diamanten und Perlen: der Anfang eines Gedichtes im Abschnitt »Die Heimkehr« (1823/24) von Heinrich Heines *Buch der Lieder*.

Mein Liebchen, was willst du mehr? ist der Kehrreim des Gedichts »Du hast Diamanten und Perlen« im Abschnitt »Die Heimkehr« (1823/24) von Heinrich Heines *Buch der Lieder*.

**Blamier mich nicht, mein schönes Kind,
Und grüß mich nicht unter den Linden;
Wenn wir nachher zu Hause sind
Wird sich schon alles finden**
ist ein Vierzeiler aus Heinrich Heines *Buch der Lieder*, Abschnitt »Die Heimkehr« (1823/24).

**Die Leutnants und die Fähnderichs,
Das sind die klügsten Leute**
ist aus dem letzten Vers des Gedichtes Nr. 71 (»Mir träumt, ich bin

der liebe Gott«) des Abschnitts »Die Heimkehr« (1823–1824) in Heinrich Heines *Buch der Lieder.*

Doktor, sind Sie des Teufels? Der Schlußvers von Heinrich Heines Gedicht »Seegespenst« im *Buch der Lieder,* Abschnitt »Die Nordsee« (1825/26).

Und ein Narr wartet auf Antwort: der Schluß des Gedichtes »Fragen« im Abschnitt »Die Nordsee« (1825–26) von Heinrich Heines *Buch der Lieder.*

Wenn du eine Rose schaust,
Sag, ich laß' sie grüßen
ist der Schluß von Heinrich Heines Lied »Leise zieht durch mein Gemüt« im Abschnitt »Neuer Frühling« (1828–1831) der Sammlung *Neue Gedichte.*

Kein Talent, doch ein Charakter: der Schlußvers von »Kaput XXIV« in Heinrich Heines *Atta Troll* (1841/42).

Es fiel ein Reif in der Frühlingsnacht: der Anfang eines Gedichtes von Heinrich Heine, das unter »Tragödie« am Ende des Abschnitts »Verschiedene« (1832–1839) in der Sammlung *Neue Gedichte* steht.

Sie sind verdorben, gestorben: aus Heinrich Heines Gedicht »Es fiel ein Reif in der Frühlingsnacht« (*Neue Gedichte,* Abschnitt »Verschiedene«, 1832–1839).

Blöde Jugendeselei: aus dem Gedichtzyklus »Yolanthe und Marie« in Heinrich Heines *Neuen Gedichten* (1844).

Denk' ich an Deutschland in der Nacht,
Dann bin ich um den Schlaf gebracht
ist der Anfang von Heinrich Heines Gedicht »Nachtgedanken« in den *Zeitgedichten* (1839–1846).

Sesam, öffne dich! ist uns aus dem Märchen »Ali Baba und die vierzig Räuber« in der orientalischen Märchensammlung *Tausendundeine Nacht* vertraut geworden, die in Deutschland zuerst durch eine Übersetzung aus dem Französischen (durch Habicht, von der Hagen und Schall, 1826) verbreitet wurde.

Gold und Silber lieb' ich sehr,
Kann's auch gut gebrauchen
ist der Anfang eines Studentenliedes von August Schnezler (1828).

Bei uns zu Lande auf dem Lande: aus dem Gedicht »Der Brief aus der Heimat« von Annette v. Droste-Hülshoff (1797–1848).

Bildung macht frei! war der Wahlspruch des Buchhändlers Joseph Meyer (1796–1856), der den Buchverlag »Bibliographisches Institut« begründete, den Verlag von *Meyers Konversations-Lexikon*.

Darum keine Feindschaft nicht, eigentlich: »Darum keene Feindschaft nich« stammt aus der Komödie *Fest der Handwerker* des Schwankdichters und Komikers am Berliner Königstädtischen Theater Louis Angely (1787–1835).

Allemal derjenige, welcher: aus der Komödie *Fest der Handwerker* des Schwankdichters und Komikers am Königstädtischen Theater in Berlin, Louis Angely (1787–1835).

Des Lebens Unverstand mit Wehmut zu genießen »ist Tugend und Begriff« stammt aus dem Anfang des 19. Jahrhunderts und hat den General und Oberhofmarschall des Kurfürsten von Hessen, Hans Adolf von Thümmel (1851), zum Verfasser. Sein Vers begeisterte einen Kandidaten der Theologie A. L. dazu, ins Fremdenbuch der Rudelsburg folgende Worte mit einer Zeichnung dazu einzutragen: »Und wer des Lebens Unverstand / mit Wehmut will genießen, / der lehne sich an eine Wand / und strample mit den Füßen.«

Der Karnickel hat angefangen! steht in einer von dem Reimer und Kupferstecher Heinrich Lami (1787–1849) in Verse gebrachten Geschichte »Eigennützige Dienstfertigkeit« (veröffentlicht 1828 in *Mixpickel und Mengemus*), in der ein Pudel das lebende Kaninchen einer Marktfrau zerreißt. Obwohl der Besitzer des Pudels der Geschädigten zehnfachen Ersatz bietet, besteht diese darauf, daß er mit ihr »auf die Obrigkeit« geht. Ein Schusterjunge, der dem Streit zuhört, nimmt Partei für den Herrn und verspricht, gegen ein Trinkgeld zu bezeugen, »det der Karnickel hat angefangen«.

Urahne, Großmutter, Mutter und Kind
In dumpfer Stube beisammen sind
ist der Anfang von Gustav Schwabs Gedicht »Das Gewitter« (1828/29).

Der Reiter über den Bodensee ist uns aus Gustav Schwabs (1792 bis 1850) Ballade »Der Reiter und der Bodensee« (nach einer schwäbischen Sage in den *Gedichten* 1828/29) bekannt.

's wird besser gehn, 's wird besser gehn,
Die Welt ist rund und muß sich drehn
stammt aus Wilhelm August Wohlbrücks (1784 oder 1796 bis 1848) Text zu Heinrich Marschners Oper *Der Templer und die Jüdin* (1829).

Nachtlager von Granada nennt man ein improvisiertes oder in bunter Unordnung befindliches Lager nach der Oper Konradin Kreutzers *Das Nachtlager von Granada* (1834), deren Texte Friedrich Kind (1768–1843) schrieb.

Nächtlich am Busento lispeln bei Cosenza dumpfe Lieder lautet die Anfangszeile von August v. Platens (1796–1835) Gedicht »Das Grab am Busento«.

Das ist ein weites Feld: nicht aus Fontanes *Effi Briest,* sondern aus Adalbert Stifters (1805–1868) *Nachsommer* (1857).

**Es ist bestimmt in Gottes Rat,
Daß man vom Liebsten, was man hat,
Muß scheiden**
Als Felix Mendelssohn-Bartholdy den vor 1826 entstandenen »Grabgesang« Ernst v. Feuchterslebens (1806–1849) komponierte (1839), veränderte er die Anfangszeilen und gab ihnen die Form, in der sie jetzt bekannt sind. Feuchtersleben hatte geschrieben: »... Daß man, was man am liebsten hat, / muß meiden.«

**Wenn Menschen auseinandergehn
So sagen sie: Auf Wiedersehn**
ist der Schluß von Ernst v. Feuchterslebens Gedicht »Grabgesang« (»Es ist bestimmt in Gottes Rat«, entstanden vor 1826, von Mendelssohn-Bartholdy komponiert 1839).

Alles neu macht der Mai: der Anfang des Liedes »Der Mai« (1829) von Hermann Adam von Kamp (1796–1867).

Ja, das Gold ist nur Chimäre: aus dem deutschen Text von Meyerbeers Oper *Robert der Teufel* (1831).

Ich bin ein Preuße, kennt ihr meine Farben? wurde 1830 zum Geburtstag Friedrich Wilhelms III. von Johann Bernhard Thiersch (1794–1855) gedichtet.

**Wenn die Rose selbst sich schmückt,
Schmückt sie auch den Garten**
ist aus Friedrich Rückerts (1788–1857) Gedicht »Welt und Ich« (1834).

O lieb, so lang du lieben kannst ist der Anfang des Gedichtes »Der Liebe Dauer« (1830, gedruckt 1841) von Ferdinand Freiligrath (1810–1876).

**Ich kann den Blick nicht von euch wenden,
Ich muß euch anschaun immerdar**
ist der Anfang des Gedichtes »Der Auswanderer« (1838) von Ferdinand Freiligrath (1810–76).

Der Dichter steht auf einer höhern Warte als auf den Zinnen der Partei: in Freiligraths Gedicht »Aus Spanien« (1841); Goethe schrieb in den *Noten und Abhandlungen zum Westöstlichen Divan* (1819): »Der Dichter steht viel zu hoch, als daß er Partei machen sollte.«

Mein Herz ist im Hochland: der Anfang eines Liedes von Robert Burns, aus dem Schottischen 1835 übertragen von Ferdinand Freiligrath (1810–1876).

**Da streiten sich die Leut' herum
Oft um den Wert des Glücks**
ist der Anfang des »Hobellieds« aus Ferdinand Raimunds (1790–1836) Märchenspiel *Der Verschwender* (1833).

**Das Schicksal setzt den Hobel an
Und hobelt alles gleich**
stammt aus dem »Hobellied« in Ferdinand Raimunds Märchenspiel *Der Verschwender* (1833).

**Ich bin dein Vater Zephises,
Und habe dir nichts zu sagen als dieses**
ist aus Ferdinand Raimunds (1790–1836) Zauberposse *Der Diamant des Geisterkönigs* (1824).

**Und scheint die Sonne noch so schön,
Am Ende muß sie untergehn**
so formte Heinrich Heine in der Vorrede zur 2. Auflage seines *Buchs der Lieder* (1837) den Vers Ferdinand Raimunds: »Scheint die Sonne noch so schön, / einmal muß sie untergehn«, der in dessen Zaubermärchen *Der Bauer als Millionär* (1826) 2,6 vorkommt.

So leb denn wohl, du stilles Haus: aus Ferdinand Raimunds Märchenspiel *Der Alpenkönig und der Menschenfeind* (1828) 1,20 und 21.

Links müßt ihr steuern! ist aus Ludwig Giesebrechts (1792 bis 1873) Gedicht »Der Lotse« innerhalb der Dichtung »Der Normann« (*Gedichte*, 1836), das über viele Schullesebücher Allgemeingut wurde.

Oh, ich bin klug und weise,
Und mich betrügt man nicht
ist aus Albert Lortzings Oper *Zar und Zimmermann* (1837). Lortzing (1801–58) schrieb seine Texte selbst.

O selig, o selig, ein Kind noch zu sein! Aus Albert Lortzings Oper *Zar und Zimmermann* (1837).

Heil sei dem Tag, an welchem du bei uns erschienen! Aus Albert Lortzings (1803–51) Oper *Zar und Zimmermann* (1837).

Es ist schon lange her,
Das freut uns um so mehr
stammt aus Albert Lortzings (1803–51) Oper *Zar und Zimmermann* (1837).

Wir armen, armen Mädchen sind gar so übel dran: aus Albert Lortzings Oper *Der Waffenschmied* (1846).

Auch ich war ein Jüngling mit lockigem Haar: aus Albert Lortzings Oper *Der Waffenschmied* (1846).

Das war eine köstliche Zeit: aus Albert Lortzings Oper *Der Waffenschmied* (1846).

Doch in der Mitten liegt holdes Bescheiden: aus Eduard Mörikes (1804–75) Gedicht »Gebet« (*Gedichte*, 1838).

Schweig stille, mein Herze! Der Kehrreim in Eduard Mörikes Lied »Schön Rohtraut« (*Gedichte*, 1838).

Laß, o Welt, o laß mich sein! Aus Eduard Mörikes (1804–75) Gedicht »Verborgenheit« (1832).

Frühling läßt sein blaues Band
Wieder flattern durch die Lüfte
lautet der Anfang von Eduard Mörikes Gedicht »Er ist's«.

Ein Mann,
Der alles weiß und gar nichts kann
»Das Publikum, das ist ein Mann, der alles weiß und gar nichts kann«, ein Vers von Ludwig Robert (1778–1832), veröffentlicht 1838 in den *Gedichten*.

Mein Sohn, ich rate dir gut: aus Karl Simrocks Lied »Warnung vor dem Rhein« (1839).

Mein Herz ist wie ein Bienenhaus: aus Karl Simrocks Vierzeiler »Weisel« (1863; hier heißt es noch: »Mein Herz war ...«), der später zu einem Lied verändert und erweitert worden ist. Ähnlich heißt es schon bei Hans Sachs (*Gedichte,* 1560): »Dein hertz das ist ein taubenhauß; / ein Lieb fleugt ein, die ander aus.«

**Zwei Seelen und ein Gedanke,
Zwei Herzen und ein Schlag**
stammt aus dem Drama *Der Sohn der Wildnis* (1842) von Friedrich Halm (d. i. Freiherr v. Münch-Bellinghausen, 1806–1871).

Die Revolution ist wie Saturn, sie frißt ihre eigenen Kinder: aus dem Drama *Dantons Tod* (1835) von Georg Büchner (1813 bis 1837).

Die Philosophen haben die Welt nur verschieden interpretiert; es kommt darauf an, sie zu verändern: Karl Marx (1818–1883) in den *Thesen über Feuerbach.*

Wie einst im Mai: aus Hermann v. Gilms (1813–1864) Lied »Allerseelen« (1844) mit der Strophe: »Stell auf den Tisch die duftenden Reseden, / die letzten roten Astern bring herbei, / und laß uns wieder von der Liebe reden, / wie einst im Mai.«

**Gefroren hat es heuer,
Noch gar kein festes Eis**
ist der Anfang eines Kinderliedes von Friedrich Güll (1812–79).

Müde bin ich, geh' zur Ruh: der Anfang des »Abendgebetes« von Luise Hensel (1798–1876).

Not darf die Wehmutter des Glaubens, aber nicht seine Mutter sein, sagt der holsteinische Erweckungsprediger Claus Harms (1778–1855).

Deutschland, Deutschland über alles: das »Lied der Deutschen«, gedichtet von Heinrich Hoffmann v. Fallersleben am 26. 8. 1841 auf Helgoland.

**Der größte Lump im ganzen Land,
Das ist und bleibt der Denunziant**
stammt von Hoffmann v. Fallersleben (1798–1874).

Die bange Nacht ist nun herum: der Anfang des »Reiterliedes« von Georg Herwegh (1817–75) in den *Gedichten eines Lebendigen* (1841).

Ich möchte hingehn wie das Abendrot: der Anfang der zweiten von Georg Herweghs (1817–75) »Strophen aus der Fremde« (zuerst in Rückerts *Musenalmanach* 1840 erschienen, dann in den *Gedichten eines Lebendigen* 1841).

Das arme Menschenherz muß stückweis brechen: der Schluß von Herweghs zweiter »Strophe aus der Fremde« (s. zum vorhergehenden Zitat).

Ich verstehe die Welt nicht mehr! Meister Antons Schlußworte in Friedrich Hebbels (1813–63) Drama *Maria Magdalene* (1844).

Einen Jux will er sich machen: der Titel einer Posse (1844) von Johann Nepomuk Nestroy (1802–1862).

Lieb Vaterland, magst ruhig sein: aus der »Wacht am Rhein« (1840) von Max Schneckenburger (1819–1849), die freilich erst 1870 volkstümlich wurde.

Schleswig-Holstein, meerumschlungen: das Heimatlied Schleswig-Holsteins, gedichtet 1844 von Matthäus Friedrich Chemnitz (1815–1870).

Heiraten heißt seine Rechte halbieren und seine Pflichten verdoppeln behauptet Arthur Schopenhauer (1788–1860) in seinem Hauptwerk *Die Welt als Wille und Vorstellung*, Bd. 2 (1844), Buch 4, Kap. 44.

Blick' ich umher in diesem edlen Kreise: aus Richard Wagners (1813–83) Oper *Tannhäuser* (1845).

O du mein holder Abendstern: aus Richard Wagners Oper *Tannhäuser* (1845).

Nun sei bedankt, mein lieber Schwan! Aus Richard Wagners Oper *Lohengrin* (1850).

Nie sollst du mich befragen: aus Richard Wagners Oper *Lohengrin* (1850).

Verachtet mir die Meister nicht: aus Richard Wagners Oper *Die Meistersinger* (1868).

Deutsch sein heißt, eine Sache um ihrer selbst willen treiben: nach dem Satz in Richard Wagners Schrift *Deutsche Kunst und deutsche Politik* (1867): »... was deutsch sei: nämlich, die Sache, die man treibt, um ihrer selbst und der Freude an ihr willen treiben ...«

Suppenkaspar, Zappelphilipp und **Hans-Guck-in-die-Luft** sind uns allen von Kindheit an vertraute Gestalten aus Heinrich Hoffmann-Donners (1809–94) Kinderbuch *Struwwelpeter* (1845).

**Und die Mutter blickte stumm
Auf dem ganzen Tisch herum**
ist aus Heinrich Hoffmanns Kinderbuch *Der Struwwelpeter*.

**Der Friederich, der Friederich,
Das war ein arger Wüterich**
heißt es in Heinrich Hoffmann-Donners Kinderbuch *Struwwelpeter* (1845).

**Die Sonne schien ihm aufs Gehirn,
Da nahm er seinen Sonnenschirm**
stammt aus dem Kinderbuch *Struwwelpeter* von Heinrich Hoffmann-Donner (1809–94), das zuerst 1845 veröffentlicht wurde.

**Konrad, sprach die Frau Mama,
Ich geh' aus, und du bleibst da**
heißt es in Heinrich Hoffmanns *Struwwelpeter* (1845).

Alles schon dagewesen pflegt Rabbi Ben Akiba in Karl Gutzkows (1811–78) Tragödie *Uriel Acosta* (1847) 4,2 in immer neuen Abwandlungen zu wiederholen.

Der Mensch ist, was er ißt schrieb Ludwig Feuerbach (1804–72) in seiner Anzeige von Moleschotts *Lehre der Nahrungsmittel für das Volk* im Jahre 1850, wobei ihm Brillat-Savarins Aphorismus: »Dismoi ce que tu manges, je te dirai ce que tu es – Sage mir, was du ißt, und ich sage dir, was du bist« aus der Einleitung seiner *Physiologie des Geschmacks* (1825) vorgeschwebt haben mag.

Um des Kaisers Bart streiten, um etwas streiten, das sich nicht lohnt oder gar nicht entscheiden läßt. Man führt die Redensart auf scheingelehrte Streitigkeiten darüber zurück, ob die römischen Kaiser oder Karl d. Gr. Bärte oder was für welche Bärte sie getragen hätten. Emanuel Geibel (1815–84) bezieht sie in seinem Gedicht »Von des Kaisers Bart« auf Friedrich Barbarossa. Möglicherweise entstand sie aber auch aus der Wendung »um den Geißenbart streiten«, einer Entlehnung aus dem lateinischen »de lana caprina rixari – um Ziegenwolle streiten«.

Es ist die höchste Eisenbahn stammt aus dem Schwank *Ein Heiratsantrag in der Niederwallstraße* (1847) des Berliner Satirikers Adolf Glaßbrenner, in dem der ohnehin zerstreute und jetzt von seinem Heiratsantrag verwirrte Briefträger Bornike plötzlich sagt: »Es ist die allerhöchste Eisenbahn, die Zeit ist schon vor drei Stunden anjekommen.«

Auch eine schöne Gegend! In Adolf Glaßbrenners Heften *Berlin, wie es ist – und trinkt* (1832–50) steht eine Anekdote von zwei Berliner Frauen, die einander fragen, wo ihre Söhne im Freiheitskrieg gefallen seien. Als die eine sagt: »Bei Leipzig«, antwortet die andere: »Ooch 'ne schene Jejend.« Freilich soll der Berliner Schauspieler Unzelmann die Redensart schon 1813 geprägt haben. Am Abend des 23. 8. 1813 habe er die Nachricht vom Sieg bei Großbeeren erfahren und sie sofort von der Bühne herab mitgeteilt, in der Form, daß er als französischer General sprach: »Wir begeben uns rückwärts nach Trebbin! Ooch eene schöne Jejend!« Verbreitet aber wurde das Wort wohl am stärksten durch Heinrich Heine; im »Tannhäuser« heißt es: »Zu Hamburg sah ich Altona, / ist auch eine schöne Gegend«, und in »Himmelfahrt« (*Letzte Gedichte* 1853–55): »Berlin ist auch eine schöne Gegend«.

Was ist mich das, mein Kind, mit dich?
Du ißt mich nich, du trinkst mich nich ...
Du bist mich doch nich krank?
ist (leicht geändert) einem Spottgedicht auf die Verwechslung von »mir« und »mich« entnommen, das im *Museum komischer Vorträge* des Berliner Hofschauspielers Joh. Ferd. Rüthling (1793 bis 1849) enthalten ist.

Ich liebe dir, ich liebe dich!
Wie's richtig is, ich weeß es nich,
Un 's is mich ooch Pomade.
Ich lieb' nich uf den dritten Fall,
Ich lieb' nich uf den vierten Fall,
Ich lieb' uf alle Fälle
stammt aus dem Gedicht »Mir und mich« im *Museum komischer Vorträge* des Berliner Hofschauspielers Ferdinand Rüthling (1793–1849).

**Komm, setze dir hier neben mir,
Dir stehn zu sehn, das jammert mir**
ist aus dem Gedicht »Mir und mich« im *Museum komischer Vorträge* des Berliner Hofschauspielers Ferdinand Rüthling (1793 bis 1849); dort heißt der erste Vers allerdings: »Komm her, mein Kind, setz dir bei mir«.

Was ich mir dafür kaufe! Eigentlich Berlinerisch: »Wat ick mir dafor koofe!« im Sinne von »Was ich mir daraus mache!«, aus der Posse von David Kalisch (1820–72) *Berlin, wie es weint und lacht*.

's Geschäft bringt's mal so mit sich: aus David Kalischs (1820–72) *Berlin bei Nacht*.

Darin bin ich komisch: aus der Posse *Der gebildete Hausknecht* von David Kalisch (1820–72).

**Trinkt, o Augen, was die Wimper hält,
Von dem goldnen Überfluß der Welt**
sind die Schlußverse von Gottfried Kellers (1819–90) »Abendlied« (*Neuere Gedichte* 1851).

**Wenn du noch eine Mutter hast,
So danke Gott und sei zufrieden**
so beginnt ein Lied (1851) von Friedrich Wilhelm Kaulisch (1827–81).

Strömt herbei, ihr Völkerscharen: aus dem »Rheinlied« C.O. Sternaus (d.i. Otto Julius Inkermann), vor 1844 entstanden, gedruckt 1852, vertont 1867 von Joh. Peters.

Martha, Martha, du entschwandest: aus der Oper *Martha* 1847 von Flotow, Text von W. Friedrich (d.i. Wilhelm Friedrich Riese, 1804–79).

Grad aus dem Wirtshaus komm' ich heraus ist der Anfang eines Studentenliedes, das Heinrich v. Mühler (1813–74, 1860–72 preußischer Kultusminister) dichtete.

Rechter Hand, linker Hand, beides vertauscht: aus Heinrich v. Mühlers Studentenlied »Grad aus dem Wirtshaus komm' ich heraus«.

Schäme dich, schäme dich, alter Gesell! Aus Heinrich v. Mühlers Studentenlied »Grad aus dem Wirtshaus komm' ich heraus«.

Liebe und Trompetenblasen werden in Viktor v. Scheffels *Trompeter von Säckingen* (1854) zusammengestellt, und es wird von ihnen behauptet, sie »nützen zu viel guten Dingen«.

**Das ist im Leben häßlich eingerichtet,
Daß bei den Rosen gleich die Dornen stehn**
ist der Anfang des 12. der »Lieder jung Werners« im 14. Stück des *Trompeters von Säckingen* (1854) von Viktor v. Scheffel (1826–86).

Zum Abschiednehmen just das rechte Wetter: aus dem zum vorhergehenden Zitat genannten Gedicht Viktor v. Scheffels.

Es wär' so schön gewesen, es hat nicht sollen sein stammt aus Viktor v. Scheffels *Trompeter von Säckingen* (1854), 14. Stück, wo sich im 12. der »Lieder jung Werners« der Kehrreim findet: »Behüt dich Gott, es wär' zu schön gewesen, / behüt dich Gott, es hat nicht sollen sein!«

**Man spricht vom vielen Trinken stets,
Doch nie vom vielen Durste**
heißt es in den »Liedern vom Rodenstein« in Viktor v. Scheffels Liedersammlung *Gaudeamus!* (1868).

Er kann schreiben rechts, er kann schreiben links, sagt man von einem Journalisten, der es jeder Anschauung recht machen kann, nach dem Satz in Gustav Freytags (1816–95) Lustspiel *Die Journalisten* (1853): »Ich habe geschrieben links und wieder rechts. Ich kann schreiben nach jeder Richtung.«

Blutige Witze werden »fürchterliche Kalauer« genannt; in dem Vers »Der Pöbel kürzt die Zeit mit blut'gen Witzen« aus dem Gedicht »Ave Caesar, morituri te salutant« (1859) von Karl Gerok (1815–90) ist das »blutig« noch in vollem Ernst gemeint.

Weiter hat es keinen Zweck: aus Gustav Raeders (1810–68) Posse *Robert und Bertram oder die lustigen Vagabonden* (1859).

Meine Mittel erlauben mir das! Aus Gustav Raeders (1810–68) Zauberposse *Der artesische Brunnen* (1860).

**Der eine fragt: Was kommt danach?
Der andre fragt nur: Ist es recht?
Und also unterscheidet sich
Der Freie von dem Knecht**
ist ein Spruch von Theodor Storm (1817–88).

Vom Unglück erst zieh ab die Schuld;
Was übrig ist, trag in Geduld!
Ein Spruch von Theodor Storm (1817–88).

Goldne Rücksichtslosigkeiten: aus Theodor Storms Gedicht »Für meine Söhne« (1854): »... doch zu Zeiten / sind erfrischend wie Gewitter / goldne Rücksichtslosigkeiten.«

Was du immer kannst, zu werden,
Arbeit scheue nicht und Wachen;
Aber hüte deine Seele
Vor dem Karrieremachen
ist aus Theodor Storms Gedicht »Für meine Söhne«.

Wenn der Pöbel aller Sorte
Tanzet um die goldnen Kälber,
Halte fest: du hast vom Leben
Doch am Ende nur dich selber
stammt aus Theodor Storms Gedicht »Für meine Söhne«.

Alle Räder stehen still,
Wenn dein starker Arm es will
ist aus dem Bundeslied des »Allgemeinen deutschen Arbeitervereins«, das 1863 von Georg Herwegh gedichtet wurde.

Hier hab' ich so manches liebe Mal
Mit meiner Laute gesessen
stammt aus Franz v. Dingelstedts (1814–81) »Weserlied«.

Es muß doch Frühling werden: aus Emanuel Geibels (1815–84) Gedicht »Hoffnung« (*Zeitstimmen*, 1841).

O rühret, rühret nicht daran! Aus Emanuel Geibels (1815–84) Lied »Wo still ein Herz von Liebe glüht«.

Gelobet seist du jederzeit, Frau Musika! Aus Emanuel Geibels »Lob der edlen Musika« (1840).

Eine Musikantenkehle, die ist als wie ein Loch: aus Emanuel Geibels »Lob der edlen Musika« (1840).

Wenn sich zwei Herzen scheiden: die Anfangszeilen eines Gedichtes in Emanuel Geibels *Jugendgedichten* (1842–43).

Fern im Süd das schöne Spanien: der Anfang von Emanuel Geibels (1815–84) Lied »Der Zigeunerbube im Norden«.

Sie hat ihr Herz entdeckt: der Titel eines Lustspiels (1865) von Wolfgang Müller von Königswinter (1816–73).

An der schönen blauen Donau stammt aus einem Gedicht Karl Becks (1817–79), »An der Donau« (1844). Eine Umdichtung von Josef Weyl (1821–95) legte Johann Strauß seinem ersten Gesangswalzer zugrunde, der am 13. 2. 1867 unter dem Titel »An der schönen blauen Donau« zum ersten Mal vom Wiener Männergesangverein gesungen wurde.

Still ruht der See: der Anfang eines Liedes von Heinrich Pfeil (1835–99).

Genie ist Fleiß: Theodor Fontane (1819–98) dichtete den Spruch »Unter ein Bildnis Adolf Menzels«: »Gaben, wer hätte sie nicht? / Talente – Spielzeug für Kinder. / Erst der Ernst macht den Mann, / Erst der Fleiß das Genie.«

Ich hab' es getragen sieben Jahr,
Und ich kann es nicht tragen mehr!
ist der Anfang von Theodor Fontanes Ballade »Archibald Douglas« (*Balladen,* 1861).

Der ist in tiefster Seele treu,
Wer die Heimat liebt wie du
stammt aus Theodor Fontanes Ballade »Archibald Douglas« (*Balladen,* 1861).

Die Armut kommt von der Powerteh: nach Onkel Bräsigs Rede gegen Ende des Kap. 39 in Fritz Reuters Roman *Ut mine Stromtid* (1863/64), deren Schlußworte lauten: »Die große Armut in der Stadt kommt von der großen Powerteh her!«

Sieh nach den Sternen! Gib acht auf die Gassen! ist der Rat Wilhelm Raabes für ein sinnvolles Leben in dem Roman *Die Leute aus dem Walde* (1863), dort gegen Ende des 13. Kapitels ausgesprochen.

Wenn ihr wüßtet, was ich weiß, sprach Mohammed, so würdet ihr viel weinen und wenig lachen: Wilhelm Raabes (1831–1910) Motto zu seinem Roman *Abu Telfan* (1868).

Man muß die Feste feiern, wie sie fallen: aus der Posse *Graupenmüller* (1865) des Berliners Hermann Salingré (1833–79).

Andre Städtchen, andre Mädchen: aus dem Lied »In der Ferne« (mit dem Anfang: »Nun leb wohl, du kleine Gasse«), das Albert

Graf v. Schlippenbach (1800–86) dichtete und Friedrich Silcher vertonte.

Genießt im edlen Gerstensaft
Des Weines Geist, des Brotes Kraft
schrieb ein im übrigen unbekannter Dichter Hogarten im Auftrag der Berliner Tivolibrauerei, deren Saalgebäude seit 1869 mit diesem Vers geschmückt wurden.

Brustton der (tiefsten) Überzeugung. Der Ausdruck erscheint zuerst in dem Aufsatz *Fichte und die nationale Idee* des Historikers Heinrich von Treitschke (1834–96).

Was kraucht dort in dem Busch herum? Aus dem 1870 gedichteten und damals rasch volkstümlich gewordenen »Kutschkelied« des Feldpredigers Hermann Alexander Pistorius (1811–77), das sich auf einem bereits 1813 gesungenen Zweizeiler aufbaut: »Was kriecht denn da im Busch herum? / Ich glaub', es ist Napoleum.«

Und es mag am deutschen Wesen
Einmal noch die Welt genesen
stammt aus Emanuel Geibels Gedicht »Deutschlands Beruf« in dem Band *Heroldsrufe* (1871), von Kaiser Wilhelm II. zu einem geflügelten Wort gemacht, das oft angefeindet und verspottet wurde.

Drei Wochen war der Frosch so krank!
Jetzt raucht er wieder, Gott sei Dank!
sind die Schlußverse von Wilhelm Buschs (1832–1908) Bildergeschichte *Die beiden Enten und der Frosch* (1861).

Der Sultan winkt – Zuleima schweigt
Und zeigt sich gänzlich abgeneigt
ist der Anfang von Wilhelm Buschs Bildergeschichte *Die Entführung aus dem Serail* (1867).

Max und Moritz als Typen ungezogener Knaben hat Wilhelm Busch in seiner »Bubengeschichte in sieben Streichen« (1865) unsterblich gemacht.

Aber wehe, wehe, wehe!
Wenn ich auf das Ende sehe!
stammt aus Wilhelm Buschs *Max und Moritz* (1865), Vorwort.

Seht, da ist die Witwe Bolte,
Die das auch nicht gerne wollte
ist aus Wilhelm Buschs *Max und Moritz* (1865), 1. Streich.

Max und Moritz dachten nun:
Was ist hier jetzt wohl zu tun?
stammt aus Wilhelm Buschs *Max und Moritz* (1865), 1. Streich.

Meines Lebens schönster Traum
Hängt an diesem Apfelbaum
ist aus Wilhelm Buschs *Max und Moritz* (1865), 1. Streich.

Dieses war der erste Streich,
Doch der zweite folgt sogleich
stammt aus Wilhelm Buschs *Max und Moritz* (1865), 1. Streich.

Max und Moritz rochen dieses;
»Schnell aufs Dach gekrochen!« hieß es
ist aus Wilhelm Buschs *Max und Moritz* (1865), 2. Streich.

Daß sie von dem Sauerkohle
Eine Portion sich hole,
Wofür sie besonders schwärmt,
Wenn er wieder aufgewärmt
stammt aus Wilhelm Buschs *Max und Moritz* (1865), 2. Streich.

Oh, du Spitz, du Ungetüm!
Aber wart! ich komme ihm!
ist aus Wilhelm Buschs *Max und Moritz* (1865), 2. Streich.

Und vom ganzen Hühnerschmaus
Guckt nur noch ein Bein heraus
stammt aus Wilhelm Buschs *Max und Moritz* (1865), 2. Streich.

Denn das ist sein Lebenszweck: Wilhelm Busch, *Max und Moritz* (1865), 3. Streich.

Also lautet ein Beschluß:
Daß der Mensch was lernen muß
ist aus Wilhelm Buschs *Max und Moritz* (1865), 4. Streich.

Mit der Zeit wird alles heil,
Nur die Pfeife hat ihr Teil
stammt aus Wilhelm Buschs *Max und Moritz* (1865), 4. Streich.

Max und Moritz ihrerseits
Fanden darin keinen Reiz
stammt aus Wilhelm Buschs *Max und Moritz* (1865), 5. Streich.

**Gott sei Dank! Nun ist's vorbei
Mit der Übeltäterei**
ist aus Wilhelm Buschs *Max und Moritz* (1865), Schluß.

Hans Huckebein, der Unglücksrabe, der Held der so betitelten Bildergeschichte Wilhelm Buschs (1867), ist zum Symbol aller Pechvögel geworden.

**Helene, sprach der Onkel Nolte,
Was ich schon immer sagen wollte**
ist aus Wilhelm Busch, *Die fromme Helene* (1872).

**Oh, hüte dich vor allem Bösen!
Es macht Pläsier, wenn man es ist,
Es macht Verdruß, wenn man's gewesen!**
stammt aus Wilhelm Buschs *Die fromme Helene* (1872), 2. Kapitel.

**Helene denkt: »Dies will ich nun
Auch ganz gewiß nicht wieder tun«**
ist aus Wilhelm Buschs *Die fromme Helene* (1872).

**Und Franz war wirklich angenehm,
Teils dieserhalb, teils außerdem**
stammt aus Wilhelm Buschs *Die fromme Helene* (1872), 4. Kapitel.

**Doch jeder Jüngling hat wohl mal
'n Hang fürs Küchenpersonal**
ist aus Wilhelm Buschs *Die fromme Helene* (1872), 4. Kapitel.

Es saust der Frack: Wilhelm Busch, *Die fromme Helene* (1872), 9. Kapitel.

**Ein guter Mensch gibt gerne acht,
Ob auch der andre was Böses macht**
stammt aus Wilhelm Buschs *Die fromme Helene* (1872), 10. Kapitel.

Da helfen allein die geistlichen Mittel! Wilhelm Busch, *Die fromme Helene* (1872), 11. Kapitel.

**Es ist ein Brauch von alters her:
Wer Sorgen hat, hat auch Likör**
ist aus Wilhelm Buschs *Die fromme Helene* (1872), 16. Kapitel.

**Hier sieht man ihre Trümmer rauchen,
Der Rest ist nicht mehr zu gebrauchen**
stammt aus Wilhelm Buschs *Die fromme Helene* (1872), 16. Kapitel.

**Das Gute – dieser Satz steht fest –
Ist stets das Böse, das man läßt!**
ist aus Wilhelm Buschs *Die fromme Helene* (1872), Schluß.

**Ach, man will auch hier schon wieder
Nicht so wie die Geistlichkeit**
stammt aus Wilhelm Buschs *Pater Filucius* (1872).

**Ach, der Tugend schöne Werke,
Gerne möcht ich sie erwischen,
Doch ich merke, doch ich merke,
Immer kommt mir was dazwischen**
heißt der Schluß von Wilhelm Buschs Gedicht »Ach, wie geht's dem heilgen Vater!« in der *Kritik des Herzens* (1874).

**Musik wird oft nicht schön gefunden,
Weil sie stets mit Geräusch verbunden**
stammt aus Wilhelm Buschs Bildergeschichte »Der Maulwurf« in *Dideldum* (1874).

**Denn hinderlich, wie überall,
Ist hier der eigne Todesfall**
ist aus Wilhelm Buschs Bildergeschichte »Der Maulwurf« in *Dideldum* (1874).

**Rotwein ist für alte Knaben
Eine von den besten Gaben**
ist aus Wilhelm Buschs *Abenteuer eines Junggesellen* (1875).

**Knopp vermeidet diesen Ort
Und begibt sich weiter fort**
ist aus Wilhelm Buschs *Abenteuer eines Junggesellen* (1875).

Gehabte Schmerzen, die hab ich gern: Wilhelm Busch, *Abenteuer eines Junggesellen* (1875).

Mit Verlaub, ich bin so frei: Wilhelm Busch, *Abenteuer eines Junggesellen* (1875).

**Vater werden ist nicht schwer,
Vater sein dagegen sehr**
stammt aus Wilhelm Buschs *Julchen* (1877).

**Enthaltsamkeit ist das Vergnügen
An Sachen, welche wir nicht kriegen**
ist aus Wilhelm Buschs *Die Haarbeutel* (1878), Einleitung.

Aber hier, wie überhaupt,
Kommt es anders, als man glaubt
stammt aus *Plisch und Plum* (1882) von Wilhelm Busch.

Wer sich freut, wenn wer betrübt,
Macht sich meistens unbeliebt
ist aus *Plisch und Plum* (1882) von Wilhelm Busch.

Tugend will ermuntert sein,
Bosheit kann man schon allein!
stammt aus Wilhelm Buschs *Plisch und Plum* (1882), 7. Kapitel.

Die Freude flieht auf allen Wegen,
Der Ärger kommt uns gern entgegen
ist aus Wilhelm Buschs *Balduin Bählamm* (1883), 1. Kapitel.

Nicht so der Dichter: Wilhelm Busch, *Balduin Bählamm* (1883).

Ach, reines Glück genießt doch nie,
Wer zahlen soll und weiß nicht wie
ist aus dem 4. Kapitel von Wilhelm Buschs *Maler Klecksel* (1884).

Ein rechter Maler, klug und fleißig,
Trägt stets 'n spitzen Bleistift bei sich
stammt aus dem 6. Kapitel von Wilhelm Buschs *Maler Klecksel* (1884).

Ach, daß der Mensch so häufig irrt
Und nie recht weiß, was kommen wird!
stammt aus Wilhelm Buschs Gedicht »Dunkle Zukunft« in dem Gedichtband *Zu guter Letzt* (1904).

Ein jeder Wunsch, wenn er erfüllt,
Kriegt augenblicklich Junge
stammt aus Wilhelm Buschs Spruchgedicht »Niemals« in *Schein und Sein* (1909).

Ein Herz, was sich mit Sorgen quält,
Hat selten frohe Stunden
ist der Anfang eines Volksliedes, das Wilhelm Busch in den Jahren 1853/54 in Wiedensahl aufgezeichnet hat.

Mein idealer Lebenszweck
Ist Borstenvieh, ist Schweinespeck
stammt aus der Operette *Der Zigeunerbaron* (1855) von Johann Strauß, deren Text J. Schnitzer (geb. 1839) verfaßte.

Glücklich ist, wer vergißt, was nicht mehr zu ändern ist: aus der Operette *Die Fledermaus* (1874) von Johann Strauß, Texte von Carl Haffner und Richard Genée.

**'s ist mal bei mir so Sitte,
Chacun à son goût**
stammt aus der Operette *Die Fledermaus* (1874) von Johann Strauß (Nr. 7, Couplet), deren Texte Carl Haffner und Richard Genée (1824–95) schrieben.

Du bist verrückt, mein Kind, du mußt nach Berlin! Aus Franz v. Suppés Operette *Fatinitza* (1876), deren Texte von F. Zell und Richard Genée stammen.

Treu sein, das liegt mir nicht: aus der Operette *Eine Nacht in Venedig* (1883) von Johann Strauß, Texte von F. Zell und Richard Genée.

Ach, ich hab' sie ja nur auf die Schulter geküßt: aus Karl Millökkers Operette *Der Bettelstudent* (1882), Texte von F. Zell und Richard Genée.

Schwamm drüber: aus Karl Millöckers Operette *Der Bettelstudent* (1882) mit Texten von F. Zell und Richard Genée.

Die Tücke des Objekts spielt in Friedrich Theodor Vischers (1807 bis 87) Roman *Auch Einer* (1879) eine große Rolle.

Das Moralische versteht sich doch immer von selbst ist ein beliebter Ausspruch des Helden in Friedrich Theodor Vischers Roman *Auch Einer* (1879).

Dulde, gedulde dich fein: ein Lied aus den *Jugendliedern* Paul Heyses (1830–1914).

Ein Urteil läßt sich widerlegen, aber ein Vorurteil nie: ein Aphorismus Marie v. Ebner-Eschenbachs (1830–1916).

Jedes Land hat die Juden, die es verdient schrieb Karl Emil Franzos 1875 in einem Artikel über Galizien, offenbar in Anlehnung an das »Toute nation a le gouvernement qu'elle mérite« von Joseph de Maistre (1753–1821).

Auf Deutschlands hohen Schulen: der Anfang eines Studentenliedes von William Ruer (1871); eine veränderte Fassung von A. Kunitz in den Münchener *Fliegenden Blättern* 1872.

Wo haben sie denn den losgelassen? Die Frage stammt aus dem Volksstück *Mein Leopold* (1873) von Adolf L'Arronge (1838 bis 1908).

Verzeihen Sie das harte Wort! ist eine immer wieder vorgebrachte Redensart Wippchens, einer komischen Figur, die Julius Stettenheim (1831–1917) geschaffen hat; *Wippchens sämtliche Berichte* erschienen seit 1873.

Bei Zigarren darf man ja den Preis sagen: aus Paul Lindaus (1829–1910) Lustspiel *Maria und Magdalena* (1872) 1,3.

Der Zug nach dem Westen hieß ein Roman Paul Lindaus (1886).

Ich kann es nicht anders leugnen: eine Redensart der Witzblattfigur Paula Erbswurst aus dem *Ulk,* der 1873 von Siegmund Haber (1835–95) begründet worden war.

Doch ich will nicht vorgreifen: eine Redensart Paula Erbswursts aus dem Witzblatt *Ulk* (seit 1873).

Dies will ich ungelogen sein lassen: eine Redensart Paula Erbswursts aus dem Witzblatt *Ulk* (seit 1873).

O diese Männer! Der Titel eines Lustspiels (1876) von Julius Rosen (d. i. Nikolaus Duffek, 1833–92), vielleicht nach Desdemonas Ausruf: »Die Männer, o die Männer!« in Shakespeares *Othello* 4,3.

Nach berühmten Mustern nannte Fritz Mauthner (1849–1923) seine 1878 veröffentlichten Parodien.

Hänschen, Hänschen, denk daran,
Was aus dir noch werden kann!
stammt aus einem Kinderlied Rudolf Löwensteins (1819–91).

Rin in die Kartoffeln, raus aus die Kartoffeln! schrieb Friedrich Wülfing in einem militärischen Scherz in den *Fliegenden Blättern* 1881, Nr. 1885.

Treppenwitz der Weltgeschichte nach dem Titel des Buches *Der Treppenwitz der Weltgeschichte* (1882) von William Lewis Hertslet (1839–98). »Der Geschichte fällt, gerade wie dem von der Audienz die Treppe herunterkommenden Bittsteller, ein pikantes, gerade passendes Wort ... fast immer erst hinterdrein ein«, sagt der Autor zur Erklärung. Das Wort »Treppenwitz« ist dem französischen »esprit d'escalier« nachgebildet und wurde um die Mitte des 19. Jahrhunderts geläufig.

Komm herab, o Madonna Teresa: die Anfangsworte eines Walzers aus der Operette *Don Cesar* (1885) von Rudolf Dellinger, Texte von O. Walther.

Uns kann keiner! haben wir zuerst in Julius Stindes Roman »Die Familie Buchholz«, 2. Teil (1885), im Kapitel »Der erste April« gefunden. Hier spricht Onkel Fritz anläßlich eines Fackelzugs in Berlin zu Fürst Bismarcks Geburtstag begeistert vom Deutsch-Französischen Krieg 1870/71: »Uns kann keiner! Deutschland ist groß, wie es niemals zuvor gewesen, das verdanken wir dem Kaiser und seinem Kanzler.« – Man sieht, daß auch das Wort aus dem sogenannten Dritten Reich »Das danken wir unserem Führer« schon alt ist.

Mancher lernt es nie, und dann auch nur unvollkommen ist aus Julius Stindes Roman »Die Familie Buchholz«, 2. Teil (1885), dem Kapitel »Wie es so ganz anders kam«.

Der Bürokrat tut seine Pflicht
Von neun bis eins! Mehr tut er nicht
ist aus Karl Zellers Operette *Der Obersteiger* (1886), deren Texte von M. West und L. Held stammen.

Männer machen die Geschichte war die Überzeugung des Historikers Heinrich von Treitschke: das Wort stammt aus dem 1. Band seiner *Deutschen Geschichte im 19. Jahrhundert* (1879).

Wenn Sie eine Kunst haben wollen, so haben Sie eine. In dieser Form werden die Worte zitiert, die Richard Wagner nach der Aufführung der *Götterdämmerung* am 18. 8. 1876 in Bayreuth sprach: »Sie haben jetzt gesehen, was wir können; wollen Sie jetzt? – Und wenn Sie wollen, werden wir eine Kunst haben.«

Menschliches, Allzumenschliches: der Titel einer Schrift (1878) Friedrich Nietzsches (1844–1900).

Im echten Manne ist ein Kind versteckt: das will spielen: aus Friedrich Nietzsches *Also sprach Zarathustra*, 1. Teil (1883).

Du gehst zu Frauen? Vergiß die Peitsche nicht! Aus Friedrich Nietzsches *Also sprach Zarathustra*, 1. Teil (1883).

Nicht nur fort sollst du dich pflanzen, sondern hinauf! Aus Friedrich Nietzsches *Also sprach Zarathustra*, 1. Teil (1883).

Jenseits von Gut und Böse: der Titel einer Schrift Friedrich Nietzsches (1886).

Die blonde Bestie: aus Friedrich Nietzsches Schrift *Zur Genealogie der Moral* (1887) 1,10, wo »das Raubtier, die prachtvolle, nach Beute und Sieg schweifende blonde Bestie« genannt wird, die auf dem Grunde aller »vornehmen Rassen« nicht zu verkennen sei.

Der Wille zur Macht: ein Begriff, dem Friedrich Nietzsche in seiner letzten Schaffenszeit eine zentrale Bedeutung beilegte. Die Herausgeber seines Nachlasses wählten den Ausdruck als Titel für ihren Versuch, aus hinterlassenen Notizen des Philosophen sein »Hauptwerk« zusammenzustellen (1901).

Umwertung aller Werte, ein Begriff, der bei Nietzsche in Notizen der letzten Schaffensjahre auftaucht und seiner Bedeutung wegen von den Herausgebern des Nachlasses als Untertitel des Bandes *Der Wille zur Macht* gewählt wurde.

Die Waffen nieder! ist der Titel eines Romans von Bertha v. Suttner (1843–1914), der 1889 erschien und für den Gedanken des Friedens warb. Die Verfasserin erhielt 1905 den Friedensnobelpreis.

Nach der Heimat möcht' ich wieder: der Anfang eines Liedes von Karl Kromer (1889). Die Fortsetzung lautet hier: »nach dem teuern Vaterort«. Ein Gedicht von Karl Beils (1828), »Heimweh«, beginnt: »Nach der Heimat möcht' ich wieder, in der Heimat möcht' ich sein.«

Keinen Tropfen im Becher mehr: der Anfang des Liedes »Die Lindenwirtin« (1877) von Rudolf Baumbach (1840–1905).

**Zu beneiden sind die Knaben,
Welche einen Onkel haben**
ist aus Georg Böttichers (1849–1918) humoristischer Sammlung *Allotria* (1893).

**Aber stets und jedenfalls
Trug er etwas um den Hals**
stammt aus Georg Böttichers (1849–1918) humoristischer Sammlung *Allotria* (1893).

**Und das Endergebnis war
Ein entsetzlicher Katarrh**
ist aus Georg Böttichers Sammlung *Allotria* (1893).

**Raste nie, doch haste nie,
Sonst haste die Neurasthenie**
stammt von Otto Erich Hartleben (1864–1905).

Und wenn der ganze Schnee verbrennt steht in Gerhart Hauptmanns (1862–1946) Drama *Die Weber* (1892); der Volksmund setzte dazu: »Die Asche bleibt uns doch.«

Der deutschen Zwietracht mitten ins Herz! Ein Wort aus Gerhart Hauptmanns Drama *Florian Geyer* (1896), in der Schlußszene des 1. Aktes gesprochen.

Das Glück im Winkel: der Titel eines Schauspiels (1916) von Hermann Sudermann (1857–1928).

**Wenn auch die Jahre enteilen,
Bleibt die Erinnerung doch**
ist aus der Operette *Im Reiche des Indra* (1899) von Paul Lincke.

**Auf dem Dache sitzt ein Greis,
Der sich nicht zu helfen weiß**
stammt aus dem Gedicht »Wassersnot in Leipzig« von S. F. Hansen (1831–1904).

Hab Sonne im Herzen! »Ob's stürmt oder schneit«, mahnt ein Vers des einst viel gelesenen Buches *Aus den Lehr- und Wanderjahren des Lebens* (1899) von Cäsar Flaischlen (1864–1920).

**Nur einmal blüht im Jahr der Mai,
Nur einmal im Leben die Liebe**
ist aus einem Gedicht von Heinrich Seidel (1842–1906).

Feine Leute haben feine Sachen: die Überschrift eines Gedichtes von Heinrich Seidel (1842–1906).

Schlösser, die im Monde liegen: aus Paul Linckes Operette *Frau Luna* (1899), Text von Heinz Bolten-Baeckers.

Ein jedes Tierchen hat sein Pläsierchen stammt von dem Leipziger Mundartdichter Edwin Bormann (1851–1912).

Heiliger Bürokratius: aus der Komödie *Flachsmann als Erzieher* (1901) von Otto Ernst (d. i. Otto Ernst Schmidt, 1862–1926): »Bei dem heiligen Bureaukrazius ist nichts unmöglich.«

Humor ist, wenn man trotzdem lacht: ein Wort von Otto Julius Bierbaum (1865–1910).

Briefe, die ihn nicht erreichten: der Titel eines Romans von Elisabeth v. Heyking (1902).

Heilig halte die Ekstasen stammt aus dem Vorspruch zu Christian Morgensterns (1871–1914) *Galgenliedern* (1905): »Laß die Moleküle rasen, / was sie auch zusammenknobeln! / Laß das Tüfteln, laß das Hobeln, / heilig halte die Ekstasen!«

**Die Möwen sehen alle aus,
Als ob sie Emma hießen**
stammt aus dem »Möwenlied« in Christian Morgenstens *Galgenliedern* (1905).

**Weil, so schließt er messerscharf,
Nicht sein kann, was nicht sein darf**
ist aus Christian Morgensterns Gedicht »Die unmögliche Tatsache« im *Palmström* (1910), jetzt in *Alle Galgenlieder*. Den beiden Versen geht voraus: »Und er (d. i. der berühmte v. Korf) kommt zu dem Ergebnis: / Nur ein Traum war das Erlebnis.«

Selig lächelnd wie ein satter Säugling findet sich in dem Gedicht »Korf erfindet eine Art von Witzen« aus Christian Morgensterns *Palmström* (1910; jetzt in *Alle Galgenlieder*).

**Alles fügt sich und erfüllt sich,
Mußt es nur erwarten können
Und dem Werden deines Glückes
Jahr und Felder reichlich gönnen**
schreibt Christian Morgenstern in *Stufen* (1916).

Armut ist ein großer Glanz von innen wird – ironisch – aus dem *Stundenbuch* (1906) Rainer Maria Rilkes (1875–1926) zitiert.

Ja, das haben die Mädchen so gerne: aus der Operette *Autoliebchen* (1912) von Jean Gilbert (d. i. Max Winterfeld, 1879 bis 1942).

Das Fleisch hat seinen eigenen Geist, behauptet Frank Wedekind (1864–1918) im Vorwort (»Über Erotik«) zu seinen Erzählungen *Feuerwerk*.

Der Wanderer zwischen beiden Welten ist der Titel einer Erzählung (1916) von Walter Flex (1887–1917).

Unrasiert und fern der Heimat stammt aus der Soldatensprache des 1. Weltkrieges. Vielleicht wurde der Ausdruck durch die Erinnerung an den Vers in August von Platens Ballade »Das Grab am Busento« veranlaßt, die ja in allen Schullesebüchern stand: »Allzu früh und fern der Heimat mußten hier sie ihn begraben.«

**Wer wird denn weinen, wenn man auseinandergeht,
Wenn an der nächsten Ecke schon ein andrer steht**
ist aus der Operette *Die Scheidungsreise* (1918) von Hugo Hirsch, Texte von Arthur Rebner.

In fünfzig Jahren ist alles vorbei heißt der Refrain eines Couplets des humoristischen Vortragskünstlers Otto Reutter (d. i. Otto Pfützenreuter, 1870–1931).

Ick wundre mir über jarnischt mehr: der Kehrreim eines Couplets von Otto Reutter (d. i. Otto Pfützenreuter, 1870–1931).

Es gibt im Leben manchesmal Momente: aus der Operette *Mascottchen* (1921) von Walter Bromme, deren Liedverse Will Steinberg schrieb.

Volk ohne Raum, der Titel eines Romans (1925) von Hans Grimm, wurde in den Jahren zwischen den beiden Weltkriegen zum Schlagwort einer deutschen Expansionspolitik.

Verwirrung der Gefühle: der Titel einer 1926 erschienenen Novellensammlung von Stefan Zweig (1881–1942).

Tiere sehen dich an: der Titel eines Fotobuchs (1928) von Paul Eipper (geb. 1891).

Nur wer im Wohlstand lebt, lebt angenehm! ist der Refrain der »Ballade vom angenehmen Leben« in der *Dreigroschenoper* (1928) von Bert Brecht (1898–1956).

Doch die Verhältnisse, sie sind nicht so: Refrain im »ersten Dreigroschenfinale« (zu Ende des 1. Aktes) der *Dreigroschenoper* (1928) von Bert Brecht (1898–1956).

Im Westen nichts Neues war oft in den deutschen Heeresberichten des 1. Weltkrieges zu lesen und ist dann als Titel des Romans von Erich Maria Remarque (1929) geläufig geworden.

Das Unbehagen an der Kultur: eine scherzhafte Verdrehung des Titels einer Schrift (*Das Unbehagen in der Kultur,* 1930) des Begründers der Psychoanalyse, Sigmund Freud (1856–1939).

Ein Buch, an dem nichts stimmt außer den Seitenzahlen, nannte Oswald Spengler den *Mythus des XX. Jahrhunderts* von Alfred Rosenberg.

Es kommt nie ganz so schlimm, wie man fürchtet, und nie ganz so gut, wie man hofft nennt Hans v. Seeckt in seiner Schrift *Moltke* (1931) eine »alte Soldatenerfahrung«.

Ich bin von Kopf bis Fuß auf Liebe eingestellt: aus dem Tonfilm *Der blaue Engel* (1930), Text und Musik von Friedrich Holländer.

Das gibt's nur einmal, das kommt nicht wieder! Aus dem Tonfilm *Der Kongreß tanzt* (1931), Musik von Werner R. Heymann.

Das ist zu schön, um wahr zu sein: aus dem Schlager »Das gibt's nur einmal« des Films *Der Kongreß tanzt* (1931).

Eine Frau, die weiß, was sie will: der Titel einer Operette (1932) von Oskar Straus, deren Texte Alfred Grünwald (geb. 1886) schrieb.

Kleiner Mann – was nun? Der Titel eines 1932 erschienenen Romans von Hans Fallada (d. i. Rudolf Ditzen, 1893–1947).

Lieber reich – aber glücklich! Der Titel eines »Schwanks mit Musik« (1933) von Walter Kollo, nach dem Stück *Unter Geschäftsaufsicht* (1928) von Franz Arnold (geb. 1878) und Ernst Bach (1876–1929), zu dem Willi Kollo Gesangstexte lieferte.

Krach im Hinterhaus: der Titel einer Komödie (1934) von Maximilian Böttcher (1872–1950), der 1936 auch einen gleichnamigen Roman veröffentlichte.

Das kann doch einen Seemann nicht erschüttern: aus dem Tonfilm *Das Paradies der Junggesellen* (1939), Text von Bruno Balz, Musik von Michael Jary.

08/15 (Nullacht-Fünfzehn, Nullacht-Fuffzehn) als Typenbezeichnung eines Maschinengewehrs im deutschen Heer (das Jahr der Einführung bzw. Verbesserung bezeichnend) wurde im 2. Weltkrieg zu einem Schlagwort für schematische Vorgänge oder in eintöniger Menge vorhandene Massenprodukte. Hans Hellmut Kirsts Romantrilogie *08/15* aus den Jahren 1954/55, die auch verfilmt wurde, machte den Ausdruck vollends geläufig.

Kinder, wie die Zeit vergeht! Ein Schlagertext aus dem Jahr 1941, Text von Peter Schwenn und Peter Schaeffers, Musik von Friedrich Schröder.

Wir sind noch einmal davongekommen wählte der Übersetzer Hans Sahl als Titel für Thornton Wilders Stück *The skin of our Teeth* (»Die Haut unserer Zähne«, deutsch 1954).

Die Zukunft hat schon begonnen: der Titel eines vielbeachteten Buches (1951) über neue Entwicklungen in der Technik von Robert Jungk (geb. 1913).

Die Welt in der wir leben: Die seit 1952 in der amerikanischen Zeitschrift *Life* erscheinende, durch ungewöhnliche Bilder illustrierte »Naturgeschichte unserer Erde« erschien unter dem Titel *The world we live in* in Buchform; die deutsche Ausgabe dieses Werkes (*Die Welt in der wir leben*, 1956) gehört zu den am meisten gekauften Büchern der folgenden Jahre.

AUS DEM ENGLISCHEN

My house is my castle, »Mein Haus ist meine Burg«, ist die Umformung eines Rechtsspruches von Sir E. Coke (1551–1633), der in seinen »Institutes« (3,162) die Verteidigung des Hauses begründet: »For a man's house is his castle – Denn eines Mannes Haus ist seine Burg.«

Meine bessere Hälfte. »My better half« scheint zuerst der Dichter Philipp Sidney (1554–86) in seinem Roman *The Countesse of Pembroke's Arcadia* (gedruckt 1590) gesagt zu haben.

Wissen ist Macht: Der Philosoph Francis Bacon (1561–1626) schrieb in seinen *Essays* (1597) lateinisch »Ipsa scientia potestas est«; in der Ausgabe von 1598 dann englisch: »Knowledge itself is power«.

Komödie der Irrungen, nach Shakespeares (1564–1616) Lustspiel *The comedy of errors* (*Die Komödie der Irrungen,* etwa 1591).

Liebes-Leid und -Lust, der deutsche Titel der Schlegel-Tieckschen Übersetzung (1833) von Shakespeares Komödie *Love's Labour's Lost* (*Verlorene Liebesmüh,* etwa 1592).

Verlorene Liebesmüh: der üblich gewordene deutsche Titel von Shakespeares Komödie *Love's labour's lost* (etwa 1592).

Des Dichters Aug' in schönem Wahnsinn rollend, »The poets eye, in a fine frenzy rolling«: Shakespeare, *Ein Sommernachtstraum* (etwa 1594, deutsch von A. W. Schlegel 1797) 5,1. »Schöner Wahnsinn« als »amabilis insania« schon bei Horaz (*Oden* 3,4).

Das ist der Anfang vom Ende, »That is the true beginning of our end«: Shakespeare, *Ein Sommernachtstraum* 5,1. Auch gern französisch zitiert: »C'est le commencement de la fin«, was Talleyrand (zu seinem eigenen Erstaunen) von der Schlacht bei Leipzig gesagt haben soll.

Gut gebrüllt, Löwe! – »Well roared, lion!« Shakespeare, *Ein Sommernachtstraum* 5,1.

Der Winter unseres Mißvergnügens, »the winter of our discontent«: Shakespeare, *König Richard III.* (etwa 1593, deutsch von A. W. Schlegel 1810) 1,1.

Ich bin nicht in der Gebelaune heut', »I am not in the giving vein today«: Shakespeare, *König Richard III*. 4,2.

Ein Pferd! ein Pferd! mein Königreich für 'n Pferd! »A horse! a horse! my kingdom for a horse!«: Shakespeare, *König Richard III*. 5,4. Meist sagt man »ein Königreich«.

**Was ist ein Name? Was uns Rose heißt,
Wie es auch hieße, würde lieblich duften**
»What's in a name? that which we call a rose, / by any other name would smell as sweet«: Shakespeare, *Romeo und Julia* (etwa 1594, deutsch von A. W. Schlegel 1797) 2,2.

Nicht für einen Wald von Affen! »Not for a wilderness of monkeys«: Shakespeare, *Der Kaufmann von Venedig* (etwa 1595, deutsch von A. W. Schlegel 1799) 3,1.

Königlicher Kaufmann, »Royal merchant«: Shakespeare, *Der Kaufmann von Venedig* 3,2.

Ich steh' hier auf meinen Schein, »I stay here on my bond«, sagt Shylock in Shakespeares *Der Kaufmann von Venedig* 4,1.

Das bessere Teil der Tapferkeit ist Vorsicht, »The better part of valour is discretion«, sagt Falstaff in Shakespeares *König Heinrich IV*. (etwa 1597, deutsch von A. W. Schlegel 1800) 1. Teil, 5,4.

Ich könnte besser einen Bessern missen, »I could have better spared a better man«, sagt in Shakespeares *Heinrich IV.*, 1. Teil, 5,4 der Prinz von dem totgeglaubten Falstaff.

Das ist der Humor davon, »Ther' is the humour of it«: Shakespeare, *König Heinrich V*. 2,1; *Lustige Weiber von Windsor* 2,1.

Viel Lärm um nichts. »Much ado about nothing – Viel Lärmen um nichts« ist der Titel einer Shakespearischen Komödie (etwa 1599, deutsch von Tieck-Baudissin 1825/33).

Er denkt zu viel, die Leute sind gefährlich, »He thinks too much, such men are dangerous«: Shakespeare, *Julius Cäsar* (etwa 1601, deutsch von A. W. Schlegel 1797) 1,2.

**Laßt wohlbeleibte Männer um mich sein,
Mit glatten Köpfen, und die nachts gut schlafen**
»Let me have men about me that are fat, / sleekheaded men, and such as sleep o'night«: Shakespeare, *Julius Cäsar* 1,2.

Last not least, »zuletzt, nicht zumindest«. In Shakespeares *Julius Cäsar* sagt Antonius (3,1): »Tho' last, not least in love – Zuletzt, doch nicht der letzte meinem Herzen«, und im *König Lear* (1,1) nennt Lear seine Tochter Cordelia »the last, not least – die jüngste, nicht geringste«.

Denn Brutus ist ein ehrenwerter Mann;
Das sind sie alle, alle ehrenwert
»For Brutus is an honourable man, / So are they all, all honourable men«, sagt Antonius in seiner berühmten Leichenrede auf Cäsar in Shakespeares *Julius Cäsar* 3,2.

Bei Philippi sehen wir uns wieder: frei nach Shakespeare, *Julius Caesar* 4,3, wo aus Plutarchs *Cäsar,* Kapitel 59, geschöpft ist.

Mit einem heitern, einem nassen Aug', »With one auspicious and a dropping eye«: Shakespeare, *Hamlet* (etwa 1602, deutsch von A. W. Schlegel 1798) 1,2.

O schmölze doch dies allzu feste Fleisch, »O! that this too too solid flesh would melt«: Shakespeare, *Hamlet* 1,2.

Schwachheit, dein Nam' ist Weib! »Frailty, thy name is woman!«: Shakespeare, *Hamlet* 1,2.

Es war ein Mann, nehmt alles nur in allem,
Ich werde nimmer seinesgleichen sehen
»He was a man, take him for all in all, / I shall not look upon his like again«: Shakespeare, *Hamlet* 1,2.

Du kommst in so fragwürdiger Gestalt? »Thou com'st in such a questionable shape?«: Shakespeare, *Hamlet* 1,4.

Etwas ist faul im Staate Dänemark, »Something is rotten in the state of Denmark«: Shakespeare, *Hamlet* 1,4.

Ich wittre Morgenluft, »I scent the morning air«: Shakespeare, *Hamlet* 1,5. G. A. Bürger übernimmt den Ausdruck in seine Ballade »Lenore«; er bedeutet hier wie bei Shakespeare, daß die Stunde naht, in der die Geister verschwinden müssen, während er heute im Sinn von »Ich spüre, jetzt kommt eine günstige Zeit für mich« gebraucht wird.

Es gibt mehr Ding' im Himmel und auf Erden,
Als Eure Schulweisheit sich träumen läßt
»There are more things in heaven and earth, Horatio, than are dreamt of in our philosophy«: Shakespeare, *Hamlet* 1,5.

Die Zeit ist aus den Fugen, »The time is out of joint«: Shakespeare, *Hamlet* 1,5.

Mehr Inhalt, weniger Kunst! »More matter, with less art!«: Shakespeare, *Hamlet* 2,2.

Zweifle an der Sonne Klarheit,
Zweifle an der Sterne Licht,
Zweifl', ob lügen kann die Wahrheit,
Nur an meiner Liebe nicht
»Doubt thou, the stars are fire, / doubt that the sun doth move, / doubt truth to be a liar! / but never doubt, I love«: Shakespeare, *Hamlet* 2,2.

An sich ist nichts weder gut noch böse; das Denken macht es erst dazu, »There is nothing either good or bad, but thinking makes it so«: Shakespeare, *Hamlet* 2,2.

Ist dies schon Tollheit, hat es doch Methode, »Though this be madness, yet there is method in it«: Shakespeare, *Hamlet* 2,2.

Kaviar für das Volk, »Caviar for the general«: *Hamlet* 2,2.

Behandelt jeden Menschen nach seinem Verdienst, und wer ist vor Schlägen sicher? »Use every man after his desert, and who should 'scape whipping?«: Shakespeare, *Hamlet* 2,2.

Was ist ihm Hekuba, was ist er ihr,
Daß er um sie soll weinen?
»What's Hecuba to him, or he to Hecuba, / that he should weep for her?«: Shakespeare, *Hamlet* 2,2. In Homers *Ilias* (6,449 ff.) sagt Hektor zu seiner Gattin, das künftige Leid seiner Mutter bekümmere ihn nicht so sehr als ihres. – Gelegentlich sagt man auch: »Da ist ihm Hekuba!« d. h., das ist ihm gleichgültig.

Sein oder Nichtsein, das ist hier die Frage, »To be or not to be, that is the question«: Shakespeare, *Hamlet* 3,1.

Ein Ziel, aufs innigste zu wünschen, »A consummation devoutly to be wish'd«: Shakespeare, *Hamlet* 3,1.

Das unentdeckte Land, von des Bezirk
Kein Wandrer wiederkehrt
»The undiscovered country from whose bourn / no traveller returns«: Shakespeare, *Hamlet* 3,1. Vgl. »den Weg gehen, den man nicht wiederkommt«, S. 20.

**Der angebor'nen Farbe der Entschließung
Wird des Gedankens Blässe angekränkelt**
»And thus the native hue of resolution / is sicklied o'er with the pale cast of thought«: Shakespeare, *Hamlet* 3,1.

O welch ein edler Geist ist hier zerstört! »O what a noble mind is here o'erthrown!«: Shakespeare, Worte Ophelias im *Hamlet* 3,1.

Ach, armer Yorick! »Alas, poor Yorick!«: Shakespeare, *Hamlet* 5,1.

In Bereitschaft sein ist alles, »The readiness is all«: Shakespeare, *Hamlet* 5,2. Meist sagt man: »Bereit sein ist alles.«

Der Rest ist Schweigen, »The rest is silence«: Hamlets letzte Worte in Shakespeares *Hamlet* 5,2.

Worte, Worte, nichts als Worte –: Shakespeare, *Troilus und Cressida* (etwa 1602, deutsch von Tieck-Baudissin 1825/33) 5,3.

Zahn der Zeit, »tooth of time«: Shakespeare, *Maß für Maß* 5,1. In Deutschland zuerst bei Gottsched in dem Gedicht »An den Generalllieut. v. Schulenburg bei dem Antritt des 1725. Jahres«. Übrigens findet sich die »scharfzahnige Zeit« bereits bei dem griechischen Dichter Simonides († 468 v. Chr.).

Tu Geld in deinen Beutel, »Put money in thy purse!«: Shakespeare, *Othello* (etwa 1604, deutsch von Tieck-Baudissin 1825/33) 1,3.

Denn der Regen, der regnet jeglichen Tag, »For the rain it raineth every day«: Shakespeare, *König Lear* (etwa 1606, deutsch von Tieck-Baudissin 1825/33) 3,2. In *Was ihr wollt* bildet der Vers den Refrain des Schlußliedes, schließlich erreichte er den Gipfel der Volkstümlichkeit im Trinklied Falstaffs (»Als Büblein klein an der Mutter Brust«) in Nicolais Oper *Die lustigen Weiber von Windsor* (1849).

Kundiger Thebaner, »learned Theban«: Shakespeare, *König Lear* 3,4.

Jeder Zoll ein König, »every inch a King«: Shakespeare, *König Lear* 4,6.

**Komme, was kommen mag,
Die Stunde rinnt auch durch den rauh'sten Tag**
»Come what come may / time and the hour runs through the

roughest day«: Shakespeare, *Macbeth* 3 in Schillers Übersetzung (1800, dort 1,7), die statt »rinnt« allerdings »rennt« hat.

Alle Wohlgerüche Arabiens, »All the perfumes of Arabia«: Shakespeare, *Macbeth* (etwa 1606, deutsch von Dorothea Tieck 1825/33) 5,1.

John Bull als Bezeichnung des englischen Volkes stammt aus Joan Arbuthnots (1675–1735) politischer Satire *The History of John Bull* (1712). Verbreitet wurde die Bezeichnung erst richtig durch George Colmans Schauspiel *John Bull* (1805), das in Karl Blums Übertragung auch in Deutschland (1825) aufgeführt wurde.

Time is money, »Zeit ist Geld« steht zuerst in Benjamin Franklins *Ratschlägen an einen jungen Kaufmann* (1748). In Francis Bacons *Essays* (1620) heißt es im Abschnitt »Of Dispatch«: »Time is the measure of business, as money is of wares: and business is bought at a deare hand, where there is small dispatch – Zeit ist das Maß der Arbeit wie Geld das Maß der Waren, und Arbeit wird teuer, wo wenig Eile dabei ist.« Schließlich soll (nach Diogenes Laërtius) schon der griechische Philosoph Theophrast (um 372–287 v. Chr.) die Zeit einen »kostbaren Aufwand« genannt haben.

Early to bed and early to rise makes a man healthy, wealthy and wise, »Früh zu Bett und früh aufstehen macht gesund, reich und klug« findet sich zuerst in John Clarkes Sprichwörtersammlung (*Paroemiologia* 1639). Zu seiner Verbreitung trug besonders bei, daß es von Benjamin Franklin in seinem *Weg zum Reichtum* (1767) angeführt wurde. Der Gedanke ist schon in einer antiken Schrift ausgesprochen (*Oeconomia,* etwa 250–200 v. Chr.): »Nachts, d. h. in aller Frühe aufstehen ist sowohl für die Gesundheit wie für die Wirtschaft wie für das Philosophieren von Nutzen« (1,6,5).

Dreimal umziehen ist so schlimm wie einmal abbrennen, »Three removes are as bad as a fire« schrieb Benjamin Franklin im *Weg zum Reichtum* (1767).

Der Weg zur Hölle ist mit guten Vorsätzen gepflastert. »Hell is paved with good intentions« sagte Samuel Johnson (1709–84) nach Boswells Biographie (66. Jahr). In der *Braut von Lammermoor* (1819) führt Walter Scott den Ausspruch auf einen englischen Theologen zurück; wahrscheinlich ist es der Dichter George Herbert (1593–1644), der in seinem Werk *Jacula prudentium* (Ausgabe von 1651, S. 11) schreibt: »Hell is full of good meaning and wishings.« Vielleicht darf man auch die Stelle 21.11 in Jesus Sirach heranziehen: »Die Gottlosen gehen zwar auf einem feinen Pflaster, des Ende der Höllen Abgrund ist.«

Blaustrumpf als etwas abschätzige Bezeichnung für ein gelehrtes weibliches Wesen kommt von dem englischen »blue-stocking«. Etwa seit 1750 versammelte sich in London bei Lady Montagu eine Gesellschaft, die dem Kartenspiel eine geistvolle Unterhaltung vorzog. Dieser gehörte auch der Gelehrte Stillingfleet an, der statt der üblichen schwarzen Seidenstrümpfe blaue Wollstrümpfe zu tragen pflegte. Der Admiral Boscawen nannte den Kreis dann spöttisch »the blue-stocking society«. Der »Blaustrumpf« als »gelehrtes Frauenzimmer« taucht in Deutschland am Ende des 18. Jahrhunderts auf, kommt aber erst zur Zeit des »Jungen Deutschland« in Mode.

Lästerschule stammt von dem Titel der Komödie *The school for scandale* (1777) Richard Brinsley Sheridans (1751–1816).

Künftige Ereignisse werfen ihre Schatten voraus, »Coming events cast their shadows before« ist aus Thomas Campbells (1777–1844) *Lochiel's Warnung* und findet sich danach im Motto von Byrons Elegie »Dantes Prophezeiung«.

Lang, lang ist's her, »Long, long ago«, der Titel eines Liedes, das von T. H. Bayly (1797–1839) gedichtet und komponiert wurde und beginnt: »Sag mir das Wort, das so gern ich gehört.«

**Fare thee well, and if for ever,
then for ever, fare thee well**
»Lebe wohl, und wenn für immer, / dann für immer, lebe wohl!« So beginnt Lord Byrons Abschiedsgedicht an seine Frau (1816).

Der letzte Mohikaner, »The last of the Mohicans« ist der Titel eines Romans (1826) in der Reihe der *Lederstrumpf-Geschichten* des amerikanischen Erzählers James Fenimore Cooper (1789–1851).

Die oberen Zehntausend werden zuerst am 11.11.1844 in einem Leitartikel des New Yorker *Evening Mirror* von Nathaniel Parker Willis (1806–67) genannt. Statt »the upper ten thousand« sagt man im Englischen gewöhnlich nur »the upper ten«.

Kampf ums Dasein, »struggle for life« stammt aus dem Titel des Hauptwerkes von Charles Darwin (1809–82): *On the origin of species by means of natural selection or the preservation of favour-*

ed races in the struggle for life (*Über den Ursprung der Arten durch natürliche Zuchtwahl oder die Erhaltung begünstigter Formen im Kampf ums Dasein*, 1859). Vordem hatte Robert Malthus in seinem *Essay on the principles of population* (*Versuch über das Bevölkerungsgesetz*, 1798) von »struggle of existence« gesprochen.

Arbeiten und nicht verzweifeln, »Work and despair not« wählte Thomas Carlyle (1795–1881) zum Thema seiner Rede bei der Übernahme des Rektorats der Universität Edinburgh 1866. Eine deutsche Auswahl aus Carlyles Werken mit diesem Titel (seit 1902) trug das ihre zur Verbreitung des Ausdrucks bei.

Vom Winde verweht, »Gone with the wind«: Titel des 1936 erschienenen Romans von Margaret Mitchell (1900–49).

Wem die Stunde schlägt, der deutsche Titel des Romans *For Whom the Bell tolls* (1940) aus dem Spanischen Bürgerkrieg 1936–39 von Ernest Hemingway (geb. 1898).

AUS DEM FRANZÖSISCHEN

Buridans Esel ist ein Beispiel im alten Streit um die Willensfreiheit: Ein Esel steht in gleichem Abstand von zwei Heubündeln und verhungert, weil er, von beiden gleichermaßen angezogen, sich nicht für eines entscheiden kann. Der scholastische Philosoph Johannes Buridan (etwa 1300–1358, lehrte in Paris) hat dieses Beispiel nicht selbst gebracht, der »Esel« ist ihm wohl von Gegnern angehängt worden. Bei Dante heißt es im »Paradies« zu Anfang des 4. Gesangs: »Zwischen zwei gleich entfernten und gleich anlockenden Speisen würde der Mensch eher sterben, als daß er bei Willensfreiheit eine davon an die Zähne brächte.« Und schließlich sagte schon Aristoteles (*Über den Himmel* 2,13): »Ebenso was über einen heftig Hungernden und Dürstenden gesagt wird, wenn er gleich weit von Speise und Trank absteht, denn auch dieser muß in Ruhe verharren.«

Um auf besagten Hammel zurückzukommen stammt aus der französischen Farce von *Maître Pathelin* (1465): Der Advokat Pathelin kauft bei einem Händler Tuch, ohne es zu bezahlen. Als der Händler kommt, um die Schuld einzutreiben, liegt Pathelin zu Bett, und seine Frau schwört, daß ihr Mann schon seit Wochen krank liege und nicht der sein könne, der das Tuch gekauft habe. Bald darauf klagt der Händler gegen einen Schäfer auf gestohlene Hammel, und Pathelin übernimmt die Verteidigung des Schäfers. Als ihn der Händler sieht, gerät er in Verwirrung und vermischt beständig seine Klage über die Hammel mit der, daß er um den Kaufpreis des Tuches geprellt wurde. Vergeblich versucht der Richter, ihn mit den Worten »Sus, revenons à ces moutons! – Hör doch, kommen wir auf diese Hammel zurück!« zum Thema des Prozesses zurückzuführen und muß schließlich die Klage abweisen.

L'appétit vient en mangeant, »Der Appetit kommt beim Essen« steht im *Gargantua* von Rabelais (I 5).

Das eigentliche Studium der Menschheit ist der Mensch heißt es in Goethes *Wahlverwandtschaften* (2,7). Es ist die Übersetzung von Popes »The proper study of mankind is man« im *Essay on Man (Versuch über den Menschen,* 1733) 2,1. Genauso heißt es aber schon im *Traité de la sagesse* (1601) des französischen Theologen und Moralisten Pierre Charron (1541–1603): »La vraie science et le vrai étude de l'homme, c'est l'homme.«

Chronique scandaleuse, »Skandalchronik«, findet sich zuerst 1611 im Titel einer Schrift über König Ludwig XI. von Frankreich, die Jean de Roye (geb. 1425), der Sekretär Johannes II., Herzogs von Bourbon, geschrieben hat.

Tartuffe ist nach Molières Lustspiel *Le Tartuffe ou l'imposteur* (der Heuchler) aus dem Jahr 1664 ein weitverbreiteter Ausdruck für einen Scheinheiligen geworden.

Tu l'as voulu, George Dandin, »Du hast's gewollt, George Dandin«, zitiert man bei selbstverschuldetem Mißgeschick nicht ganz wörtlich aus Molières *George Dandin* (1668) 1,9 (»Vou l'avez voulu, George Dandin, vous l'avez voulu«).

Um ihrer schönen Augen willen. In Molières *Les Précieuses ridicules (Die lächerlichen Preziösen,* 1659) heißt es in Szene 16: »Et si vous les voulez aimer, ce sera, ma foi, pour leurs beaux yeux – Und wenn ihr sie lieben wollt, so wird das, meiner Treu, um ihrer schönen Augen willen sein.«

Tout comme chez nous, »ganz wie bei uns«, entstand aus dem »C'est tout comme ici«, das in dem Lustspiel *Arlequin Empereur dans la Lune* (1684) von Nolant de Fatouvilles von den Zuhörern einer Beschreibung der Mondbewohner immer wieder geäußert wird.

Les extrêmes se touchent, »Die äußersten Gegensätze berühren sich«, finden wir zuerst in den *Charakteren* La Bruyères (1687): »Une gravité trop étudiée devient comique; ce sont comme des extrémités qui se touchent – Eine allzu einstudierte Würde wird komisch; es sind sozusagen äußerste Gegensätze, die sich berühren.« Dann in Pascals *Pensées* (1692): »Les sciences ont deux extrémités qui se touchent – Die Wissenschaften besitzen zwei Gegensätze, die sich berühren.« Der Gedanke hatte schon im Altertum sprichwörtliche Form angenommen (»Extremitates aequalitates«, »nimitates aequalitates«, »extrema frequenter una habitant«) und geht auf die aristotelische »Eudemische Ethik« zurück (3,7,1234).

Embarras de richesse(s), »Verlegenheit des Reichtums (an Reichtümern)«, d. h. Verlegenheit, in die man durch Überfluß gerät, ist der Titel einer Komödie des Abbé d'Allainval (1726).

Sturm im Wasserglas geht auf alte Vorbilder zurück. »Excitare fluctus in simpulo – Stürme im Schöpflöffel erregen« war zu Ciceros Zeit sprichwörtlich (Cicero, *Von den Gesetzen* 3,16), und Athenäus läßt im *Gastmahl der Gelehrten* (8,19) einen Flötenspieler die Tonmalerei eines Zitherspielers, der einen Seesturm nachahmen will, verspotten mit den Worten: »Er habe in einem siedenden Kochtopf schon einen größeren Sturm gehört.« Balzac schreibt im *Pfarrer von Tours* den Ausdruck »tempête dans un verre d'eau« Montesquieu (1689–1755) zu, der so die Wirren in der Zwergrepublik San Marino genannt haben soll. *Sturm im Wasserglas* ist auch der Titel einer Komödie von Bruno Frank (1930).

Tant de bruit pour une omelette! »So viel Lärm um einen Pfannkuchen!« Voltaire erzählt von einem Dichter Desbarreaux († 1675) folgende Anekdote: Desbarreaux bestellte an einem Freitag, also einem Fasttag, in einem Wirtshaus einen Eierkuchen mit Speck, während ein Gewitter am Himmel stand. Widerstrebend trug der Wirt das Gericht auf und sank, als es plötzlich donnerte, vor Entsetzen in die Knie. Da ergriff der Dichter den Eierkuchen, warf ihn zum Fenster hinaus und sagte ärgerlich: »Tant de bruit pour une omelette!«

Corriger la fortune, »Das Glück verbessern«, ist uns vertraut durch Lessings *Minna von Barnhelm,* wo es der Falschspieler Riccaut zu seiner Rechtfertigung gebraucht (4,2). Der Ausdruck findet sich zuerst in der 5. Satire Boileaus (1636–1711). Molière sagt einmal »corriger le hazard« (*Schule der Frauen* 4,8). Lateinisch schon bei Terenz, *Die Brüder* 4,7,21 ff.: Das Leben der Menschen ist wie ein Würfelspiel: »Wenn der höchste Wurf nicht fällt, verbessert man den Zufallswurf durch Kunst.«

Il n'y a que le premier pas qui coûte, »Es kommt nur auf den ersten Schritt an«, sagte Madame du Deffant (1697–1780) zum Kardinal Polignac, als dieser die Länge des Weges hervorhob, den der auf dem Montmartre enthauptete heilige Dionysius bis nach Saint-Denis mit seinem Haupt in den Händen zurücklegte.

Je n'en vois pas la nécessité, »Ich sehe die Notwendigkeit davon nicht ein«, sagte ein Minister Ludwigs XV. zu einem Schriftsteller, dessen Schreiberei er gerügt, der sich aber damit entschuldigt hatte, er müsse doch leben.

Le style c'est l'homme, »Der Stil, das ist der Mensch«, d. h. wie einer schreibt, so ist er, entstand aus den Worten des Naturforschers Buffon (1707–88), der in seiner Antrittsrede in der Akademie 1753 sagte: »Le style est l'homme même.«

Cause célèbre, »ein berühmter Prozeß«, ein Prozeß, der Aufsehen erregt, findet sich im Titel der Sammlung von Kriminalfällen des Rechtsgelehrten François Gayot de Pitaval (1673 bis 1743), die in Paris seit 1743 erschien: *Causes célèbres et intéressantes.* Nach dem Herausgeber wurden übrigens auch spätere Sammlungen von Kriminalfällen genannt: *Der neue Pitaval* (1842–65; 1866–50); *Pitaval der Gegenwart* (1903–13).

Thron und Altar, als Symbole für weltliche und kirchliche Herrschaft miteinander verbunden, erscheinen zuerst in Voltaires Tragödie *Mahomet* (1742 veröffentlicht) 2,3: »Malgré les soins de l'autel et du trône – Trotz den Bemühungen des Altars und des Throns.«

Tous les genres sont bons, hors le genre ennuyeux, »Alle Künste sind gut, ausgenommen die langweilige Kunst« heißt es in der Vorrede des Lustspiels *L'enfant prodigue (Das Wunderkind,* 1736, gedruckt 1738) von Voltaire.

Écrasez l'infâme, »Zertretet die Unwürdige« findet sich häufig in Voltaires Briefen der Jahre 1759–68, oft als Unterschrift (»Écr. l'inf. . . .« oder »Écrlinf«, um die Briefzensur zu täuschen). Voltaire meinte damit »l'infâme superstition – den unwürdigen Aberglauben« und die ihn pflegende Kirche, nicht die Religion.

Fable convenue, »ausgemachte Fabel«. Voltaire schrieb in seinem kleinen Roman *Jeannot et Colin* (1764): »Toutes les histoires anciennes, comme le disait un de nos beaux esprits, ne sont que des fables convenues – Alle alten Geschichten sind, wie einer unserer Schöngeister gesagt hat, nichts weiter als ausgemachte Fabeln«, d. h. Geschichten, deren Wahrheit anzuerkennen man übereingekommen ist. Der von Voltaire zitierte Schöngeist soll Fontenelle sein (1657–1757).

Wenn es keinen Gott gäbe, müßte man einen erfinden, »Si Dieu n'existait pas, il faudrait l'inventer« ist aus Voltaires *Epître à l'Auteur du livre des trois Imposteurs (Brief an den Autor des Buchs von den drei Betrügern,* 1769 – in freigeistigen Kreisen des 18. Jahrhunderts wurden Moses, Christus und Mohammed oft »die drei Betrüger« genannt). Voltaire mag zu seinem Satz von dem angeregt worden sein, was er in der 93. Predigt des Erzbischofs von Canterbury, John Tillotson (*Sermons,* London 1712, Bd. 1, S. 696) las: »Gottes Existenz ist ... so notwendig für das Glück der Menschheit, daß ..., wäre er nicht ein an und für sich notwendiges Wesen, es fast scheinen könnte, daß er eigens zu Nutz und Frommen der Menschen geschaffen sei.« Tillotson (1630–94) seinerseits bezog sich auf den Satz des Theologen Thomas Tully (lat. Tullius, 1620–79): »Dii immortales ad usum hominum fabricati paene videntur – Fast scheinen die unsterblichen Götter zum Nutzen der Menschen erschaffen zu sein.«

Tout comprendre c'est tout pardonner, »Alles verstehen heißt alles verzeihen«. In Fontanes Roman *Frau Jenny Treibel* (1892) wird im 7. Kapitel »comprendre c'est pardonner« in Beziehung zu George Sand gesetzt. Im Roman *Corinne ou l'Italie* (1807) schreibt Madame de Staël (18,5): »Tout comprendre rend très indulgent – Alles verstehen macht sehr nachsichtig.«

Noblesse oblige, »Adel verpflichtet«, stammt aus den *Maximes et réflexions« (Paris 1808) des Herzogs de Lévis.

Jedes Volk hat die Regierung, die es verdient, »Toute nation a le gouvernement qu'elle mérite«, schrieb Graf Joseph de Maistre (1754–1821) in einem Brief vom 15./27.8.1811, damals sardinischer Gesandter in Petersburg.

Man kehrt immer zur ersten Liebe zurück stammt aus einer Romanze in der Oper *Joconde* (1814) des Pariser Opernkomponisten Niccolo Isouard (1775–1818); der Text ist von Charles Guillaume Étienne (1778–1845): »Et l'on revient toujours / a ses premiers amours.«

Ôte-toi de là, que je m'y mette! »Heb dich weg von da, damit ich mich dahin setze!« steht im *Catéchisme des industriels* (1823) des Grafen Saint-Simon. Vor ihm sprach Filippo Pananti da Mugello in seinem zuerst 1808 in London erschienenen *Il Poeta di teatro* (2,14) von der Ursache der Revolutionen: »Doch scheint mir alles drauf hinaus zu gehen, / zu sagen: Pack dich fort, ich will hier stehen!« Vielleicht war die Stelle Jesaja 49,20 in der *Vulgata* Vorbild: »Angustus est mihi locus, fac spatium mihi, ut habitem.«

Enfant terrible, »schreckliches Kind«. *Les enfants terribles* nannte der Zeichner Paul Gavarni (eigentlich Sulpice Chevalier, 1801–66) eine seiner komischen Bilderfolgen.

Eigentum ist Diebstahl, »La propriété c'est le vol« schreibt Pierre Proudhon (1809–65) in *Quest-ce que c'est que la propriéte? ou:*

Recherches sur le principe du droit et du gouvernement (Was ist Eigentum? oder: Untersuchungen über das Prinzip des Rechts und der Regierung, Paris 1840).
Schon einige Zeit zuvor, nämlich 1780, heißt es in den *Recherches philosophiques sur le droit de propriété et sur le vol (Philosophische Untersuchungen über das Recht des Eigentums und über den Diebstahl)* von Jean Pierre Brissot: »La propriété exclusive est un vol dans sa nature – Das ausschließliche Eigentum ist ein Diebstahl seiner Natur nach.«
Außerdem sei hier festgehalten, daß übrigens schon die Weisheitssprüche im Anhang von Jehuda Tibbons Ermahnungsschrift aus dem 13. Jahrhundert (Ausgabe Berlin 1852) sagen, daß Eigentum, d. h. Geld, Diebstahl sei.

Cherchez la femme! »Sucht die Frau (die dahintersteckt)!« steht in Alexander Dumas' des Älteren Drama *Les Mohicans de Paris* (1864). Außerdem fragt man auch: »Où est la femme? – Wo ist die Frau?«
Als englisches Sprichwort zitiert Seume in seinem *Spaziergang nach Syrakus* (1802): »Wo irgend Zank ist, da ist immer ein Weib im Spiele.« In Richardsons Roman *Sir Charles Grandison* (1753) heißt es (1. Brief 24): »Such a plot must have a woman in it – Hinter solchem Anschlag muß eine Frau stecken.« In Juvenals *Satiren* lesen wir (6,242 f.): »Nulla fere causa est, in qua non femina litem moverit – kaum gibt es einen Prozeß, in dem nicht ein Weib den Streit veranlaßt hätte.«

Demimonde, »Halbwelt«, geht auf den Titel des Romans *Le Demimonde* (1855) von Alexander Dumas dem Jüngeren (1824–95) zurück. Das im Französischen männliche Wort hat im Deutschen weibliches Geschlecht angenommen.

L'art pour l'art, »die Kunst für die Kunst«. Die Eigengesetzlichkeit der Kunst anzuerkennen und moralische, politische oder andere außerkünstlerische Maßstäbe für sie abzulehnen war eine Forderung Victor Cousins (1792–1865) an der Sorbonne zu Paris 1818. Sie wurde dann vor allem von dem Dichter Théophile Gautier (1811–72) vertreten (s. die Vorrede zu seinem Roman *Mlle. de Maupin,* 1835).

La comédie humaine, »Die menschliche Komödie« nannte Balzac (1799–1850) die Gesamtheit seiner Romane im Gegensatz zur *Göttlichen Komödie* Dantes.

La femme de trente ans, »Die Frau von dreißig Jahren« wurde sprichwörtlich durch den so betitelten Roman Balzacs (1831).

Die Liebe von Zigeunern stammt, aus der Oper *Carmen* (1875) von Georges Bizet; der französische Originaltext von Meilhac und Halévy lautet: »L'amour est enfant de Bohème – Die Liebe ist ein Kind Böhmens (der angenommenen Heimat der Zigeuner, vgl. unten bei ›Bohème‹)«. Die deutsche Übersetzung besorgte Julius Hopp († 1886).

Auf in den Kampf, Torero! ist aus Escamillos Auftrittslied in der Oper *Carmen* von Bizet. Manchmal setzt man noch den nächsten Vers hinzu: »Mut in der Brust, siegesbewußt.« Deutsche Übersetzung von Julius Hopp.

Le roi s'amuse, »Der König amüsiert sich« ist der Titel eines Dramas von Victor Hugo (1832).

Bohème als Bezeichnung für ein Künstlerleben, das sich nicht den bürgerlichen Konventionen fügt, geht auf den Roman *Scènes de la vie de Bohème* (1851) von Henri Murger zurück, auf dem Puccinis Oper (1896) beruht. »Bohémien« heißt dann der unbürgerlich lebende Künstler, der »Kunstzigeuner«: »Bohémien« bedeutet im Französischen »Zigeuner«, weil man als Herkunftsland der dort aufgetauchten Zigeuner Böhmen ansah.

Document humain, »menschliche Urkunde«, »Zeugnis des Menschlichen«: zuerst im Vorwort des Romans *La Faustin* (1882) von Edmond de Goncourt (1822–96).

Ein Kunstwerk ist ein Stück Schöpfung, gesehen durch die Brille eines Temperaments, »Une œuvre d'art est un coin de la création vue à travers un tempérament«, schrieb Émile Zola (1840–1902) im ersten Band seiner Abhandlungen über zeitgenössische Literatur, *Mes haines (Was ich hasse,* 1866).

Fin de Siècle nannten H. Micard und F. de Jouvenot ihre 1888 zuerst in Paris aufgeführte Komödie, in der sie die Blasiertheit einer krankhaft-nervösen Generation auf die Bühne brachten. Das Wort verbreitete sich schnell.
1890 veröffentlichte Hermann Bahr unter diesem Titel einen Band Novellen. 1892 heißt es in Max Nordaus Schrift *Entartung:* »So töricht das Wort ›fin de siècle‹ sein mag, die Geistesbeschaffenheit, die es bezeichnen soll, ist in den führenden Gruppen tatsächlich

vorhanden. Die vorherrschende Empfindung ist die eines Untergehns, eines Erlöschens. ›Fin de siècle‹ ist ein Beicht-Bekenntnis und zugleich eine Klage.«

Die Zeitschrift *Grenzbote* schrieb 1900: »Von einem alternden und geistig verarmenden Volke geprägt ... ist die alberne Phrase vom fin de siècle auch außerhalb Frankreichs die Losung aller gelangweilten Schwachköpfe geworden ...«

AUS DEM ITALIENISCHEN

Inferno, »Hölle« nach der Überschrift des ersten Teils von Dantes (1265–1321) *Göttlicher Komödie* (etwa 1307–21).

Nel mezzo del cammin di nostra vita, »auf unsres Lebensweges Mitte«: der erste Vers von Dantes *Göttlicher Komödie.*

Lasciate ogni speranza, voi ch'entrate, »Laßt jede Hoffnung hinter euch, ihr, die ihr eintretet«: der letzte Vers der Inschrift über der Höllenpforte in Dantes *Göttlicher Komödie* (»Hölle« 3,9).

Nessun maggior dolore
Che ricordarsi del tempo felice
Nella miseria –
»Kein größrer Schmerz / als sich erinnern an die Zeit des Glücks / im Unglück«: Dante, *Göttliche Komödie,* »Hölle« 5,121. Im *Trost der Philosophie* von Boëthius heißt es 2,4: »Von allem, was Unglück heißt, ist die unseligste Art die, glücklich gewesen zu sein.« Auch in der *Summa theologiae* (II 36,1) des Thomas von Aquin ist dieser Gedanke ausgesprochen: »Memoria praeteritorum bonorum, in quantum sunt amissa, causat tristitiam.«

Anch' io sono pittore, »Auch ich bin Maler« soll der Maler Correggio (1494–1534) vor dem Bild der heiligen Cäcilia von Rafael ausgerufen haben.

Si non è vero, è (molto) ben trovato, »Wenn es nicht wahr ist, ist es (sehr) gut erfunden« steht in dem Werk *Gli eroici furori* (2,3) des Philosophen Giordano Bruno (1548–1600).

Cosi fan tutte – »So machen's alle« (nämlich alle Weiber): der Titel von Mozarts komischer Oper (1790), deren Text Lorenzo Daponte schrieb.

Con amore, »mit (Lust und) Liebe«. Wieland gebraucht den Ausdruck in seinem Gedicht »Der neue Amadis« (6,23) und in seiner Übersetzung »Horazens Briefe« (1782), wo er die Stelle 2,107 »gaudent scribentes« mit »sie schreiben con amore« wiedergibt und in einer Anmerkung hinzufügt, es sei »noch nicht viel über zehn Jahre, daß dieser Ausdruck von einem unsrer Schriftsteller ... importiert ... worden ist«.

(II) dolce far niente, »das süße Nichtstun« geht wohl auf »illud iucundum nil agere – jenes süße Nichtstun« des jüngeren Plinius (8. Buch, Brief 9) zurück. Übrigens sagte schon Cicero (*Vom Redner* 2,24): »Nihil agere delectat – Nichtstun ist angenehm.«

Traduttore, traditore, »Übersetzer, Verräter« in dem Sinn, daß jede Übersetzung »Verrat« am Geist des Originals sei.

Oh, wie so trügerisch sind Weiberherzen – so übersetzte J. C. Grünbaum das »Donna è mobile – das Weib ist wankelmütig« in Verdis Oper *Rigoletto* (1851), deren Text F. M. Piave nach Victor Hugos Drama *Le roi s'amuse (Der König amüsiert sich)* schrieb. Victor Hugo benutzt einen altfranzösischen Vers, leicht verändert: »Souvent femme varie, / bien fol qui s'y fie! – oft ist das Weib wankelmütig, / ein schöner Narr, der ihm vertraut!« Schon in Vergils *Äneis* heißt es: »Varium et mutabile semper femina« (s. S. 78).

Wie eiskalt ist dies Händchen! Aus Puccinis Oper *La Bohème* (1896), deren deutscher Text von Ludwig Hartmann stammt.

AUS DEM SPANISCHEN

Don Quijote, der Held des Romans *Don Quijote von la Mancha* von Cervantes gibt seinen Namen her für Idealisten, die sich beim Zusammenstoß mit der rauhen Wirklichkeit nur Beulen zuziehen, auch für solche, die noch etwas verfechten wollen, was die Welt längst abgetan hat.

Rosinante wurde von Don Quijote (in Cervantes' Roman I, 1,1) als ein »erhabener, volltönender und bedeutungsvoller Name« für sein Pferd, einen elenden Klepper, geschaffen aus »rocin – Klepper« und »ante – früher«.

Dulcinea, die »Angebetete« des Helden in dem Roman *Don Quijote* von Cervantes.

Mit Windmühlen kämpfen. Im *Don Quijote* (I, 1,8) läßt Cervantes seinen Helden Windmühlen für Riesen halten und mit eingelegter Lanze gegen sie anrennen, was freilich übel ausgeht. »Mit Windmühlen kämpfen« bedeutet demnach: aussichtslos gegen etwas Übermächtiges kämpfen, das nur in meiner Einbildung, nicht in Wirklichkeit ein Feind ist.

Der Ritter von der traurigen Gestalt wird Don Quijote im Roman von Cervantes I, 3,5 von Sancho Pansa genannt, weil er »wahrhaftig die jämmerlichste Gestalt« sei, die Sancho je in seinem Leben gesehen habe, und Don Quijote nimmt den Beinamen an, weil solches »alle Ritter der Vorzeit getan haben«. Cervantes verspottet hier die Namengebung in den Ritterromanen.

Öffentliches Geheimnis. 1781 veröffentlichte F. W. Gotter seine Übersetzung von Carlo Gozzis Komödie *Il pubblico secreto* (1769) unter dem Titel *Das öffentliche Geheimnis*. Gozzi seinerseits hatte den Titel des Lustspiels *El secreto voces* von Calderon übernommen.

Das Leben ein Traum. »La vida es sueño« heißt ein Schauspiel von Calderon (1635). »Eines Schattens Traum sind die Menschen« heißt es schon in den *Pythischen Oden* (8,136) des altgriechischen Dichters Pindar. Aber auch im Fernen Osten ist diese Vorstellung geläufig: Der Philosoph Dschuang Dsi (um 350 v. Chr.) träumte, er sei ein Schmetterling, und fragte sich nach dem Erwachen, ob er nun ein Mensch sei, der geträumt habe, ein Schmetterling zu sein, oder ein Schmetterling, der jetzt träume, ein Mensch zu sein. Der italienische Dichter Petrarca schreibt in einem Brief: »Das ganze Leben scheint mir nichts anderes zu sein als ein leichter Traum.« Ein Gemälde Böcklins (1888) trägt die Unterschrift »Vita somnium breve -- Das Leben ein kurzer Traum«.

Ultima ratio, »das letzte Mittel«. In Calderons Stück *In diesem Leben ist alles wahr und alles Lüge* (vor 1644) werden Pulver und Kugeln das letzte Mittel der Könige genannt. Ludwig XIV. wählte demnach um 1650 als Aufschrift für die französischen Geschütze die lateinische Inschrift »ultima ratio regum – letztes Mittel der Könige«. In Preußen erscheint »ultima ratio regis – letztes Mittel des Königs« als Kanonen-Inschrift seit 1742. Alle Bronzegeschütze Friedrichs d. Gr. trugen sie, die eisernen aus Haltbarkeitsgründen nicht – weshalb sie bei den (meist eisernen) Festungsgeschützen fortblieb. Daher kommt es, daß im 19. Jahrhundert die Inschrift nur bei Feldgeschützen vorkommt und nicht bei Festungsgeschützen, ohne Rücksicht auf das Material.

Don Juan als Frauenliebling und Verführer geht auf Don Juan Tenorio zurück, den Helden des spanischen Dramas *El burlado de Sevilla y convidado de piedra (Der Spötter von Sevilla und der steinerne Gast,* 1630), das Gabriel Téllez (Tirso de Molina) zugeschrieben wird. Der Stoff wanderte in recht verschiedenartigen Bühnenformen durch ganz Europa, bis er in Mozarts Oper *Don Giovanni* (1787) seine bedeutendste Gestalt gefunden hatte.

Der Aufstand der Massen, »La Rebelión de las Masas« ist der Titel eines 1930 erschienenen und vielbeachteten Buches des Kulturphilosophen Ortega y Gasset (1883–1955), das sich mit der Heraufkunft und den Problemen des »Zeitalters der Massen« beschäftigt.

AUS DEM NORWEGISCHEN

Die Stützen der Gesellschaft: Der ironische Ausdruck geht auf den Titel des Schauspiels *Die Stützen der Gesellschaft* (1877) des Norwegers Henrik Ibsen (1828–1906) zurück.

Dreieckiges Verhältnis: aus Ibsens Schauspiel *Hedda Gabler* (1890, 2,1).

In Schönheit sterben: aus Ibsens Schauspiel *Hedda Gabler* (1890, 3,7).

AUS DER GESCHICHTE

Drakonische Gesetze, drakonische Strenge gehen auf Drakon in Athen zurück, der 621 v. Chr. Archon (oberster Staatsbeamter) war und als erster das geltende Recht schriftlich niederlegte. Dessen Strenge war schon im Altertum sprichwörtlich; der Redner Demades († 318 v. Chr.) sagte, das drakonische Gesetz sei mit Blut geschrieben.

Krösus als Bezeichnung eines überaus Reichen, schon von Ovid (*Tristia* 3,7,42) so gebraucht, geht auf den letzten lydischen König, König Kroisos, zurück, dessen Reich 546 v. Chr. vom Perserkönig Kyros erobert wurde (*Herodot* 1,50 ff.).

Scherbengericht, griechisch »Ostrakismós«, lateinisch »Ostrazismus« war eine im 5. Jahrhundert v. Chr. in der alten athenischen Volksversammlung vorkommende Abstimmung über die Verbannung politisch unbequemer Mitbürger. Diese Verbannung galt nicht als Strafe und hatte auch keine nachteiligen Folgen für die Ehre und das Vermögen des Verbannten.

Thalatta, Thalatta! – »Das Meer! Das Meer!« riefen die griechischen Söldner, die an dem »Zug der Zehntausend« nach Persien teilgenommen hatten (410 v. Chr.), voller Freude aus, als sie die Küste des Schwarzen Meeres erreicht hatten (Xenophon, *Anabasis* 4,7). Vgl. H. Heines Gedicht »Meergruß« in den Nordseegedichten.

Der gordische Knoten befand sich in der phrygischen Stadt Gordion im Tempel des Zeus; er war sehr kunstvoll geschlungen, und es gab einen Orakelspruch, daß der zum Herrn Asiens würde, wer den Knoten auflösen könne. Als Alexander d. Gr. 333 v. Chr. nach Gordion kam, soll er den Knoten mit dem Schwert durchhauen haben (Arrian, *Alexanderzug* 2,3,1).

Vae victis – »Wehe den Besiegten!« ist ein Wort des gallischen Häuptlings Brennus, der 390 v. Chr. Rom eroberte. Als die Römer sich sträubten, den auferlegten Tribut von tausend Pfund Gold nach den schwereren Gewichten der Feinde abzuwägen, warf Brennus noch sein Schwert in die Waagschale und rief: »Wehe den Besiegten!« (Livius, *Römische Geschichte* 5,48). Dieser Erzählung entstammt auch die Redensart »sein Schwert in die Waagschale werfen«. »Vae victis« wird schon im *Lügner* des Plautus zitiert.

Damoklesschwert: Der Tyrann von Syrakus Dionysios der Ältere (405–367 v. Chr.) wurde von Damokles als der glücklichste Sterbliche gepriesen. Er ließ den Schmeichler die Freuden der Königstafel genießen, über seinem Haupt aber an einem Pferdehaar ein Schwert aufhängen, um ihm die Lage klarzumachen, in der ein Tyrann schwebe (Cicero, *Gespräche in Tusculum* 5,21).

Homo novus – »ein neuer Mann« war in Rom ein Plebejer, der zu einem höheren Magistratsamt (»magistratus curulis« wie etwa das Konsulat) gelangt war. Das war seit 366 v. Chr. möglich; die Nachkommen des »homo novus« zählten zur Nobilität, dem (erblichen) Amtsadel. Das Wort steht heute einfach für »Neuling« und hat nur ausnahmsweise noch den Nebensinn von »Emporkömmling«.

Pyrrhussieg, ein Sieg, der zu teuer erkauft wurde. Pyrrhus, König von Epirus, hatte in einer 279 v. Chr. gegen die Römer gewonnenen Schlacht so hohe Verluste gehabt, daß er ausrief: »Noch einen solchen Sieg, und wir sind verloren!« (Plutarch, *Leben des Pyrrhus,* Kap. 21).

Für einen Kammerdiener gibt es keinen Helden: Nach Plutarch (*Aussprüche von Königen und Feldherren*) sagte der König von Mazedonien Antigonos I. Gonatas († 240 v. Chr.), als er in einem Gedicht »Sohn der Sonne« und »Gott« genannt wurde: »Davon weiß mein Kammerdiener nichts.« In Montaignes *Essais* heißt es (3,2): »Mancher galt der Welt als ein Wunder, an dem seine Frau und sein Bediener nicht einmal etwas Bemerkenswertes sahen.« Hegel führt den Ausspruch in der Einleitung seiner *Philosophie der Geschichte* an und setzt hinzu: »Nicht aber darum, weil dieser kein Held, sondern weil jener der Kammerdiener ist.«

Vincere scis, Hannibal, victoria uti nescis – »Zu siegen verstehst du, Hannibal, den Sieg zu nutzen verstehst du nicht«, sagte nach Livius (*Römische Geschichte* 22,51,4) der punische Reiterführer Maharbal, als Hannibal nach der Schlacht bei Cannae (216 v. Chr.) den Angriff auf die Stadt Rom unterließ.

Catonische Strenge geht auf den römischen Staatsmann Marcus Porcius Cato (der Ältere oder auch Censorius genannt, 234–149 v. Chr.) zurück, der in Wort und Schrift und in Amtshandlungen die altrömische Sittenstrenge verteidigte.

Suum cuique – »Jedem das Seine« ist durch Gellius (*Attische Nächte* 13,24,1) als Ausspruch des älteren Cato (234–149 v. Chr.) bezeugt. In der Schrift *Über das höchste Gut und Übel* (5,23,67) sagt Cicero: »Justitia in suo cuique tribuendo cernitur – Die Gerechtigkeit wird daran erkannt, daß sie jedem das Seine zuteilt.« In den Digesten des *Corpus iuris* ist »suum cuique tribuere« eine Regel des Zivilrechts. Deshalb heißt es in Shakespeares *Andronicus* 1,2: »Suum cuique spricht des Römers Recht.« Friedrich I. von Preußen wählte das »Suum cuique« zur Inschrift vieler Medaillen und Münzen und zum Motto des 1701 gestifteten Ordens vom Schwarzen Adler. Seitdem war es Preußens Wahlspruch neben »Nec soli cedit – er (der preußische Adler) weicht (selbst) der Sonne nicht«.

Ceterum censeo Carthaginem esse delendam – »Übrigens bin ich der Meinung, daß Karthago zerstört werden muß«, sagte, wie vielfach überliefert ist (z. B. Cicero, *Über das Greisenalter,* Kap. 6; Plutarch, *Cato der Ältere,* Kap. 27), Cato der Ältere (234–149 v. Chr.) so lange in jeder seiner Reden, bis seine Forderung erfüllt worden war.

Augurenlächeln ist das Lächeln von »Eingeweihten«, die den Glauben des Volkes an ihre »Wissenschaft« oder »Kunst« nicht mehr teilen. Der Ausdruck geht auf den älteren Cato zurück, der nach Cicero (*Über Weissagung* 2,24,51) gesagt hat: »Es ist verwunderlich, daß ein Haruspex nicht lacht, wenn er einen Haruspex sieht.« Haruspex hieß ein römischer Priester, der den Willen der Götter aus den Eingeweiden der Opfertiere herauslas, Augur einer, der aus dem Ruf und Flug der Vögel weissagte.

Wissen, wo einen der Schuh drückt: Plutarch berichtet in seiner Lebensbeschreibung des römischen Konsuls L. Ämilius Paullus Macedonicus, der durch seinen Sieg bei Pydna im Jahre 168 v. Chr. Griechenland unter die Herrschaft Roms brachte, Paullus habe auf die Frage, weshalb er sich denn von seiner sittsamen und schönen Frau, die ihm Kinder geboren habe, scheiden ließ, seinen Schuh vorgestreckt und gesagt: »Ist er nicht fein? Ist er nicht neu? Aber niemand von euch sieht, wo er meinen Fuß drückt!«

Navigare necesse est – »Seefahrt ist not« geht auf ein Wort des Pompeius (106–48 v. Chr.) zurück, der nach Plutarch (*Pompeius* 50) Schiffern, die bei einem schweren Sturm nicht ausfahren wollten, zurief: »Navigare necesse est, vivere non est necesse« (lateinische Übersetzung des von Plutarch in Griechisch überlieferten Wortes, Inschrift auf dem 1525 in Bremen gegründeten »Haus Seefahrt« – »zur See fahren muß man, leben muß man nicht«).

Lukullisches Mahl geht auf den römischen Staatsmann und Feldherrn Lucius Licinius Lucullus (etwa 106–56 v. Chr.) zurück, dessen Reichtum und großartiger Lebensstil, namentlich seine Gärten, in Rom sprichwörtlich wurden (Plutarch, *Lucullus*). Lucullus soll auch die Kirsche nach Italien gebracht haben.

(Homo) novarum rerum cupidus – »ein neuerungssüchtiger Mensch«, ein politisch unruhiger Kopf, ein Umstürzler: Caesar, *Der Gallische Krieg* 1,18,3.

Lieber der Erste hier, als der Zweite in Rom, sagte Caesar (nach Plutarch, *Caesar* 11) beim Anblick eines elenden Alpenstädtchens.

Ich liebe den Verrat, aber ich hasse den Verräter sagte Julius Caesar nach Plutarch, *Romulus* 17,7.

Den Rubikon überschreiten, d. h. eine folgenschwere Entscheidung treffen, einen Schritt tun, den man nicht mehr zurücknehmen kann: Caesar überschritt mit seinem Heer 49 v. Chr. das Flüßchen Rubikon (in Oberitalien südlich von Ravenna), damals die Grenze zwischen Italien und der Provinz Gallia Cisalpina, was den Bürgerkrieg bedeutete.

Du trägst den Caesar und sein Glück, sagte Caesar zu dem im Sturm verzagenden Bootsmann, der ihn 48 v. Chr. von Italien nach Illyrien zum Entscheidungskampf gegen Pompeius übersetzte (Plutarch, *Caesar* 38).

Veni, vidi, vici, »ich kam, sah, siegte«: Mit diesen Worten meldete Caesar seinen schnell errungenen Sieg gegen den König Pharnakes in Kleinasien nach Rom (Sueton, *Caesar* 37; Plutarch, *Caesar* 50).

Auch du, mein (Sohn) Brutus! soll Caesar gesagt haben, als er unter seinen Mördern Brutus erblickte, den er stets mit besonderer Auszeichnung behandelt hatte (Sueton, *Caesar* 82).

Tusculum hieß eine altitalienische Stadt in den Albanerbergen (beim heutigen Frascati), in deren Umgebung viele reiche Römer (so Pompeius, Caesar, Cicero) Landgüter besaßen. Cicero läßt in seinem »Tusculanum« die Gespräche seines Werkes über Fragen des sittlichen Lebens (*Disputationes Tusculanae*) stattfinden, und vornehmlich daher stammt die Bezeichnung »Tusculum« (fälschlich statt »Tusculanum«) für das Landgut eines Reichen, in das dieser sich zur Ruhe und zu geistiger Beschäftigung zurückzieht.

Ad Calendas Graecas – »an den griechischen Calendae«, einem Tag, den es im griechischen Kalender nicht gibt, da »Calendae« (der erste Tag des Monats) nur im römischen Kalender vorkommen. Nach Sueton (*Augustus* 87) ein Lieblingsausdruck des Kaisers Augustus. Entspricht dem deutschen »St. Nimmerleinstag« oder dem berlinischen »Pflaumenpfingsten«.

Festina lente – Eile mit Weile, ein Lieblingswort des Kaisers Augustus (Sueton, *Augustus* 25), ist ein ursprünglich griechisches Sprichwort.

Varus, gib mir meine Legionen wieder! rief Kaiser Augustus bei der Nachricht von der Niederlage im Teutoburger Wald (9 n. Chr.) aus (Sueton, *Augustus* 23).

Ave Caesar, morituri te salutant! »Heil dir, Caesar! die dem Tod Geweihten begrüßen dich.« Der griechisch schreibende Historiker Dio Cassius (um 155 bis um 235 n. Chr.) erzählt in seiner *Geschichte der Römer* (60,50), die Gladiatoren hätten einmal mit diesen Worten den Kaiser Claudius (10 vor bis 54 n. Chr.) begrüßt. Welchen Sinn sie diesem Gruß beilegten, geht aus der Folgerung hervor, die sie aus dem Gegengruß des Kaisers, »Heil euch!«, zogen: sie faßten ihn (irrigerweise) als Erlaubnis auf, den Kampf zu unterlassen.

Qualis artifex pereo – »Welch ein Künstler geht mit mir zugrunde!« waren die letzten Worte des Kaisers Nero (37–68 n. Chr.), der gern als Dichter, Sänger und Schauspieler aufgetreten war.

(Pecunia) non olet – »(Geld) stinkt nicht« ist ein Ausspruch des Kaisers Vespasian (9–79 n. Chr.), der die Staatseinkünfte durch vielerlei Steuern zu vermehren suchte. Sein Sohn Titus hatte eine Steuer auf Bedürfnisanstalten getadelt; Vespasian hielt ihm dann das erste aus dieser Steuer eingekommene Geld unter die Nase (Sueton, *Vespasian* 23).

Diem perdidi – »Ich habe einen Tag verloren« rief Kaiser Titus (41–81 n. Chr.) einmal aus, als ihm einfiel, daß er an diesem Tage noch keinem etwas Gutes getan habe (Sueton, *Titus* 8).

ALTERTUM – MITTELALTER

In hoc signo vinces – »In diesem Zeichen wirst du siegen.« Als Kaiser Konstantin 312 n. Chr. gegen seinen Mitregenten Maxentius in die Schlacht zog, soll ihm am Mittagshimmel ein Kreuz erschienen sein und die griechischen Worte »τούτῳ νίκα – damit siege!« (Eusebius, *Leben Konstantins* 1,28).

Wandalismus (Vandalismus) – »Zerstörungswut« geht auf den germanischen Stamm der Wandalen zurück und seine Plünderung Roms 455 n. Chr. Das Verhalten der Wandalen war durchaus nicht übler als das aller Eroberer im Altertum (auch der Römer) und später. Aber in der Erinnerung der Römer lebten sie als Urbild räuberischer Barbaren fort; in altfranzösischen Heldengedichten erscheinen sie als Zerstörer von Kunstwerken, wir treffen sie als solche bei Voltaire an und dann auch in Deutschland, zuerst bei Schubart (1772). Den Ausdruck »Wandalismus« gebrauchte zuerst der Bischof von Blois, Henri Grégoire, in einem Bericht an den Konvent vom 31. 8. 1794 über die Zerstörungen der Jakobiner.

In partibus infidelium – »in den Gebieten der Ungläubigen«: Gemäß einem Konzilbeschluß von 692 fuhr der Papst fort, Bischöfe auch für solche Gebiete zu ernennen, die an die ungläubigen Sarazenen verlorengegangen waren. Dem Titel dieser »Titularbischöfe« wurde dann der Zusatz »in partibus infidelium« hinzugefügt, bis ihn 1882 Leo XIII. abschaffte.

Hie Welf, hie Waiblingen! stellt die Schlachtrufe der (Guelfen) Welfen und Staufer (Ghibellinen) zusammen; sie sollen zuerst 1140 in der Schlacht bei Weinsberg erhoben worden sein. Auch: »Hie Welf, hie Waibling (oder Waiflinger)!« Waiblingen ist der Name einer staufischen Burg bei Stuttgart.

Honi soit qui mal y pense – »Ehrlos sei, wer Schlechtes dabei denkt« ist der Wahlspruch des höchsten englischen Ordens, des Hosenband-Ordens, 1348 von Eduard III. gestiftet. Der König soll die Worte gesagt haben, als die Gräfin Salisbury beim Tanz das Strumpfband verlor und er es aufhob.

Caesar non supra grammaticos – »Der Kaiser hat nicht über die Grammatiker zu gebieten«, bezog sich auf Kaiser Sigismund, der auf dem Konstanzer Konzil (1414–18) das Wort »Schisma« als männlich gebrauchte und, als ihn der Erzbischof Placentinus verbesserte, ausrief: »Es gefällt Uns nicht, wenn du meinst, daß Wir weniger Autorität besitzen als der Grammatiker.« Nach Sueton (*Über berühmte Grammatiker* 22) und *Dio Cassius* 57,17 sagte ein

Grammatiker zu Kaiser Tiberius, als dieser ein unlateinisches Wort gebrauchte: »Menschen kannst du das Bürgerrecht verleihen, aber nicht Wörtern.«

O sancta simplicitas! »O heilige Einfalt!« soll (nach Zincgref-Weidner, *Apophthegmata,* Amsterdam 1653, 3,383) Johann Hus, den das Konzil zu Konstanz 1415 zum Tode verurteilte, auf dem Scheiterhaufen ausgerufen haben, als er sah, wie ein Bauer (oder ein altes Mütterchen) in seinem Glaubenseifer ein Stück Holz zu den Flammen trug. Doch ist dies quellenmäßig nicht verbürgt. In der lateinischen Fortsetzung der *Kirchengeschichte* des Eusebius jedoch wird durch Rufinus († 395) erzählt (10,3), daß auf dem 1. Konzil zu Nicäa (325) ein Bekenner mit dem Ausruf »sancta simplicitas« einen bis dahin unüberwindlichen Philosophen zum Schweigen brachte und bekehrte.

Divide et impera! »Teile und herrsche!« soll auf das französische »diviser pour régner« König Ludwigs XI. von Frankreich (1423–83) zurückgehen.

Tel est notre plaisir – »Das ist unser Wille« findet sich zuerst in einer Anordnung König Karls VIII. von Frankreich vom 12. März 1497.

Zum Kriegführen sind dreierlei Dinge nötig: Geld, Geld, Geld! sagte der italienische Condottiere und Marschall von Frankreich Gian Giacomo Trivulzio (1436–1518) zu König Ludwig XII. von Frankreich, für den er in Italien Krieg führte. Schon bei Cicero (*Philippische Reden* 5,2) finden wir »Geld die Nerven des Krieges« genannt.

Qui mange du pape, en meurt – »Wer ißt, was vom Papst kommt, stirbt daran« stammt aus der Zeit des Papstes Alexander VI. (1430–1503), der ihm unbequeme Personen beseitigte, indem er ihnen bei seinen Gastmählern vergifteten Wein vorsetzte.

Aut Caesar, aut nihil – »entweder Caesar oder Nichts« war der unter einem Kopf Caesars angebrachte Wahlspruch des bedenkenlosen Cesare Borgia (1475–1507), den Machiavelli in seiner Schrift *Der Fürst* als Vorbild eines Staatsmannes hinstellte, der Italien einigen könnte.

Bella gerant allii! Tu, felix Austria, nube! »Kriege führen mögen die andern! Du, glückliches Österreich, heirate!« Der Vers, durch

»Nam quae Mars aliis, dat tibi regna Venus – Denn Reiche, die andern Mars gibt, gibt dir Venus« zu einem Distichon ergänzt, ist wohl von dem Vers in Ovids *Heroides* 13,84: »Bella gerant alii! Protesilaus amet! Mögen die andern Krieg führen! Protesilaus soll lieben!« angeregt worden. Der Verfasser ist nicht bekannt, als Entstehungszeit wird man die Zeit Maximilians I. (1459–1519) annehmen dürfen, der ja die Großmacht des Habsburgerreiches durch seine Heiratspolitik begründete, während er in seinen Kriegen wenig glücklich war.

Wasch mir den Pelz und (meist: aber) mach mir ihn nicht naß sagte nach Johann Mathesius, »Lutherhistorien« 1566, Herzog Georg zu Sachsen (1471–1539) zu Erasmus von Rotterdam, als dieser »eine zweifelhafte und verdrehte Antwort gab«.

Hier stehe ich, ich kann nicht anders. Gott helfe mir, Amen! Die Worte stehen am Lutherdenkmal in Worms (1868), sie erscheinen zuerst in der Wittenberger Ausgabe von Luthers Werken (1539–58); Luther soll sie am 18. 4. 1521 vor dem Reichstag zu Worms gesprochen haben. Die historische Kritik ergab, daß er nur die damals üblichen Worte »Gott helf mir, Amen!« gesprochen hat.

Sobald das Geld im Kasten klingt,
Die Seele aus dem Fegfeuer springt!
klingt an Hans Sachsens »Bald der Guldin im Kasten klinget / Die Seel sich auff gan hymel schwinget« in der *Wittenbergisch Nachtigall* (1523) an und bezieht sich auf den Ablaßhandel, vor allem den Johann Tetzels, der den äußeren Anstoß zur Reformation gab.

Ausgehen wie's Hornberger Schießen. Die Redensart, schon in Schillers *Räubern* (1,2) gebraucht, bedeutet »trotz umständlichen Bemühungen ergebnislos ausgehen«; ihre Herkunft ist nicht recht geklärt. Sie wird mit dem Schwarzwaldstädtchen Hornberg in Verbindung gebracht: In einem Gefecht zwischen Hornberg und Villingen 1519 ergaben sich die Hornberger, nachdem sie über hundert Schuß ohne Wirkung verpulvert hatten. Eine andere Erklärung berichtet, die Hornberger hätten das Böllerschießen zum Empfang ihres Landesherrn (genannt wird Eberhard Ludwig, 1677–1733) so oft geübt, daß kein Pulver mehr dagewesen sei, als dieser erschien; sie hätten dann vergeblich versucht, die Böllerschüsse durch donnerndes Gebrüll zu ersetzen. Es ist aber auch möglich, daß im »Hornberger Schießen« nur eine Ortsnamenscherzrede (wie in »Schlauberger«) enthalten ist und an ein Schützenfest gedacht war, bei dem der Hörnerschall mehr Aufsehen erregte als die Leistungen der Schützen.

Alles ist verloren, nur die Ehre nicht, französisch: »Tout est perdu, fors l'honneur« sollen die einzigen Worte gewesen sein, die Franz I. nach der Schlacht bei Pavia (1525) an seine Mutter schrieb. In Wirklichkeit war der Brief etwas länger und lautet an der entsprechenden Stelle: »Von allem ist mir nur die Ehre geblieben und das Leben.«

Chevalier sans peur et sans reproche, »Ritter ohne Furcht und Tadel« wird der französische Ritter Bayard (1476–1524), der sich auf den italienischen Schlachtfeldern der französischen Könige Karl VIII., Ludwig XII. und Franz I. auszeichnete, in einer 1525 erschienenen Beschreibung seiner Taten von Champier genannt.

Mit wie wenig Verstand die Welt regiert wird: Papst Julius III. (1487–1555) soll einem portugiesischen Mönch, der ihn bemitleidete, weil er mit der Herrschaft über die ganze Welt belastet sei, geantwortet haben: »Wenn Ihr wüßtet, mit wie wenig Aufwand von Verstand die Welt regiert wird, so würdet Ihr euch wundern.« Auch der schwedische Kanzler Axel Oxenstierna (1583–1654) soll so zu seinem Sohn gesprochen haben, als sich dieser dem Posten eines Gesandtschaftschefs nicht gewachsen glaubte.

Kadavergehorsam stammt aus den *Constitutiones Societatis Jesu* (1534) des Ignatius von Loyola, in denen den Ordensangehörigen vorgeschrieben wird, ihren Oberen zu gehorchen, »perinde ac si cadaver essent, quod quoquo versus ferri et quacumque ratione tractari se sinit – als wären sie ein Leichnam, der sich überallhin tragen und auf jede beliebige Weise behandeln läßt«.

Ad maiorem Dei gloriam, abgekürzt geschrieben A.M.D.G., »zur größeren Ehre Gottes«: Wahlspruch der Jesuiten. Der Ausdruck erscheint zuerst in den Beschlüssen des Tridentinischen Konzils (1545–63) und soll von Papst Gregor d. Gr. (1502–58) stammen.

Advocatus diaboli, »Anwalt des Teufels« wird vom Volksmund der »Promotor fidei« genannt, der im Seligsprechungsprozeß der katholischen Kirche die Aufgabe hat, alle Einwände gegen die Seligsprechung vorzubringen.

Cujus regio, ejus religio, »wessen das Land, dessen Religion«, d. h. wer das Land beherrscht, hat auch die Religion zu bestimmen, der die Bewohner angehören müssen: der Grundsatz des kirchlichen

Territorialsystems, der in der Zeit der Reformation zum Gesetz erhoben wurde.

Fiat justitia, pereat mundus, »Es geschehe Gerechtigkeit, mag die Welt (darüber) zugrunde gehen« wird in den *Loci communes* (1563) des Joh. Manlius als Wahlspruch Kaiser Ferdinands I. angegeben (1503–64).

Das Ei des Columbus: In seiner *Geschichte der Neuen Welt* (Venedig 1565) berichtet der Italiener Benzoni »vom Hörensagen«, Kolumbus habe auf einem 1493 ihm zu Ehren gegebenen Gastmahl des Kardinals Mendoza die Aufgabe, ein Ei zum Stehen zu bringen, dadurch gelöst, daß er die Spitze eindrückte. Früher schon (1550) erzählt Vasari in seinen Künstlerbiographien die Anekdote von Brunelleschi. Als dessen Plan, wie der Dom Santa Maria del Fiore in Florenz durch eine Kuppel abzuschließen sei, bezweifelt wurde und er ein Modell vorzeigen sollte, weigerte er sich, schlug aber vor, den die Kuppel bauen zu lassen, der ein Ei auf einer Marmorplatte hochstellen könne. Nachdem es alle vergeblich versucht hatten, stieß er die Spitze ein, daß das Ei stand, und sagte, als man ausrief, so hätte es jeder machen können, daß auch jeder die Kuppel bauen könne, der sein Modell gesehen habe. Daraufhin übrigens soll ihm der Bau der Kuppel übertragen worden sein. – Nun gibt es aber eine spanische Redensart von »Hänschens Ei«, von der es in Calderons *Dame Kobold* (1629) im 2. Aufzug heißt: »Das andere kennst du doch, mit Hänschens Ei? Womit viele hoch erhabene Geister sich umsonst bemühten, um auf einen Tisch von Jaspis solches aufrecht hinzustellen; aber Hänschen kam und gab ihm einen Knicks nur, und es stand.« Letzten Endes stammt die Geschichte von dem Ei aus dem Orient (J. H. Mortmann in *Der Islam* XII, 190 ff.).

Der König herrscht, aber er regiert nicht ist in der lateinischen Form »Rex regnat, sed non gubernat« von dem Großkronfeldherrn Jan Zamojski (1542–1605) im polnischen Reichstag gesagt worden. Am bekanntesten wurde das Wort durch den französischen Staatsmann Adolphe Thiers (1797–1877), der 1830 in der von ihm mitbegründeten Zeitung *Le National* den Satz verfocht: »Le roi règne et ne gouverne pas.«

Le roi est mort, vive le roi! »Der König ist tot, es lebe der König!« war der Ruf, mit dem in Frankreich ein Herold den Tod des Königs verkündete. Der Ausruf sollte – wie das lateinische »rex non moritur – der König stirbt nicht« – zum Ausdruck bringen, daß in einer Erbmonarchie der Thronfolger in dem Augenblick, da der bisherige König gestorben ist, Inhaber der Krone wird, ohne daß es dazu einer besonderen Ernennung bedarf.

Sonntags soll jeder Bauer sein Huhn im Topf haben war der Wunsch König Heinrichs IV. von Frankreich (1553–1610).

Tonjours perdrix! »Jeden Tag Rebhuhn!« beklagte sich einmal der Beichtvater König Heinrichs IV. von Frankreich (1553–1610), nachdem ihm der König tagelang nur Rebhühner hatte auftischen lassen. Der König erwiderte: Nachdem er von ihm wegen seiner vielen Liebschaften getadelt worden sei, habe er ihm nur einmal die Notwendigkeit der Abwechslung klarmachen wollen.

Eppur si muove, »Und sie bewegt sich doch«. Galilei, der in einem Inquisitionsprozeß 1633 gezwungen wurde, seine Lehre von der sich um die Sonne bewegenden Erde zu widerrufen, hat die ihm zugeschriebenen Worte nicht gesprochen. Die Anekdote findet sich zuerst in den *Querelles litteraires,* Paris 1761, eines Abbé Trailh.

L'État c'est moi, »Der Staat bin ich« soll König Ludwig XIV. von Frankreich am 13. 4. 1655 im Parlament dem Präsidenten zugerufen haben, als dieser vom Staatsinteresse sprach. Die Worte sind jedenfalls der reine Ausdruck des fürstlichen Absolutismus.

Gott ist immer mit den stärksten Bataillonen. Friedrich d. Gr. schrieb am 8. 5. 1760 an die Herzogin Luise Dorothea von Gotha: »Dieu est pour les gros escadrons.« In einem Brief der Madame de Sévigné (viele ihrer Briefe wurden schon zu ihren Lebzeiten in Abschriften verbreitet, dann 1697 und 1726 auch gedruckt) an ihre Tochter vom 22. 12. 1673 heißt es: »La fortune est toujours pour les gros bataillons.«

Alter Schwede als Anrede bei einer scherzhaften Verwarnung muß auf die Zeit zurückgehen, als die Schrecken des Dreißigjährigen Krieges überwunden, aber noch in guter Erinnerung waren. Treitschke erinnert in einem Vortrag über *Geschichte des preußischen Staates* (1879), daß der Große Kurfürst (1640–88) schwedische Soldaten als Rekrutenausbilder in seine Dienste nahm; sie wurden »die alten Schweden« genannt.

Rocher de bronce, »Fels von Erz«. König Friedrich Wilhelm I. von Preußen lehnte 1716 eine Mitwirkung des Landtags bei einer festzusetzenden Steuer ab, wobei er schrieb: »Ich stabilisiere die Souveränität und setze die Krone fest wie einen rocher von bronce.«

Ein jeder Mensch hat seinen Preis geht auf den englischen Staatsmann Sir Robert Walpole (1676–1745) zurück, von dem sein Biograph Coxe sagt: »Redefloskeln verachtete er. Die Auslassungen vorgeblicher Patrioten schrieb er ihren oder ihrer Angehörigen eigennützigen Absichten zu und sagte von ihnen: ›Alle diese Leute haben ihren Preis.‹«

Gazetten müssen nicht geniert werden, »wenn sie interessant sein sollen«, sagte Friedrich d. Gr. zu seinem Kabinettsminister Graf Podewils, wie dieser an den Minister von Thulmeyer am 5. 6. 1740 schreibt.

Jeder soll nach seiner Fasson selig werden. Friedrich d. Gr. schrieb 1740 an den Rand eines Berichts, in dem von Unzuträglichkeiten unter Katholiken und Protestanten berichtet und um Anweisungen für den Fiskus gebeten wurde: »Die Religionen Müsen alle Tolleriret werden und Mus der Fiscal nuhr das Auge darauf haben, das keine der andern abrug Tuhe, den hier mus ein jeder nach seiner Fasson Selich werden.«

Bis in die Puppen, eine ursprünglich Berliner Redensart für »wer weiß wie weit«, dann auch zeitlich: »wer weiß wie lang«. Der Baumeister Friedrichs d. Gr., Knobelsdorff, stellte 1741 und in den folgenden Jahren am Großen Stern im Berliner Tiergarten Statuen aus der antiken Mythologie auf. Die Berliner nannten sie »Puppen« und den Großen Stern »Puppenplatz«. Bis zu ihm war es für die Bewohner der Stadt damals ein ziemlich weiter Weg.

Zieten aus dem Busch wurde Friedrichs d. Gr. volkstümlicher Reitergeneral Hans Joachim von Zieten (1699–1786) nach seinem meist unerwartet plötzlichen Erscheinen auf dem Schlachtfeld genannt.

Viel' Feind', viel' Ehr'! 1756 schrieb Friedrich d. Gr. an Schwerin: »Je mehr Feinde, desto mehr Ehre!« Ein preußisches Soldatenlied aus dieser Zeit hat die Verse: »Viele Feinde, viele Ehr', / das ist unsres Königs Lehr'!«

Après nous le déluge – Nach uns die Sintflut (Sündflut)! soll die Marquise von Pompadour (1720–64) gesagt haben, nachdem die französische Armee 1757 von Friedrich dem Großen bei Roßbach geschlagen war. Der Gedanke ist schon im Altertum geäußert worden; das Wort eines unbekannten griechischen Dichters, »Nach meinem Tode geh die Welt in Flammen auf!« ist mehrfach (z. B. von Cicero in der Schrift *Über das höchste Gut und Übel* 3,19,64) überliefert. Kaiser Tiberius soll es (nach *Dio Cassius* 48,23) mit Vorliebe gebraucht haben, und Nero sagte, als es einst in seiner Gegenwart angeführt wurde: »Vielmehr schon, während ich lebe«, und steckte Rom in Brand (Sueton, *Nero* 39).

Mit solchem Gesindel muß ich mich herumschlagen rief Friedrich d. Gr. bei der Schlacht von Zorndorf (1758) aus, als ihm zerlumpte Kosaken als Kriegsgefangene vorgeführt wurden.

Laissez faire, laissez passer (oder aller)! »Laßt nur machen, laßt nur geschehen!« Der Leitsatz des (vor allem wirtschaftlichen) Liberalismus geht auf den französischen Großkaufmann Jean Claude Marie Vincent, Seigneur de Gournay (1712–1759), zurück. Er soll ihn 1758 in einer Versammlung von Physiokraten ausgesprochen haben; der Spruch (manchmal noch mit dem Zusatz: »le monde va de lui-même – die Welt geht von selbst weiter«) beruht jedenfalls auf dem Grundsatz, den diese Wirtschaftstheoretiker dem damals herrschenden Merkantilsystem mit seiner staatlichen »Planwirtschaft« entgegenstellten: daß in der Wirtschaft eine »natürliche« Ordnung herrschen müsse.

Dazu hat Buchholtz kein Geld. Buchholtz war der Schatzmeister Friedrichs d. Gr., und dieser schrieb an den Rand einer Anfrage des Ministeriums vom 18. 12. 1766 über die Instandsetzung der schadhaften Langen Brücke in Berlin: »Buchholtz hat kein Geld dazu.« – Auf den gleichen Buchholtz bezieht sich auch die Redensart: »Da kennen Sie Buchholtzen schlecht.«

Ça ira! »Das wird (schon) gehen!« pflegte Benjamin Franklin, der nach der Unabhängigkeitserklärung der Vereinigten Staaten 1776 als deren Gesandter nach Paris gegangen war, zu antworten, wenn man ihn nach den Fortschritten der Revolution in Amerika fragte. Dreimal wiederholt bildet das Wort den Anfang des französischen Revolutionsliedes, dessen Text im Auftrag Lafayettes von dem Straßensänger Ladré verfaßt wurde: »Ah! ça ira, ça ira, ça ira! Les aristocrates à la laterne!«

Nutrimentum spiritus, »Nahrung des Geistes« ließ Friedrichs d. Gr. als Inschrift an die 1780 vollendete Königliche Bibliothek zu Berlin anbringen. In der Bauzeit gebrauchte der König die Ausdrükke »aliment de l'esprit« und »nourriture de l'âme«. Das lateinische Wort »spiritus« bedeutet ohne Beiwort nur »Hauch«; daher hätte die Anschrift richtig »nutrimentum ingenii« lauten müssen. Der Berliner Volksmund übersetzte die Inschrift: »Spiritus ist ein Nahrungsmittel«.

Ich bin es müde, über Sklaven zu herrschen steht nach Vehse (*Geschichte der deutschen Höfe, Preußen* 4,175) in einer Kabinettsorder Friedrichs d. Gr. von 1785.

Der Fürst ist der erste Diener seines Staates erscheint sechsmal in den Werken Friedrichs d. Gr., stets in französischer Form: »Un prince est le premier serviteur (auch: domestique) et le premier magistrat (auch: ministre) de l'État.« Es steht auch im *Politischen Testament* des Königs. Massillon, der Hofprediger Ludwigs XIV., dessen Predigten Friedrich in seiner Jugend beeinflußten, sagte in einer Fastenpredigt für den Thronfolger: »Die Freiheit, welche die Fürsten ihren Völkern schuldig sind, ist die Freiheit der Gesetze; Ihr (der Herrscher) seid nur der Diener und Vollstrecker des Gesetzes.« In der Schrift *Über die Milde* schreibt der Philosoph Seneca, der Staat gehöre nicht dem König, sondern der König dem Staat (1,19). Und nach Sueton soll Kaiser Tiberius gesagt haben, »ein guter und heilbringender Fürst müsse dem Staat dienen und der gesamten Bürgerschaft« (*Tiberius* 29).

Immer auf dem Posten, toujours en vedette ist in den Schlußworten des *Exposé du gouvernement prussien* Friedrichs d. Gr. enthalten, in denen er Preußen ein Land nennt, »das, solange es nicht eine größere Konsistenz und bessere Grenzen haben wird, von Fürsten regiert werden muß, die immer auf dem Posten sein und die Ohren aufsperren müssen, sich von einem Tag zum andern gegen die verderblichen Pläne ihrer Feinde zu verteidigen«.

Lynchjustiz, d. i. »Volksjustiz«, eine Rechtsprechung ohne gesetzliche Grundlage. Das Wort geht auf den Namen des Richters William Lynch in Virginien zurück, der um 1780 eine eigenmächtige Rechtsprechung ausübte.

Tempi passati! »Vergangene Zeiten!« soll Kaiser Joseph II. (1741–90) gesagt haben, als er im Dogenpalast zu Venedig ein Gemälde sah, auf dem Kaiser Friedrich I. zu Füßen des Papstes liegt, um vom Kirchenbann losgesprochen zu werden (Archenholtz, *England und Italien* 1785, Bd. 2).

Potemkinsche Dörfer (Aussprache: Potjómkin) als »Vorspiegelung falscher Tatsachen« gehen auf den Günstling der russischen Kaiserin Katharina II., den Fürsten Potemkin (1739–91), zurück, der für eine Besichtigungsreise der Kaiserin in die Krim (1787) in aller Eile kulissenähnliche Dörfer errichten und bevölkern ließ.

Wie Gott in Frankreich leben für »herrlich und in Freuden leben« wird manchmal aus der Zeit erklärt, in der Gott, durch die Französische Revolution abgesetzt, in Frankreich nichts mehr zu tun hatte. Eine andere Erklärung, nach der die Redensart auf Maximilian I. zurückgehen soll (»Wenn es möglich wäre, daß ich Gott sein könnte und zween Söhne hätte, so müßte mir der älteste Gott nach mir und der andere König in Frankreich sein«), ist haltlos.

Krieg den Palästen! Friede den Hütten! »Guerre aux châteaux! Paix aux chaumières!« stammt von dem französischen Schriftsteller Chamfort (eigentlich Sébastien Roch Nicolas, 1741–94), der es als Schlachtruf für die in feindliche Länder eindringenden Revolutionsheere vorschlug.

Sans phrase(s), »ohne (lange) Redensarten«. In der Sitzung des Konvents am 17.1.1793 soll Sieyès für die Hinrichtung Ludwigs XVI., nachdem andere lange Reden darüber gehalten hatten, nur mit den Worten gestimmt haben: »La mort, sans phrases!« Nach dem »Moniteur« vom 20.1.1793 sagte er überhaupt nur: »La mort.«

Jeunesse dorée, »vergoldete Jugend«, d. h. reiche junge Leute. Der Ausdruck ist als Spitzname der männlichen Jugend von Paris entstanden, die sich nach Robespierres Sturz 1794 zu Vorkämpfern einer Gegenrevolution aufwarf.

Finis Poloniae, »Das Ende Polens!« soll der polnische Feldherr Tadeusz Kościuszko (1746–1817) gesagt haben, als der letzte Widerstand gegen die zweite polnische Teilung gescheitert (1794) und er verwundet in russische Gefangenschaft geraten war. Kościuszko verwahrte sich scharf dagegen, ein solches Wort gesagt zu haben.

Noch ist Polen nicht verloren sind die Anfangsworte eines polnischen Marschliedes, das zuerst von der polnischen Legion gesungen wurde, die der General Dombrowski 1796 unter Napoleon in Italien sammelte (»Dombrowskimarsch«).

La grande Nation, »die große Nation« nannte der General Bonaparte die Franzosen in dem Aufruf, den er 1797 beim Verlassen

Italiens an die Italiener richtete. Er wiederholte es oft und hat noch auf St. Helena zu Las Casas behauptet, er habe das Wort geprägt. Die Bezeichnung ist zwar schon früher dem französischen Volk beigelegt worden (z. B. in den *Unterhaltungen deutscher Ausgewanderter* von Goethe, 1793/95); nur lag in ihr wohl noch nicht der Sinn, daß sie ganz besonders, wenn nicht allein, den Franzosen zukomme.

Das ist mehr als ein Verbrechen, das ist ein Fehler, »C'est plus qu'un crime, c'est une faute«, soll der Polizeiminister Fouché zur Hinrichtung des Herzogs von Enghien durch den Konsul Bonaparte (1803) geäußert haben. Das Wort wird auch Talleyrand zugeschrieben.

England expects every man to do his duty, »England erwartet, daß jeder Mann seine Pflicht tun wird«, lautete Admiral Nelsons Tagesbefehl an die Flotte in der Schlacht bei Trafalgar (21. 10. 1805).

Ruhe ist die erste Bürgerpflicht stand auf der Bekanntmachung, die am Tag nach der Schlacht bei Jena an die Straßenecken Berlins angeschlagen wurde: »Der König hat eine Bataille verloren. Jetzt ist Ruhe die erste Bürgerpflicht. Ich fordere die Einwohner Berlins dazu auf. Der König und seine Brüder leben! Berlin, den 17. Oktober 1806. Graf v. d. Schulenburg.«

Die Sprache ist dem Menschen gegeben, um seine Gedanken zu verbergen, »La parole a été donnée à l'homme pour deguiser sa pensée« sagte Talleyrand 1807 in einer Unterredung mit dem spanischen Gesandten. Der Ausspruch erscheint als eine witzige Umkehrung des Satzes von Molière: »La parole a été donnée à l'homme pour expliquer sa pensée« (*Le mariage forcé* 6). Im *Buch Le Grand* schreibt Heine den Ausspruch in der Form »Les paroles sont faites pour cacher nos pensées« Fouché zu. Ähnliche Formulierungen finden sich aber auch schon früher, und der Gedanke ist bereits im Altertum ausgesprochen worden, z. B. von Plutarch in der Schrift *Von der rechten Art des Hörens* (Kap. 7): »Die meisten Sophisten brauchen die Worte als dichten Schleier für die Gedanken.«

Der Kaffee muß heiß sein wie die Hölle, schwarz wie der Teufel, rein wie ein Engel, und süß wie die Liebe soll Talleyrand gesagt haben. Freilich findet sich dafür kein Beleg.

Surtout pas de zêle! »Vor allen Dingen keinen Eifer!« oder »Pas trop de zêle! – Nur nicht zuviel Eifer!« oder auch »Trop de zêle! – Zuviel Eifer!« wird Talleyrand zugeschrieben.

Die Politik ist das Schicksal sagte Napoleon zu Goethe am 2.10.1808 in Erfurt, als das Gespräch auf die damalige Mode der »Schicksalsdramen« kam.

Krieg bis aufs Messer! antwortete der spanische Feldherr Don José de Palafox, als er 1808 in Saragossa von den Franzosen belagert und zur Übergabe aufgefordert wurde.

Lieber ein Ende mit Schrecken als ein Schrecken ohne Ende! rief der Freiheitskämpfer Schill am 12.5.1809 auf dem Marktplatz von Arneburg an der Elbe der begeisterten Schar zu, die ihm von Berlin aus nachgezogen war, um sich gegen Napoleons Herrschaft zu erheben. (Psalm 73,19: »ein Ende mit Schrecken nehmen«.)

Der Marschallstab im Tornister stammt aus der napoleonischen Zeit. Napoleon soll selbst gesagt haben: »Tout soldat français porte dans sa giberne le bâton de maréchal de France – Jeder französische Soldat trägt in seiner Patronentasche den Stab eines Marschalls von Frankreich.«

Wer die Jugend hat, hat die Zukunft geht vielleicht auf Napoleons I. Worte zurück, die er 1811, seinen neugeborenen Sohn, den Herzog von Reichstadt, auf den Armen, vom Balkon des Louvre rief: »L'avenir est à moi.«

Die Sonne von Austerlitz. Als am 7.9.1812 an der Moskwa die Sonne aufging, rief Napoleon seinen Offizieren mit den Worten: »Voilà le soleil d'Austerlitz! – Das ist die Sonne von Austerlitz!« die siegreiche Schlacht gegen die Österreicher und Russen (»Dreikaiserschlacht« 1805) ins Gedächtnis.

Uncle Sam, Onkel Sam als Bezeichnung für den Amerikaner geht vermutlich auf die Zeit des Krieges der Vereinigten Staaten gegen England 1812–14 zurück und wurde durch die Abkürzung U.S. für »United States« veranlaßt.

Vom Erhabenen zum Lächerlichen ist nur ein Schritt, »Du sublime au ridicule il n'y a qu'un pas«, sagte Napoleon auf seiner Flucht aus Rußland zu seinem Gesandten in Warschau (1812). Der Gedanke ist schon früher ausgedrückt worden, z.B. von dem französischen Schriftsteller Marmontel (1723–1799) »Le ridicul touche au sublime«; von dem englischen Schriftsteller Thomas Paine: »Wenn Schriftsteller und Kritiker vom Erhabenen sprechen, so sehen sie nicht, wie nahe es an das Lächerliche grenzt.«

Mit Gott für König und Vaterland. In der Beilage III, Absatz 5 zu Friedrich Wilhelms III. Verordnung vom 17. 3. 1813 über die Organisation der preußischen Landwehr heißt es: Jeder Landwehrmann wird als solcher durch ein Kreuz von weißem Blech mit der Inschrift »Mit Gott für König und Vaterland« bezeichnet, welches vorn an der Mütze angeheftet wird. – »Pro deo, rege et patria« war schon 1701 der Wahlspruch einer Landmiliz zu Bernau bei Berlin.

Wie Blücher drauflosgehen. Gebhard Leberecht von Blücher (1742–1819), der seine militärische Laufbahn als Husar begonnen hatte, war als Oberbefehlshaber der Schlesischen Armee die treibende Kraft in den Befreiungskriegen gegen Napoleon. In der Völkerschlacht bei Leipzig am 19. 10. 1813 nannten ihn die Russen zuerst »Marschall Vorwärts«.

Der Kongreß tanzt. Der österreichische Feldmarschall Karl Josef Fürst von Ligne (1735–1814) sagte vom Wiener Kongreß (1814 bis 1815): »Le congrès danse beaucoup, mais il ne marche pas« (Jacob Grimm an seinen Bruder Wilhelm 23. 11. 1814).

Ich wollte, es würde Nacht, oder die Preußen kämen soll der Herzog von Wellington während der Schlacht bei Waterloo (18. 6. 1815) gesagt haben, als er nur noch mühsam den heftigen Angriffen Napoleons standhalten konnte.

Die Garde stirbt, aber sie ergibt sich nicht. Napoleons General Cambronne soll in der Schlacht bei Waterloo (1815) gesagt haben: »La garde meurt et ne se rend pas – Die Garde stirbt und ergibt sich nicht.« Obwohl der General, der sich bei Waterloo ergeben hatte, entschieden bestritt, die Äußerung jemals getan zu haben, wurde diese als Inschrift auf das Denkmal gesetzt, das ihm von seiner Geburtsstadt Nantes errichtet wurde. Nach Fournier (*L'Esprit dans l'histoire*, 2. Ausg. Paris 1860) hat der Journalist Rougemont das Wort am 19. 6. 1815 im *L'Indépendant* abdrucken lassen.

Mögen die Federn der Diplomaten nicht wieder verderben, was das Volk mit so großen Anstrengungen errungen! ist der Wortlaut eines Trinkspruchs, den der preußische Marschall Blücher nach der Schlacht bei Waterloo (1815) ausbrachte.

Right or wrong, my country, »Recht oder Unrecht – es ist mein Vaterland«, der Wahlspruch bedenkenloser Patrioten, wurde zuerst von dem amerikanischen Admiral Stephan Decatur (1779–1820) in einem Trinkspruch 1816 in Norfolk geäußert.

Sie haben nichts gelernt und nichts vergessen, »Ils n'ont rien appris ni rien oublié« sagte man im Frankreich der Restauration (nach 1815) von den Aristokraten, insbesondere von den rückgekehrten Emigranten, die am liebsten wieder die Zustände vor der Revolution hergestellt hätten.

L'Italia farà da se, »Italien macht sich von selbst« stammt aus den Zeiten der italienischen Freiheits- und Einigungsbewegung in der ersten Hälfte des 19. Jahrhunderts und soll vom Hof des Königs Karl Albert von Sardinien (1798–1849) ausgegangen sein; vielleicht stammt es von Vincenzo Gioberti (1801–1852).

Mit dem Belagerungszustand kann jeder Esel regieren ist ein Wort des italienischen Staatsmannes Cavour (1810–61), der die Einigung Italiens zustande brachte.

Pünktlichkeit ist die Höflichkeit der Könige, »L'exactitude est la politesse des rois« ist ein Wort Ludwigs XVIII. von Frankreich (1755–1824).

Tanz auf einem Vulkan. Am 5.6.1830 sagte der französische Gesandte in Neapel, Salvandy, auf einem Ball, den der Herzog von Orléans im Palais Royal in Paris gab, zu diesem: »Das ist ein ganz neapolitanisches Fest, Prinz, wir tanzen auf einem Vulkan« – was dann am nächsten Tag schon in den Zeitungen stand. Nicht ganz zwei Monate später brach die Julirevolution aus.
»Nous marchons sur des volcans« sagte nach H. Taine 1794 schon Robespierre.

Juste milieu, »richtige Mitte« findet sich zwar schon in den *Pensées* Pascals (3,3), wurde aber erst durch den »Bürgerkönig« Louis Philippe als Kennzeichen seiner Regierung zum geflügelten Wort. Nach dem *Moniteur* vom 31.1.1831 sagte der König: »Nous chercherons à nous tenir dans un juste-milieu également éloigné des excès du pouvoir populaire et des abus du pouvoir royal – Wir werden uns bemühen, eine richtige Mitte einzuhalten, die gleich weit entfernt ist von einem Übermaß von Volksherrschaft wie von Mißbräuchen der königlichen Gewalt.«

Unvorbereitet wie ich bin: So leitete auf dem Bankett zur Vollendung des neuen Universitätsgebäudes in Halle 1834 der Bauleiter, Oberbaurat Matthias, seine Ansprache ein und zog nach einigem Stocken ein Manuskript aus der Brusttasche, um es abzulesen. Daraus entstand dann auch die Redensart: »Unvorbereitet wie ich mich habe.«

Das Volk der Dichter und Denker als Bezeichnung für die Deutschen kam in der ersten Hälfte des 19. Jahrhunderts auf. In Saul Aschers *Germanomanie* (1815) werden »die Denker und Dichter, welche Deutschlands Kultur im 18. Jahrhundert auf eine hohe Stufe der Bildung emporgehoben«, erwähnt. 1813 schon schreibt Frau von Staël in der Vorrede ihres Buches *De l'Allemagne,* sie habe vor drei Jahren Preußen und die umliegenden nordischen Länder »la patrie de la pensée« genannt. 1837 widmete der englische Schriftsteller Edward Bulwer (1803–73), der Verfasser der *Letzten Tage von Pompeji,* seinen Roman *Ernest Maltravers* »to the great German people, a race of thinkers and of critics«.

Der beschränkte Untertanenverstand entstammt einem Brief des preußischen Innenministers v. Rochow, den ein unbekannt gebliebener junger Assessor der Behörde abgefaßt haben soll. Der Anlaß dazu war folgender: 1837 hob der König von Hannover die Verfassung seines Landes auf. Unter den sieben Göttinger Professoren, die dagegen protestierten, war Professor Albrecht aus Elbing, der deswegen wie die andern auch viele zustimmende Zuschriften erhielt. Die Abschrift einer solchen von Einwohnern der Stadt Elbing unterzeichneten Zuschrift wurde an den preußischen Innenminister gesandt, der in seiner Antwort sein »unwilliges Befremden« darüber ausdrückt und dann schreibt: »Es ziemt dem Unterthanen, seinem Könige und Landesherrn schuldigen Gehorsam zu leisten und sich bei Befolgung der an ihn ergehenden Befehle mit der Verantwortlichkeit zu beruhigen, welche die von Gott eingesetzte Obrigkeit dafür übernimmt; aber es ziemt ihm nicht, die Handlungen des Staatsoberhauptes an den Maßstab seiner beschränkten Einsicht anzulegen und sich in dünkelhaftem Übermuthe ein öffentliches Urteil über die Rechtmäßigkeit derselben anzumaßen usw. usw. – Berlin, den 15. Januar 1838. Der Minister des Innern und der Polizei. von Rochow.« Der Brief wurde noch im Januar 1838 in der »Hamburger Börsenhalle« veröffentlicht und machte schnell die Runde durch ganz Deutschland.

Auf einem Prinzip herumreiten und **Prinzipienreiter** geht auf einen Erlaß Heinrichs LXXII., Fürst Reuß zu Lobenstein und Ebersdorf, zurück, der im *Adorfer Wochenblatt* erschien, vom *Halleschen Courier* und der *Vossischen Zeitung* (18.9.1845) nachgedruckt wurde, und in dem es heißt: »Seit 20 Jahren reite Ich auf einem Prinzip herum, d. h. Ich verlange, das ein jeglicher bei seinem Titel genannt wird.« Der Ausdruck »auf einem Prinzip herumreiten« ist eine Übersetzung des französischen »être à cheval sur un principe«.

In Geldsachen hört die Gemütlichkeit auf. »Bei Geldfragen hört die Gemütlichkeit auf« sagte der Abgeordnete David Hansemann im Preußischen Landtag am 8. 6. 1847.

Italien (Deutschland) ein geographischer Begriff (d. h. nicht ein politischer!). Der Ausdruck stammt von dem österreichischen Staatskanzler Fürst von Metternich (1773–1859) und spricht dessen Ablehnung der italienischen und deutschen Einigungsbestrebungen (in einem Brief an den Grafen Prokesch vom 19. 11. 1849) aus. Aber schon bei Gutzkow, *Deutschland am Vorabend* (1848) werden S. 62 Völker erwähnt, »die unsere Nationalität bisher nur für einen geographischen Ausdruck« gehalten haben. Und 1849 heißt es in den *Grenzboten* (1. Sem. 1,449): »Will man die grande politique Metternichs fortsetzen, so muß man auch mit seinem Kalbe pflügen ... Damit Österreich kein Steinchen aus seinem bunten Mosaik verliere ... mußten Deutschland und Italien ›geographische Begriffe‹ bleiben.«

Mit einem Tropfen demokratischen Öls gesalbt. Ludwig Uhland schloß seine Rede im Frankfurter Parlament am 22. 1. 1848 mit den Worten: »Glauben Sie, meine Herren, es wird kein Haupt über Deutschland leuchten, das nicht mit einem vollen Tropfen demokratischen Öls gesalbt ist.«

Viribus unitis – mit vereinten Kräften nahm Franz Joseph I., als er 1848 Kaiser wurde, als Wahlspruch an. Der Spruch wurde vom Lehrer der Söhne des Erzherzogs Karl, Ritter Joseph v. Bergmann, geprägt.

Die Regierung muß der Bewegung stets einen Schritt voraus sein. In der 1. Sitzung des Vereinigten Preußischen Landtags von 1848 am 2. April sagte der Präsident des damaligen Ministeriums, Graf Arnim-Boytzenburg: »Das Ministerium hat sich ferner gesagt, daß in einer Zeit, wie die seines Eintritts, es nicht ratsam sei, hinter den Erfahrungen ... zurückzubleiben, sondern, daß es besser sei, den Ereignissen um einen Schritt voranzugehen, damit nicht erst durch einzelne Konzessionen Einzelnes gegeben und immer wieder von dem Strom der Zeit überflutet werde, sondern damit das, was gewährt werden könne, auf Einmal gegeben, Geltung und Dauer gewinne.«

Passiver Widerstand stammt aus der Revolutionszeit 1848. In der Nacht vom 9. zum 10. November 1848, als die Bürgerwehr und die Gewerke Berlins der Nationalversammlung bewaffneten Schutz anboten, sagte der damalige Präsident der Versammlung, Hans Viktor v. Unruh (1806–86): »Ich wäre entschieden der Meinung, daß hier nur passiver Widerstand geleistet werden könne und daß die wahre Entscheidung, welche durch die jetzigen Ratgeber der Krone hereingebrochen ist, in der Hand des Landes liege.« Im weiteren Verlauf seiner Rede wiederholte er: »Wir dürfen, wenn wir den Boden im Lande nicht verlieren wollen, den Gewaltschritten der Krone nur passiven Widerstand entgegensetzen.«

Das ist das Unglück der Könige, daß sie die Wahrheit nicht hören wollen, sagte Johann Jacoby am 2. 11. 1848 als Mitglied der von Friedrich Wilhelm IV. empfangenen Abordnung der Berliner Nationalversammlung. Der Gedanke ist natürlich älter, in Herders »Cid« (2,32) z. B. heißt es, daß die Wahrheit den Königen nicht erst dann, wenn sie nicht mehr gefürchtet werden, gesagt wird, sondern auch zu andern Zeiten; »aber sie, sie hören nicht«.

Gegen Demokraten
Helfen nur Soldaten
lautet der Schluß eines Gedichtes von Wilhelm v. Merckel (1803 bis 1861) »Die fünfte Zunft« (1848).

Proletarier aller Länder, vereinigt euch! ist der Schlußsatz des *Kommunistischen Manifests,* das Karl Marx und Friedrich Engels 1848 veröffentlichten. Im Scherz benutzen diese Formel auch Vertreter anderer gemeinsamer Interessen, indem sie das Wort »Proletarier« durch entsprechend andere Anreden ersetzen.

Und willst du nicht mein Bruder sein, so schlag' ich dir den Schädel ein. Die Herkunft des Verses ist ungeklärt; er soll in der Revolution 1848 entstanden sein und knüpft offenbar an die Losung der französischen Jakobiner »La fraternité ou la mort!« an.

Die Gründe der Regierung kenne ich nicht; aber ich muß sie mißbilligen, sagte der Abgeordnete Julius Kell in der Sitzung der sächsischen zweiten Kammer am 15. 2. 1849.

Rè galantuomo, »König und Ehrenmann«. Als Viktor Emanuel II. König von Sardinien wurde (1849), soll der Minister d'Azeglio zu ihm gesagt haben: »Die Geschichte zählt so wenig Könige, die Ehrenmänner sind, daß es eine schöne Aufgabe wäre, jetzt die Reihe zu beginnen.« – »Soll ich also dieser König-Ehrenmann sein?« fragte ihn Viktor Emanuel; später trug er sich bei einer Volkszählung in Turin in der Spalte »Stand und Stellung« als »rè galantuomo« ein.

Regierung des Volkes durch das Volk für das Volk. In einer Rede in Boston 1850 sagte der amerikanische Politiker Theodore Parker (1810–60): »A democracy, that is a government of all the people, by all the people, for all the people.«

Hecht im Karpfenteich nannte der Historiker und Publizist Heinrich Leo (1799–1878) in einem Aufsatz 1850 Napoleon III. Bismarck gebrauchte den Ausdruck in seiner Reichstagsrede vom 6. 2. 1888 und machte ihn damit volkstümlich.

Frisch-fröhlicher Krieg. Der Ausdruck ging wohl von Heinrich Leo (1799–1878) aus, der 1853 in einem Zeitungsaufsatz schrieb: »Gott erlöse uns von der europäischen Völkerfäulnis und schenke uns einen frischen, fröhlichen Krieg, der Europa durchtobt, die Bevölkerung sichtet und das skrophulose Gesindel zertritt, was jetzt den Raum zu eng macht, um noch ein ordentliches Menschenleben in der Stickluft führen zu können.«

Revolutionäre in Schlafrock und Pantoffeln: Der Ausdruck geht auf Ludwig Börne (1786–1837) zurück, der in seinen *Briefen aus Paris* unter dem 4. 11. 1831 schreibt: »Salvandy ist einer von den bequemen Carlisten, die in Pantoffeln und im Schlafrock die Rückkehr Heinrichs V. abwarten.« Danach sagte der preußische Minister des Auswärtigen v. Manteuffel am 8. 1. 1851 in der ersten Kammer über eine mögliche Beamtenrevolution: »Ja, meine Herren, ich erkenne eine solche Revolution für sehr gefährlich, gerade weil man sich dabei in Schlafrock und Pantoffeln beteiligen kann, während der Barrikadenkämpfer wenigstens den Mut haben muß, seine Person zu exponieren.«

Der richtige Mann am richtigen Platz, »The right man in the right place«, geht auf eine Rede zurück, die der englische Archäologe und Staatsmann Austen Henry Layard (1817–94) am 15. 1. 1855 im Unterhaus hielt und worin er sagte: »Ich habe immer geglaubt, daß Erfolg das unvermeidliche Ergebnis sein werde, wenn wir den rechten Mann abordnen, um die rechte Stelle zu füllen.«

J'y suis, j'y reste, »Da bin ich, da bleib ich«. Im Krimkrieg erstürmte der damalige General Mac Mahon (der spätere Marschall und Staatspräsident) mit seiner Division den Malakoff (1855). Als ihm mitgeteilt wurde, die Russen wollten das Werk in die Luft sprengen, schrieb er mit Bleistift auf ein Stück Papier an den Oberbefehlshaber: »J'y suis, et j'y reste.«

Mein Name ist Hase, ich weiß von nichts. Der evangelische Theologe Karl Manfred v. Hase erzählt in seinen Erinnerungen (*Unsere Hauschronik,* 1898), im Jahre 1855 habe ein Student, der einen anderen im Duell erschossen hatte, sich in Heidelberg von Hases Bruder Victor die Legitimationskarte geliehen, um damit über die Grenze zu entkommen. Als die Flucht geglückt war, warf der Student die Karte fort; sie wurde als verdächtig an das Heidelberger Universitätsgericht eingesandt. In der folgenden Untersuchung äußerte der junge Jurist Victor v. Hase: »Mein Name ist Hase, ich verneine die Generalfragen, ich weiß von nichts.« Diese Formel verbreitete sich zunächst unter den Studenten und wurde dann allgemein beliebt.

Moralische Eroberungen. Am 8.11.1858 hielt der Prinzregent von Preußen, der nachmalige Kaiser Wilhelm I., eine Ansprache an das Ministerium, in der er sagte: »In Deutschland muß Preußen moralische Eroberungen machen durch eine weise Gesetzgebung bei sich« usw. Aber schon am 17.5.1847 hatte der Fürst Felix Lichnowsky den Zollverein eine »große moralische Eroberung des deutschen Geistes« genannt. Danach wurde seit etwa 1890 der »moralische Erfolg« Mode. Maximilian Harden schreibt im *Apostata* 1890: »Man hatte einen neuen Begriff erfunden, den ›moralischen Erfolg‹. Und es verging kein Tag, an dem nicht ein moralischer Erfolg erzielt worden wäre, daheim oder in Sansibar oder am Cap der Guten Hoffnung.«

Sich rückwärts konzentrieren, ein militärischer Fachausdruck aus dem Anfang des 19. Jahrhunderts, wurde zu einem geflügelten Wort, als 1859 nach dem Gefecht bei Palestro der Befehl des damaligen Kommandeurs der österreichischen Truppen in Italien, Franz Graf von Gyuliai (1798–1868), »sich rückwärts zu konzentrieren«, bekanntgeworden war.

Ich will Frieden haben mit meinem Volke ist ein Wort des Königs Max II. von Bayern aus dem Jahre 1859, mit dem er den Streit um die Anerkennung der Wahl des der Regierung nicht genehmen Prof. Weis zum Bürgermeister in Würzburg beendete.

Garantien, die das Papier nicht wert sind, auf dem sie geschrieben stehen, eine Wendung, die der österreichische Minister Graf v. Rechberg 1861 in einer Depesche nach Berlin über die Anerkennung des neuen Königreichs Italien gebrauchte.

Catilinarische Existenzen sind Menschen wie Catilina, der in Rom durch Aufruhr an die Macht kommen wollte (»Catilinarische Verschwörung« 63 v. Chr.). Den Ausdruck prägte Bismarck, als er am 30. 9. 1862 in einer Sitzung der Haushaltskommission des preußischen Abgeordnetenhauses sagte: »Es gibt zuviel catilinarische Existenzen, die ein Interesse an Umwälzungen haben.« Der *Kladderadatsch* antwortete noch im selben Jahr: »Die kranken Recken, die vor allen Dingen / Das Junkerthum zu Ehren mir zu bringen / Bestrebt sind, heißen – glaub' ich – Exzellenzen. / Allein die Ciceronen dieser Zeiten, / Die Bürger, die für Recht und Freiheit streiten / Nennt man – ›catilinarische Existenzen‹.« – Nietzsche schreibt in der *Götzen-Dämmerung* (1888): »Fast jedes Genie kennt als eine seiner Entwicklungen die ›catilinarische Existenz‹, ein Haß-, Rache- und Aufstandsgefühl gegen alles, was schon ist, was nicht mehr wird ... Catilina – die Präexistenz-Form jedes Cäsar.«

Ein Zeitungsschreiber ist ein Mensch, der seinen Beruf verfehlt hat. Das Wort geht auf Bismarck zurück, der sich freilich nicht in solcher Allgemeinheit geäußert hat. Er sagte in einer Ansprache 1862 von der oppositionellen Presse, sie befinde sich zum großen Teil in Händen von Juden und Unzufriedenen, die ihren Lebensberuf verfehlt hätten.

Eisen und Blut wurde ein geflügeltes Wort durch Bismarcks Ausspruch in der Sitzung der Haushaltskommission des preußischen Abgeordnetenhauses am 30. 9. 1862: »Nicht durch Reden und Majoritätsbeschlüsse werden die großen Fragen der Zeit entschieden – das ist der Fehler von 1848 und 1849 gewesen –, sondern durch Eisen und Blut.« Die Zusammenstellung der beiden Worte als Ausdruck für »Tötung« oder »Krieg« ist aber alt und findet sich schon bei Quintilian (*Declamationes* 350), im 19. Jahrhundert bei E. M. Arndt (Gedicht »Lehre an den Menschen«), Max v. Schenkendorf (Gedicht »Das eiserne Kreuz«), Schneckenburger, dem Dichter der »Wacht am Rhein« (Aufsatz *Über Deutschland und die europäische Kriegsfrage* 1840: »Eisen- und Blutkur«).

Macht geht vor Recht. Mit diesem Satz kennzeichnete am 13.3.1863 Graf v. Schwerin im preußischen Abgeordnetenhaus den Gehalt einer Rede Bismarcks.

Setzen wir Deutschland, so zu sagen, in den Sattel! Reiten wird es schon können, sagte Bismarck zum Schluß seiner Rede, die er am 11.3.1867 im Norddeutschen Reichstag hielt.

Daß ein Appell an die Furcht im deutschen Herzen niemals ein Echo findet, gab Bismarck im norddeutschen Zoll-Parlament am 18.5.1868 »dem Herrn Vorredner zu bedenken«.

Reptilienfonds. Als im preußischen Abgeordnetenhaus der Verdacht geäußert wurde, die Regierung benutze Gelder aus den beschlagnahmten Vermögen des Königs von Hannover und des Kurfürsten von Hessen zur Bestechung der Presse und ähnlichen im geheimen verfolgten Zwecken, antwortete Bismarck am 30.1.1869: »Ich bin nicht zum Spion geboren ..., aber ich glaube, wir verdienen Ihren Dank, wenn wir uns dazu hergeben, bösartige Reptilien zu verfolgen, bis in ihre Höhlen hinein, um zu beobachten, was sie treiben.« Aus einer Rede Bismarcks im Reichstag am 9.2.1876 geht hervor, daß man sich inzwischen daran gewöhnt hatte, mit »Reptil« solche Zeitungen zu bezeichnen, die insgeheim von der Regierung unterstützt wurden.

Er lügt wie telegraphiert. Am 13.2.1869 sagte Bismarck im preußischen Herrenhaus: »Es wird vielleicht auch dahin kommen zu sagen: ›Er lügt wie telegraphiert‹.« – nachdem man bisher gesagt hatte: »Er lügt wie gedruckt«, was sich frühestens bei Adalbert von Chamisso (1781–1838) belegen läßt.

Kulturkampf wurde durch den berühmten Mediziner Rudolf Virchow (1821–1902) zu einem geflügelten Wort. Virchow gehörte zu den Gründern und Führern der Fortschrittspartei und war Mitglied der Berliner Stadtverordnetenversammlung und des preußischen Abgeordnetenhauses, ein scharfer Gegner Bismarcks. In einem von ihm 1873 verfaßten Wahlprogramm heißt es aber doch, seine Partei halte es für notwendig, »die Regierung in einem Kampfe zu unterstützen, der mit jedem Tag mehr den Charakter eines großen Kulturkampfes der Menschheit annimmt«. Der Kulturkampf war eine leidenschaftlich geführte Auseinandersetzung zwischen dem preußischen Staat und dem Katholizismus, der von 1872 bis 1887 andauerte und im wesentlichen mit einem Rückzug des Staates endete. Virchow hielt sich für den Schöpfer des Ausdrucks; dieser erscheint aber schon 1840 in der Freiburger *Zeitschrift für Theologie* und in einem 1858 geschriebenen Aufsatz Ferdinand Lassalles über »Gotthold Ephraim Lessing«.

Nach Canossa gehen wir nicht, sagte Bismarck am 14.5.1872 im deutschen Reichstag, nachdem der Kulturkampf begonnen hatte.

Der ehrliche Makler stammt aus einer Rede Bismarcks im Reichstag am 19.2.1878: »Die Vermittlung des Friedens denke ich mir nicht so, daß wir ... den Schiedsrichter spielen und sagen: so soll es sein, und dahinter steht die Macht des deutschen Reiches, sondern ich denke sie mir bescheidener, ja – ohne Vergleich im übrigen stehe ich nicht an, Ihnen etwas aus dem gemeinen Leben zu zitieren – mehr die eines ehrlichen Maklers, der das Geschäft wirklich zustande bringen will.«

Do ut des, »Ich gebe, damit (auch) du gibst«, sei in aller Politik eine Sache, die im Hintergrund steht, auch wenn man anstandshalber nicht davon spricht, sagte Bismarck im Reichstag am 17.9.1878. Der Ausdruck stammt aus dem Römischen Recht.

Ein braves Pferd stirbt in den Sielen, sagte Bismarck in der Reichstagssitzung am 4.3.1881, als er den Gedanken eines Rücktritts ablehnte.

Politische Brunnenvergiftung nannte Bismarck in seiner Reichstagsrede am 24.1.1882 die bei Wahlen vorkommenden Lügen und Fälschungen.

Die Politik ist keine Wissenschaft, sagte Bismarck am 15.3.1884, »wie viele von den Herren Professoren sich einbilden, sondern eine Kunst«.

Wir Deutsche fürchten Gott, aber sonst nichts in der Welt, sagte Bismarck in der Reichstagsrede vom 6.2.1888.

Politik ist die Kunst des Möglichen geht auf Bismarck zurück, der sich in diesem Sinne mehrfach geäußert hat, z.B. (nach Siman, *Fürst Bismarck nach seiner Entlassung*): »Die Deutschen können sich, weil sie eben noch kaum der politischen Kinderstube entwachsen sind, nicht daran gewöhnen, die Politik als eine Wissenschaft des Möglichen zu betrachten.«

Leichenbegräbnis erster Klasse nannte Bismarck im dritten Band seiner *Gedanken und Erinnerungen,* der erst 1919 veröffentlicht wurde, die von Kaiser Wilhelm II. für ihn angeordneten militärischen Ehren bei seiner Entlassung am 18. 3. 1890.

Religion ist Opium für das Volk ist ein von Lenin abgewandelter Ausspruch von Karl Marx (1818–83), geprägt zu einer Zeit, als die christlichen Konfessionen fast ausschließlich auf der Seite der »besitzenden Klassen« standen. Arthur Schopenhauers Wort, die Religion sei »eine Krücke für schlechte Staatsverfassungen« (in den *Parerga* 2,22), geht in derselben Richtung.

Es ist nicht gut, die Pferde zu wechseln, während man den Fluß überquert, »It is not best to swap horses while crossing the river« sagte der Präsident der Vereinigten Staaten Abraham Lincoln (1801–65) in einer Antwort an die »National Union League« vom 9. 6. 1864.

Getrennt marschieren, vereint schlagen ist ein Grundsatz der Strategie Helmuth v. Moltkes (1800–91) gewesen. Der Satz stammt in dieser Form freilich nicht von ihm; in seinen *Verordnungen für die höhere Truppenführung* von 1869 heißt es: »Für die Operationen so lange wie irgend möglich in der Trennung zu beharren, für die Entscheidung rechtzeitig versammelt zu sein, ist die Aufgabe der Führung großer Massen.«

Glück hat auf die Dauer nur der Tüchtige. Das Wort stammt von Moltke, der in seiner Abhandlung »Über Strategie« (1871) schreibt: »An der unwiderstehlichen Gewalt der Verhältnisse scheitert selbst der beste Mann, und von ihr wird ebenso oft der mittelmäßige getragen. Aber Glück hat auf die Dauer doch zumeist wohl nur der Tüchtige.«

Welch eine Wendung durch Gottes Fügung! Das Wort geht auf die Depesche zurück, in der König Wilhelm I. den Sieg bei Sedan der Königin meldete; diese schloß: »Welch eine Wendung durch Gottes Führung!«

Sacrificium intellectus, oft italienisch zitiert »Sacrifizio dell'intelletto«, d. h. Opfer des Verstandes, geht auf die Zeit des Vatikanischen Konzils von 1869–70 zurück, in dem die Unfehlbarkeit des Papstes in Glaubenssachen zum Dogma erhoben wurde.

Niemals davon sprechen, immer daran denken, »Toujours y penser, jamais en parler« sagte der französische Politiker Léon Gambetta am 18. 11. 1871.

Kathedersozialismus: 1872 veröffentlichte der nationalliberale Nationalökonom und Politiker Heinrich Bernhard Oppenheim (1819–80) eine Schrift *Der Kathedersozialismus,* in der eine Reihe von Professoren der Nationalökonomie angegriffen wurden, die das Eingreifen des Staates forderten, um die Lage der Arbeiterschaft zu verbessern. Die bedeutendsten unter den Anhängern des Kathedersozialismus, die sich seit 1872 im »Verein für Sozialpolitik« zusammengeschlossen hatten, waren Adolph Wagner, Gustav Schmoller und Lujo Brentano.

Vom Vornehmsten bis herab zum Künstler entstand in der Sitzung des deutschen Reichstages vom 25. 1. 1876, in der Graf Frankenberg sagte, daß im Palazzo Caffarelli, der deutschen Botschaft in Rom, »alle Gesellschaftsklassen, von den vornehmsten Fremden bis zu den dort einheimischen Künstlern (Unruhe und Heiterkeit links) ihren Zentralpunkt der Geselligkeit finden«. In der weiteren Debatte griff Prof. Hänel das Wort in der Form auf: »Bis zu den Künstlern herunter«, eine Deutung, der Graf Frankenberg mit den Worten entgegentrat: »Wenn ich es gesagt haben soll, so verwahre ich mich entschieden dagegen, daß ich der Aristokratie der Kunst und des Geistes eine niedrigere Stufe einräumte als der Aristokratie des Blutes und der Geburt (Bravo!).«

Eine Politik von Fall zu Fall als Grundsatz seiner Staatskunst wurde dem Grafen Gyula Andrassy (1823–90, 1871–79 österreichischer Minister des Auswärtigen) von der Oppositionspresse vorgeworfen, nachdem er sich über die Berliner Verhandlungen vom Mai 1876 geäußert hatte, es sei nichts Bindendes in betreff der Orientpolitik entschieden worden, sondern die Mächte hätten einfach beschlossen, sich über die Haltung zu Ereignissen im Orient von Fall zu Fall zu verständigen. Andrassy hat dieser Auffassung später widersprochen.

Kommen Sie rein in die gute Stube! Als Kaiser Wilhelm I. im September 1876 Leipzig besuchte, redete eine Leipziger Dame den ihrem Hause als Gast zugewiesenen Prinzen Friedrich Karl von Preußen an: »Königliche Hoheit, kommen Sie rein in die gute Stube!«

Billig und schlecht nannte der deutsche Ingenieur und Begründer der wissenschaftlichen Maschinenlehre Franz Reuleaux (1829 bis 1905) die deutschen Erzeugnisse auf der Weltausstellung in Philadelphia 1876, in deren Jury er als Direktor der Gewerbeakademie in Berlin saß. Seine Kritik, in *Briefen aus Philadelphia* 1876 veröffentlicht, hatte großen Einfluß auf die weitere Entwicklung der deutschen Industrie.

Bier, das nicht getrunken wird, hat seinen Beruf verfehlt geht auf den Publizisten Alexander Meyer zurück, der als Abgeordneter im preußischen Abgeordnetenhaus 1880 bei einer Beratung über die Besteuerung alkoholischer Getränke sagte: »Spiritus stellt man dar zu den verschiedensten Zwecken und nur zum verhältnismäßig kleineren Teil für den menschlichen Konsum; Bier wird nur zu dem Zweck gebraut, um getrunken zu werden, und dasjenige Bier, was nicht getrunken wird, hat eben seinen Beruf verfehlt.«

Politik verdirbt den Charakter schrieb Bernhard Brigl 1881 im Gründungsprospekt der Berliner Zeitung *Tägliche Rundschau*. Der Ausspruch ist möglicherweise schon älter; in Gustav Freytags Lustspiel *Die Journalisten* (1853) heißt es (2,1): »Rauchen Sie Tabak, mein Gemahl, soviel Sie wollen, es verdirbt höchstens die Tapeten, aber unterstehen Sie sich nicht, jemals eine Zeitung anzusehen, das verdirbt Ihren Charakter.«

Das läßt tief blicken geht auf eine Rede des Abgeordneten Sabor in der Reichstagssitzung vom 17. 12. 1884 zurück, in der dieser sagte: »Der Herr Reichskanzler will nicht, daß das Wahlrecht in dem Umfange, wie es jetzt besteht, gelten bleibe (Widerspruch rechts), und wenn man ihm darin nachgibt, ist er bereit, in eine Verfassungsänderung zu willigen, ist sogar bereit, die Diäten zu bewilligen. Das läßt tief blicken (Heiterkeit) in die Maschine, läßt einen Einblick tun in die geistige Werkstatt, in der die soziale Reform bereitet wird.«

Politik der Nadelstiche stammt von dem Reichstagsabgeordneten Lentz (1884).

Made in Germany, »hergestellt in Deutschland« verdankt seinen Ursprung dem englischen Gesetz *The Merchandise Marks Act* von 1887, nach dem alle in England eingeführten Waren eine deutliche Bezeichnung des Herstellungslandes tragen mußten.

Ich habe jetzt keine Zeit, müde zu sein, waren, nach Bernhard Rogge, *Kaiser Wilhelm der Siegreiche* (1890), die letzten Worte Kaiser Wilhelms I. (1797–1888).

Lerne leiden, ohne zu klagen! ist ein Ausspruch Kaiser Friedrichs III. (1831–88). Er wird gelegentlich auch umgekehrt: »Lerne klagen, ohne zu leiden!«

Die janze Richtung paßt uns nicht sagte der Berliner Polizeipräsident v. Richthofen (1836–95) am 23. 10. 1890 zu dem damaligen Leiter des Lessingtheaters, Oskar Blumenthal, als es um das Aufführungsverbot von Sudermanns Stück *Sodoms Ende* ging.

Ich führe euch herrlichen Zeiten entgegen ist aus den Worten abgeleitet, die Wilhelm II. im Brandenburgischen Provinziallandtag am 24. 2. 1892 sagte: »Brandenburger, zu Großem sind wir noch bestimmt und herrlichen Tagen führe ich euch noch entgegen.«

Volldampf voraus! als Schlagwort für ein unbekümmertes Drauflosgehen stammt aus einem Telegramm, das Kaiser Wilhelm II. 1894 nach einem Schiffsunglück der Kriegsmarine verfaßt hatte, und in dem es hieß: »Ich werde den Gefallenen zur Erinnerung eine Gedächtnistafel in die Garnisonskirche zu Kiel stiften, und im übrigen: Volldampf voraus!«

Blut ist dicker als Wasser sagte Kaiser Wilhelm II. seit 1896 öfter; es ist ein altes Sprichwort, das zum Ausdruck bringt, Verwandtschaft sei stärker als trennendes Meer. Abgewandelt auch in »Blut ist dicker als Tinte«.

Cäsarenwahnsinn. Das Wort, in dem auf Napoleon I. bezogenen »Kaiserwahnsinn« Johannes Scherrs (*Blücher und seine Zeit*, 8. Buch, Überschrift des 1. Kapitels) vorgebildet, findet sich zuerst in Gustav Freytags Roman *Die verlorene Handschrift* (1864). Verbreitet wurde der Ausdruck besonders durch Ludwig Quiddes (1858–1941) Schrift gegen Wilhelm II., *Caligula, Studie über den römischen Caesarenwahnsinn* (1894, 34. Auflage 1928).

Die Flucht in die Öffentlichkeit geht auf die Worte zurück, mit denen sich der Staatssekretär des Auswärtigen Amts Freiherr Marschall v. Bieberstein (1842–1912) in einem Prozeß 1896 gegen Vertrauensmänner der politischen Polizei wandte: »Wenn diese Herren sich unterstehen, das Auswärtige Amt oder hohe Beamte oder mich anzugreifen . . ., und ich erfahre davon, so flüchte ich mich in die Öffentlichkeit und brandmarke dieses Treiben in der Öffentlichkeit.«

Gehe nie zu deinem Ferscht (Fürst), wenn du nicht gerufen werscht (wirst) sagt man nach einem Ausspruch in der Zeitschrift *Ulk* 1898, Nr. 31.

Völker Europas, wahrt eure heiligsten Güter! lautete die Unterschrift unter einer allegorischen Zeichnung, die der Kasseler Kunstakademieprofessor Hermann Knackfuß (1848–1915) nach einem Entwurf Kaiser Wilhelms II. ausführte.

Das Land der unbegrenzten Möglichkeiten nannte Ludwig Max Goldberger (1848–1913) die USA in seinen *Beobachtungen über das Wirtschaftsleben der Ver. Staaten v. Amerika* (1903).

Mehr sein als scheinen ist ein Wort des Grafen Alfred von Schlieffen (1833–1913), das dieser 1903 bei seinem fünfzigjährigen Dienstjubiläum aussprach; das Wort blieb die Devise des Großen Generalstabs.

Macht mir den rechten Flügel stark war der Grundgedanke von Schlieffens *Denkschrift über die Offensivmaßnahmen eines Krieges gegen das mit England verbündete Frankreich* (»Schlieffenplan«, 1905).

Die Methode Coué mit ihrem Wahlspruch: »Es geht mir von Tag zu Tag besser«, den man sich oftmals vorsagen soll, um das Unterbewußtsein mit seiner Tendenz zu erfüllen, stammt von dem französischen Apotheker Emile Coué (1857–1926), der seit 1910 in Nancy durch Hypnose, Suggestion und Anweisung zu Autosuggestion vielfache Heilerfolge erzielte.

Ich warne Neugierige stand in einem Aufruf des Berliner Polizeipräsidenten v. Jagow vom 13. 2. 1910 anläßlich einer bevorstehenden sozialdemokratischen Wahlrechtsdemonstration.

Ich kenne keine Parteien mehr, ich kenne nur (noch) Deutsche sagte Kaiser Wilhelm II. am 31. 7. 1914 vom Balkon des Berliner Schlosses. Er wiederholte das Wort in seiner Thronrede am 4. 8. 1914 im Reichstag.

Business as usual, »Geschäft wie gewöhnlich«, d. h. das Geschäftsleben geht ruhig weiter, wie Churchill am 9. 11. 1914 sagte. Er fügte damals hinzu: »Mag sich die Landkarte von Europa auch noch so viel verändern.«

Sacro egoismo, »heiliger Egoismus« ist ein Wort, das der italienische Ministerpräsident Antonio Salandra (1853–1931) im ersten Weltkrieg gebrauchte, um seine Politik zu rechtfertigen. Im 19. Jahrhundert sagte man »gesunder Volksegoismus« (Wilhelm Jordan 1848), »gesunder Nationalegoismus« (Joh. Scherr 1878).

Freie Bahn dem Tüchtigen geht auf den Reichskanzler v. Bethmann Hollweg zurück, der am 28. 9. 1916 im Reichstag »Freie Bahn für alle Tüchtigen« versprach.

Der Untergang des Abendlandes: Titel des berühmt gewordenen Buches von Oswald Spengler (1880–1936), dessen erster Band 1918 erschien, der zweite 1922.

Dolchstoßlegende. Die Legende, im ersten Weltkrieg sei das deutsche Volk in der Heimat der kämpfenden Truppe (»im Felde unbesiegt«!) in den Rücken gefallen und habe dadurch die Niederlage verschuldet, entstand zu Ausgang des Krieges in nationalistischen Kreisen. In einem Gespräch mit dem englischen General Sir Neil Malcolm Mitte November 1918 beklagte Ludendorff die Haltung der deutschen Regierung und des Volkes in der Heimat und bejahte die Frage, die der Engländer stellte: »Sie meinen also, daß Sie von rückwärts erdolcht wurden?« Merkwürdig ist der Bericht des englischen Korrespondenten der *Neuen Zürcher Zeitung* vom 17. 12. 1918: »Was die deutsche Armee betrifft, so kann die allgemeine Ansicht (in England!) in das Wort zusammengefaßt werden: Sie wurde von der Zivilbevölkerung von hinten erdolcht.« Das Wort »Dolchstoßlegende« findet sich zuerst in der Schrift von Adolf Köster: *Fort mit der Dolchstoßlegende!* (1922).

Das Dritte Reich ist ein alter mythisch-politischer Begriff, der schon am Hofe Karls d. Gr. bekannt war. Arthur Moeller van den Brucks (1876–1925) Buch mit diesem Titel (1922) und der Wunsch nationalistischer Kreise, nach dem ersten deutschen Kaiserreich (962–1806) und dem zweiten (1871–1918) ein drittes herbeizuführen, machten das Wort aktuell. Vornehmlich von Gegnern gebraucht, hat sich der Name zur Bezeichnung des nationalsozialistischen Regimes seit 1933 mehr und mehr durchgesetzt; gelegentlich wird er durch das ironische »Tausendjährige Reich« ersetzt.

Silberstreifen am Horizont sah Gustav Stresemann (1878–1929) für Deutschland nach dem Dawesplan (Rede am 17. 2. 1924 auf dem Parteitag der Deutschen Volkspartei in Elberfeld).

Gemeinnutz geht vor Eigennutz, ein dem altdeutschen Gemeinderecht entnommener Grundsatz, der zu einem Schlagwort im Parteiprogramm der NSDAP (1920) wurde und schon im ersten Flugblatt der Partei, das Adolf Drexler im Januar 1920 verfaßte, enthalten war.

Blut und Boden stellte zuerst August Winnig in der Schrift *Befreiung* (1926) zusammen, die mit den Worten beginnt: »Blut und Boden sind das Schicksal der Völker«; mit dem gleichen Satz leitet

Winnig auch sein Buch *Das Reich als Republik* (1928) ein. 1930 gab der spätere Reichsbauernführer Walther Darré einem Buch den Titel *Neuadel aus Blut und Boden*. Im Dritten Reich wurde der Ausdruck so häufig verwendet, daß ihn, wer davon übersättigt war, nur noch in der ironisch abgekürzten Form »Blubo« verwendete.

Ich aber beschloß, Politiker zu werden: Adolf Hitler im 1. Band von *Mein Kampf* (1925); den unheilvollen Entschluß will er im November 1918 gefaßt haben.

Gib uns vier Jahre Zeit stammt aus der ersten Regierungserklärung des Hitler-Regimes vom 1.2.1933: »Nun, deutsches Volk, gib uns die Zeit von vier Jahren, und dann urteile und richte uns!« Diese Fassung wurde in den Bombennächten des 2. Weltkrieges ironisch abgewandelt in: »Gebt mir vier Jahre Zeit, und ihr werdet Deutschland (oder: eure Städte) nicht wiedererkennen.«

Und ihr habt doch gesiegt! Zuerst als Aufschrift auf der Schleife des Kranzes, den Adolf Hitler nach der Machtergreifung an der Münchner Feldherrnhalle niederlegte (13.3.1933), wo einige der Teilnehmer des Putsches am 9.11.1923 gefallen waren. Dann trug auch der nationalsozialistische »Blutorden« diese Inschrift. Heute in allen möglichen Zusammenhängen ironisch gebraucht.

Kraft durch Freude. Der Name der »N.S.-Gemeinschaft« für die »Freizeitgestaltung« und Erholung des »deutschen Arbeiters« soll von Adolf Hitler geprägt worden sein. Er wurde der Öffentlichkeit durch eine Anordnung des »Führers der deutschen Arbeitsfront« vom 2.12.1933 bekanntgegeben. Vielfach nur mit den Anfangsbuchstaben »KdF« zitiert: »KdF-Rummel«.

Kanonen statt Butter: das Wort entstand vermutlich 1935 bei der deutschen Wiederaufrüstung; sein Schöpfer soll Hermann Göring gewesen sein.

Fünfte Kolonne stammt aus dem spanischen Bürgerkrieg 1936 bis 1939. Als Francos General Emilio Mola 1938 mit vier Kolonnen gegen Madrid vorrückte, sagte er in einer Rundfunkansprache, die fünfte Kolonne bestehe aus jenen Einwohnern Madrids, die im geheimen auf Francos Seite stünden. Danach bürgerte sich der Ausdruck in aller Welt ein und dient als Bezeichnung für solche, die die Verteidigung eines Landes durch Spionage, Sabotage, heimliche Propaganda u.ä. zu schwächen versuchen.

Den Omnibus verpaßt. Am 4. 4. 1940 sagte der damalige englische Premierminister Neville Chamberlain (1869–1940): »Es war zu erwarten, daß der Feind die anfängliche Überlegenheit ausnutzen würde, um zu versuchen, Frankreich zu überwältigen, ehe wir die Mängel ausgeglichen hätten. Das ist nicht geschehen. Hitler hat den Omnibus verpaßt.«

Blut, Schweiß und Tränen stellte Churchill in seiner Rede im Unterhaus seinem Volk in Aussicht, als er am 13. 5. 1940 die Regierung übernahm.

Quisling wird heutzutage der Politiker eines Landes genannt, der im zweiten Weltkrieg mit der deutschen Besatzungsmacht im Einverständnis mit deren Zielen zusammenarbeitete. Der Name stammt von dem norwegischen Politiker Vidkun Quisling (1887 bis 1945), seit 1933 Führer der norwegischen Faschisten, 1942 Regierungschef.

Der eiserne Vorhang ist ein Ausdruck, den Paul Josef Goebbels zuerst in der Zeitschrift »Das Reich« am 25. 2. 1945 gebraucht und den Winston Churchill populär gemacht hat. Er sagte am 5. 3. 1946 in einer Ansprache im Westminster College, Fulton (USA): »An iron curtain has descended across the continent.«

NAMENVERZEICHNIS

Accius 71
Agricola 105
Alain de Lille 98
Alexander d. Gr. 236
Alexander VI. 242
Alkaios 53
Alkman 53
Allainval, d' 224
Altenburg, S. M. 111
Ämilius, Paullus 238
Andrassy, G. v. 264
Angely, L. 189
Anselm v. Canterbury 97
Antigonos I. 237
Apelles 63
Apollodor 65, 66
Appius, Claudius 69
Aquaviva 101
Arbuthnot, J. 220
Archimedes 65
Archipoeta 98
Aristophanes 59
Aristoteles 62
Arndt, E. M. 179
Arnim, A. v. 176
Arnim-Boytzenburg, v. 256
Arnobius 96
Arnold, F. 213
Arrian 236
Äschylus 58
Äsop 54, 55
Augustin, M. 114
Augustinus 96
Augustus 240
Aurbacher, L. 107
Ayrenhoff, K. v. 117

Bach, E. 213
Bacon, F. 101, 215
Balz, B. 213
Balzac, H. de 228, 229
Baumbach, R. 209

Bayly, T. H. 221
Bebel, H. 107
Beck, K. 200
Beethoven, L. van 171
Beils, K. 209
Bekker, I. 184
Benedikt v. Nursia 97
Benzenberg, J. F. 178
Bergmann, J. v. 256
Bertuch, J. 121
Bethmann Hollweg, Th. v. 267
Bias 53
Bierbaum, O. J. 210
Binzer, A. 180
Bismarck, O. v. 260–262
Bizet, G. 229
Blücher, G. L. v. 253
Boëthius 96
Boileau-Despréaux, N. 225
Bolten-Baeckers, H. 210
Bonifazius VIII. 98
Borgia, C. 242
Bormann, E. 210
Börne, L. 185, 258
Bornemann, W. 180
Boscawen 221
Böttcher, M. 213
Bötticher, G. 209
Brachmann, L. 174
Brecht, B. 212
Brennus 236
Brentano, C. 176
Brigl, B. 265
Brissot, J. P. 228
Bromme, W. 212
Brunelleschi, F. 245
Bruno, G. 231
Büchner, G. 193
Buffon, G. L. L. 226
Bulwer, E. 255
Bürger, G. A. 117, 122, 123
Buridan, J. 223

NAMENVERZEICHNIS

Burns, R. 191
Busch, W. 201–205
Büsching, J. G. G. 176
Büttner, W. 110
Byron, G. N. G. 221

Calderon, P. 233, 234, 245
Cambronne 253
Campbell, Th. 221
Carlyle, Th. 222
Caesar, J. 105, 239
Cato 70, 237, 238
Cavour, C. 254
Celsus 97
Cervantes 233
Chamberlain N. 270
Chamisso, A. v. 182
Champier 244
Charron, P. 224
Chemnitz, M. F. 194
Chevalier, S. 227
Chézy, H. v. 178
Chilon 53
Choirilos 56
Churchill, W. 267, 270
Cicero, M. T. 72–75, 239
Claudius, M. 122
Claus 110
Clausewitz, K. v. 184
Coke, E. 215
Colman, G. 220
Cooper, J. F. 221
Corregio, A. 231
Coué, E. 267
Cousin, V. 228

Daniel 26
Dante 223, 231
Daponte, L. 125
Daries 103
Darwin, Ch. 221, 222
Decatur, St. 253
Deffant, du 225
Demosthenes 63
Desbarreaux 225
Descartes 102
Dingelstedt, F. v. 199
Diodor 65

Diogenes 62, 63
Dionysios d. Ä. 237
Ditzen, R. 213
Drakon 236
Drexler, Adolf 268
Droste-Hülshoff, A. v. 189
Dschuang Dsi 233
Du Bois-Reymond 104
Duffek, N. 207
Dumas, A., d. Ä. 228
Dumas, A., d. J. 228
Duval, A. 178

Ebner-Eschenbach, M. v. 206
Eduard III. 241
Eichendorff 183, 184
Eike von Repkow 106
Eipper, P. 212
Engels, F. 257
Ennius 70
Epicharm 56
Epiktet 66
Erasmus Alberus 110
Ernst, O. 210
Étienne, Ch. G. 227
Euklid 65
Eunapius 95
Euripides 58
Eusebius 241
Evers, J. L. 125

Falk, J. D. 172
Fallada, H. 213
Farinacius 100
Fatouvilles, N. de 224
Ferdinand I. 245
Feuchtersleben, E. v. 190
Feuerbach, L. 195
Fischart 110
Flaischlen, C. 210
Fleming, P. 112
Flex, W. 211
Flotow, F. v. 197
Fontane, Th. 200
Fontenelle, B. 226
Förster, K. 183
Fouché, J. 251
Franck, S. 67, 107

Frank, B. 225
Frankenberg, v. 264
Franklin, B. 220, 248
Franz I. 244
Franz Joseph I. 256
Franzos, K. E. 206
Freidank 105
Freiligrath, F. 191
Freud, S. 212
Freytag, G. 198, 265, 266
Friedrich d. Gr. 246–249
Friedrich III. 265
Friedrich Wilhelm I. 246
Friedrich Wilhelm III. 253

Galilei, G. 246
Gambetta, L. 263
Gautier, Th. 228
Gavarni, P. 227
Geibel, E. 195, 199, 201
Gellert, Chr. F. 114–116
Genée, R. 206
Georg zu Sachsen 243
Gerhard, W. 106
Gerhardt, P. 113
Gerok, K. 198
Giesebrecht, L. 192
Gilbert, J. 211
Gioberti, V. 254
Glaßbrenner, A. 196
Gleim, L. 116
Goldberger, M. 267
Goncourt, E. de 229
Göring, H. 269
Goebbels, P. J. 270
Goethe, J. W. v. 67, 105, 114, 117, 127–149, 223
Gotter, F. W. 233
Gottfried v. Straßburg 105
Gozzi, C. 233
Gracian, B. 120
Grécourt 103
Grégoire, H. 241
Gregor d. Gr. 244
Grillparzer 185
Grimm, Brüder 179
Grimm, H. 212
Grimmelshausen 119, 170

Grünbaum, J. C. 232
Grünwald, A. 213
Guibert von Nogent 117
Güll, F. 199
Gutzkow, K. 195
Gyuliai, F. v. 259

Habakuk 26
Haber, S. 207
Haffner, C. 206
Hagedorn, F. v. 114
Hagen, von der, F. H. 176
Haggai 26
Hahnemann 104
Haller, A. v. 114
Halm, F. 193
Hansemann, D. 256
Hansen, S. F. 210
Hardenberg, F. v. 172
Harms, C. 199
Harsdörfer, G. Ph. 112
Hartleben, O. E. 209
Hartmann, L. 232
Hase, V. v. 259
Hauff, W. 184
Hauptmann, G. 210
Hebbel, F. 194
Hebel, J. P. 173
Hegel, G. W. F. 184, 237
Heine, H. 185–188
Heinrich IV. 246
Heinrich LXXII. 255
Held, L. 208
Hemingway, E. 222
Hensel, L. 199
Heraklit 57
Herbert, G. 220
Herbort v. Fritzlar 105
Herder, J. G. 122
Herodot 58, 236
Hertslet, W. L. 207
Herwegh, G. 194, 199
Hesekiel 26
Hesiod 50, 51
Heun, K. G. S. 179
Heyking, E. v. 210
Heymann, W. R. 213
Heyse, P. 206

NAMENVERZEICHNIS

Hieronymus 96
Hiob 20, 21
Hippokrates 57, 58
Hirsch, H. 212
Hitler, Adolf 269
Hoffmann, E. T. A. 176
Hoffmann-Donner, H. 195
Hoffmann v. Fallersleben, H. 193
Höfling, E. 181
Hogarten 201
Hölderlin, F. 175
Holländer, F. 213
Holtei, K. v. 185
Hölty, L. 123, 124
Homer 46-50
Hopp, J. 229
Horaz 80-87
Hosea 26
Huber, L. F. 173
Hugo, H. 101
Hugo, V. 229
Hus, J. 242

Ibsen, H. 235
Ignatius 244
Inkermann, O. J. 197

Jacoby, J. 257
Jacopone da Todi 98
Jagow, v. 267
Jahn, F. L. 180
Jary, M. 213
Jeremia 25, 26
Jesaja 25
Jesus Sirach 27, 28
Johannes 38, 39, 44
Johnson, S. 220
Josua 16
Joseph II. 249
Jouvenot, F. de 229
Julianus Apostata 68
Jungk, R. 214
Justinian 96
Juvenal 93, 94

Kalisch, D. 126, 197
Kamp, H. A. v. 190
Kant, I. 118

Karl VIII. 242
Karl August von Weimar 173
Kaulisch, F. W. 197
Kell, J. 257
Keller, G. 197
Kerner, J. 175
Kind, F. 183, 190
Kirst, H. H. 213
Kleist, H. v. 172
Klopstock 117
Knigge, A. v. 127
Kollo, W. 213
Konstantin d. Gr. 241
Körner, Th. 180
Kortum, K. A. 122
Kosciuszko 250
Kotzebue, A. v. 173
Kremer, H. 111
Kromer, K. 209

La Bruyère, J. de 224
La Fontaine 111
L'Arronge, A. 207
Lami, H. 189
Langbein, A. F. 124, 177
Layard, A. H. 258
Lehmann, Chr. 112
Leibniz 102
Lenau 185
Lenin, W. J. 263
Lentz 265
Leo, H. 258
Leopold I. von Dessau 114
Lessing 117, 119, 120
Lévis, de 227
Lichtenberg 118
Lichtwer, M. G. 116
Ligne, K. J. v. 253
Lincke, P. 210
Lincoln, A. 263
Lindau, P. 207
Livius 87
Logau, F. v. 67, 112
Lortzing, A. 192
Lothar I. 97
Louis Philippe 254
Löwenstein, R. 207
Lucanus 93

NAMENVERZEICHNIS

Lucilius 71
Lucullus, L. L. 239
Ludendorff, E. 268
Ludwig XI. 242
Ludwig XIV. 246
Ludwig XVIII. 254
Lukas 28–37
Lukian 66, 67
Lukrez 75
Luther 108, 109, 243
Lynch, W. 249

Mac Mahon, M. de 259
Maharbal 237
Mahieu 111
Mahlmann, A. 173, 174
Maistre, J. de 227
Majoli 111
Manlius 99
Manteuffel, v. 258
Markus 35
Marschall v. Bieberstein 266
Marschner, H. 190
Martial 93
Marx, K. 193, 257, 263
Maßmann, H. F. 180
Mathesius 109
Matthäus 28–35
Matthias 254
Mauthner, F. 207
Max II. 259
Meiderlin, P. 102
Menander 64
Mendelssohn-Bartholdy, F. 190
Merckel, W. v. 257
Merswin, R. 106
Messerschmidt, J. G. F. 182
Methfessel, A. 180
Metzler, K. L. 125, 126
Meuderlin, P. 102
Meyer, A. 265
Meyer, J. 189
Meyerbeer, G. 190
Micard, H. 229
Miller, J. M. 125
Millöcker, K. 206
Mitchell, M. 222
Mola, E. 269

Molière, J. B. 224
Molina, Tirso de 242
Moeller van den Bruck, A. 268
Moltke, H. v. 263
Montesquieu, Ch. de 225
Morgenstern, Chr. 211
Mörike, E. 192
Mose 9–16
Motte Fouqué, F. de la 178, 180
Mozart, W. A. 125, 126
Müchler, K. 178
Mühler, H. v. 197
Müller, Wenzel 172
Müller, Wilhelm 183
Müller von Königswinter, W. 200
Müllner, A. 180
Münch-Bellinghausen, v. 193
Münchhausen, K. F. H. v. 117
Murger, H. 229

Napoleon, I. 250, 252
Nelson, Admiral 251
Neratius Priscus 97
Nero 240
Nestroy, J. N. 194
Neumark, G. 112
Neumeister, E. 113
Nietzsche, F. 208, 209
Novalis 172

Oppenheim, H. B. 264
Ortega y Gasset, J. 234
Overbeck, Ch. A. 124
Ovid 66, 67, 88–90, 236
Oxenstierna, A. 244

Palafox, J. de 252
Pananti, F. 227
Parker, Th. 258
Parny, E. de 177
Pascal 102
Paul, Jean 171
Pauli 99
Paulus 39–42
Persius 93, 94
Petronius 94
Petrus 43
Pfeffel, K. 121

NAMENVERZEICHNIS

Pfeil, H. 200
Pfützenreutter, O. 212
Phädrus 91
Phidias 53
Piave, F. M. 232
Pico della Mirandol 99
Pindar 56
Pistorius, H. A. 201
Pitaval, F. G. de 226
Platen, A. v. 190, 211
Platon 61
Plautus 69, 70
Plinius d. Ä. 91, 92
Plinius d. J. 92, 232
Plotinos 68
Plutarch 237
Pompadour, Marquise 247
Pompeius, Gn. 238
Pope, A. 223
Properz 87
Proudhon, P. 227
Publilius Syrus 72
Puccini, G. 232
Pythagoras 57
Pytheas 63

Quidde, L. 266
Quintilian 92

Raabe, W. 200
Rabelais, F. 99, 223
Raeder, G. 198
Raimund, F. 173, 191
Ramler, K. W. 118
Raspe 117
Rebner, A. 212
Rechberg, v. 260
Remarque, E. M. 212
Reuleaux, F. 264
Reuter, F. 113, 200
Reutter, O. 212
Richthofen, v. 266
Riese, W. F. 197
Rilke, R. M. 211
Rinckart 110
Rist, J. 112
Robert, L. 180, 192
Rochlitz, J. F. 125

Rochow, v. 255
Rosen J. 207
Rothe, J. 106
Rougemont 253
Roye, J. de 224
Rückert, F. 190
Rüdiger v. Hünchhover 106
Rufinus 242
Ruer, W. 206
Rüthling, J. F. 196, 197

Sabor 265
Sacer, G. W. 113
Sachs, H. 243
Sahl, H. 214
Saint-Simon, C. H. 227
Salandra, A. 267
Salingré, H. 200
Sallust 76
Salomo 23, 24
Salvandy 254
Samuel 17, 18
Sanchez 100
Sand, G. 227
Schaeffers, P. 213
Schedoni 100
Scheffel, J. V. v. 198
Schenkendorf, M. v. 179
Schikaneder, E. 125, 126
Schill, F. v. 252
Schiller, F. v. 149–171
Schlegel, F. 172
Schlegel, J. E. 117
Schleiermacher, F. 177, 184
Schlieffen, A. v. 267
Schlippenbach, A. v. 201
Schmidt, O. E. 210
Schmidt von Lübeck, G. 177
Schmidt zu Werneuchen 172
Schneckenburger M. 194
Schnezler, A. 188
Schnitzer, J. 205
Schopenhauer, A. 194
Schröder, F. L. 124
Schubert, F. 177, 183
Schulenburg, F. W. v. d. 251
Schumacher, B. G. 124
Schwab, Gustav 189

Schwenn, P. 213
Schwerin, v. 261
Seeckt, H. v. 213
Seidel, H. 210
Seneca d. Ä. 90
Seneca d. J. 90, 91
Seume, J. G. 126
Sévigné, M. de 246
Sextus Empirius 67
Shakespeare 215–220
Sheridan, R. B. 221
Sidney, Ph. 215
Sieyès, E. 250
Sienkiewicz 95
Sigismund, Kaiser 241
Simonides 55
Simrock, K. 193
Sokrates 61, 106
Solon 53
Sommer, J. 107, 115
Sophokles 58
Spener 101
Spengler, O. 212, 268
Spinoza 102
Staël, G. de 227
Statius 66
Steinbach, Ch. E. 117
Steinberg, W. 212
Sternau, C. O. 197
Stettenheim, J. 207
Stifter, A. 190
Stinde, J. 208
Stolberg, F. L. v. 125
Storm, Th. 199
Straus, O. 213
Strauß, Joh. 200, 205, 206
Streckfuß, K. 178
Stresemann, G. 268
Sturm, N. 124
Sudermann, H. 210
Suppé, F. v. 206
Suttner, B. v. 209

Tacitus 94, 95
Talleyrand, Ch. 251
Taubmann 101
Tellez, G. 234
Terentianus Maurus 95

Terenz 70, 71
Tertullian 95
Theognis 56
Thiers, A. 245
Thiersch, J. B. 190
Thomas v. Aquin 98
Thomas v. Celano 98
Thomas v. Kempen 99
Thukydides 59
Thümmel, H. A. v. 189
Tibbon, J. 228
Tibull 87, 88
Tieck, L. 105, 172
Tiedge, Chr. A. 176
Tillotson, J. 226, 227
Titus 240
Trailh 246
Treitschke, H. v. 201, 208
Trivulzio, G. G. 242
Tully, Th. 227

Uhland, L. 174, 175, 256
Ulpian 97
Ulrich v. Hutten 108
Ueltzen, W. 124
Unruh, H. V. v. 257
Unzelmann, K. W. F. 196
Usteri, J. M. 126

Varro 71
Vegetius 96
Verböczi 99
Verdi, G. 232
Vergil 76–80
Vespasian 240
Viktor Emanuel II. 257, 258
Vincent, C. M. V. 248
Virchow, R. v. 261
Vischer, F. Th. 206
Vogel, J. 111
Voigt, F. 178
Voltaire, F. 226
Voß, J. H. 126
Vulpius, Ch. A. 171

Wagner, R. 194, 195, 208
Waldis, B. 110
Walpole, R. 247
Walther, O. 208

Weber, C. M. v. 177, 183
Wedekind, Chr. F. 181
Wedekind, Frank 211
Weiße, Chr. F. 119
Wellington, A. v. 253
West, M. 208
Weyl, J. 200
Wieland 117, 120, 121, 231
Wilhelm I. 259, 263, 265
Wilhelm II. 266, 267
Willis, N. P. 221
Winckelmann 116
Winnig, August 268, 269
Winterfeld, M. 211
Wohlbrück, W. A. 190

Wolf, F. A. 184
Wolff, P. A. 177, 178
Wülfing, F. 207
Wustmann, G. 177
Wyss, R. 178

Xenophon 60, 236

Zamojski, J. 245
Zell, F. 206
Zeller, K. 208
Zenon 63
Zinkgref 111
Zola, E. 229
Zweig, St. 212

VERZEICHNIS DER ANFÄNGE UND STICHWÖRTER

Kursivgedruckte Stichwörter bezeichnen Themen, die auf den angeführten Seiten in einem Zitat zum Ausdruck kommen.

A und O 45
Aas, wo aber ein – ist 34
Ab igne ignem 75
Ab Jove principium 53
Ab ovo 86
Ab ovo usque ad mala 83
Abel, Bruder 11
Abend 87, 113
Abend, noch nicht aller Tage 87
Abendrot, hingehn wie das 194
Abendstern, holder 194
Aber das denkt wie ein 158
Aber der große Moment 154
Aber fragt mich nur nicht wie 185
Aber hier, wie überhaupt 205
Aber ich will nächstens unter euch 149
Aber stets und jedenfalls 209
Aber wehe, wehe, wehe 201
Abiit, excessit 72
Ablaßhandel 243

Ablehnung 130, 136, 150, 216
Abneigung 5, 201
Absalom 18
Abrahams Schoß 36
Abscheu 149, 155
Abschied 166, 175, 178, 190, 191, 197, 221
Abschreckung 54
Absicht, man merkt die 131
Absolutismus 41, 182, 246
Abwechslung 58
Abwehr 38, 216
Abweisung 28, 216
Abwesenheit, durch – glänzen 94, 95
Ach, armer Yorick 219
Ach! Es geschehen keine Wunder 166
Ach, daß der Mensch so häufig 205
Ach, der Tugend schöne Werke 204
Ach, des Lebens schönste Feier 160
Ach! die Gattin ist's, die teure 161

VERZEICHNIS DER ANFÄNGE UND STICHWÖRTER

Ach, es war nicht meine Wahl 167
Ach, ich bin des Treibens müde 128
Ach, ich hab' sie ja nur 206
Ach, man will auch hier 204
Ach, reines Glück genießt doch 205
Ach, sie haben einen guten Mann 122
Ach! vielleicht, indem wir 161
Ach, was haben die Herrn 154
Ach, wenn es doch immer 173
Ach, wie bald 184
Ach, wie ist's möglich 178
Acheronta movebo 79
Achillesferse 66
Ad Calendas Graecas 240
Ad maiorem dei gloriam 244
Ad usum Delphini 103
Adam, der alte 42
Adamsapfel 10
Ade, nun, ihr Lieben 175
Adel 90, 227
Adel sitzt im Gemüt 90
Adhuc sub iudice lis est 86
Adonis 64
Advocatus diaboli 244
Affe, wenn ein – hineinguckt 118
Ägyptens Fleischtöpfe 14
Ägyptische Finsternis 14
Ähnlichkeitsgesetz 104
Ahnung 137
Ahnungslos 135
Akten 100
Alea jacta est 63, 64
Alle Jubeljahre einmal 15
Alle Menschen sind Lügner 23
Alle Räder stehen still 199
Alle Wasser laufen ins Meer 24
Alle Wohlgerüche Arabiens 220
Allein auf weiter Flur 174
Allein der Vortrag macht 133
Alleinherrscher 46
Alleinsein 10
Allemal derjenige, welcher 189
Aller Augen warten auf dich 23
Alles Ding währt seine Zeit 113
Alles fließt 57
Alles fügt sich und erfüllt sich 211
Alles Gescheite ist schon einmal 146
Alles in allem 69

Alles in der Welt 144
Alles ist verloren 244
Alles Lebendige 146
Alles neu macht der Mai 190
Alles rennet, rettet, flüchtet 161
Alles schon dagewesen 195
Alles Vergängliche 149
Alles, was aus der Erde kommt 28
Alles, was ist, ist vernünftig 184
Alles zu seiner Zeit 24
Alles zum Besten kehren 108
Allwissend bin ich nicht 142
Allzu straff gespannt 170
Als der Großvater 177
Also lautet ein Beschluß 202
Alte, der 140
Alter 11, 21, 46, 88, 144, 203, 204
Alter ego 63
Alter Schwede 246
Alter und Weisheit, zunehmen an 35
Am farbigen Abglanz 148
Am Rhein, am Rhein, da wachsen 122
Am sausenden Webstuhl der Zeit 132
Amantes amentes 70
Amantium irae 70
Ambrosia 48, 49
Amerika, du hast es besser 147
Amerikaner 252
Amicus certus 70
Amicus Plato, sed magis 60
Amt 27, 164
An der Quelle saß der Knabe 168
An der schönen blauen Donau 200
An ihren Früchten sollt ihr 31
An seine Brust schlagen 37
An sich ist nichts weder gut noch 218
Anathema sit 41
Anbetung des goldenen Kalbes 14
Anblick 128, 132, 191
Anch'io sono pittore 231
Anders 205, 212
Anders als sonst 153
Andere Städtchen, andere 200, 201
Anerkennung 134, 215
Anfang 53, 84, 86, 88, 142, 146, 189, 215, 225
Angebetete 233
Angenehm 86, 203

Angriffslust 253
Angst 41
Anklagen ist mein Amt 163
Anmut 51, 131
Anrede 136, 246
Ans Vaterland, ans teure 169
Anstrengung 26, 31, 51, 83, 159
Antäus 65
Antipathie, du hast nun die 137
Antwort, über diese 122
Anzeichen 53
Apage, Satana! 28
Äpfel auf silbernen Schalen 24
Apfel der Eris, Zwietracht 48
Appetit 223
Après nous le déluge 247
Aequam memento 81
Arbeit 11, 51, 65, 76, 97, 111, 122, 129, 139, 159, 162, 199, 222
Arbeit für andere 80, 111, 137
Arbeit ist des Bürgers Zierde 162
Arbeit macht das Leben süß 122
Arbeit, nach der 74
Arbeit schändet nicht 51
Arbeit und Fleiß 111
Arbeiten und nicht verzweifeln 222
Arbeiter 35, 199
Arbeiter im Weinberg 33
Ärger 205
Ärgernis 15, 25, 29, 40, 42
Ärgert dich dein rechtes Auge 29
Argumentum ad hominem 100
Argusaugen 58
Ariadnefaden 67
Arm am Beutel 139
Arm im Geist 30
Arm in Arm mit dir 152
Arm wie Hiob 20
Arm wie Lazarus 36
Armee 149, 166
Armut 20, 24, 36, 89, 113, 129, 139, 200, 211
Armut ist ein großer Glanz 211
Arznei, es ist –, nicht Gift 120
Arzt 31, 57
Arzt, hilf dir selber 35
Aschenbrödel 179
At pulchrum est digito monstrari 94

Atlas, ich unglücksel'ger 186
Auch das Schöne muß sterben 159
Auch die Kultur, die alle Welt 135
Auch du, mein Brutus 239
Auch eine schöne Gegend 196
Auch einer von denen 34
Auch ich war ein Jüngling 192
Auch Patroklus ist gestorben 48
Auch was Geschriebenes forderst 143
Audiatur et altera pars 99
Auf beiden Seiten hinken 19
Auf daß mein Haus voll werde 36
Auf dem Dache sitzt ein Greis 210
Auf den Bergen ist Freiheit 168
Auf den Brettern 167
Auf den Händen tragen 22
Auf der Bank der Spötter 21
Auf Deutschlands hohen Schulen 206
Auf die Postille gebückt 127
Auf dieser Bank von Stein 171
Auf einem Prinzip herumreiten 255
Auf Flügeln des Gesanges 186
Auf in den Kampf, Torero 229
Aufgeblasener Frosch 91
Auferstehung 89, 154
Aufgeschoben ist nicht aufgehoben 96
Auflehnung 39
Aufmunterung 112, 229, 251
Aufregung 142, 225
Aufrichtigkeit 130
Aufschneider 117
Aufschub 119
Aufstand 180
Aufstand der Massen 234
Aufstieg 252
Aufwand, ein großer 149
Auge, scharfes 58
Auge um Auge 14
Augen haben und nicht sehen 23
Augenblick 121, 134, 143, 151
Augiasstall 65
Augurenlächeln 238
Augustin, lieber 114
Aura popularis 73
Aurea mediocritas 81
Auri sacra fames 78
Aus einem Saulus ein Paulus 39
Aus nichts wird nichts 75

VERZEICHNIS DER ANFÄNGE UND STICHWÖRTER

Aus tiefer Not schrei ich 108
Ausdehnung 161
Auserwählt 33
Ausgehen, die Töchter des Landes 13
Ausgehen wie's Hornberger 243
Ausgestritten, ausgerungen 168
Auslegen, im – seid frisch 147
Aushalten 262, 265
Aut Caesar, aut nihil 242
Aut prodesse volunt 86
Autorität 57, 84, 241
Autosuggestion 267
Ave Caesar, morituri 240
Axt an der Wurzel 28
Axt im Haus, die 170

Babel 12
Babylonische Verwirrung 12
Balken im eigenen Auge 31
Band, das geistige 133
Bank der Spötter 21
Barbarus hic ego sum 90
Barmherzig 35
Bart 17, 195
Basiliskenblick 91
Basses Grundgewalt 134
Bauer, der – ist kein Spielzeug 182
Beati possidentes 82
Beatus ille 82
Bedenke das Ende 27
Bedenklich 170, 217
Bedienung 44
Bedingung 103
Bedürfnislos 62
Befriedigt 36
Begeisterung keine Heringsware 131
Begreifen 132
Begriff, geographischer 256
Begriffe, denn eben wo – fehlen 134
Behagen 135, 139
Behalt, was du hast 13
Behandelt jeden Menschen 218
Beharrlich 56, 143
Bei einem Wirte wundermild 174
Bei Gott ist kein Ding unmöglich 12
Bei Philippi sehen wir uns 217
Bei uns zu Lande 189
Bei Zigarren darf man ja 207

Beim Himmel, dieses Kind 143
Beim wunderbaren Gott 152
Beisammen sind wir, fanget an 142
Beisammen, wir sitzen so fröhlich 173
Beispiel 36, 41, 90
Bekehrung 39
Bekenntnisse einer schönen Seele 138
Belagerungszustand, mit dem 254
Bella gerant alii 242
Bellum omnium contra omnes 61
Belua multorum capitum 84
Bene qui latuit, bene vixit 89
Benjamin 13
Berater 47
Bereit sein ist alles 219
Berge 71, 154, 166, 168
Berge, goldene – versprechen 71
Bericht 58
Berufung 33
Beruhigung 194
Besänftigen 36
Bescheidenheit 144, 185
Beschluß, also lautet ein 202
Beschränkung 92, 139
Besecht die Gönner in der Nähe 140
Besen, neue 105
Besitz 28, 32, 59, 82, 164
Besser 28, 90, 124, 134, 141, 190, 216
Besser als sein Ruf 90
Bessere Hälfte 215
Bestätigung 26, 165
Bestes 108, 130, 140
Bestie, die blonde 209
Beteuerung 15, 20, 41
Betrug 43, 89, 107
Bewaffneter Friede 112
Beweis 65, 100
Bewundert viel 148
Bewunderung 57, 148
Bezaubern 49
Bier 201, 265
Bier, das nicht getrunken wird 265
Bild, das verschleierte 153
Bilde, Künstler 145
Bildnis, dies – ist bezaubernd 125
Bildung macht frei 189
Bildungsphilister 17
Billig und schlecht 264

Bis ans Ende aller Dinge 43
Bis dat, qui cito dat 72
Bis hierher und nicht weiter 21
Bis in die Puppen 247
Bist du ein Meister in Israel 38
Bist untreu, Wilhelm 123
Blamier mich nicht 187
Blaß 150
Blaustrumpf 221
Bleibe bei uns 37
Bleibe im Lande 22
Bleiben, es kann ja nicht 173
Bleistift 205
Blendwerk der Hölle 167
Blick, ich kann den 191
Blick' ich umher 194
Blinder Eifer schadet nur 116
Blöde Jugendeselei 188
Blücher, wie 253
Blühender Unsinn 182
Blume, blaue 172
Blume, du bist wie eine 187
Blut ist dicker als Wasser 266
Blut ist ein ganz besondrer Saft 143
Blut, Schweiß und Tränen 270
Blut und Boden 268
Blutige Witze 198
Bodenlos 66
Bohème 229
Bona fide 100
Bonus vir semper tiro 93
Böse 12, 142, 183, 203, 205
Böse Sieben 107
Brauch 136, 165, 181, 203
Brechen Sie dies rätselhafte 151
Bretter, die die Welt bedeuten 167
Brevis esse laboro 86
Briefe, die ihn nicht erreichten 210
Brosamen von des Herrn Tisch 32
Brücken, goldene – bauen 110
Bruder 11, 18, 257
Brüder, falsche 42
Bruder Jonathan 18
Brunnenvergiftung, politische 262
Brust, an seine – schlagen 37
Brust, in deiner 163
Brustton der Überzeugung 201
Brutus 217, 239

Buben, böse 23
Buch des Lebens 42
Buch mit sieben Siegeln 44
Bücher 25, 71, 92, 95, 98, 118, 146, 212
Buchholtz 248
Büchse der Pandora 51
Buchstabe, der – tötet 41
Bühne 162, 167
Bund 159
Bürger 158, 162
Buridans Esel 223
Bürokrat 208, 210
Burschenherrlichkeit 181
Busch, Büsche 126, 201
Busento, nächtlich am 190
Business as usual 267
Buße 19

Ça ira! 248
Caelum non animum mutant 85
Canis a non canendo 92
Capua der Geister 185
Carpe diem 80
Caesar non supra grammaticos 241
Caesar und sein Glück 239
Cäsarenwahnsinn 266
Catilinarische Existenzen 260
Catonische Strenge 237
Cause célèbre 226
Cedant arma togae 75
Cedo maiori 93
Cerberus 52
Ceterum censeo 238
Chacun à son goût 206
Charakter 85, 131, 188
Chariten 51
Chassez le naturel 85
Cherchez la femme 228
Chevalier sans peur 244
Chronique scandaleuse 224
Circe 49
Cogito, ergo sum 102
Comédie humaine 228
Con amore 231
Concordia discors 85
Concordia parvae res crescunt 76
Conditio sine qua non 103

VERZEICHNIS DER ANFÄNGE UND STICHWÖRTER

Consuetudo altera natura 74
Corpus delicti 100
Corriger la fortune 225
Cosi fan tutte 231
Coué, Methode 267
Credat Judaeus Apella 83
Credo quia absurdum 95
Credo ut untelligam 97
Crescentem sequitur cura 82
Crescit eundo 78
Cui bono? 73
Cujus regio, ejus religio 244
Cum grano salis 91
Cum tacent, clamant 72
Curriculum vitae 72

Da bleibt kein Auge trocken 173
Da helfen allein die geistlichen 203
Da macht wieder jemand einmal 127
Da rast der See und will sein Opfer 169
Da schweigt des Sängers Höflichkeit 177
Da steh' ich, ein entlaubter 165
Da steh' ich nun, ich armer Tor 132
Da streiten sich die Leut' 191
Da unten aber ist's fürchterlich 155
Da war's um ihn geschehn 128
Da werden Weiber zu Hyänen 162
Damaskus, Tag von 39
Dame(n) 155, 157
Damoklesschwert 237
Danaergeschenk 78
Danaidenfaß 66
Dank 19, 28, 155, 165, 194
Dank vom Haus Österreich 165
Danket dem Herrn 19
Daran erkenn' ich den gelehrten Herrn 148, meine Pappenheimer 165
Darin bin ich komisch 197
Darüber sind sich die Gelehrten 86
Darum keine Feindschaft nicht 189
Das A und O 45
Das Alte stürzt 170
Das also war des Pudels Kern 142
Das Alter des Psalmisten 22
Das Angenehme mit dem Nützlichen 86
Das anvertraute Pfund 37
Das arme Menschenherz 194

Das auserwählte Volk 22
Das bessere Teil der Tapferkeit 216
Das Beste ist gut genug 130
Das Dichten des menschlichen 12
Das Dritte Reich 268
Das eben ist der Fluch 164
Das Ei des Columbus 245
Das eigentliche Studium 223
Das erste steht uns frei 142
Das ewig Gestrige 164
Das Ewig-Weibliche 149
Das Fleisch hat seinen eigenen 211
Das fünfte Rad am Wagen 105
Das gelobte Land 12
Das gibt's nur einmal 213
Das Glück im Winkel 210
Das Glück ist blind 74
Das Goldene Zeitalter 50
Das Gras wachsen hören 107
Das große gigantische Schicksal 154
Das Gute, dieser Satz 204
Das Hemd ist mir näher 69
Das höchste der Gefühle 126
Das ist das Los des Schönen 165
Das ist das Unglück der Könige 257
Das ist der Anfang vom Ende 215
Das ist der Humor davon 216
Das ist der Tag des Herrn 174
Das ist der Weisheit letzter Schluß 148
Das ist des Landes 136
Das ist die Zeit der schweren Not 182
Das ist für die Katz 110
Das ist im Leben häßlich 198
Das ist Lützows 179
Das ist mehr als ein Verbrechen 251
Das ist's ja, was 160
Das ist Tells Geschoß 171
Das ist zu schön 213
Das kann doch einen Seemann 213
Das Land der Griechen 129
Das Land der unbegrenzten 267
Das läßt tief blicken 265
Das Leben ein Kampf 20
Das Leben ein Traum 233
Das Leben ist der Güter 168
Das Leben ist kurz 57
Das Leben ist viel wert 172
Das liegt im Schoße der Götter 47

Das macht nach Adam Riese 110
Das Moralische versteht sich 206
Das Neue daran ist nicht gut 119
Das Opfer liegt 171
Das Scherflein der Witwe 35
Das Schicksal setzt den Hobel 191
Das schönste Glück 146
Das schreit zum Himmel 11
Das sei ferne von mir 18
Das sieht schon besser aus 134
Das sollst du am Kreuze bereuen 158
Das Trojanische Pferd 77
Das Unbehagen an der Kultur 212
Das unentdeckte Land 218
Das Unvermeidliche mit Würde 178
Das Unzulängliche 149
Das verschleierte Bild zu Sais 153
Das Volk der Dichter und Denker 255
Das Volk steht auf 180
Das Wandern ist des Müllers 183
Das war eine köstliche Zeit 192
Das war kein Heldenstück 165
Das waren mir selige Tage 124
Das Werk lobt den Meister 27
Das wilde eiserne Würfelspiel 149
Das Wunder ist des Glaubens 141
Daß ein Appell an die Furcht 261
Daß sie von dem Sauerkohle 202
Dat census honores 88
Dazu hat Buchholtz kein Geld 248
De gustibus non est disputandum 103
De mortuis nil nisi bene 53
De nihilo nihil 75
De omnibus rebus 99
De te fabula narratur 82
Decies repetita placebit 87
Deines Geistes hab' ich 175
Dem Feinde goldene Brücken 110
Dem Glücklichen schlägt 164
Dem Hundestall 162
Dem Mann kann geholfen 149
Dem Mimen flicht die Nachwelt 157
Dem Mutigen hilft Gott 169
Dem Tapferen hilft das Glück 55
Dem Verdienste seine Krone 151
Demimonde 228
Demokratie 256
Demut 33, 35

Den besseren Teil erwählt haben 36
Den Bösen sind sie los 135
Den Dank, Dame 155
Den gestrigen Tag suchen 110
Den Himmel offen sehen 38
Den Juden ein Ärgernis 40
Den Jüngling ziert Bescheidenheit 185
Den Mantel nach dem Winde 105
Den Omnibus verpaßt 270
Den Reinen ist alles rein 43
Den Rubikon überschreiten 239
Den Seinen gibt's der Herr im 23
Den Teufel spürt das Völkchen 135
Den Weg alles Fleisches gehen 11
Denk ich an Deutschland 188
Denken 216
Denken, Sein 102
Denkst du daran 185
Denn aus Gemeinem ist der 164
Denn Brutus ist ein ehrenwerter 217
Denn das Auge des Gesetzes 161
Denn das Gemeine geht klanglos 159
Denn das ist sein Lebenszweck 202
Denn das Naturell der Frauen 148
Denn der Regen, der regnet 219
Denn die Elemente hassen 161
Denn eben, wo Begriffe fehlen 134
Denn er war unser 139
Denn hinderlich, wie überall 204
Denn ich bin ein Mensch gewesen 146
Denn nicht alle kehren wieder 168
Denn was er sinnt, ist Schrecken 175
Denn was man schwarz auf weiß 133
Denn wenn ich judizieren soll 135
Denn wer den Besten 157
Denn wir können die Kinder 138
Denn wo das Strenge mit dem 160
Denunziant 193
Der alte Adam 42
Der angebornen Farbe 219
Der Aufstand der Massen 234
Der barmherzige Samariter 35
Der Bauer ist kein Spielzeug 182
Der bestirnte Himmel über mir 118
Der brave Mann denkt 169
Der Buchstabe tötet 41
Der Bürokrat tut seine Pflicht 208
Der deutschen Zwietracht 210

VERZEICHNIS DER ANFÄNGE UND STICHWÖRTER

Der Dichter steht auf einer 191
Der Eid des Hippokrates 58
Der eine fragt: Was kommt 198
Der Einfall war kindisch 151
Der Eiserne Vorhang 270
Der feine Griff und der rechte Ton 158
Der Freiheit eine Gasse 180
Der Friederich, der Friederich 195
Der fühlt ein menschliches Rühren 158
Der Fürst dieser Welt 38, 109
Der Fürst ist der erste Diener 249
Der Geist der Medizin 134
Der Geist, der stets verneint 142
Der Geist ist willig 34
Der Geist weht, wo er will 38
Der Gerechte erbarmt sich 23
Der Gerechte muß viel leiden 22
Der Glaube macht selig 35
Der Glaube versetzt Berge 40
Der gordische Knoten 236
Der Gott, der Eisen 179
Der große Unbekannte 20
Der größte Lump im ganzen Land 193
Der Hecht, der war doch blau 115
Der Herr der Ratten und der 142
Der Herr hat's gegeben 20
Der Historiker ist ein 172
Der inwendige Mensch 39
Der ist besorgt und aufgehoben 156
Der ist in tiefster Seele treu 200
Der Kaffee muß heiß sein 251
Der Karnickel hat angefangen 189
Der kategorische Imperativ 118
Der kluge Mann baut vor 169
Der Knabe Don Karl 152
Der Kongreß tanzt 253
Der König herrscht 245
Der König rief, und alle 179
Der Krieg ernährt den Krieg 163
Der Krieg ist die Fortsetzung 184
Der lachende Dritte 87
Der langen Rede kurzer Sinn 163
Der Lauf dieser Welt 42
Der letzte Mohikaner 221
Der Lord läßt sich entschuldigen 166
Der Mann, der das Wenn und das 123
Der Mann ist des Weibes Haupt 40
Der Mann muß hinaus 161

Der Marschallstab im Tornister 252
Der Mensch denkt, Gott lenkt 24
Der Mensch ist frei geschaffen 155
Der Mensch ist, was er ißt 195
Der Mensch lebt nicht vom Brot 15
Der Menschheit ganzer Jammer 144
Der Menschheit Würde 153
Der Mohr hat seine Schuldigkeit 150
Der Not gehorchend 167
Der Prophet gilt nichts 32
Der Reiter über den Bodensee 189
Der Rest ist für die Gottlosen 22
Der Rest ist Schweigen 219
Der Rhein, Deutschlands Strom 179
Der richtige Mann 258
Der ruhende Pol 153
Der Schein soll nie 162
Der springende Punkt 62
Der starb euch sehr gelegen 166
Der Starke ist am mächtigsten 169
Der steile Pfad der Tugend 51
Der Sultan winkt 201
Der Teufel geht umher 43
Der Teufel ist in ihn gefahren 37
Der Teufel ist los 45
Der Umgang mit Frauen 146
Der ungezogne Liebling der 130
Der Untergang des Abendlandes 268
Der verlorene Sohn 36
Der Verräter schläft nicht 34
Der Verstand der Verständigen 40
Der wackre Schwabe 175
Der Wahn ist kurz 160
Der Wanderer zwischen beiden 211
Der Weg zur Hölle 220
Der Wein erfreut 22
Der Widerstand der stumpfen 139
Der Wille zur Macht 209
Der Winter unsres Mißvergnügens 215
Der Worte sind genug gewechselt 140
Der Wunsch ist der Vater 105
Der Würfel ist gefallen 63
Der Zopf, der hängt ihm hinten 182
Der Zug des Herzens 164
Der Zug nach dem Westen 207
Der Zweck heiligt die Mittel 102
Derjenige, allemal –, welcher 189
Des Basses Grundgewalt 134

Des Dichters Aug' 215
Des Dienstes immer gleichgestellte 163
Des einen Glück, des andern 64
Des freut sich das entmenschte 156
Des langen Haders müde 123
Des Lebens Mai blüht einmal 151
Des Lebens ungemischte Freude 155
Des Lebens Unverstand 189
Des Schweißes der Edlen wert 117
Des Tages Last und Hitze getragen 33
Des Vaters Segen baut den Kindern 27
Deux ex machina 61
Deus nobis haec otia fecit 76
Deutsch 148, 195, 201, 255, 261
Deutsch sein heißt 195
Deutsche 255, 262, 267
Deutschland 179, 188, 193, 256, 261, 265
Deutschland, Deutschland, über 193
Deutschland, ein geographischer 256
Di minorum gentium 74
Diamanten, du hast 187
Dic, hospes 56
Dichter 52, 85, 132, 147, 154, 166, 191, 205, 215
Dichtung 50, 52, 55, 86, 113
Dichtung und Wahrheit 144
Dick 123, 135, 216
Die Armut kommt 200
Die Axt an die Wurzel legen 28
Die Axt im Haus 170
Die bange Nacht ist nun herum 194
Die beste Frau ist die 60
Die blaue Blume 172
Die blonde Bestie 209
Die Botschaft hör' ich wohl 141
Die Brücke kommt 115
Die Damen in schönem Kranz 157
Die Erinnerung ist das einzige 171
Die Ersten werden die Letzten 33
Die Freude flieht auf allen Wegen 205
Die Freuden, die man übertreibt 121
Die Garde stirbt 253
Die Geister platzen aufeinander 108
Die Gelegenheit beim Schopf fassen 64
Die Gelegenheit ist günstig 170
Die Grazien sind leider 131
Die große Kunst macht dich rasen 39

Die Gründe der Regierung 257
Die guten Leute wissen gar nicht 146
Die Hälfte ist mehr als das Ganze 51
Die himmlischen Heerscharen 35
Die ich rief, die Geister 139
Die ist es oder keine 167
Die janze Richtung paßt uns nicht 266
Die jüngsten Kinder meiner Laune 173
Die kaiserlose, die schreckliche Zeit 169
Die Kastanien aus dem Feuer holen 111
Die Katze im Sack kaufen 107
Die Kinder dieser Welt 36
Die Kirche hat einen guten Magen 143
Die Kunst geht nach Brot 109
Die Laterne des Diogenes 62
Die Lauen werden ausgespien 44
Die Leutnants und die 187
Die Liebe ist der Liebe Preis 152
Die Liebe von Zigeunern stammt 229
Die Limonade ist matt 150
Die linden Lüfte sind erwacht 174
Die Macht der Verhältnisse 180
Die Mädels sind doch sehr 138
Die Menschen sind nicht immer 120
Die Milch der frommen Denkart 170
Die Mitternacht zog näher schon 185
Die Möwen sehen alle aus 211
Die Müh' ist klein 143
Die oberen Zehntausend 221
Die Philosophen haben 193
Die Politik ist das Schicksal 252
Die Politik ist keine Wissenschaft 262
Die Rache ist mein 16
Die Räume wachsen 146
Die Regierung muß der Bewegung 256
Die Revolution ist wie Saturn 193
Die Schale des Zorns ausgießen 44
Die Schiffe hinter sich verbrennen 79
Die schlechtesten Früchte 123
Die schönen Tage in Aranjuez 151
Die sieben Weltwunder 95
Die Sonne bringt es an den Tag 182
Die Sonne geht in meinem Staat 151
Die Sonne schien ihm aufs Gehirn 195
Die Sonne von Austerlitz 252
Die Sprache ist dem Menschen 251
Die Spreu vom Weizen sondern 28
Die Stätte, die ein guter Mensch 131

Die Sterne, die begehrt man nicht 139
Die Stillen im Lande 22
Die Stützen der Gesellschaft 235
Die Szene wird zum Tribunal 156
Die Tat gefiel dem Herrn übel 18
Die Toten reiten schnell 122
Die Träne quillt 141
Die Tränen und die Seufzer 186
Die Trauben hängen ihm zu hoch 54
Die Trauben sind ihm zu sauer 54
Die Treue, sie ist doch 158
Die Tücke des Objekts 206
Die Waffen nieder 209
Die Welt vergeht mit ihrer Lust 43
Die Welt, in der wir leben 214
Die Welt ist dumm 186
Die Welt ist vollkommen 168
Die Welt liegt im Argen 44
Die Welt will betrogen sein 107
Die Welt wird schöner 174
Die Weltgeschichte ist das 151
Die Zeit heilt alle Wunden 64
Die Zeit ist aus den Fugen 217
Die Zeiten sind vorbei 127
Die Zukunft hat schon begonnen 214
Dieb in der Nacht, wie ein 43
Diem perdidi 240
Dienstbare Geister 44
Dienstes, des – immer 163
Dies ater 69
Dies Bildnis ist bezaubernd schön 125
Dies diem docet 71
Dies irae 98
Dies ist die Art, mit Hexen 135
Dies ist mein lieber Sohn 28
Dies Kind, kein Engel ist so rein 156
Dies will ich ungelogen sein 207
Dieser Monat ist ein Kuß 112
Dieses war der erste Streich 202
Difficile est satiram non scribere 93
Dimidium facti 84
Diogenes 62
Diplomaten, Federn der 253
Dir wird gewiß einmal 134
Dira necessitas 82
Discite iustitiam 79
Disiecta membra poetae 83
Displicuit nasus tuus 94

Divide et impera 242
Dixi et salvavi 26
Do ut des 262
Docendo discimus, discitur 90
Doch dem war kaum das Wort 156
Doch der den Augenblick ergreift 134
Doch der Segen kommt von oben 159
Doch die Verhältnisse, sie sind 212
Doch eine Würde 155
Doch ich will nicht vorgreifen 207
Doch in der Mitten liegt 192
Doch jeder Jüngling hat wohl 203
Doch mit des Geschickes Mächten 161
Document humain 229
Doktor Eisenbart 181
Doktor, sind Sie des Teufels? 188
Dolce far niente 232
Dolchstoßlegende 268
Don Juan 234
Don Quijote 233
Donau, an der schönen blauen 200
Donec eris felix 89
Donna è mobile 232
Donner und Doria 150
Donnerwetter Parapluie 178
Doppelt gibt, wer gleich gibt 72
Dorn im Auge 15
Dort, wo du nicht bist 177
Drachensaat 64
Drakonisch 236
Drei Wochen war der Frosch 201
Dreieckiges Verhältnis 235
Dreimal umziehen 220
Dreiundzwanzig Jahre 152
Dressur 142
Dritte, im Bunde der 159
Dritter, lachender 87
Drittes Reich 268
Droben stehet die Kapelle 174
Drohung 77, 130, 149, 158, 202
Drum prüfe, wer sich ewig bindet 160
Drum soll der Sänger mit dem 166
Du ahnungsvoller Engel du 137
Du bist blaß, Luise 150
Du bist noch nicht der Mann 142
Du bist verrückt, mein Kind 206
Du bist wie eine Blume 187
Du, du liegst mir 176

288 VERZEICHNIS DER ANFÄNGE UND STICHWÖRTER

Du gehst zu Frauen? 208
Du glaubst zu schieben 143
Du gleichst dem Geist 132
Du hast Diamanten und Perlen 187
Du hast nun die Antipathie 137
Du hast's erreicht 165
Du hast's gewollt 224
Du hast wohl recht 142
Du kommst in so fragwürdiger 217
Du kommst mir vor wie Saul 17
Du redst, wie du's verstehst 163
Du siehst mich lächelnd an 131
Du sollst dem Ochsen, der da 16
Du sollst keine andern Götter 14
Du Spottfigur vom Dreck und 138
Du sprichst ein großes Wort 130
Du sprichst von Zeiten 151
Du trägst den Caesar 239
Du weißt wohl nicht 148
Ducunt volentem fata 91
Duft 220
Dulce est desipere 82
Dulce et decorum est 81
Dulcinea 233
Dulde, gedulde dich fein 206
Dumm 133, 163
Dummheit 28, 115, 167, 186
Dunkel war der Rede Sinn 156
Dunkeln, im – tappen 16
Dunkelmänner 107
Durch Abwesenheit glänzen 94
Durch die Finger sehen 15
Durch die Wälder, durch die Auen 183
Durch diese hohle Gasse 170
Durch zweier Zeugen Mund 136
Dutzendmensch 83, 114

Early to bed 220
Ecce homo 38
Eckart, der treue 105
Écrasez l'infâme 226
Edel sei der Mensch 129
Edle Einfalt und stille Größe 116
Egeria 87
Egoismus, heiliger 87
Ehe 10, 33, 40, 160, 194
Eheu fugaces 81
Ehre 88, 106, 166, 244

Ehre, dem Ehre gebührt 40
Ehre einlegen 14
Ehre sei Gott 35
Ehrenmann, dunkler 141
Ehrenwert 217
Ehret die Frauen 154
Ehrgeiz 239, 242
Ehrlich 32
Ei, das muß immer saufen 157
Ei des Columbus 245
Eid 29
Eid des Hippokrates 58
Eifer 116, 251
Eifern mit Unverstand 40
Eifersucht ist eine Leidenschaft 177
Eigennutz 69, 70
Eigentlich lernen wir 146
Eigentum ist Diebstahl 227
Eile 196, 203
Eile mit Weile 240
Ein Arbeiter ist seines Lohnes 35
Ein Augenblick, gelebt im 151
Ein Besitz auf immer 59
Ein braves Pferd 262
Ein Buch, an dem nichts stimmt 212
Ein Buch mit sieben Siegeln 44
Ein Diogenes in der Tonne 62
Ein dunkler Ehrenmann 141
Ein echter deutscher Mann 135
Ein einz'ger Augenblick 121
Ein Ende mit Schrecken 22
Ein' feste Burg ist unser Gott 109
Ein fettes Kalb schlachten 36
Ein freies Leben führen wir 149
Ein frommer Knecht 156
Ein getreues Herze wissen 112
Ein gewaltiger Jäger 12
Ein großer Aufwand 149
Ein guter Mensch in seinem 140
Ein guter Mensch gibt gerne acht 203
Ein Herz und eine Seele 39
Ein Herz, was sich mit Sorgen 205
Ein Hündchen wird gesucht 147
Ein jeder Mensch hat seinen Preis 247
Ein jeder Stand hat seine Last 115
Ein jeder Wechsel schreckt 167
Ein jeder Wunsch, wenn er erfüllt 205
Ein jedes Tierchen 210

VERZEICHNIS DER ANFÄNGE UND STICHWÖRTER 289

Ein junges Lämmchen 121
Ein Kerl, der spekuliert 133
Ein Kunstwerk ist ein Stück 229
Ein Leben wie im Paradies 123
Ein lebendiger Hund ist besser 24
Ein Lügner muß ein gutes 92
Ein Mann, der alles weiß 192
Ein Mann nach dem Herzen Gottes 18
Ein Messer ohne Klinge 118
Ein Pferd! Ein Pferd! 216
Ein rechter Maler, klug und fleißig 205
Ein Schauspiel für die Götter 128
Ein Schlachten war's 166
Ein seltener Vogel 93
Ein stiller Geist 143
Ein Tag lehrt den andern 71
Ein Teil von jener Kraft 142
Ein tiefer Sinn wohnt 165
Ein tönend Erz 40
Ein Tor ist immer willig 187
Ein unnütz Leben 129
Ein Urteil läßt sich widerlegen 206
Ein vollkommner Widerspruch 136
Ein Wahn, der mich beglückt 121
Ein wandelndes Konversationslexikon 95
Ein weißer Rabe 94
Ein Zeitungsschreiber ist 260
Ein Ziel, aufs innigste 218
Ein zweites Ich 63
Eine böse Sieben 107
Eine Frau, die weiß, was sie will 213
Eine Hand wäscht die andere 56
Eine Mauer um uns baue 176
Eine Musikantenkehle 199
Eine Politik von Fall zu Fall 264
Eine Rose gebrochen 120
Eine Schlange am Busen nähren 54
Eine schöne Menschenseele finden 122
Eine Schwalbe macht noch keinen 55
Einem geschenkten Gaul 96
Einem ist sie die hohe 154
Einen fröhlichen Geber 41
Einen guten Kampf kämpfen 43
Einen Jux will er sich machen 194
Einen Kuß in Ehren 124
Einen neuen Menschen anziehen 42
Einer sei Herrscher 46
Eines Abends spöte 116

Eines schickt sich nicht für alle 130
Eines tun und das andere 33
Einfall 151, 152
Einfalt 116, 156, 242
Einig 39, 101, 193
Einladung 36, 37, 183
Einmal 127, 151, 210, 213
Eins, aber ein Löwe 54
Eins aber ist not 36
Einsam bin ich 177
Einsamkeit 21, 129, 177
Einschränkung 91
Einst wird kommen der Tag 47
Eintönig 246
Eintracht 76, 85, 162, 170
Eisen und Blut 260
Eitel, alles 24
Ekelt, mir 149
Elemente, denn die – hassen 161
Elysium 48
Embarras de richesse 224
Emporkömmling 237
Ende 35, 113, 128, 151, 168, 201, 203, 215, 219, 229, 235, 250, 252
Ende aller Dinge 43
Ende mit Schrecken 22, 252
Enfant terrible 227
Enge, drangvoll fürchterliche 165
Engel 27, 137, 156
Engelszungen, mit – reden 40
England expects 251
Engländer 220
Enthaltsamkeit 66, 204
Enthaltsamkeit ist das Vergnügen 204
Entscheidend 62
Entscheidung 103, 218, 239
Entschluß 108
Entschuldigung 92, 96, 137, 166
Entsetzen 13, 78, 144, 162
Enttäuschung 54, 86
Eppur si muove 246
Er denkt zuviel 216
Er, der herrlichste 182
Er kann schreiben rechts 198
Er lebte, nahm ein Weib 114
Er lügt wie telegraphiert 261
Er selbst hat's gesagt 57
Er soll dein Herr sein 11

290 VERZEICHNIS DER ANFÄNGE UND STICHWÖRTER

Er war unser 139
Er war von je ein Bösewicht 183
Er will uns damit locken 108
Er wußte sich nicht zu zähmen 145
Er zählte die Häupter 161
Erbe 141, 147
Erde 11, 28, 123
Erfahrung 71, 80, 220
Erfolg 150
Erfunden, gut 231
Ergebnislos 243
Ergebung 66, 91, 122, 150, 151, 178, 180, 199, 206, 253
Erhabenen, vom – zum 252
Erinnerung 77, 124, 131, 139, 171, 174, 182, 183, 185, 192, 199, 210, 231
Erisapfel 48
Eritis sicut Deus 10
Erkenne dich selbst 53
Erkenntnis 10, 20, 31, 39, 76, 102, 114, 145, 146
Erkläret mir, Graf 180
Erlaubt 100, 131, 158
Erlaubt ist, was gefällt 131
Erlösung 149
Ermuntre dich, mein schwacher 112
Ernst ist das Leben 157
Ernst ist der Anblick 164
Eroberungen, moralische 259
Errare humanum est 90
Errare malo cum Platone 74
Erreicht den Hof mit Müh' 129
Errötend folgt er ihren Spuren 160
Erstaunen 26
Erste(r) 33, 144, 239
Ertragen, alles läßt sich 144
Erwartung 23, 37, 126
Erziehung 64, 138
Es bildet ein Talent sich 131
Es erben sich Gesetz' und Rechte 133
Es fiel ein Reif 188
Es führen viele Wege nach Rom 68
Es geht mir ein Licht auf 20
Es gibt im Leben manchesmal 212
Es gibt im Menschenleben 165
Es gibt mehr Ding' im Himmel 217
Es irrt der Mensch 140

Es ist alles ganz eitel 24
Es ist Arznei, nicht Gift 120
Es ist bestimmt in Gottes Rat 190
Es ist der Geist, der sich den 165
Es ist der Krieg 163
Es ist die höchste Eisenbahn 196
Es ist ein Brauch von alters her 203
Es ist eine alte Geschichte 196
Es ist eine Lust zu leben 108
Es ist mir leid um dich 18
Es ist nicht gut, daß der Mensch 10
Es ist nicht gut, die Pferde 263
Es ist nichts dahinter 43
Es ist noch nicht aller Tage Abend 87
Es ist schon lange her 192
Es ist vollbracht 38
Es kann der Frömmste nicht 171
Es kann die Spur von meinen 148
Es kann ja nicht immer 173
Es kann mir nichts geschehen 112
Es kommt die Nacht 38
Es kommt nie ganz so schlimm 213
Es kostet den Hals 19
Es lächelt der See 169
Es lebt ein anders denkendes Geschlecht 169
Es lebt ein Gott, zu strafen 171
Es liebt die Welt 166
Es möchte kein Hund 132
Es muß auch solche Käuze geben 137
Es muß doch Frühling werden 199
Es saust der Frack 203
Es sind nicht alle frei 120
Es steigt das Riesenmaß 156
Es trägt Verstand 133
Es tut mir lang schon weh 137
Es wächst der Mensch 157
Es wandelt niemand ungestraft 144
Es wär' so schön gewesen 198
Es werde Licht 10
Es wird kein Stein auf dem 34
Esel, Buridans 223
Essen 47, 60
Est deus in nobis 39
Est modus in rebus 82
Est quaedam flere voluptas 89
Et ab hoc et ab hac 101
Et haec olim meminisse 77

VERZEICHNIS DER ANFÄNGE UND STICHWÖRTER   291

Et in Arcadia ego 100
Et quorum pars magna fui 77
Et semel emissum 85
Etwas ist faul im Staate 217
Etymologie 92
Eulen nach Athen tragen 59
Europens übertünchte Höflichkeit 126
Ewig-Weibliche, das 149
Ewigkeit 102, 112
Exegi monumentum 82
Exoriare aliquis 79
Experto credite 80
Ex ungue leonem 52

Fabel, zur – werden 16
Fable convenue 226
Facies hippocratica 57
Facit indignatio versum 93
Facta mea, non dicta 33
Faden, roter 144
Falsche Brüder 42
Falsche Propheten 19
Falschheit 42, 54
Falschspiel 225
Fama crescit eundo 78
Fare thee well 221
Fas est et ab hoste doceri 59
Faß den Danaiden 66
Fasson, jeder nach seiner – selig 246
Fatalismus 150
Faul 119
Faul im Staate Dänemark 217
Favete linguis 81
Federn der Diplomaten 253
Federn, fremde 54
Fehler 251
Fehlt leider nur das geistige 133
Feier, des Lebens schönste 160
Feiern 36
Feigenblatt 10
Feindschaft 69, 189, 247
Feine Leute haben feine Sachen 210
Felix qui potuit rerum cognoscere 76
Femme de trente ans 228
Fern im Süd 199
Fest gemauert 159
Feste, man muß die – feiern 200
Festina lente 240

Fette Jahre und magere Jahre 13
Feuer 75, 161
Feuertaufe 28
Feurige Kohlen auf sein Haupt 24
Fiat justitia 245
Fin de siècle 229
Finis Poloniae 250
Finsternis, ägyptische 14
Flectere si nequeo superos 79
Fleisch 13, 34, 211, 217
Fleischtöpfe Ägyptens 14
Fleiß 63, 111, 119, 143, 200
Fluch 41, 150, 178
Fluch der bösen Tat 164
Flucht 72
Flucht in die Öffentlichkeit 266
Förderer 93
Forderung des Tages 146
Fordre niemand 185
Forsan et haec olim meminisse 77
Fortes fortuna adiuvat 55
Fortiter in re 101
Fortleben 148
Fortschritt 132
Fortunae filius 84
Frack, es saust der 203
Fragt mich nur nicht wie! 185
Franz, und – war wirklich 203
Franzosen 135
Frau 60, 148, 154, 213, 228 s. a. Weib
Frei ist der Bursch 181
Freie Bahn dem Tüchtigen 267
Freien 13
Freiheit 72, 101, 119, 132, 139, 148, 149, 152, 155, 166, 168, 179, 180, 198
Freiheit ist nur 166
Fremde, wer in die 184
Fressen, o Herr, er will mich 27
Freude 108, 121, 129, 138, 150, 155, 167, 172, 176, 205, 213
Freude, schöner Götterfunken 150
Freue dich, liebe Seele 110
Freuet euch mit den Fröhlichen 40
Freund 63, 70, 83, 89, 100, 108
Freut euch des Lebens 126
Friede 11, 35, 75, 96, 112, 162, 171, 259

Friede auf Erden 35
Friede sei mit dir (euch) 19
Frieden mit meinem Volke 259
Friedenstaube 11
Friederich, der –, der Friederich 195
Friedlands Sterne 165
Frisch auf zum fröhlichen 180
Frisch-fröhlicher Krieg 258
Frisch, fromm 180
Fromm 16, 19, 138, 156, 170, 180
Frommer Betrug 89
Frosch, aufgeblasener 91
Fruchtbar, wie – ist 147
Früchte 31, 123
Früh übt sich 170
Frühling 141, 174, 192, 199
Frühling läßt sein blaues Band 192
Fugit irreparabile tempus 77
Fuimus Troes 78
Fünfte Kolonne 269
Für ein Linsengericht 13
Für einen Kammerdiener 237
Für Görgen ist mir gar nicht 115
Furcht 71, 152, 213, 261
Furcht und Zittern 41
Fürchterlich 155
Furchtlos 175
Furor teutonicus 93
Fürst 249, 266
Fürst dieser Welt 38
Füßen, mit – treten 16

Gähnen 27
Ganymed 47
Garantien, die das Papier 260
Garde, die – stirbt 253
Gasse, durch diese hohle 170
Gäste 36, 139, 177
Gattin 48, 215
Gaul, einem geschenkten 96
Gazetten müssen nicht geniert 247
Geben ist seliger denn Nehmen 39
Geber, einen fröhlichen 41
Gebet, so wird euch gegeben 35
Gebratene Tauben 59
Gebt dem Kaiser 33
Gedanken 73, 147, 163, 164
Gedankenfreiheit, geben Sie 152

Geduld 25, 88, 122, 123, 199, 206, 210
Geduld! Geduld! 123
Geduld zu Ende 72, 200
Geduldiges Lamm 25
Gefahr 27, 49, 72, 73, 76, 77, 78, 87,
    159, 162, 175, 189, 216, 237, 254
Gefährlich ist's, den Leu 162
Geflügelte Worte 46
Gefolgschaft 46
Gefroren hat es heuer 193
Gefühl 126, 132, 137, 155
Gefühl ist alles 137
Gefunden 65
Gegen Demokraten 257
Gegen große Vorzüge 146
Gegend, auch eine schöne 196
Gegensatz 224
Gegenseitigkeit 56, 85, 86, 262
Gegenwart 80, 126, 134
Geh den Weibern zart entgegen 130
Gehabte Schmerzen 204
Gehe hin und tue desgleichen 36
Gehe nach Jericho 17
Gehe nicht zu deinem Ferscht 266
Gehege der Zähne 47
Geheimnis, öffentliches 233
Gehorsam 39, 54, 157, 244
Geist 34, 38, 41, 42, 79, 148, 165, 175
Geist, der stets verneint 142
Geist der Zeiten 133
Geist, ein stiller 143
Geist, o welch ein edler 219
Geister 139
Geister, dienstbare 44
Geistlichkeit 203, 204
Geistlos 141
Geiz 43
Gekeilt in drangvoll 165
Gelächter, homerisches 46
Geld 36, 63, 219, 220, 240, 242, 256
Geldmangel 205, 248
Gelegenheit 64, 170, 200
Gelehrsamkeit 148, 221
Gelernt, sie haben nichts 254
Gelobet seist du jederzeit 199
Gemeinsames 139, 159, 164
Gemeinnutz geht vor Eigennutz 268
Gemüt, kindliches 156

VERZEICHNIS DER ANFÄNGE UND STICHWÖRTER

Genesung 201
Genie 91, 200
Genie ist Fleiß 200
Genieße, was dir Gott 115
Genießt der Jüngling ein 114
Genießt im edlen Gerstensaft 201
Genug 69, 155
Genügsam 53, 115, 125
Genus irritabile vatum 85
Genuß 114, 137
Gerecht 16, 22, 23, 238
Gerechtigkeit 67, 99, 245
Gericht 98, 151, 156, 236
Gericht, ins – gehen mit einem 23
Gern 231
Gerücht 78
Gesang 109, 116, 126, 175, 186, 187
Geschäft 197, 267
Geschäftiger Müßiggang 117
Geschehenes ungeschehen machen 56
Gescheite, alles 146
Geschenke 96, 136, 183
Geschichte 133, 151
Geschlecht, ein anders denkendes 169
Geschmack 103
Geschriebenes 38, 143
Geschunden, wer nicht 64
Geschwätz 101
Geselligkeit 173
Gesellschaft, schlechte 137
Gesetz, das – nur kann uns 139
Gesetze 133, 139
Gesiegt, und ihr habt doch 269
Gesindel, mit solchem 248
Gesinnung 18, 35, 70
Gespött der Leute 21
Gestalt, in so fragwürdiger 217
Gestern noch 184
Gestrige, das ewig 164
Gesundheit 94
Geteilte Freud' ist doppelt Freude 176
Getrennt marschieren 263
Getreu bis an den Tod 44
Gevatter Schneider 158
Gewalt 129
Gewalt geht vor Recht 26
Gewaltsam 65
Gewissen 34, 40, 113

Gewogen, zu leicht 26
Gewohnheit 74, 164
Gewöhnlich glaubt der Mensch 136
Gezeichnet 11
Gib mir einen festen Punkt 65
Gib uns vier Jahre Zeit 269
Gier 223
Glanz 140, 166
Glatte Worte 23
Glaube 35, 41, 42, 95, 97, 141, 193
Glaube versetzt Berge 40
Glaubst du, dieser Adler 183
Gleich schenken? Das ist brav 136
Gleich und gleich gesellt sich gern 50
Gleichgültig 128, 196, 218
Gleichmut 81, 213, 248
Glück 53, 55, 64, 67, 69, 74, 81, 84,
   146, 147, 151, 153, 159, 164, 168,
   177, 179, 205, 210, 225, 263
Glück hat auf die Dauer 263
Glücklich ist, wer vergißt 206
Glückskind 84
Gnade finden 12
Gold 136, 188, 190
Gold und Silber lieb' ich sehr 188
Goldene Äpfel auf silbernen 24
Goldene Berge versprechen 71
Goldene Brücken bauen 110
Goldene Mittelmäßigkeit 81
Gold'ne Rücksichtslosigkeiten 199
Goliath 18
Gönner, beseht die 140
Gordischer Knoten 236
Gott 14, 113, 171, 226, 244
Gott grüß euch, Alter! 121
Gott in Frankreich 250
Gott ist immer mit den stärksten 246
Gott läßt seine Sonne scheinen 29
Gott läßt seiner nicht spotten 42
Gott schütze mich 100
Gott sei Dank! Nun ist's vorbei 203
Gott sieht aufs Herz 18
Gott weiß es 42
Gottähnlichkeit 10, 134
Götterspeise, -trank 48
Gottes Finger 14
Gottes Gnaden, von 41
Gottes Mühlen 67

Göttliche Grobheit 172
Gottvertrauen 113
Götzens grober Gruß 127
Gräber übertünchte 34
Grad' aus dem Wirtshaus 197
Grammatik 241
Grande Nation 250
Gras darüber wachsen lassen 112
Gras wachsen hören 107
Grau, teurer Freund 134
Grau(s)en 155, 161
Grazien 51, 131
Greift nur hinein 140
Greis 154
Grenze 21, 82
Griechenland 129
Grillen, sich mit – plagen 123
Grob 148, 172
Groll 186
Größe 18, 151, 156
Große Gedanken 147
Großes, wer – will 139
Großvater, als der 177
Grundbegriffe 103
Gründe der Regierung 257
Gründlichkeit 98
Gunst 15, 223
Gunst und Haß, der Parteien 157
Gustel aus Blasewitz 157
Gut gebrüllt, Löwe 215
Gut machet Mut 28
Gut und Böse 218
Gute, das 142, 204
Gute Freunde, getreue Nachbarn 108
Gute Leute und schlechte Musikanten 176
Gutes zu tun nicht müde werden 42
Gutgläubig 100
Gutta cavat lapidem 56

Hab' mich nie mit Kleinigkeiten 149
Hab Sonne im Herzen 210
Habent sua fata libelli 95
Halb zog sie ihn 128
Halbheiten 121
Halbwelt 228
Hälfte, die – mehr als das Ganze 51
Halkyonische Tage 67

Hallen, in diesen heil'gen 125
Hals 19, 209
Haltet euch an meine Worte 33
Hammel, besagter 223
Hanc veniam petimus 85
Hand 15, 30, 56, 125, 232
Handeln 38
Hannemann! geh du voran 106
Hannibal ante portas 73
Hans-Guck-in-die-Luft 195
Hans Huckebein 203
Hans im Glück 179
Hänschen, Hänschen, denk daran 207
Hase, mein Name ist 259
Haß 71
Hast 209
Hatte sich ein Ränzlein angemäst't 135
Haupt, wo sein – hinlegen 31
Haupt- und Staatsaktion 114
Häupter, er zählt die 161
Hauptsache 45, 63
Haus 25, 31, 36, 191, 215
Hausfrau 161
Haust du meinen Juden 173
Hebe 47
Hebe dich weg 28
Hecht, der –, der war doch blau 115
Hecht im Karpfenteich 258
Heerscharen, die himmlischen 35
Heidengeld, -lärm 21
Heil dir im Siegerkranz 124
Heil sei dem Tag 192
Heil'ge Ordnung 162
Heilig halte die Ekstasen 211
Heiliger Bürokratismus 210
Heiliger, wunderlicher 21
Heilloser Mensch 18
Heilmittel 57
Heimat 200, 209
Heimlich 43
Heinrich! mir graut's vor dir 144
Heiraten heißt 194
Heiraten ist gut 40
Hektor, will sich 159
Hekuba, was ist ihm 218
Held 237
Heldenstück, das war kein 165
Helene denkt: Dies will ich nun 203

Helene, sprach der Onkel 203
Hemd näher als der Rock 69
Herakles, siehe Herkules
Herkommen 56
Herkules 65, am Scheidewege 60
Herold 47
Herr der Ratten 142
Herr, dunkel war der Rede Sinn 156
Herr, er soll dein – sein 11
Herr, er will mich fressen! 27
Herr, sie haben keinen Wein 38
Herr, wie der 94
Herren, zwei – dienen 30
Herrlich! Etwas dunkel zwar 177
Herrlich, sprach der Fürst 175
Herrlich und in Freuden leben 36
Herrschaft 72, 249
Herrscher 46, 226, 249
Heruntergekommen 139
Herz 14, 17, 18, 32, 96, 112, 113, 164, 191, 193, 199, 205
Herz! mein Herz! Was soll 128
Herz, mein Herz, warum 178
Herz, reines 147
Herzen und Nieren prüfen 21
Herzen, wenn sich zwei 199
Herzensdieb 18
Heuchelei 31, 224
Heulen und Zähneklappern 31
Heureka 65
Hexen 135
Hic haeret aqua 75
Hic niger est 83
Hic Rhodus, hic salta 54
Hie Welf, hie Waiblingen 241
Hier bin ich Mensch 141
Hier gilt es, Schütze 170
Hier hab' ich so manches 199
Hier ist die Stelle 152
Hier ist gut sein 32
Hier sieht man ihre Trümmer 203
Hier sind die starken Wurzeln 169
Hier sind wir versammelt 144
Hier stehe ich, ich kann nicht anders 243
Hier wendet sich der Gast 155
Hilfe 149
Hilflos 210

Hilf, Samiel 183
Himmel 25, 38, 47, 49, 118, 126, 154
Himmel und Erde in Bewegung 26
Himmel und Erde zu Zeugen 15
Himmel und Erde, zwischen 18
Himmel und Hölle 26
Himmelhoch jauchzend 130
Himmelschreiend 11
Himmelsgaben, eine der größten 136
Himmelsstürmer 49, 67
Hin ist hin! 123
Hinaus in die Ferne 180
Hinc illae lacrimae 70
Hindernis 75
Hinter ihm, in wesenlosem 139
Hiob, arm wie 20
Hiobsbotschaft, -post 20
Hippokrates, hippokratisch 57
Hippokrene 51
Historiker, Prophet 172
Hoc erat in votis 84
Hoch, das ist mir zu 21
Hoch klingt das Lied 123
Hochmut 24, 80
Hochmut kommt vor dem Fall 24
Höchstes Glück der Erdenkinder 147
Hoffnung 39, 157, 161, 167, 190, 213, 268
Hoffnung läßt nicht zuschanden 39
Hoffnungslos 28, 231
Höflichkeit 126, 148
Hoher Sinn liegt oft 167
Höhle des Löwen 55
Hohlheit 91
Hohngelächter der Hölle 120
Holder Friede, süße Eintracht 162
Hölle 220, 231
Hölle, wo ist dein Sieg? 41
Höllenhund 52
Holz, am grünen 37
Homer 87, 153
Homerisches Gelächter 46
Homo homini lupus 69
Homo novarum rerum cupidus 239
Homo novus 237
Homo proponit 24
Homo sum 71
Homöopathie 104

Honi soit qui mal y pense 241
Horch! der Wilde tobt schon 159
Hören 32
Hornberger Schießen 243
Horror vacui 99
Hört, ihr Herrn 182
Huhn im Topf 246
Hühnerschmaus, und vom ganzen 202
Humor 145, 210, 216
Humor ist, wenn man 210
Hund, ein lebendiger 24
Hund, es möchte kein 132
Hündchen, ein – wird gesucht 147
Hunger ist der beste Koch 105
Hüter, meines Bruders 11
Hütten, hier laßt uns – bauen 32
Hydra 52

Iam satis 69
Iam proximus ardet 78
Ibykus, Kraniche des 156
Ich aber beschloß, Politiker 269
Ich aber und mein Haus 16
Ich bin allein auf weiter Flur 174
Ich bin dein Vater Zephises 191
Ich bin der Doktor Eisenbart 181
Ich bin der letzte meines 169
Ich bin des trocknen Tons nun satt 134
Ich bin ein Preuße 190
Ich bin es müde, über Sklaven 249
Ich bin heruntergekommen 139
Ich bin nicht in der Gebelaune 216
Ich bin von Kopf bis Fuß 213
Ich denk' an euch 174
Ich denke einen langen Schlaf 165
Ich fühle eine Armee 149
Ich führe euch herrlichen Zeiten 266
Ich grolle nicht 186
Ich hab' es getragen 200
Ich hab' getan 169
Ich hab' hier bloß ein Amt 164
Ich hab' mich ergeben 180
Ich hab's gefunden 65
Ich hab's gewagt 108
Ich habe genossen 159
Ich habe jetzt keine Zeit 265
Ich habe schon so viel für dich 137
Ich hatt' einen Kameraden 174

Ich kann den Blick nicht 191
Ich kann es nicht anders leugnen 207
Ich kann's nicht fassen 182
Ich kenne dich, Spiegelberg 149
Ich kenne keine Parteien mehr 267
Ich könnte besser einen Bessern 216
Ich liebe den Verrat 239
Ich liebe dich, mich reizt 129
Ich liebe dir 196
Ich liebe mir den heitern Mann 145
Ich möchte hingehn wie 194
Ich schnitt es gern 183
Ich sei, gewährt mir 159
Ich steh' hier auf meinem Schein 216
Ich träum' als Kind 182
Ich unglücksel'ger Atlas 186
Ich versprach dir, einmal spanisch 130
Ich verstehe die Welt nicht mehr 194
Ich war ein Jüngling noch 178
Ich warne Neugierige 267
Ich weiß, daß ich nichts weiß 60
Ich weiß den Mann von seinem 164
Ich weiß nicht, was soll 187
Ich will Frieden haben 259
Ich will dem Schicksal 171
Ich wittre Morgenluft 217
Ich wollte, es würde Nacht 253
Ick wundre mir 212
Ideale 144, 233
Ignoramus – ignorabimus 104
Ihm ruhen noch im Zeitenschoße 160
Ihr naht euch wieder 139
Ihr seid das Licht der Welt 29
Ihr seid das Salz der Erde 29
Ihr laßt den Armen schuldig 129
Ihre Zahl ist Legion 35
Ikarus 67
Il n'y a que le premier pas 225
Ille terrarum mihi 81
Illusionen 210
Im Auslegen seid frisch 147
Im Deutschen lügt man 148
Im echten Manne ist ein Kind 208
Im gleichen Schritt und Tritt 174
Im kühlen Keller sitz' ich 178
Im Krieg gilt jeder Vorteil 164
Im Wald und auf der Heide 180
Im Westen nichts Neues 212

VERZEICHNIS DER ANFÄNGE UND STICHWÖRTER

Im wunderschönen Monat Mai 186
Immer auf dem Posten 249
Immer langsam voran 180
Immer strebe zum Ganzen 154
Imperativ, kategorischer 118
Imperium et libertas 72
In alle Winde zerstreut 26
In Bereitschaft sein ist alles 219
In deiner Brust 163
In den öden Fensterhöhlen 161
In den Ozean schifft 154
In den Wind reden 41
In der Beschränkung zeigt sich 139
In des Waldes tiefsten Gründen 171
In des Worts verwegenster 152
In diesen heil'gen Hallen 125
In dulci jubilo 98
In eigener Sache 73
In einem kühlen Grunde 184
In flagranti 96
In 50 Jahren ist alles vorbei 212
In Geldsachen hört die 256
In hoc signo vinces 241
In magnis et voluisse sat est 87
In medias res 86
In necessariis unitas 101
In nuce 92
In partibus infidelium 241
In Sack und Asche 19
In Schönheit sterben 235
In seines Nichts durchbohrendem 152
In sieben Sprachen schweigen 184
In spanische Stiefel eingeschnürt 133
In's Innre der Natur 114
In Sünden geboren 38
In vino veritas 53
Inde irae et lacrumae 93
Infandum, regina, iubes 77
Inferno 231
Inquietum est cor nostrum 96
Ins Gras beißen 46
Integer vitae 80
Inter arma silent Musae 73
Interim fit aliquid 70
Intra muros peccatur et extra 84
Introite, nam et hic dii sunt 57
Inzwischen 70
Ipse dixit 57

Ira furor brevis 84
Irren ist menschlich 82
Irrtum 74, 90, 140, 205, 215
Isegrim 117
Ist dies schon Tollheit 218
Ist Gott für uns 40
Italien 129, 254, 256

J'y suis, j'y reste 259
Ja, Bauer! das ist 118
Ja, das Gold ist nur 190
Ja, das haben die Mädchen 211
Ja, der Krieg verschlingt 168
Ja, ja, Prozesse müssen sein 116
Ja und Amen sagen 16
Jäger vor dem Herrn 12
Jägervergnügen 183
Jahre, fette, magere 13
Jahrmarkt des Lebens 24
Je mehr er hat, je mehr er will 125
Jammer 144, *jämmerlich* 233
Je n'en vois pas la necessité 225
Jeder ist seines Glückes Schmied 69
Jeder ist sich selbst der Nächste 70
Jeder soll nach seiner Fasson 247
Jeder Zoll ein König 219
Jedes Land hat die Juden 206
Jedes Volk hat die Regierung 227
Jedoch der schrecklichste der Schrecken 162
Jenseits 218
Jenseits von Gut und Böse 208
Jeremiade 26
Jericho, gehe nach 17
Jesuitenmoral 103
Jeunesse dorée 250
Joch, sanftes 32
Johann, der muntre 114
Johanna geht 166
John Bull 220
Jonathan, Bruder 18
Josef, keuscher 13
Jora, kein 29
Journalist 198, 260
Jubeljahre, alle 15
Jucundi acti labores 74
Judas, Judaskuß, Judaslohn 34
Juden 120, 173, 206

Judizieren, denn wenn ich 135
Jugend 144, 164, 250, 252
Jugendeselei, blöde 188
Jugendsünden 22
Jung 115
Jüngling 114, 154, 178, 185, 192, 203
Jüngster 13
Jurare in verba magistri 84
Juste milieu 254
Jux, einen – will er sich machen 194

Kadavergehorsam 244
Kaffee muß heiß sein 251
Kainszeichen 11
Kairos 64
Kaiser, gebt dem 33
Kalb, ein fettes – schlachten 36
Kalb, goldenes 14, 199
Kalbe, mit fremdem – pflügen 17
Kalt, weder – noch warm 44
Kälte 173
Kammerdiener, für einen 237
Kampf 43, 75, 229
Kampf ums Dasein 221
Kann ich Armeen aus der Erde 166
Kanonen statt Butter 269
Kardinal, ich habe 153
Karnickel, der – hat angefangen 189
Karriere 199
Kassandra 78
Kastanien aus dem Feuer holen 111
Katarrh 209
Kategorien 103
Kathedersozialismus 264
Katz, für die 110
Katze, die – im Sack kaufen 107
Käuflichkeit 247
Kaufmann, königlicher 216
Käuze, es muß auch solche 137
Kaviar für das Volk 218
Kein Feuer, keine Kohle 176
Kein hochzeitliches Kleid anhaben 33
Kein Jota 29
Kein Mensch muß müssen 120
Kein schönrer Tod 111
Kein Talent, doch ein Charakter 188
Kein Wässerchen trüben 91
Keine bleibende Stätte haben 44

Keine Ruh' bei Tag und Nacht 125
Keinen Tropfen im Becher mehr 209
Kelch, möge dieser 34
Keller, im kühlen 178
Kellner(in) 47
Kennst du das Land 129
Keusch wie Joseph 13
Kind 156, 160, 192
Kind des Todes 18
Kinder 40, 138, 208
Kinder dieser Welt 36
Kinder meiner Laune 173
Kinder sind Kinder 40
Kinder, wie die Zeit vergeht 213
Kindisch 40, 167
Kindlich 207
Kirche, die – hat einen guten 143
Kirchenlicht 29
Kirke 49
Klagen 26
Kleid, kein hochzeitlich – anhaben 33
Kleider machen Leute 112
Kleiner Mann, was nun? 213
Kleinigkeiten 149, 225
Kleinlich 154
Klopstock, wer wird nicht 119
Klugheit 31, 107, 131, 169, 192
Knabe 160, 209
Knechtschaft 179, 198
Knigges Umgang mit Menschen 127
Knopp vermeidet diesen Ort 204
Kohlen, feurige – auf sein Haupt 24
Koloß auf tönernen Füßen 26
Komm doch näher 183
Komm herab, o Madonna 208
Komm, setze dir 197
Komme, was kommen mag 219
Kommen Sie rein in die gute Stube 264
Kommet her zu mir alle 32
Kommt ein schlanker Bursch 183
Komödie der Irrungen 215
Kongreß, der – tanzt 253
König 24, 179, 219, 245, 253, 254, 257
Königin! O Gott, das Leben 153
Königlicher Kaufmann 216
Königtum 245
Konrad, sprach die Frau Mama 195
Konservativ 88

Konversationslexikon, wandelndes 95
Kopf 152
Korporal, und wer's zum 158
Krach im Hinterhaus 213
Kraft 67, 182
Kraft durch Freude 269
Kraftgefühl 149
Krank 196, 201
Kreis, kleiner 147
Krethi und Plethi 18
Kreuz, sein – auf sich nehmen 31
Krieg 73, 96, 141, 149, 163, 164, 168, 184, 242, 258
Krieg bis aufs Messer 252
Krieg den Palästen 250
Krieg der Vater aller Dinge 57
Kritik 119, 140
Krösus 236
Krumme Wege 16
Kühl bis ans Herz hinan 128
Kühnheit 80
Kultur, die alle Welt beleckt 135
Kulturkampf 261
Kummer 238
Kundiger Thebaner 219
Künftige Ereignisse 221
Kunst 57, 109, 145, 148, 153, 157, 162, 208, 228, 229
Künstler 119, 229, 231, 240
Kunstwerk ein Stück Schöpfung 229
Kurz ist der Schmerz 167
Kürze 86, 92
Kuß, einen – in Ehren 124

L'appetit vient en mangeant 223
L'art pour l'art 228
L'État c'est moi 246
L'Italia farà da se 254
La comédie humaine 228
La femme de trente ans 228
La Grande Nation 250
Labor omnia vincit improbus 76
Labyrinth 66
Lächeln 131, 211, 238
Lachen 82, 85, 120, 142
Lachen, sardonisches 50
Lächerlich 252
Lager 190

Laissez faire 248
Lamm, wie ein 25
Lämmchen, ein junges 121
Lampe, nach der – riechen 63
Land, das unentdeckte 218
Land der Griechen 129
Land der unbegrenzten 267
Land, gelobtes 12
Land, gesegnetes 14
Landgraf, werde hart! 106
Landgut 239
Landsturm 180
Lang, lang ist's her 221
Lange her, es ist schon 192
Langsam, immer – voran 180
Langweilig 226
Lärm um nichts 216
Lärm, wozu der 142
Larven, unter 155
Lasciate ogni speranza 231
Laß fahren dahin 109
Laß, o Welt 192
Laster 13
Lästerschule 221
Last, not least 217
Laßt uns besser werden 124
Laßt, Vater, genug sein 155
Laßt wohlbeleibte Männer 216
Laterne des Diogenes 62
Latet anguis in herba 76
Laudator temporis acti 86
Lauen, die – werden ausgespien 44
Lauf dieser Welt 42
Lauheit 44
Laune 152
Lazarus 36
Le roi est mort 245
Le roi règne 245
Le roi s'amuse 229
Le style c'est l'homme 225
Leb' denn wohl, so 191
Lebe, wie du, wenn du stirbst 115
Leben 20, 22, 57, 114, 129, 149, 153, 155, 157, 158, 165, 168, 171, 198
Leben, neues 170
Leben, um zu essen 60
Leben wie im Paradies 123
Lebende, und der – hat recht 167

VERZEICHNIS DER ANFÄNGE UND STICHWÖRTER

Lebendig 24, 146
Lebenslauf 73, 174
Lebensmitte 231
Lebensregel 26, 89, 115, 139, 144, 199, 200, 220
Lebensverachtung 172
Lebenszweck 59, 94, 202, 205
Lebt wohl, ihr Berge 166
Leergebrannt ist die Stätte 161
Leerheit 94, 99
Legion, ihre Zahl ist 35
Legt's zu dem Übrigen 150
Lehren, lernen 90
Lehrstand, Nährstand, Wehrstand 109
Leiche 122, 155
Leichenbegräbnis erster Klasse 262
Leichnam, nur über meinen 122
Leicht beieinander wohnen 164
Leichtsinn 248
Leid 22, 124
Leid, es ist mir – um dich 18
Leide und meide 66
Leiden 50, 54, 265
Leiden sind Lehren 54
Leidenschaft 76
Leipzig, mein – lob' ich mir 135
Leise, leise, fromme Weise 183
Leitfaden 67
Lenden, seine – gürten 14
Lerne leiden, ohne zu klagen 265
Lernen 90, 146, 170, 202
Les extrêmes se touchent 224
Lesen 119, 140, 146
Lethe 52
Letzter 33, 169, 221
Leuchte der Weisheit 29
Leute, gute 176
Leutnants, die 187
Liberalismus 248
Licht 10, 20, 29, 127, 149
Licht der Welt 29
Lieb Vaterland, magst ruhig 194
Liebe 25, 40, 58, 61, 70, 76, 101, 105, 125, 129, 136, 138, 143, 145, 146, 151, 152, 165, 175, 176, 191, 196, 197, 210, 213, 215, 218, 227, 229
Liebe, blinde 61
Liebe deinen Nächsten 15

Liebe, erste 160, 227
Liebe, heimliche 176
Liebe ist stark 25
Liebe macht blind 61
Liebe, platonische 61
Liebe und Trompetenblasen 198
Lieben Freunde, es gab 167
Lieber der Erste hier 239
Lieber ein Ende mit Schrecken 252
Lieber einen Freund verlieren 83
Lieber reich, aber glücklich 213
Lieber spät als niemals 87
Liebes-Leid und -Lust 215
Lieblich war die Maiennacht 185
Liebling der Grazien 130
Lied, politisch 134
Lied, so ein –, das Stein erweichen 116
Lied vom braven Mann 123
Lieder 126
Likör 203
Lilien, die – auf dem Felde 30
Limonade, die – ist matt 150
Links müßt ihr steuern 192
Linsengericht 13
Litterae non erubescunt 75
Lockung 23, 108
Lohn 16, 35, 43, 150
Longo sed proximus intervallo 79
Longum iter est per praecepta 90
Lorelei 187
Los des Schönen 165
Losgelassen, wehe wenn sie 161
Losgelassen, wo haben sie den 207
Lösung 61, 236, 245
Losungswort 16, 241
Löwenanteil 55
Lucus a non lucendo 92
Lüfte, die linden 174
Lüge 261
Lügenpropheten 19
Lügner 23, 91, 92, 115, 117, 185, 261
Luise, du bist blaß 150
Lukullisches Mahl 239
Lumen 29
Lump, der größte 193
Lupus in fabula 71
Lust, es ist eine – zu leben 108
Lust und Liebe sind die Fittiche 130

VERZEICHNIS DER ANFÄNGE UND STICHWÖRTER 301

Lützows wilde, verwegene 179
Lynchjustiz 249

Mach deine Rechnung 170
Mach End', o Herr 113
Macht 109, 209, 215, 261
Macht der Verhältnisse 180
Macht geht vor Recht 261
Macht mir den rechten Flügel 267
Macht, mit unsrer 109
Mädchen 136, 138, 160, 192, 211
Made in Germany 265
Mai 112, 124, 151, 185, 186, 190, 193, 210
Maiennacht, lieblich war die 185
Makler, ehrlicher 262
Maler, ein rechter 205
Malerei – eine stumme Poesie 55
Mammon, Mammonsdiener 30
Man geht nie weiter 145
Man kehrt immer zur ersten Liebe 227
Man lebt nur einmal 127
Man lernt nichts kennen 145
Man merkt die Absicht 131
Man muß die Feste feiern 200
Man muß Gott mehr gehorchen 39
Man soll die Stimmen wägen 171
Man soll keinen vor seinem Ende 28
Man spricht selten von der Tugend 119
Man spricht vom vielen Trinken 198
Man spricht vergebens viel 130
Mancher lernt es nie 208
Manet alta mente repostum 77
Mangel 14, 175
Mann 18, 19, 40, 64, 123, 132, 135, 142, 145, 161, 163, 169, 182, 192, 207, 208, 258
Mann, braver 123, 169
Mann und Amt 164
Mann und Frau sind eins 10
Mann und Weib 10, 11, 40
Manna in der Wüste 14
Männer machen die Geschichte 208
Männerstolz vor Königsthronen 150
Mantel, den – nach dem Winde 105
Mantel der Liebe 43
Märchen 120
Margretlein zog ein schiefes Maul 143

Mark und Bein durchdringen 44
Marmorglatt 173
Mars regiert die Stunde 164
Marschallstab im Tornister 252
Martha, Martha 197
Maß, mit dem ihr messet 35
Masse 88
Masse Mensch 234
Mäßigung 53
Mater dolorosa 98
Materie 79
Matt 150
Matthäi am letzten 35
Mauer, eine – um uns 176
Max, bleibe bei mir 165
Max und Moritz 201–203
Mäzen 93
Mea culpa 97
Mea virtute me involvo 82
Medio tutissimus ibis 88
Medizin 134
Meer 236
Mehr Inhalt, weniger Kunst 218
Mehr, je – er hat 125
Mehr Licht 149
Mehr Schulden als Haare 22
Mehr sein als scheinen 267
Mehrheit, was ist die 171
Mein Freund, die Zeiten 133
Mein Gehirn treibt öfters 152
Mein Gewissen beißt mich nicht 113
Mein Herz im Hochland 191
Mein Herz ist wie ein Bienenhaus 193
Mein idealer Lebenszweck 205
Mein Joch ist sanft 32
Mein Lebenslauf ist Lieb' 174
Mein Leipzig lob' ich mir 135
Mein Lieb', wir sollen beide 186
Mein Liebchen, was willst du mehr 187
Mein Name ist Hase 259
Mein schönes Fräulein 136
Mein Sohn, ich rate dir gut 193
Mein Sohn, was birgst du 128
Meine bessere Hälfte 215
Meine Minna geht vorüber 150
Meine Mittel erlauben mir das 198
Meine Ruh' ist hin 137
Meines Lebens schönster Traum 202

Meinung 71, 164, 238
Meister 53, 194
Meister in Israel 38
Meister, verachtet mir die – nicht 194
Mendacem memorem esse oportet 92
Menetekel 26
Menge 156
Mens agitat molem 79
Mens sana in corpore sano 94
Mensch 15, 20, 22, 23, 24, 58, 71, 120,
    124, 132, 136, 140, 141, 145, 146,
    155, 160, 162, 168, 195, 205, 223
Mensch, bezahle deine Schulden 187
Mensch, der inwendige 39
Mensch, ein guter 140, 203
Mensch, ein heilloser 18
Menschen, einen neuen – anziehen 42
Menschenherz, das arme 194
Menschenleben, es gibt im 165
Menschenseele, eine schöne 122
Menschheit, der – Würde 153
Menschliches, Allzumenschliches 208
Menschliches, nichts – fremd 71
Mentor 48
Messer ohne Klinge 118
Methode 101, 218
Methode Coué 267
Methusalem 11
Meum est propositum 98
Mich ergreift, ich weiß nicht wie 139
Milch der frommen Denkart 170
Milch und Honig 14
Milchmädchenrechnung 116
Miles gloriosus 69
Militär 187
Minna, meine 150
Mir ekelt vor diesem 149
Mir ist, als ob ich die Hände 187
Mir wird von alle dem so dumm 133
Misera plebs 99
Mißbilligung, -fallen 18, 256
Mißmut 143, 215
Mißtrauen 77
Mit dem Belagerungszustand 254
Mit dem Mantel der Liebe 43
Mit dem Maß, mit dem ihr messet 35
Mit der Dummheit kämpfen 167
Mit der Zeit wird alles heil 202

Mit einem heitern, einem nassen 217
Mit einem ins Gericht gehen 23
Mit einem Tropfen 256
Mit Engelszungen reden 40
Mit fremdem Kalbe pflügen 17
Mit Furcht und Zittern 41
Mit gleicher Liebe lieb' ich 151
Mit Gott für König 253
Mit seinem Pfunde wuchern 37
Mit Skorpionen züchtigen 19
Mit solchem Gesindel 248
Mit unsrer Macht ist nichts getan 109
Mit Verlaub, ich bin so frei 204
Mit wenig Witz und viel Behagen 135
Mit wie wenig Verstand die Welt 244
Mit Windmühlen kämpfen 233
Mit Worten läßt sich trefflich 134
Mitleid 129, 219
Mittel 102, 198, 203
Mittel, letztes 79, 234
Mittelmäßig 81
Mittelweg 88, 192, 254
Mitten hinein 86
Mitternacht, die – zog näher 185
Mobilium turba Quiritium 80
Modus vivendi 103
Möge dieser Kelch an mir 34
Mögen die Federn der Diplomaten 253
Möglichkeit 68, 71, 96, 164, 166, 178
Mohikaner, der letzte 221
Mohr, der – hat 150
Mohrenwäsche 25
Moloch 15
Monat, dieser – ist ein Kuß 112
Mondbeglänzte Zaubermacht 172
Moral 118, 124, 126, 130, 131, 206,
    258
Moralische Eroberungen 259
Morgen 193
Morgen, Kinder, wird's was geben 126
Morgen, morgen, nur nicht heute 119
Morgen muß ich fort von hier 176
Morgenluft, ich wittre 217
Möros, den Dolch 158
Moses und die Propheten 36
Most, wenn sich der 148
Möwen, die – sehen alle aus 211
Mücken seihen 33

Müde 128, 193, 265
Müde bin ich, geh' zur Ruh 193
Müde, ich bin es 249
Müde, nicht – werden 42
Mühe 11, 86, 90, 149, 168
Mühselig und beladen 32
Mulier taceat in ecclesia 41
Multa tulit fecitque puer 87
Multis ille bonis flebilis occidit 80
Münchhausen 117
Mund 32, 47
Mundus vult decipi 107
Munter 114
Musenquell 51
Musik wird oft 204
Musika, Frau 199
Musikantenkehle 199
Muße 73, 76, 82
Müßiggang, geschäftiger 117
Mustern, nach berühmten 207
Musterung halten 149
Mut 79, 111, 157, 169
Mut, Mütchen kühlen 14
Mut zeiget auch der Mameluck 157
Mutatis mutandis 103
Mutter, und die – blickte 195
Mutter, wenn du noch eine 197
Mutterleib, von 110
Muttersprache 179
My house is my castle 215
Myrmidonen 46

Nach Adam Riese 110
Nach berühmten Mustern 207
Nach Canossa gehen wir nicht 262
Nach der Heimat möcht' ich wieder 209
Nach der Lampe riechen 63
Nach der Pfeife tanzen 54
Nach Freiheit strebt der Mann 132
Nach getaner Arbeit 74
Nach Golde drängt 136
Nach Kreuz und ausgestanden 124
Nachahmung 36, 85
Nachbar, böser 171
Nachbarin! Euer Fläschchen 138
Nachfolge 125
Nachrede 116, 123

Nachruf 80, 122, 139, 217
Nachsicht 15
Nächste, jeder sich selbst der 70
Nächstenliebe 15, 43
Nacht 38, 165, 194, 253
Nacht muß es sein 165
Nachtigall, ich hör' dich 117
Nachtlager von Granada 190
Nächtlich am Busento 190
Naiv 116
Name 12, 69, 72, 124, 137, 216
Name ist Schall und Rauch 137
Namen nennen dich nicht 124
Narr, und ein – wartet 188
Natur 85, 102, 114, 148
Natur und Geist 148
Natura non facit saltus 102
Naturalia non sunt turpia 76
Naturam expelles furca 85
Naturell der Frauen 148
Naturen, problematische 146
Naturrecht 134
Navigare necesse est 238
Nazareth, was kann von 38
Ne quid nimis 53
Non plus ultra 21
Neigung 200
Nein 29, 130, 142
Nektar 48
Nel mezzo del cammin 231
Nervus rerum 63
Nescis, quid vesper 71
Nessun maggior dolore 231
Nessushemd 66
Nestor 46
Neu 119, 168, 190
Neue Besen kehren gut 105
Neuerungssüchtig 239
Neues hat die Sonne 167
Neugierige, ich warne 267
Neuling 237
Neurasthenie 209
Nicht alle kehren wieder 168
Nicht die Kinder bloß 120
Nicht ein Jota 9
Nicht für einen Wald von Affen 216
Nicht haben, wo man sein Haupt 31
Nicht jedes Mädchen 136

Nicht mitzuhassen 58
Nicht müde werden, Gutes zu tun 42
Nicht nur fort 208
Nicht so der Dichter 205
Nicht von dieser Welt 38
Nicht wert, die Schuhriemen 35
Nichtigkeit 82
Nichts 75, 152
Nichts Besseres zu hoffen 28
Nichts Bessers weiß ich mir 141
Nichts dahinter 43
Nichts halb zu tun 121
Nichts ist dauernd 185
Nichts Menschliches fremd 71
Nichts Neues 24, 119, 167, 212
Nichts von Verträgen 166
Nichts zu sehr 53
Nichtstun 232
Nichtswürdig ist die Nation 166
Nichtwissen 37, 60, 104, 259
Nie sollst du mich befragen 194
Niederlage 78, 236
Niederträchtige, übers 147
Niemals 240
Niemals davon sprechen 263
Niemand, es wandelt – ungestraft 144
Niemand kann zwei Herren dienen 30
Niemand vor seinem Tode 53
Nihil est ab omni parte beatum 81
Nil admirari 57
Nil mortalibus arduum 80
Nil sine magno vita labore 83
Nimm alle Kraft zusammen 175
Nimrod 12
Nitimur in vetitum 88
Noble Passionen 117
Noblesse oblige 227
Noch am Grabe pflanzt er 157
Noch eine hohe Säule 175
Noch einmal, Robert 178
Noch ist es Tag 145
Noch ist Polen nicht verloren 250
Noch keinen sah ich 157
Noch sind die Tage der Rosen 173
Nolens volens 91
Noli me tangere 38
Noli turbare circulos meos 65
Nomen est omen 69

Nomina sunt odiosa 72
Non erat his locus 86
Non liquet 72
Non multa, sed multum 92
Non nostrum tantas componere 76
Non olet 240
Non omnia possumus 71
Non omnis moriar 82
Non plus ultra 21
Non propter vitam 94
Non ridere, non lugere 102
Non scholae sed vitae 90
Non sum qualis eram 82
Nonumque prematur 87
Norden, hoher 76
Nörgler 47
Not 108, 167, 216
Not, aus tiefer 108
Not darf die Wehmutter 193
Not, der – gehorchend 167
Notwendigkeit 36, 82, 91, 120, 128,
  142, 164, 167, 225
Novarum rerum cupidus 239
Nuda veritas 80
Nulla dies sine linea 63
Nullacht-Fünfzehn 213
Nullum est iam dictum 70
Nullum magnum ingenium 91
Nullus est liber tam malus 92
Nun aber bleibet Glaube 41
Nun danket alle Gott 28
Nun hast du mir den ersten 182
Nun hat die liebe Seele Ruh' 36
Nun muß sich alles wenden 174
Nun ruhen alle Wälder 113
Nun sei bedankt, mein lieber 194
Nunc animis opus 79
Nunc est bibendum 81
Nur dem Ernst 153
Nur der Starke wird das Schicksal 153
Nur die Lumpe sind bescheiden 144
Nur einmal blüht 210
Nur über meine Leiche 122
Nur wer die Sehnsucht kennt 129
Nur wer im Wohlstand lebt 212
Nürnberger Trichter 112
Nutrimentum spiritus 248
Nutzen 73

O alte Burschenherrlichkeit 181
O daß sie ewig grünen bliebe 160
O diese Männer 207
O du lieber Augustin 114
O du mein holder Abendstern 194
O Ewigkeit, du Donnerwort 112
O Herr, er will mich fressen 27
O imitatores 85
O Königin, du weckst 77
O lieb, so lang du lieben 191
O mein Sohn Absalom 18
O mihi praeteritos 79
O quae mutatio rerum 103
O quantum est in rebus inane 94
O rühret, rühret nicht daran 199
O sancta simplicitas 242
O selig, o selig, ein Kind 192
O schmölze doch dies allzu feste 217
O tempora, o mores 72
O Trank voll süßer Labe 138
O welch ein edler Geist 219
O zarte Sehnsucht 160
Obdachlos 31, 44
Oberschicht 221
Obstupui steteruntque comae 78
Ochsen, du sollst dem 16
Oderint, dum metuant 71
Odi profanum vulgus 81
Öffentliches Geheimnis 233
Öffentlichkeit 31
Oh, du Spitz, du Ungetüm 202
Oh, hüte dich vor allem Bösen 203
Oh, ich bin klug und weise 192
Oh, wie so trügerisch 232
Oh, wunderschön ist Gottes Erde 123
Ohe iam satis 69
Ohne Ansehn der Person 15
Ohne Wahl verteilt die Gaben 168
Ohnmacht 138
Ohren, tauben – predigen 25
Ohren, wer – hat zu hören 32
Öl in die Wunden gießen 36
Oleum et operam perdidi 69
Olymp 47
Olympische Ruhe 47
Ölzweig 11
Omnes eodem cogimur 81
Omnes una manet nox 80

Omnia mea mecum porto 53
Omnia vincit Amor 76
Omnibus verpaßt 270
Omnis homo mendax 23
Onkel 209
Onkel Sam 252
Opfer, das – liegt 171
Opportunismus 105
Ora et labora 97
Oratio pro domo 73
Ordnung, heilige 161
Original, fahr hin 148
Österreich 242
Ôte-toi de là 227
Otium cum dignitate 73

Paar, das entmenschte 156
Palmen, unter 144
Pandora 51
Panem et circenses 94
Panischer Schrecken 60
Pappenheimer, meine 165
Par nobile fratrum 84
Parcere subiectis 79
Paris, klein 135
Parisurteil 48
Parnaß 50
Parta tueri 88
Partei ergreifen 32
Parteien 157, 267
Parturient montes 86
Pas trop de zêle 251
Passionen, noble 117
Passiver Widerstand 257
Pater, peccavi 36
Patriarch, sagt der 120
Patroklus, auch – ist gestorben 48
Paulus, du rasest 39
Pauper ubique iacet 89
Pax tecum (vobiscum) 19
Pech, wer – angreift 28
Pecunia non olet 240
Pedant 143
Pegasus 52
Pelion, Ossa 49
Penelope 48
Per aspera ad astra 91
Per tot discrimina rerum 77

Perfer et obdura 88
Periculum in mora 87
Perlen bedeuten Tränen 120
Perlen vor die Säue 30
Persönlichkeit 147
Pessimismus 200, 218
Pfad der Tugend 51
Pfahl im Fleisch 42
Pfeife, nach der – tanzen 54
Pferd 77, 216, 233, 262
Pferdewechsel 263
Pfingsten, das liebliche Fest 138
Pflicht 146, 153, 208, 251
Pfund, das anvertraute 34, 37
Phantasiegebilde 59
Pharisäer 37
Philemon und Baucis 88
Philippika 73
Philister 17
Philosophen, die – haben 193
Phönix aus der Asche 89
Pia desideria 101
Pia fraus 89
Plage 30
Plaisir, tel est notre 242
Platonische Liebe 61
Platz machen 143, 170, 227
Platz dem Landvogt 170
Platz! süßer Pöbel 143
Pöbel aller Sorte, wenn der 199
Pol, der ruhende 153
Polen, noch ist 250
Politik 62, 134, 184, 252, 262, 264, 265
Politik der Nadelstiche 265
Politiker, ich beschloß – zu 269
Politisch Lied ein garstig Lied 134
Politische Brunnenvergiftung 262
Pontius zu Pilatus, von 37
Port, vom sichern 169
Post equitem sedet atra cura 81
Post festum 61
Post nubila Phoebus 98
Posten, immer auf dem 249
Postille, auf die – gebückt 127
Potemkinsche Dörfer 250
Potius sero 87
Prahler 69

Prediger in der Wüste 25
Preis 207, 247
Preis, jeder hat seinen 247
Preisend mit viel schönen 175
Pressefreiheit 247
Preuße, ich bin ein 190
Priester 33
Principiis obsta 88
Prinzipienreiter 255
Pro aris et focis 75
Pro domo 73
Probitas laudatur et alget 93
Problematische Naturen 146
Prokrustesbett 65
Proletarier aller Länder 257
Prophet, der – gilt nichts 32
Prophete rechts, Prophete links 128
Propheten, falsche 19
Proteus 48
Prozeß 226
Prozesse müssen sein 116
Prüfe, wer sich ewig bindet 160
Prüfen 21, 26, 28, 43
Prüfet alles 43
Psalmistenalter 22
Publikum 192
Pudel 142, 162
Pulchrum est digito monstrari 94
Pulvis et umbra sumus 82
Punctum saliens 62
Punkt, fester 65
Punkt, springender 62
Pünktlichkeit ist die Höflichkeit 254
Puppen, bis in die 247
Pyrrhussieg 237

Quadrupedante putrem 79
Quae medicamenta non sanant 57
Quaestio facti 100
Qual 49, 66
Qualis artifex pereo 240
Qualis dominus, talis et servus 94
Quamvis sint sub aqua 88
Quando conveniunt Ancilla 101
Quandoque bonus dormitat 86
Quantum est 94
Quantum mutatus ab illo 78
Quelle, an der – saß der Knabe 168

Quem di diligunt 63
Qui mange du pape 242
Qui pro quo 103
Quis s'excuse, s'accuse 96
Qui tacet, consentire videtur 98
Quid pro quo 103
Quid sit futurum 80
Quidquid agis, prodenter agas 27
Quidquid delirant reges 84
Quidquid id est, timeo Danaos 77
Quieta non movere 76
Quis leget haec? 71
Quis? Quid 103
Quis tulerit Gracchos 93
Quisling 270
Quo semel est imbuta 85
Quo vadis? 95
Quod differtur, non aufertur 96
Quod erat demonstrandum 65
Quod licet Jovi 100
Quod non est in actis 100
Quod tibi fieri non vis 27
Quorum pars magna fui 77
Quos Deus perdere vult 58
Quos ego! 77
Quot homines, tot sententiae 71
Quousque tandem? 72

Rabe, weißer 94
Rache 14, 16, 25, 78, 125
Rad, fünftes 105
Rangordnung 74
Raphael wäre ein großer Maler 119
Rari nantes in gurgite vasto 77
Rasch tritt der Tod 171
Raste nie, doch haste nie 209
Rat 169, 193
Ratgeber 48, 87
Ratlos 132, 153, 202, 210, 212
Rätsel 52, 153
Raub, den – teilen 16
Räuber 171
Raum für alle 169
Raum ist in der kleinsten Hütte 168
Räume, die – wachsen 161
Rausch, wer niemals einen 172
Räuspern 158
Rè galantuomo 257

Rechnung, mach deine 170
Recht 75, 134
Recht behalten, wer 136
Recht muß Recht bleiben 22
Rechte, tu nur das 145
Rechter Hand, linker Hand 197
Rechtfertigung 25
Rechthaberei 115
Rechtschaffenheit 93, 124
Rechtsfrage 100
Rechtsverdreher 16
Rechttun 26, 79, 145
Rede, der langen 163
Rede, eure – sei 29
Rede, geharnischte 73
Redekunst 70, 133
Reden, wenn gute 158
Regen, der – regnet 160
Regierung 229, 244, 254, 256
Regierung des Volkes 258
Reich mir die Hand, mein Leben 125
Reichtum 14, 30, 78, 82, 84, 88, 188, 213, 236, 250
Reif, es fiel ein 188
Reife 148
Reim dich, oder ich freß dich 113
Reinen ist alles rein 43
Reinen Tisch machen 62
Reinlichkeit 136
Reise, wenn jemand eine – tut 122
Reiter über den Bodensee 189
Reiz, ohne 202
Relata refero 58
Religion 244, 263
Religion ist Opium 263
Rem tene, verba sequuntur 70
Reptilienfonds 261
Requiescat in pace 21
Rerum cognoscere causas 76
Reservatio mentalis 99
Reservatio Jacobea 44
Rest für die Gottlosen 22
Restitutio in integrum 97
Restrictio moralis 99
Rettung 83, 169
Reue, 37, 159
Revolution 193, 250, 258, 260
Revolutionäre in Schlafrock 258

Rex regnat, sed non gubernat 245
Rhadamanth 66
Rhein 122, 179
Richten 23, 30, 34
Richter 66, 135
Richtet nicht 30
Richtung, die janze 266
Ridendo dicere verum 82
Riese, Adam 110
Riese Goliath 18
Riesenmaß der Leiber 156
Right or wrong 253
Rin in die Kartoffeln 207
Rinaldo Rinaldini 171
Risum teneatis, amici 85
Ritt in das alte romantische Land 121
Ritter ohne Furcht und Tadel 244
Ritter von der traurigen Gestalt 233
Rocher de bronze 246
Rom, viel Wege nach 68
Roma aeterna 87
Roma locuta, causa finita 103
Romantik 121, 172, 174
Rose 120, 123, 188, 190
Rosen auf den Weg gestreut 123
Rosinante 233
Roß und Reiter sah ich 165
Rotte Korah 15
Rotwein ist für alte Knaben 204
Rubikon, den – überschreiten 239
Rücksichtslosigkeiten, goldne 199
Rückwärts, rückwärts 122
Rückwärts, sich – konzentrieren 259
Rudis indigestaque moles 88
Ruere in servitium 94
Ruf, besser als sein 90
Rufer im Streit 47
Ruhe 36, 47, 125, 128, 129, 137, 193, 251
Ruhe in Frieden 21
Ruhe ist die erste Bürgerpflicht 251
Ruhig sein –, bleibe ruhig 129
Ruhm 12, 28, 79, 82, 91, 94, 148, 152, 168
Rühr mich nicht an 38
Rühren, ein menschliches 158
Rühret nicht daran 199
Rumor, großen – machen 17

's Geschäft bringt's mal so mit 197
's ist mal bei mir so Sitte 206
's ist eine der größten 136
's wird besser gehen 190
Saat der Zwietracht 64
Saat, von Gott gesäet 118
Sache, in eigener 73
Sack und Asche 19
Sacrificium intellectus 263
Sacro egoismo 267
Sage mir, mit wem du umgehst 145
Sagt der Patriarch 120
Sah ein Knab' 127
Säkulum tintenklecksendes 149
Salomo, weise wie 30
Salomonisches Urteil 19
Salus populi 74
Salz der Erde 29
Salzsäule 13
Samariter 35
Samiel, hilf! 183
Sancta simplicitas 242
Sand am Meer 13
Sänger, drum soll der 166
Sängers Höflichkeit 177
Sans phrase(s) 250
Saepe stilum vertas 84
Sapere aude 84
Sapienti sat 69
Sardonisches Lachen 50
Satire 93
Sauer, das Leben – machen 14
Sauerkohl, daß sie von dem -e 202
Saufen, das muß immer 157
Sauft Wasser 181
Saul, du kommst mir vor wie 17
Saul, wie kommt 18
Säule, noch eine hohe 175
Saulus, aus einem – ein Paulus 39
Schadenfreude 205
Schafe zur Rechten 34
Schale des Zorns 44
Schäme dich, schäme dich 197
Schamhaft 10
Schamlos 75
Schatz, wo euer – ist 30
Schätze sammeln, wie weder 30
Schauspiel 88, 128, 132

VERZEICHNIS DER ANFÄNGE UND STICHWÖRTER 309

Schauspieler 158
Scheideweg 60
Schein 34, 120, 162
Schein, ich steh' hier auf meinem 216
Scheitel, vom – bis zur Sohle 16
Schenken, gleich 136
Scherbengericht 236
Scherflein der Witwe 35
Schiboleth 16
Schicket euch in die Zeit 40
Schicksal 122, 153, 154, 161, 163, 171, 191, 221, 252
Schier dreißig Jahre 185
Schiffe hinter sich verbrennen 79
Schild des Glaubens 42
Schildbürgerstreiche 111
Schimpfen 88
Schlaf 23, 24, 116, 165
Schlaf des Gerechten 24
Schlägt dich einer auf die rechte 29
Schlagt ihn tot, den Hund 127
Schlange am Busen 54
Schlange, Lernäische 52
Schlecht 104
Schleswig-Holstein 194
Schlichten 76
Schlimmeres 32, 50
Schlimmeres hast du erduldet 50
Schlösser, die im Monde liegen 210
Schmerbauch 123
Schmerz(en) 125, 167, 175, 176, 182, 186, 204
Schmied seines Glückes 69
Schnee, und wenn der ganze 210
Schnell fertig ist die Jugend mit 164
Schnelligkeit 239, 250
Schön, es wär' so – gewesen 198
Schon gesagt 70, 146, 147, 195
Schon Schlimmeres hast du 50
Schöne, auch das – muß sterben 159
Schöne Seele 138
Schönheit 125, 143, 152, 159, 165, 184
Schönheit, in – sterben 235
Schoß der Götter, im 47
Schrecken 60, 162, 175
Schreiben, er kann – rechts 198
Schriftlich 133, 143
Schritt und Tritt, im gleichen 174

Schuh, wo einen der – drückt 238
Schuhriemen auflösen 35
Schuld 11, 129, 168, 199
Schuld und Fehler, frei von 156
Schuldbekenntnis 36, 97
Schuldbuch, unser 150
Schulden 22, 150, 187
Schule 90
Schulen, auf Deutschlands hohen 206
Schulter, auf die – geküßt 206
Schulweisheit 217
Schuppen vor den Augen 39
Schuster, bleib bei deinem Leisten 63
Schutzengel 27
Schwabe, der wackre 175
Schwäche 26, 34, 66, 152
Schwachheit 89, 217
Schwachheit, dein Name 217
Schwalbe, Sommer 55
Schwamm drüber 206
Schwan, mein lieber 194
Schwanenlied 58
Schwärmer, sonderbarer 153
Schwarz auf weiß 133
Schwarzer Tag 69
Schwede, alter 246
Schweig stille, mein Herze 192
Schweigen 37, 72, 81, 96, 98, 114, 151, 156, 177, 184, 192, 194, 201, 219
Schweiß 11, 117, 159
Schwert des Geistes 42
Schwert, zweischneidiges 23
Scylla und Charybdis 49
Sed fugit interea 77
See 169, 200
Seefahrt 238
Seele(n) 138, 141, 151, 193
Seelenfrieden 153
Segen 27, 159, 162
Sehet, welch ein Mensch 38
Sehnsucht 129, 160
Seht, da ist die Witwe Bolte 201
Seht den Himmel, wie heiter 126
Sei ein Mann 19
Sei getreu bis an den Tod 44
Sei im Besitze 164
Sei mir gegrüßt, mein Berg 154
Sei ruhig, bleibe ruhig 129

VERZEICHNIS DER ANFÄNGE UND STICHWÖRTER

Seid einig 170
Seid klug wie die Schlangen 31
Seid umschlungen, Millionen 150
Seifensieder 114, 158
Sein Haus auf Sand bauen 31
Sein Haus bestellen 25
Sein Kreuz auf sich nehmen 31
Sein Licht leuchten lassen, unter den Scheffel stellen 29
Sein Pfund vergraben 34
Seine Worte wägen 28
Sein – scheinen 267
Sein oder Nichtsein 218
Seinen Tag von Damaskus erleben 39
Seiner Länge eine Elle zusetzen 30
Seines Fleißes darf sich 119
Selbstbeherrschung 145
Selbsterkenntnis 53, 155
Selbstgerecht 37
Selbsthilfe 34
Selbstverleugnung 32
Selbstvertrauen 134
Selig lächelnd 211
Selig, o selig 192
Selig sind die Armen 28
Selig, wer sich vor der Welt 128
Seligkeit 48 *Selten* 15, 93, 94
Selten habt ihr mich verstanden 186
Semper aliquid haeret 101
Semper idem 74
Sesam, öffne dich 188
Setzen wir Deutschland, sozusagen 261
Shakespeare und kein Ende 145
Si fractus illabatur orbis 81
Si non è vero 231
Si parva licet componere magnis 58
Si tacuisses 96
Si vis pacem 96
Sic itur ad astra 79
Sic me servavit Apollo 83
Sic transit gloria 99
Sic volo, sic iubeo 94
Sic vos non vobis 80
Sich die Augen ausweinen 26
Sich einen Namen machen 12
Sich freuen wie ein Stint 172
Sich in die Höhle des Löwen 55
Sich kein Gewissen machen 40

Sich mit fremden Federn schmücken 54
Sich rückwärts konzentrieren 259
Sich selbst verleugnen 32
Sie haben nichts gelernt 254
Sie hat ein gutes Werk an mir getan 34
Sie hat ihr Herz entdeckt 200
Sie ist die erste nicht 144
Sie konnten zusammen 176
Sie säen nicht 30
Sie sehn den Wald vor lauter 120
Sie sind verdorben, gestorben 188
Sie sind von uns ausgegangen 43
Sie wissen nicht, was sie tun 37
Sieben, böse 107
Sieg 237, 241, 269
Sieh da, sieh da, Timotheus 156
Sie, das Gute liegt so nah 131
Sieh nach den Sternen 200
Sielen, in den – sterben 262
Silberstreifen am Horizont 268
Silent leges inter arma 73
Simila similibus curantur 104
Sine Cerere et Libero 70
Sine ira et studio 94
Sing, bet und geh auf Gottes Wegen 113
Singe, wem Gesang gegeben 175
Singen, das hat mit ihrem 187
Sinn, dunkel war der Rede 156
Sinn, ein tiefer – wohnt 165
Sinn, hoher – liegt oft 167
Sinnenglück und Seelenfrieden 153
Sinnt, denn was er 175
Sire, geben Sie Gedankenfreiheit 152
Sirene(ngesang) 49
Sisyphusarbeit 49
Sit venia verbo 92
Sitte, gute 41, 146
Sitte, 's ist mal bei mir so 206
Sittenverfall 72
Sklave 155, 249
Skorpionen, mit – züchtigen 19
So ein Lied, das Stein erweichen 116
So ein verliebter Tor verpufft 143
So eine Arbeit wird eigentlich 129
So ist's mein Feldherr 165
So leb denn wohl 191
So leben wir 114
So sehen wir uns wieder 153

So streng sind dort die Bräuche 181
So tauml' ich von Begierde 137
So wahr Gott lebt 20
So willst du treulos 154
Sobald das Geld im Kasten 243
Sobald du dir vertraust 134
Societas leonina 55
Sodom und Gomorrha 13
Sohn 18, 28, 36, 128, 193
Sohn, da hast du meinen Speer 125
Solamen miseris 54
Soll ich meines Bruders Hüter sein 11
Sonderbarer Schwärmer 152
Sonne 113, 151, 153, 182, 191, 195, 210, 252
Sonntags soll jeder Bauer 246
Sorge 30, 81, 174, 203, 205, 237
Sorget nicht für den andern Morgen 30
Sorglos 80, 123
Soviel Köpfe, soviel Sinne 71
Soweit die deutsche Zunge klingt 179
Spanien 199
Spanisch kommen 130
Spaß 143, 194
Spät kommt Ihr 163
Spectatum veniunt 88
Spekulation 133
Spende 35
Sphärenharmonie, -musik 57
Sphinx 52
Spiegel 118
Spiegelberg, ich kenne dich 149
Spiritus flat, ubi vult 38
Spitz, oh, du 202
Splittertrichter 30
Spott, zum – werden 21
Spötter, Bank der 21
Spottgeburt von Dreck und Feuer 138
Sprache 251
Spreu im Winde 20
Spreu vom Weizen sondern 28
Sprichwort, zum – werden 16
Spur, es kann die 148
Staat 33
Stamm, ein entlaubter 165
Stand, ein jeder – hat seine Last 115
Stärke 31, 153, 169, 246
Stätte, die ein guter Mensch 131

Stätte, keine bleibende 44
Staub von den Füßen schütteln 31
Staunen 13
Stegreif 253
Stein des Anstoßes 25
Stein, kein – auf dem andern 34
Steine schreien 37
Steine statt Brot 31
Steine, viel – gab's 175
Stelle, verwundbare 66, 152
Stentorstimme 47
Sterben 11, 13, 20; s. a. *Tod*
Sterne begehrt man nicht 139
Sternen, sieh nach den 200
Steter Tropfen höhlt den Stein 56
Steuern 33
Stiefel, spanische 133
Stil 225
Stil, guter 83, 86
Still ruht der See 200
Stille Wasser sind tief 124
Stillen im Lande, die 22
Stimme, mächtige 47
Stimme, die innere 157
Stimmen wägen 171
Stint, sich freuen wie 172
Stirb und Werde 147
Stolz 54, 150, 152, 219
Stolz wie ein Spanier 152
Störe meine Kreise nicht 65
Störung 65, 76
Strahlende, das – zu schwärzen 166
Strategie 263
Streich, dieses war der erste 202
Streich, dummer 127
Streit 70, 87, 108, 134
Streit, nutzloser 195
Streiten, da – sich die Leut' 191
Strenge 106, 236, 237
Strenge, denn wo das 160
Strömt herbei 197
Stube, rein in die gute 264
Studium der Menschheit 223
Stunde, wem die – schlägt 222
Sturm im Wasserglas 225
Stürzt das Scheusal 183
Stützen der Gesellschaft 235
Suave, mari magno 75

Sub reservatione Jacobea 44
Sub specie aeternitatis 102
Suchet, so werdet ihr finden 31
Sultan, der – winkt 201
Summa summarum 69
Summum ius 75
Sünde 11, 32, 36, 38, 40 84
Sünde wider den heiligen Geist 32
Sündenbabel 12
Sündenbock 15
Sünder, wir sind allzumal 39
Sunt pueri pueri 40
Suppenkaspar 195
Surtout pas de zêle 251
Sustine et abstine 66
Suum cuique 238

Tabula rasa 62
Tadeln können zwar die Toren 124
Tag, den gestrigen – suchen 110
Tag der Rache 25
Tag des Herrn, der 174
Tag, einst wird kommen der 47
Tag, jeder – hat seine Plage 30
Tag, noch ist es 145
Tag, schwarzer 69
Tag von Damaskus 39
Tage der Rosen 173
Tage, die schönen 151
Tage, selige 124
Tage, von denen wir sagen 25
Tages Arbeit, abends Gäste 139
Tages Last und Hitze 33
Talent 37, 131, 151, 188, 200
Tant de bruit 225
Tantae molis erat 77
Tantaene animis caelestibus 77
Tantalusqual 49
Tantum religio potuit 75
Tanz auf einem Vulkan 254
Tanz ums goldene Kalb 14
Tapferen, dem – hilft das Glück 55
Tartuffe 224
Tat, die – gefiel dem Herrn übel 18
Taten 140, *große* 130
Tatfrage 100
Täter des Worts 44
Tätigkeit 145

Tauben, gebratene 59
Tauben, ohne Falsch wie die 31
Tauben Ohren predigen 25
Teil, den besseren – erwählt 36
Teil, ein – von jener Kraft 142
Teilnahme 40, 176
Tel est notre plaisir 242
Tells Geschoß 171
Tempel, zum – hinaustreiben 33
Tempi passati 249
Tempora mutantur 97
Tempus edax rerum 89
Tertius gaudens 87
Testament 26
Teufel 32, 37, 43, 45, 135, 142, 244
Teures Weib, gebiete deinen Tränen 159
Thalatta, Thalatta 236
Theater 167
Thebaner, kundiger 219
Theorie 134
Thersites 47
Thomas, ungläubiger 39
Thron und Altar 226
Thule, ultima 76
Tief blicken, das läßt 265
Tier 23
Tier und Menschen schliefen feste 116
Tierchen, ein jedes 210
Tiere sehen dich an 212
Time is money 220
Timeo Danaos 77
Timeo hominem unius libri 98
Timotheus, sieh da 156
Tischgebet 23
Töchter des Landes 13
Tod 11, 13, 16, 20, 26, 38, 41, 46, 48, 58, 80, 111, 118, 128, 165, 171, 204
Tod, früher 63
Tod fürs Vaterland 81
Tod, wo ist dein Stachel? 41
Tohuwabohu 10
Toleranz 247
Tollheit, ist dies schon 218
Ton, guter 127, 158
Tons, ich bin des trocknen 134
Tor, da steh' ich nun, ich armer 132
Tor, ein – ist immer willig 187

Tor, so ein verliebter 143
Torheit 40, 172
Torheit, du regierst 172
Tot discrimina rerum 77
Tote Werke 44
Toten, die – reiten schnell 122
Toten, die treuen 179
Toten, laß die 31
Toten, über die – nur Gutes 53
Toujours en vedette 249
Toujours perdrix 246
Tous les genres sont bons 226
Tout comme chez nous 224
Tout comprendre 227
Tradition 133
Traduttore traditore 232
Trahit sua quemque voluptas 76
Tränen 47, 70, 89, 120, 124, 129, 141, 159, 173, 186
Trank voll süßer Labe 138
Trauben zu hoch, zu sauer 54
Trauer 18, 19, 129, 178, 187
Traum, meines Lebens schönster 202
Trennung 176, 178, 197, 199, 212
Treppenwitz 207
Tres faciunt collegium 97
Treu sein, das liegt mir nicht 206
Treue 44, 48, 112, 124, 158, 200
Trichter, Nürnberger 112
Trink ihn aus, den Trank 169
Trinken 81, 98, 110, 119, 138, 181, 198, 199
Trinkt, o Augen 197
Trojanisches Pferd 77
Trop de zêle 251
Tropfen demokratischen Öls 256
Tropfen, steter 56
Trost 36, 50, 54, 249
Trotzdem 210, 246
Trügerisch, oh, wie so 232
Trümmer, hier sieht man ihre 203
Tu Geld in deinen Beutel 219
Tu l'as voulu 224
Tu ne cede malis 79
Tu nur das Rechte 145
Tu si hic sis 70
Tu, was du nicht lassen kannst 110
Tua res agitur 85

Tüchtig 263
Tücke des Objekts 206
Tugend 51, 84, 119, 155, 204, 205
Tugend will ermuntert sein 205
Tugendstolz 82
Tun, was recht und gut 26
Türhüter 52
Türkei 141
Tusculum 239
Tut nichts, der Jude wird 120

Üb immer Treu und Redlichkeit 124
Übel 51, 52, *kleineres* 61
Über allen Gipfeln 128
Über den Geschmack läßt sich 103
Über diese Antwort des 122
Überall 85
Überall dabei 37
Überall und nirgends 58
Überbieten 49
Überfluß 224
Überflüssig 59, 105, 150
Übermut 155
Übers Niederträchtige 147
Übersetzer 232
Übertreibung 121
Übertünchte Gräber 34
Ubi bene, ibi patria 59
Ultima ratio 234
Ultima Thule 76
Ultra posse nemo obligatur 97
Um auf besagten Hammel 223
Um des Kaisers Bart 195
Um ihrer schönen Augen willen 224
Umgang mit Frauen 146
Umwertung aller Werte 209
Umziehen, dreimal 220
Una salus victis 78
Unaufhörlich 83
Unbehagen an der Kultur 212
Unbekannt 63
Unbekannte, der große 20
Unbelehrbar 254
Unbeschriebenes Blatt 62
Uncle Sam 252
Und bist du nicht willig 129
Und das Endergebnis war 209
Und das Gesetz nur kann 139

VERZEICHNIS DER ANFÄNGE UND STICHWÖRTER

Und das hat mit ihrem Singen 187
Und der Lebende hat recht 167
Und der Mensch versuche 155
Und die Mutter blickte stumm 195
Und die Sonne Homers 153
Und die Tugend, sie ist 155
Und drinnen waltet 161
Und ein Narr wartet auf Antwort 188
Und er schlug sich seitwärts 126
Und es mag am deutschen Wesen 201
Und Franz war wirklich 203
Und geschieht nichts Neues 24
Und Gott sah, daß es gut war 10
Und hinter ihm, in wesenlosem 139
Und ihr habt doch gesiegt 269
Und muß ich so dich wiederfinden 156
Und ob alles in ewigem Wechsel 156
Und Roß und Reiter sah ich 165
Und scheint die Sonne 191
Und setzet ihr nicht das Leben 158
Und sie bewegt sich doch 246
Und sie erhoben die Hände 47
Und treiben mit Entsetzen Scherz 162
Und vom ganzen Hühnerschmaus 202
Und ward nicht mehr gesehen 11
Und was die innere Stimme 157
Und was kein Verstand 156
Und wenn der ganze Schnee 210
Und wenn der Mensch 132
Und wenn die Welt voll Teufel 109
Und wer's zum Korporal 158
Und wie wir's dann zuletzt 133
Und willst du nicht mein Bruder 257
Und wo ihr's packt 140
Unentschieden 86
Unentschlossen 219
Unerreichbar 54, 139
Unerschütterlich 81, 247
Unerwartet 247
Ungeduld 22
Ungelogen sein lassen 207
Ungewißheit 16, 47, 151
Ungläubig 241
Ungläubiger Thomas 39
Unglück 64, 69, 161, 199, 257
Unglücksbotschaft 20
Ungnade 93
Unheil 77

Unkraut zwischen den Weizen 32
Unmenschlich 156
Unmöglich 12, 147, 209, 243
Unpassend 86
Unrasiert und fern der Heimat 211
Unrast 136
Unrecht 23, 97, 152
Unrecht Gut gedeiht nicht 23
Unrecht leiden schmeichelt 152
Unruhe 137
Unruhig ist unser Herz 96
Uns ist ganz kannibalisch wohl 135
Uns kann keiner 208
Unschuldig 26, 38, 80, 91, 121, 155, 156
Unser Fleisch und Blut 13
Unser Leben währet 70 Jahre 22
Unser Schuldbuch sei vernichtet 150
Unser Wissen ist Stückwerk 40
Unsicher 31
Unsinn 83, 118, 167, 182, 211
Unsterblichkeit 152
Unter aller Kanone 104
Unter Larven die einzig fühlende 155
Unter Tränen lächelnd 47
Untergang des Abendlandes 268
Untertanenverstand, beschränkter 255
Unterwürfig 94
Untreue 123, 154
Untröstlich ist's noch allerwärts 175
Unübersichtlich 66
Unus multorum 83
Unveränderlich 74
Unvermeidliche, das – mit Würde 178
Unverstand, des Lebens 189
Unverständlich 21, 44, 156, 177, 194
Unverständnis 90, 186
Unvorbereitet wie ich bin 254
Unwert 30
Unwiderruflich 85
Unwiederbringlich 81
Unwissend 20, 38
Unzufrieden 125
Unzulängliche, das 149
Urahne, Großmutter 189
Uriasbrief 18
Ursache 70, 93
Ursprung 76

Urteil 70, 206
Urteil des Paris 48
Urteil, salomonisches 19
Usus tyrannus 56
Ut desint vires 90
Ut pictura poesis 55
Ut sementem feceris 74

Vae victis 236
Vandalismus 241
Vanitas vanitatum 24
Variatio delectat 58
Varium et mutabile semper femina 78
Varus, gib mir meine Legionen 240
Vater 27, 147, 191, 204
Vater, ich habe gesündigt 36
Vater, vergib ihnen 37
Vaterland 81, 169, 179, 194, 253
Vater werden ist nicht schwer 204
Vätern, zu seinen – versammelt 16
Vatikan 131
Veni, vidi, vici 239
Verachtet mir die Meister nicht 194
Veränderung 78, 82, 97, 103, 164, 170, 174
Verblendung 58
Verboten, was nicht 158
Verbotenes 10, 88
Verbrechen, mehr als ein 251
Verderben, gehe deinen Gang 150
Verdienst 151, 218
Verdorben, gestorben 188
Verführer 234
Verführung 49
Vergangenheit 78, 86, 127, 133, 151, 177, 183, 192, 221, 249
Vergangenheit, die Zeiten der 133
Vergängliche, alles 149
Vergänglichkeit 11, 20, 28, 34, 43, 77, 78, 81, 89, 99, 128, 145, 149, 151, 159, 183, 190, 212, 213, 219
Vergeblich 25, 41, 49, 69, 110, 149, 198, 215, 233
Vergeltung 24, 25, 74, 173
Vergessen 52, 112, 206
Vergiß die treuen Toten nicht 179
Vergleich 58
Vergnügen 229

Verhältnis, dreieckiges 235
Verhältnisse, sie sind nicht so 212
Verhehlen 251
Verhüllung 10
Verlangen 22
Verlegenheit 129
Verleumdung 101
Verliebtheit 70, 143
Verloren, alles ist 244
Verlorene Liebesmüh 215
Verlust 123
Vernunft 184
Verrat, ich liebe den 239
Verräter, der – schläft nicht 34
Verräterlohn 34
Verrückt, du bist – mein Kind 206
Versagen 86
Versammlung 142, 144, 173
Verschwinden 126
Verschwunden 11, 165, 196, 222
Versiegelt und verbrieft 26
Versprechen 71
Verstand 40, 120, 133, 156, 171, 244
Verstand verlieren 120
Verstanden, selten habt ihr mich 186
Verständigung 103
Verständnis 132, 163, 186, 227
Verweile doch, du bist so schön 143
Versunken und vergessen 175
Verträgen, nichts von 166
Vertraulichkeit 155
Vertreiben 33
Verwandlung 48
Verwandtschaft 13, 266
Verwechslung 103
Verwirrung 12, 133
Verwirrung der Gefühle 212
Verzage nicht, du Häuflein klein 111
Verzeihen 37
Verzeihen Sie das harte Wort 207
Verzweiflung 78, 132, 222
Vestigia terrent 54
Victrix causa diis placuit 92
Videant consules 72
Video meliora 88
Viel Büchermachens ist kein Ende 25
Viel Feind', viel Ehr' 247
Viel Lärm um nichts 216

Viel Steine gab's 175
Viele sind berufen 33
Vieles Gewaltige lebt 58
Vier Jahre Zeit, gib uns 269
Vierzehn Jahr und sieben 115
Vincere scis, Hannibal 237
Viribus unitis 256
Virtus post nummos 84
Vis consili expers 82
Vita brevis, ars longa 57
Vita somnium breve 234
Vitam impendere vero 94
Vivos voco 159
Vogel, ein seltener 93
Volenti non fit iniuria 97
Volk 80, 84, 99, 157 179, 227, 258
Volk, auserwähltes 22
Volk der Dichter und Denker 255
Volk ohne Raum 212
Völker Europas, wahrt 266
Volkes Stimme 51
Volksgunst 73
Volksjustiz 249
Volkswohl 74, 94
Voll süßen Weines 39
Vollbracht, es ist 38
Volldampf voraus 266
Vom Eise befreit 141
Vom Erhabenen zum Lächerlichen 252
Vom Himmel fallen 25
Vom Mädchen reißt sich stolz 160
Vom Scheitel bis zur Sohle 16
Vom sichern Port 169
Vom Unglück erst zieh ab 199
Vom Vater hab' ich 147
Vom Vornehmsten bis herab 264
Vom Winde verweht 222
Von Angesicht zu Angesicht 15
Von den Dächern predigen 31
Von den Würmern gefressen werden 20
Von der Parteien Gunst 157
Von der Stirne heiß 159
Von des Lebens Gütern allen 168
Von gestern 20
Von Gott gezeichnet 11
Von Gott verlassen 21
Von Gottes Gnaden 41
Von Zeit zu Zeit 140

Von Mutterleib und Kindesbeinen 110
Von Pontius zu Pilatus 37
Von wannen kommt dir 167
Von zwei Übeln das kleinere 61
Vor dem Sklaven 155
Vor die Tugend haben die Götter 51
Vor Tische las man's anders 164
Vorbehalt 44, 99
Vorgreifen, ich will nicht 207
Vorhang, eiserner 270
Vornehmsten, vom – bis herab 264
Vorsicht 216
Vorsätze, gute 203, 220
Vorsehung 14, 24
Vorspiegelung 250
Vorurteil 206
Vorwitz 27
Vox clamantis in deserto 25
Vox populi 51

Wach auf, mein Herz 113
Wachsam 249
Waffen, die – nieder 209
Wagt, wer – es 155
Wahl, es war nicht meine 167
Wahn 121, 160, 162
Wahrheit 38, 53, 60, 80, 81, 94, 130, 153, 181
Wald 171, 180, 183, 184
Wald vor lauter Bäumen 120
Wälder, durch die 183
Wälder, nun ruhen alle 113
Wandalismus 241
Wanderer, kommst du nach Sparta 55
Wanderer zwischen beiden Welten 211
Wandern 183, 184
Wandlung 147
Wandlungsreich 48
Wange, schlägt dich einer auf die 29
Wankelmut 193, 200, 206, 231
Wann wird der Retter kommen 169
Wär' der Gedank' nicht so 163
Wär' nicht das Auge sonnenhaft 67
Wär's möglich 164
Warner 77, 105
Warnung 26, 77, 83
Warte nur, balde ruhest du auch 128
Warten der Dinge 37

VERZEICHNIS DER ANFÄNGE UND STICHWÖRTER 317

Warum sind der Tränen 124
Was da kreucht und fleucht 170
Was deines Amtes nicht ist 27
Was? Der Blitz! 157
Was der Mensch sät 74
Was die Schickung schickt 122
Was du ererbt von deinen Vätern 141
Was du immer kannst 199
Was du nicht willst 26
Was du tust, bedenke das Ende 27
Was du tust, das tue bald 38
Was frag' ich viel nach Geld und 125
Was glänzt 140
Was gleicht wohl auf Erden 183
Was Gott zusammengefügt hat 33
Was hat man dir, du armes Kind 129
Was hätt' ein Weiberkopf 120
Was ich geschrieben habe 38
Was ich mir dafür kaufe 197
Was ihr den Geist der Zeiten 133
Was ist das Leben ohne 165
Was ist der Mensch 124
Was ist des Deutschen Vaterland 179
Was ist die Mehrheit 171
Was ist ein Name 216
Was ist ihm Hekuba 218
Was ist mich das, mein Kind 196
Was ist Wahrheit 38
Was kann von Nazareth 38
Was kraucht dort in dem Busch 201
Was man nicht weiß 141
Was man von der Minute 151
Was nicht verboten ist 158
Was rennt das Volk 157
Was schert mich Weib 185
Was sich nie und nirgends 167
Was sind Hoffnungen 167
Was tun? spricht Zeus 153
Was vergangen, kehrt nicht wieder 183
Was von mir ein Esel spricht 116
Was willst du armer Teufel geben 142
Was willst du, Fernando 174
Was wird aus dem Kindlein werden 35
Was wolltest du mit dem Dolche 158
Was zu beweisen war 65
Was zum Munde eingeht 32
Wasch mir den Pelz 243
Wasser, alle – laufen ins Meer 24

Wasser ist das Beste 56
Wasser, stille 124
Wasser tut's freilich nicht 108
Wässerchen, kein – trüben 91
Webstuhl der Zeit 132
Wechsel 57, 97, 156, 167, 173, 185, 263
Weder kalt noch warm 44
Weg alles Fleisches 11
Weg, den man nicht wiederkommt 20
Weg mit den Grillen 174
Weg, rechter 140
Wege, krumme 16
Wege, viele – nach Rom 68
Weh dem, der lügt 185
Weh, es tur mir lang schon 137
Weh, von einer aber tut mir's 174
Wehe, aber 201
Wehe dir, Land, dessen König 24
Wehe, wenn sie losgelassen 161
Weib 40, 78, 107, 109, 120, 130, 132, 149, 150, 159, 162, 185, 208, 228, 232
Weil, so schließt er messerscharf 211
Wein 22, 38, 39, 53, 109, 135, 169, 175
Wein, Weib, Gesang 109
Weinberg des Herrn 33
Weinen, wer wird denn 212
Weise wie Salomo 19
Weisheit 19, 23, 82, 84, 148
Weisheit auf der Gasse 23
Weit, so herrlich – gebracht 133
Weiter hast du keine Schmerzen 125
Weiter hat es keinen Zweck 198
Welch eine Wendung 263
Welch ein Schauspiel 132
Welcher Kluge fänd' im Vatikan 131
Welf, hie 241
Welt 43, 107, 109, 111, 165, 168, 174, 186, 193
Welt, nicht von dieser 38
Welt, weite 183
Weltansicht 153
Weltgeschichte, Weltgericht 151
Weltkind 36, 128
Weltklugheit 36
Weltwunder 95
Wem der große Wurf gelungen 150

VERZEICHNIS DER ANFÄNGE UND STICHWÖRTER

Wem die Stunde schlägt 222
Wem Gott will rechte Gunst 183
Wem nie durch Liebe Leid geschah 105
Wen der Herr lieb hat 23
Wen die Götter lieben 63
Wendung, welch eine 263
Weniger wäre mehr 121
Wenn alles eben käme 178
Wenn auch die Jahre enteilen 210
Wenn das schon am grünen Holz 37
Wenn der Pöbel aller Sorte 199
Wenn der Purpur fällt 150
Wenn dich die bösen Buben locken 23
Wenn die Glock' soll auferstehen 162
Wenn die Könige bau'n 154
Wenn die Rose selbst sich schmückt 190
Wenn du eine Rose schaust 188
Wenn du noch eine Mutter hast 197
Wenn ein Affe hineinguckt 118
Wenn ein Buch und ein Kopf 118
Wenn es euch nicht von Herzen 132
Wenn es keinen Gott gäbe 226
Wenn gute Reden sie begleiten 160
Wenn ich dich lieb habe 138
Wenn ich einmal zu fürchten 152
Wenn ich ihn nur habe 172
Wenn ich in deine Augen seh' 186
Wenn ihr wüßtet, was ich weiß 200
Wenn jemand eine Reise tut 122
Wenn man den Wolf nennt 71
Wenn mancher Mann wüßte 106
Wenn Menschen auseinandergehn 190
Wenn Menschen schweigen 37
Wenn sich der Most 148
Wenn sich zwei Herzen scheiden 199
Wenn Sie eine Kunst wollen 208
Wenn solche Köpfe feiern 152
Wenn und Aber 123
Wenn zwei dasselbe tun 71
Wenn zwei sich streiten 87
Wer andern eine Grube gräbt 24
Wer da hat, dem wird gegeben 32
Wer das erste Knopfloch verfehlt 146
Wer den Dichter will verstehen 147
Wer die Jugend hat 252
Wer die Wahrheit kennet 181
Wer ein holdes Weib errungen 150

Wer einmal lügt 91
Wer fertig ist 140
Wer gar zu viel bedenkt 170
Wer Gott dem Allerhöchsten 113
Wer Großes will 139
Wer hat dich, du schöner Wald 184
Wer immer strebend sich bemüht 149
Wer in die Fremde will wandern 184
Wer kann was Dummes 148
Wer lacht da 120
Wer nicht arbeiten will 43
Wer nicht geschunden wird 64
Wer nicht liebt Wein, Weib 109
Wer nicht mit mir ist 32
Wer nie sein Brot 129
Wer niemals einen Rausch gehabt 172
Wer nur den lieben Gott läßt 112
Wer Ohren hat zu hören 31
Wer Pech angreift 28
Wer recht behalten will 137
Wer reitet so spät 128
Wer's glaubt, wird selig 35
Wer seinen Kindern gibt das Brot 106
Wer sich der Einsamkeit ergibt 129
Wer sich des Armen erbarmt 24
Wer sich entschuldigt 96
Wer sich freut, wenn er betrübt 205
Wer sich in Gefahr begibt 27
Wer sich selbst erhöht 33
Wer über gewisse Dinge 120
Wer unter euch ohne Sünde 38
Wer vieles bringt 140
Wer wagt es, Rittersmann 155
Wer weiß, was in der Zeiten 151
Wer Wind sät 26
Wer wird denn weinen 212
Wer wird nicht einen Klopstock 119
Wer wollte sich mit Grillen 123
Wer zählt die Völker 156
Wer zuerst kommt 106
Werd' ich zum Augenblicke sagen 143
Wes des Herz voll ist 32
Wes Geistes Kind 35
Wesentlich 45, 62
Wetterwendisch 109
Wider den Stachel löcken 39
Widerspruch, vollkommner 136
Widerstand 28, 122, 139, 257

Wie, aber fragt mich nur nicht 185
Wie anders wirkt dies Zeichen 132
Wie Blücher drauflosgehen 253
Wie der Herr 94
Wie der Hirsch schreit 22
Wie du gesät hast 74
Wie du mir, so ich dir 24
Wie ein Dieb in der Nacht 43
Wie ein Lamm 25
Wie ein Mann 17
Wie einst im Mai 193
Wie eiskalt ist dies Händchen 232
Wie er räuspert 158
Wie fruchtbar ist der kleinste 147
Wie Gott in Frankreich 250
Wie kommt mir solcher Glanz 166
Wie kommt Saul unter die 18
Wie Sand am Meer 13
Wie Schuppen von den Augen 39
Wie seinen Augapfel 16
Wie Spreu im Winde 20
Wiedersehen 153, 156, 157, 217
Wilde, horch der – tobt schon 159
Wilden, wir – sind doch beßre 126
Will's Gott 44
Will sich Hektor ewig von mir 159
Wille, guter 87, 90
Wille zur Macht 209
Willig, und bist du nicht 129
Willkür 94, 242
Willkürlich leben kann jeder 128
Willst du dich selber erkennen 155
Willst du genau erfahren 132
Willst du immer weiter schweifen 131
Willst du in meinem Himmel 154
Wind 26, 41, 222
Windmühlen, mit – kämpfen 233
Wir armen, armen Mädchen 192
Wir Deutsche fürchten Gott 262
Wir hatten gebauet 181
Wir leben nicht, um zu essen 60
Wir sind allzumal Sünder 39
Wir sind noch einmal 214
Wir sitzen so fröhlich beisammen 173
Wir Wilden sind doch beßre 126
Wir wollen sein ein einzig Volk 170
Wird man wo gut aufgenommen 177
Wirtshaus, grad' aus dem 197

Wißbegierde 140
Wissen 40, 60, 99, 104, 140, 142, 192, 215, 219
Wissen ist Macht 215
Wissen, wo einen der Schuh 238
Wissenschaft 154
Witwe Bolte 201
Witz 83, 116, 135, 198
Witz auf Witz 116
Witzlos 135
Wo aber ein Aas ist 34
Wo aber Gefahr ist 175
Wo alles liebt 151
Wo bist du, Sonne, geblieben? 113
Wo die Welt mit Brettern 111
Wo diese schweigen 37
Wo du nicht bist, dort ist 177
Wo du nicht bist, Herr Organist 113
Wo es einem gut geht 59
Wo euer Schatz ist 30
Wo haben sie den losgelassen 207
Wo ist dein Bruder Abel 11
Wo man raucht 126
Wo man singt 126
Wo rohe Kräfte sinnlos walten 162
Wo steht das geschrieben 108
Wo viel Licht ist 127
Wohl dem, der frei von Schuld 156
Wohl, uns ist ganz kannibalisch 135
Wohlauf noch getrunken 175
Wohlbefinden 36, 59, 122, 135, 144, 250
Wohlgefallen 28
Wohlgerüche Arabiens 220
Wohlstand 14, 212, 246, 250
Wohltätig ist des Feuers Macht 161
Wohltätigkeit 15, 24, 41, 43, 72, 216
Wohlzutun und mitzuteilen 44
Wolf, wenn man den – nennt 71
Wölfe in Schafskleidern 31
Wolkenkuckucksheim 59
Wort 22, 28, 33, 46, 109, 130, 134, 136, 139, 152, 156, 207, 219
Worte, Worte, nichts als Worte 219
Wozu der Lärm 142
Wunder 141, 166
Wunderlicher Heiliger 21
Wundern, sich 212

VERZEICHNIS DER ANFÄNGE· UND STICHWÖRTER

Wunsch 84, 101, 105, 144, 205, 218, 224
Würde 150, 155
Wurf, wem der große – gelungen 150
Würfel gefallen 63
Würfelspiel, das wilde eiserne 149
Würmern, von den – gefressen 20
Wurzeln deiner Kraft 169
Wut 175

Xanthippe 60

Yorick, armer 219

Zachäus auf allen Kirchweihen 37
Zahl, ihre – ist Legion 35
Zahlen beweisen 178
Zahlreich 13, 156
Zahn der Zeit 219
Zähne, Gehege der 47
Zankapfel 48
Zappelphilipp 195
Zaubernacht, mondbeglänzte 172
Zehntausend, die oberen 221
Zeichen 132
Zeichen der Zeit 32
Zeichen und Wunder 14
Zeit 24, 42, 64, 132, 140, 169, 182, 192, 218, 220
Zeit ist Geld 220
Zeitalter, Goldenes 50
Zeiten, die – der Vergangenheit 133
Zeiten, die – sind vorbei 127
Zeiten, es gab schönre 167
Zeiten, herrlichen – entgegen 266
Zeitgeist 133
Zeitungsschreiber, Beruf verfehlt 260
Zensur 103
Zerberus 52
Zerstörung 28, 34, 219, 241
Zerstreut, in alle Winde 26
Zeugen, durch zweier – Mund 136
Ziel 95, 132, 218
Zieten aus dem Busch 247
Zigarren, bei 207
Zitat 46
Zóon politikón 62
Zopf, der –, der hängt ihm 182
Zorn 77, 84

Zu beneiden sind die Knaben 209
Zu seinen Vätern versammelt 16
Züchtigung 19, 23
Zug des Herzens 164
Zug nach dem Westen 207
Zukunft 35, 72, 87, 151, 205, 207, 213, 214, 221, 266
Zuletzt 217
Zum Abschiednehmen 198
Zum Gespött werden 21
Zum Kriegführen 242
Zum Sprichwort werden 16
Zum Tempel hinaustreiben 33
Zum Werke, das wir ernst 159
Zunehmen an Alter und Weisheit 35
Zur Fabel werden 16
Zur Liebe will ich dich nicht 125
Zur Sache, wenn's beliebt 163
Zur Salzsäule werden 13
Zurück, du rettest den Freund nicht mehr 158
Zurückgezogenheit 128, 192
Zusammenfassung 69
Zusammenhang 144
Zusammennehmen, sich 175
Zuschauer 76
Zustimmung 16
Zuversicht 97, 109, 112, 152, 219, 239, 248
Zuviel kann man wohl trinken 119
Zwang 65, 133
Zwar sind sie an das Beste 140
Zwar weiß ich viel 140
Zweck, der – heiligt die Mittel 102
Zwecklos 110
Zwei Seelen und ein Gedanke 193
Zwei Seelen wohnen 141
Zweifel 38, 82, 108, 123, 128, 141, 182, 213
Zweifle an der Sonne Klarheit 218
Zweischneidiges Schwert 23
Zwiespalt 141, 180
Zwietracht 48, 64, 76, 210
Zwischen Himmel und Erde 18
Zwischen Lipp' und Kelchesrand 62
Zwischen Scylla und Charybdis 49
Zwischen Sinnenglück und 153
Zwischen uns sei Wahrheit 130